2016版

# 会计信息系统、ERP基础与审计

张莉 李湘蓉 梁力军 彭涛 编著

清华大学出版社

北京

## 内 容 简 介

为了更好地推进数字化审计模式,提高审计效率,本书在介绍会计信息系统与 ERP 基本概念、核心业务流程的基础上,将审计人员如何根据审计目标、利用电子数据开展审计工作作为学习目标。本书以工业企业为例,介绍了会计信息系统及 ERP 中与财务工作密切联系的业务流、数据流、电子数据存储模式等内容;重点阐述了利用 SQL、Excel 开展审计数据分析的方法;结合审计实例介绍了审前调查阶段、审计实施阶段审计人员如何利用电子数据开展审计数据分析的思路和方法。

本书适合审计行业人员进行计算机中级学习、培训之用,也适合会计、审计专业本科、研究生用作计算机辅助审计的教材或参考书。所附光盘为用友 ERP 教学软件安装盘,供读者上机练习。

**图书在版编目(CIP)数据**

会计信息系统、ERP 基础与审计/张莉等编著. --北京:清华大学出版社,2016(2022.8重印)
(审计署计算机审计中级培训系列教材)
ISBN 978-7-302-43751-2

Ⅰ.①会… Ⅱ.①张… Ⅲ.①会计信息-财务管理系统-技术培训-教材 ②企业管理-计算机管理系统-技术培训-教材 Ⅳ.①F232 ②F270.7

中国版本图书馆 CIP 数据核字(2016)第 092662 号

责任编辑:王 青
封面设计:何凤霞
责任校对:宋玉莲
责任印制:丛怀宇

出版发行:清华大学出版社
    网      址:http://www.tup.com.cn,http://www.wqbook.com
    地      址:北京清华大学学研大厦 A 座      邮      编:100084
    社 总 机:010-83470000      邮      购:010-62786544
    投稿与读者服务:010-62776969,c-service@tup.tsinghua.edu.cn
    质量反馈:010-62772015,zhiliang@tup.tsinghua.edu.cn
印 装 者:三河市龙大印装有限公司
经    销:全国新华书店
开    本:185mm×260mm      印    张:23.75      字    数:536 千字
    (附光盘 1 张)
版    次:2016 年 7 月第 1 版      印    次:2022 年 8 月第 5 次印刷
定    价:69.00 元

产品编号:070215-02

# 前　言

"会计信息系统、ERP 基础与审计"是计算机审计中级培训课程体系中的核心骨干课程。审计人员在掌握"计算机基础与网络"、"数据库应用技术"、"程序设计基础及应用"等前序课程的基础上，通过本课程学习，理解信息化环境下被审计单位的业务流程、软件和数据特征，根据审计目标，设计适当的审计程序，开展数据分析工作。这门课程所介绍的审计方法，重点基于"数据库应用技术"课程的大量知识内容，结合审计程序的灵活运用来实现审计思路。"会计信息系统、ERP 基础与审计"与"审计数据采集与分析"课程相互补充，共同承担着引导、促进审计人员将已有的审计业务知识与 IT 技术知识结合运用的角色。

2001 年审计署开始组织计算机审计中级培训。15 年间，计算机审计应用水平发生了深刻变化。计算机审计中级培训各课程的教学内容、培训大纲也做了多次修改。尤其是近年来随着云计算、大数据、互联网＋等新技术、新模式的出现，审计制度体系、审计模式、审计技术等也出现了新的变化。2015 年中共中央办公厅、国务院办公厅印发《关于完善审计制度若干重大问题的框架意见》及相关配套文件中，将努力构建大数据审计模式，提高审计能力、质量和效率，扩大审计监督的广度和深度作为审计方法改革的重要内容。2016 年，审计署对中级培训的大纲进行了进一步修订，突出体现了"总体分析、发现疑点、分散核实、系统研究"的数字化审计方式，将这一具有时代特征的审计模式应用到培训体系中，使审计培训更能紧跟审计需求。

"会计信息系统、ERP 基础与审计"课程的第一版教材名称为《会计信息系统》；第二版更名为《会计信息系统与审计》，2010 年修订。此后，教学内容和培训大纲发生了数次变化。2016 版大纲相比 2010 版增加了学时要求；内容方面增加了对 ERP 系统的介绍，扩大了对销售、采购、库存、存货管理等业务的要求，进一步补充了审前调查与信息系统控制测试，充实了电子数据中关于供应链模块的文档，增加了数据分析方法与审计实施的相关理论。2016 版教材顺应信息技术变化的需求，相比 2010 版教材进行了较大范围的修订：更新了会计软件操作内容，加强了审计理论的内容，增加了对 ERP 系统中供应链的数据进行审计分析的相关方法与实例。

"会计信息系统、ERP 基础与审计"课程重点介绍信息化环境下企业的主要业务流程与数据流程以及信息化环境下审计人员利用数据分析方法实现审计目标的过程。被审计单位的业务流程与电子数据、审计分析方法是大纲要求的重点内容。本书的重点内容紧紧围绕业务流、数据流、审计目标与方法逐层展开。

本书第 1 章至第 6 章在介绍会计信息系统与 ERP 系统的内涵、构成和功能结构等基本概念的基础上,重点以用友为例展示了工业企业的业务流程和软件操作过程。通过这 6 章的学习,审计人员可以了解被审计单位在不同业务流中的关键控制环节,确定重要数据的来源和用途。第 7 章在读者了解了审计模式、审计流程的基础上,重点介绍了审计人员在审计准备阶段如何进行审前调查、采集数据与对信息系统进行审计测试。第 8 章重点介绍了会计信息系统、ERP 中重要的会计、业务文档及常见的数据存储模式。在充分了解业务流程的基础上,深层次理解业务在数据层面的映射关系,是审计人员实现审计目标的重要途径。第 9 章基于 SQL、Excel 工具,介绍了 12 种数据分析方法,并设计了相应的例题展示方法的应用。使用工具软件,有利于审计人员围绕审计目标,利用电子数据发现审计线索。第 10 章重点介绍了在审计实施阶段将业务、电子数据、数据分析技术有机地结合起来,设计审计程序以实现审计目标,获得实际应用效果。

为了培养审计人员利用电子数据开展审计工作的综合应用能力,本书围绕“总体分析、发现疑点、分散核实、系统研究”的数字化审计模式要求,采用系统科学的方法,注重审计理论与实践结合、审计方法与案例结合、计算机技术与审计技术结合,体现了多学科综合集成解决审计问题的技术群。书中所介绍内容符合国际发展趋势,契合审计理论,实践证明切实可行。

本书是集体智慧的结晶。全书由张莉统稿,第 1 章由梁力军编写,第 2 章由彭涛、张莉、张万鹏编写,第 3～5 章由李湘蓉编写,第 6～10 章由张莉编写,其中 7.4.1 节、8.7 节和 10.5 节涉及 SAP 的部分由张万鹏编写。审计署计算机技术中心的杨蕴毅主任对本书编写给予了积极指导,曹洪泽处长为本书的编写提供了组织、技术上的重要支持。

感谢感谢用友软件股份有限公司为本书提供了教学软件。感谢上一版教材作者乔鹏在本领域的思想引领、经验积累以及对新教材的大力帮助和支持!感谢审计署中级培训班授课教师的共同研讨,感谢车蕾在程序设计方面的帮助,感谢在中级培训中倾注大量心血的、给予热心指导、支持和帮助的领导、同事和朋友!

由于作者水平有限,书中的瑕疵和疏漏敬请读者不吝赐教。如果您对本书有好的建议和意见,请发邮件至 zhangli@bistu.edu.cn,不胜感激!

编 者

2016 年 3 月

# 目 录

# 第1章　会计信息系统概述

"会计信息系统与审计"是一门集信息学、会计学、审计学、计算机等学科的理论与实践于一体的跨学科的综合性课程。通过本课程的学习,读者将会正确理解会计信息系统的内涵概念、主要特点、模块构成和业务处理流程,掌握计算机技术如何应用于会计信息系统,如何运用审计技术和方法对会计信息系统重要模块中的数据信息进行审计,有效提升审计专业人员的计算机审计水平和会计信息系统分析能力。

## 1.1　信息社会与大数据时代的到来

20世纪40年代起,人类社会逐渐步入了以原子能、电子计算机、空间技术和生物工程的发明和应用为代表的第三次科技革命。第三次科技革命是继蒸汽技术革命和电力技术革命之后在科技领域的又一次重大飞跃,这次革命涉及了信息技术、生物技术、空间技术、新材料和新能源技术等多个领域。电子计算机的发展和应用是第三次科技革命的核心。而互联网(Internet)恰恰就是电子计算机与通信技术进行有机结合的完美产物,它的出现使得不同国界、不同地域的计算机联结在一起,实现数据和信息的联机共享与传输,是信息、数据传输和分享的最重要媒介和渠道。互联网的出现,是人类社会历史发展中极为重要的一个里程碑,标志着人类从此进入信息化社会和信息时代。

以互联网技术为代表的现代信息技术的快速创新发展和深入推广应用,对全球的人类思维方式、生活方式和工作方式的改变以及经济发展、社会发展和金融发展的变革,都产生了深刻的影响和巨大作用。计算机技术、通信技术和网络技术的快速发展,使社会发展逐渐由有形社会转变为以信息主导的无形社会——信息社会。

在信息时代下,随着"互联网+"技术的不断创新和应用变迁,现代企业所处的宏观环境和微观环境也在不断变化,进而逐步影响着现代企业的生产方式、经营和管理方式、资金流转渠道、财务投资与决策手段、会计管理和审计技术。会计行业是最早利用信息技术和网络技术的行业之一,并在会计核算、财务决策、内部审计、挖掘价值等方面取得了突破性进展;同时,会计信息管理系统的不断迭代和升级,也为现代企业提供了准确分析企业资源、重新发现企业价值、重构企业服务模式、提升财务管理水平等的重要工具和方式。

### 1.1.1　信息技术与信息化

#### 1.1.1.1　信息技术的发展与应用

信息技术(Information Technology,IT),是应用于管理和信息处理的各种技术的总称,主要包括应用计算机科学和通信技术来进行设计、开发、安装和实施的信息系统与应用软件。

信息技术通常也被称为信息与通信技术（Information and Communications Technology，ICT），包括通信技术、计算机及智能技术、感测技术和控制技术，因此信息技术具有技术性和信息性的重要特征。信息技术的研究领域包括科学、技术、工程及管理学等，是一个综合性、跨门类的学科和专业。信息技术的核心内容包括信息获取、信息传递、信息处理与加工、信息存储、信息管理和信息安全等。信息技术的应用包括计算机硬件和软件、网络和通信技术、应用软件开发工具等。信息技术的主要类型见表 1-1。

表 1-1　信息技术的主要类型与应用

| 技术类型 | 技术内容 | 作用与应用 |
| --- | --- | --- |
| 通信技术 | 主要包含传输接入、网络交换、移动通信、无线通信、光通信、卫星通信、支撑管理、专网通信等技术 | 能够克服空间上的限制，传递、交换和分配信息，使用户能够更有效地利用信息资源，如卫星通信、微波通信技术、有线网络技术、无线网络技术、移动通信技术等的应用 |
| 计算机及人工智能技术 | 计算机技术指计算机领域中所运用的技术方法和技术手段。人工智能技术是研究、开发用于模拟、延伸和扩展人的智能的一门新的技术及应用，它是计算机科学的一个分支 | 应用领域包括智能机器人、模式识别与智能系统、虚拟现实技术与应用、系统仿真技术与应用、智能计算与机器博弈、语音识别与合成、机器翻译、图像处理与计算机视觉等 |
| 感测技术 | 在各类生产、科研、试验及服务等各个领域，为及时获得检测、被控对象的有关信息进行提取、识别或检测的一种技术，该技术以自动检测系统中的信息采集信息转换及信息处理为研究目标，包括传感技术和测量技术以及遥感、遥测技术等 | 可以使用户更好地从复杂的外部环境、自然环境中获得各种有用的信息。如物联网[①]的应用、雷达技术、天气预报、安全检测系统、GIS 系统、宇宙飞船及火箭的遥测 |
| 控制技术 | 机器、设备或装置在无人干预的情况下按规定的程序或指令自动进行操作或运行的技术 | 可根据输入的指令（决策信息）对外部事物的运动状态实施干预，即信息施效，如电动和气动自动化仪表、执行器、宇宙飞船和火箭飞行的控制仪等 |

注①：物联网是指通过射频识别（RFID）、红外感应器、全球定位（GPS）系统、激光扫描器等信息传感设备，按约定的协议，把物品与互联网连接起来，进行信息交换和通信，以实现智能化识别、定位、跟踪、监控和管理的一种网络。

信息技术的发展经历了单一数据处理、综合数据处理、系统信息管理和辅助决策四个阶段，如图 1-1 所示。

当今社会，人们已经利用信息技术进行各类信息的生产制造、资金交易、信息交换、信息加工和处理、信息传播，如电子网站、电子书籍和报刊、网络支付、网络电视和卫星电视等，信息技术还广泛应用于电子商务、远程控制、网络远程（视频）会议、网络信息搜集、网络计算机、会计与审计等领域。

现代信息技术的发展趋势如下：

（1）网络化和智能化。信息设备的操作、使用将更加便捷和智能。

（2）微型化和集成化。计算机硬件愈加微型化、便携化，其性能也更加丰富和综合；

单一数据处理阶段(20世纪50—60年代)

• 应用：计算机代替人工对局部数据量大、操作简单的业务进行处理、汇总
• 特点：一定程度实现数据的集中处理，但数据不能共享；数据处理为单机方式

综合数据处理阶段(20世纪60—70年代)

• 应用：由单项的数据处理逐渐拓展为某一管理业务范围或管理子系统
• 特点：数据、程序分离；实现数据实时处理、局部共享；采用主从式计算模式

系统信息管理阶段(20世纪70—80年代)

• 应用：数据库技术出现；出现了企业管理信息系统，用于管理和经营生产
• 特点：数据和信息实现实时处理、企业内部共享；系统以文件服务计算模式为主

辅助决策阶段(20世纪80年代至今)

• 应用：互联网技术、数据通信技术在多领域的应用拓展；出现多种信息系统
• 特点：企业全面实施信息管理；实现信息的全球共享

图 1-1　信息技术发展历程

各类计算机软件也将向小巧化、离线化、集成化方向发展。

(3) 高速化和大容量。随着通信技术和计算机技术的不断发展和创新，有线及无线网络的速度越来越快，硬件的容量也越来越大。

(4) 复杂信息数字化。数字化即可以将诸多复杂、动态的信息以可计量的数据、数字进行量化，再以这些量化后的数据构建起数字化模型，将其转变为二进制代码后进行计算机的处理。信息的数字转换处理技术将进一步走向成熟，应用也会越来越广，趋向数字化地球和数字化社会。

(5) 终端类型多样化。日常使用的笔记本电脑、智能手机、iPad 等个人信息以及电视、空调、冰箱等家电设备均向着网络终端设备方向发展，与计算机设备共同形成了丰富多样的网络终端。

### 1.1.1.2　信息化的内涵与发展

当今时代是信息化的时代，信息化是推进社会变革和经济发展的重要力量。自 20 世纪 80 年代起，随着计算机技术、通信技术的不断融合，网络技术的不断创新发展，企业信息化越来越普及和重要，现代企业的信息化的边界已远远超越企业内网和外网、电子商务、集成化系统的构建，逐渐覆盖企业的管理、经营、决策、行政和组织文化等多个纵深领域，企业信息化已经上升为企业的重要战略。

信息化(Informatization 或 Informatisation)一词于 20 世纪 60 年代由日本学者梅棹忠夫首先提出，西方于 20 世纪 70 年代后普遍使用“信息化”和“信息社会”一词。

1997 年首届全国信息化工作会议上将信息化定义为培育、发展以智能化工具为代表的新的生产力并使之造福社会的历史过程。《2006—2020 年国家信息化发展战略》中指出：信息化是充分利用信息技术，开发利用信息资源，促进信息交流和知识共享，提高经济增长质量，推动经济社会发展转型的历史进程。

从信息科技角度而言，信息化是以现代通信技术、网络技术、数据库技术为基础的现

代信息技术被广泛应用于社会、经济、金融等各个领域的形态或过程。信息化的实现可以极大提升社会效率,信息化程度的高低在一定程度上代表一个国家、社会的进步程度、生产力的发展水平、信息资源的共享程度和信息技术的应用程度。

信息化过程中,除了信息这一重要要素外,还包括以下要素:

(1)信息设备。包括计算机硬件设备、软件设备、通信设备、网络设备及相关辅助设备。信息设备是实现信息化的基础。

(2)信息技术。包括信息获取技术(如传感技术、遥测技术等)、信息传输技术(如激光技术、光纤技术、红外技术等)、信息处理技术(计算机技术、自动化技术、控制技术等)等。信息技术是实现信息化的核心。

(3)信息规范。信息化过程中需要对经营、管理、生产等过程中产生的信息及数据进行标准化、规范化、数字化,使之形成能够存储、转换、传输和对接的信息,便于不同领域、不同渠道和不同用户对信息的共享、使用和管理。信息规范是实现信息化的保障。

(4)信息服务。包括软件服务、硬件服务、系统集成服务、网络服务、信息渠道服务等,通过信息服务将信息设备、信息技术、信息规范等形成一个体系。信用服务是实现信息化的方式。

信息化的实现对于推进社会的进步、经济和金融的发展、企业的经营与管理具有重要的意义和作用。

(1)国民经济信息化。在经济系统内以信息作为基本的生产要素进行流动,使生产、流动、分配和消费等经济环节通过信息要素来联结,从而达到提升物质、能源的使用效率和劳动、资本的投入产出效益的目的。国民经济信息化的核心是企业信息化。

(2)社会信息化。包括与人们生活、工作相关的社会环境、经济环境、文化环境,以及政务体系、社交体系、生活体系等的信息化、网络化和数字化程度的不断提升。社会信息化以计算机技术、信息技术作为重要的手段,构建起各种信息网络,极大影响和改变了人们的社会生活方式和社交方式,改进和优化了工作方式,提升了整个社会运转的效率,使人们享受信息化的成果,人类正在步入信息化社会。

(3)产品信息化。信息技术和智能信息被广泛应用于产品的设计、生产、流转、销售、物流和服务的全流程环节中,产品的信息化程度和智能程度越来越高,成为"信息产品"、"智造产品"和"智能产品",产品的人机交互性、信息处理性也越来越强。物联网技术在产品中越来越广泛的应用是产品信息化的重要代表。产品信息化是信息化的基础。

(4)产业信息化。农业、制造业、电力、建筑业、交通业等传统产业以及第三产业广泛应用信息技术,实现产业链的横、纵向信息资源共享,以及行业的数据库和网络构建,从而实现产业和行业内的各种资源、要素的优化与重组,进而实现产业的升级。

(5)企业信息化。企业在经营和管理过程中广泛应用信息技术,构建完善的信息系统和信息服务渠道,从而实现经营信息和管理信息的高度共享化、集成化和流程化。企业的电子商务发展是企业信息化的重要代表之一,企业通过利用计算机网络进行商业贸易和交易活动,将企业与供应端、消费端、金融端、物流端紧密联结在一起,实现从产品设计、订单生成、产品生产到产品销售、物流配送、资金结算等的全方位网络化。

## 1.1.2　大数据时代的到来

大数据(Big Data)是指无法通过常规软件工具和处理流程,在短时间内进行撷取、管理和处理分析的规模巨大的海量数据和信息。大数据需要全新处理模式,进行处理分析后才能具有更强的决策力、洞察发现力和流程优化能力。实质上大数据是一种高增长率和多样化的信息资产,包含两个重要概念——海量数据和知识资产。

大数据具有 4V 特征:Volume——巨量;Variety——数据类型和维度复杂,非结构性数据占主要比例;Value——价值密度低,时间间隔短;Velocity——对信息获取和处理的时效性要求高。同时,大数据具有系统性、协同性和动态性特点,海量数据的分类和快速处理,将在很大程度上弥补决策在科学预见性方面的短板。大数据特征如图 1-2 所示。

图 1-2　大数据特征

大数据更多关注的是用户行为、路径轨迹、群体趋势、事件关联性等,广泛应用于 CRM 管理、产品与服务设计、精细化营销、企业流程再造、运营成本降低、风险管理等领域。大数据将改变商业企业的营运模式,云计算则将改变数据处理模式。大数据与云计算二者相互依托、相互促进和共同发展。大数据、云计算为现代会计理论和实践的发展变革、审计思维的拓展和审计技术的创新,提供了更为科学的全新技术方法。

信息时代和大数据时代的到来,对于会计发展而言既是挑战,也是机遇。大数据技术将有助于实现企业经营和管理的信息化,从而促进会计数据的信息化和电子化,进一步提升会计核算质量和会计管理水平,为企业的财务决策提供更好的依据。

## 1.2　会计信息与企业信息化的理解

### 1.2.1　数据与信息的认知

#### 1.2.1.1　数据及其分类

数据(Data)是描述和反映客观事物的属性、特征、结构与形态的表达符号。数据既包括数量化的定量表达值,也包括非量化的定性表达值。

**1. 定量数据**

定量数据(Quantitative Data)是指能够以数值、数量等量化数据对客观事物性质进行具体化描述的数据。定量数据既包括确数数据,也包括概数数据。示例如下:

(1) 一本数学参考书的重量为 930 克,"930 克"为数据。

(2) 一套商品房的套内面积为 128.29 平方米,"128.29 平方米"为数据。

(3) 一条高速公路的长度为 68.29 千米,"68.29 千米"为数据。

(4) 某个小学的在校学生人数为 892 人,"892 人"为数据。

(5) 某座商厦的高度约为 80 多米,"80 多米"为数据。

(6) 举办一届奥运会的投入预计超过 3 000 亿元人民币,"3 000 亿元人民币"为数据。

(7) 今日气温 21℃~27℃,偏东风转东南风 3~4 级,"21℃~27℃"和"3~4 级"为数据。

**2. 定性数据**

定性数据(Nominal Data)是指能够以文字、声音、图形、光电类等非量化数据对客观事物性质进行刻画和描述的数据。示例如下:

(1) 人类的性别区分为男或女,"男或女"为数据。

(2) 交通信号灯颜色为红、黄、绿,"红、黄、绿"为数据。

(3) 小学开设的主要课程包括语文、数学、英语,"语文、数学、英语"为数据。

(4) 公园中的湖泊形状为椭圆形,"椭圆形"为数据。

(5) 典型的音色波形主要有锯齿波、正弦波、脉冲波等类型,"锯齿波、正弦波、脉冲波"为数据。

(6) 某化学悬浊液试剂的颜色为乳白色,"乳白色"为数据。

### 1.2.1.2 信息及其特征

**1. 信息的内涵与类型**

控制论的创始人诺伯特·维纳(Norbert Weiner)提出,信息是人们在适应外部世界并且将这种适应反作用于世界的过程中,与外部世界进行交换的内容的名称;接收信息和使用信息的过程,即人们适应外部偶然性的过程。

信息论的创始人克劳德·艾尔伍德·香农(Claude Elwood Shannon)认为,信息是用以消除事物不确定性的东西。决策学的代表人物赫伯特·西蒙(Herbert Simon)认为,信息是影响人们对于决策方案的期待或评价的外界刺激。

在信息技术应用领域,一般认为:信息是经过加工和处理的,具有一定含义和使用价值,并作为决策参考的数据。信息的目的在于向信息使用者、决策者及时提供决策参考,从而为之进一步提升效率和创造更高的价值、财富。

另外,数据在形成信息后,具有相同属性的各种信息通过一定的方式进行积累、整合后,即形成信息集合,这种具有抽象和一般化的信息集合即形成知识。信息是知识产生和形成的基础,知识是人的大脑通过思维对信息的高阶抽象和归纳。可以总结如下公式:信息+经验=知识。

信息的分类如表 1-2 所示。

表 1-2　信息的分类

| 分类依据 | 信息的主要类型 |
|---|---|
| 反映形式 | 数据信息、图像信息、光电信息、声音信息等 |
| 管理层级 | 战略信息、战术信息、运营信息、业务信息等 |
| 处理层次 | 基础信息、一次信息、二次信息、三次信息等 |
| 应用领域 | 经济信息、管理信息、社会信息、科技信息等 |

**2. 信息与数据的区别**

信息是经过加工、处理的数据，是对数据的描述和详释；信息涉及数据提供者、数据处理者、数据使用者和数据决策者等信息用户。由数据生成信息的流程如图 1-3 所示。

图 1-3　数据信息流程

信息与数据的区别主要表现在以下方面：

(1) 含义明确：信息具有明晰的描述和刻画，即含义更明确。

(2) 加工处理：数据经过相关维度加工和处理后，形成具有使用价值的信息。

(3) 决策参考：使用信息的目的，是为管理、生产、行动等提供重要的决策。

示例如下：

(1) 3 000 亿元人民币——数据。

(2) 举办奥运会的投入预计超过 3 000 亿元人民币——信息。

(3) 举办一届夏季奥运会的体育场馆设施总投入预计超过 3 000 亿元人民币——综合信息。

解析如下：

(1) "3 000 亿元人民币"是一项数据，但该数据并不具有使用价值，仅具有简单数字和度量单位，无法获取能够用于决策的足够信息。

(2) "举办奥运会的投入预计超过 3 000 亿元人民币"中既有数据，也有与数据相对应的事物描述，信息使用者和决策者可以从中获取较为全面的信息。

(3) "举办一届夏季奥运会的体育场馆设施总投入预计超过 3 000 亿元人民币"则是更为详细、全面的事物刻画和解释，该信息对于信息使用者和决策者而言，具有重要的参考价值。

**3. 信息的主要特征**

物质是信息的主要来源，数据是信息的重要基础，而信息又是知识形成的源泉。因此，信息的特征与物质、数据、知识紧密相关，其主要特征如下。

（1）客观性。物质是标志客观存在的哲学范畴，这种客观存在是人通过感觉感知的，它不依赖于人的感觉而存在，不以人的意志为转移。信息是对物质和事物客观属性的感知、描述和刻画，信息同样也具有客观性，不能脱离物质基础而单独存在。

（2）时空性。物质的发展和运动是具有时间性、空间性的，信息对物质的出现存亡、发展演进进行持续性描述和反映。信息在一定的时间和空间内依存于物质，信息的内容会随时间和空间的物质变化而变化，不存在一成不变的信息。

（3）价值性。信息的重要目的，是为信息使用者和决策者的决策提供有价值的信息，因而要求信息内容本身必须能够客观、真实地反映事物及事物之间的属性、联系和规律等，这样才能为信息使用者和决策者提供有用、有效的依据，即信息本身需要具有价值。另外，信息使用者和决策者通过相应的技术手段对信息进行深入分析，从而使信息的价值增值和拓展。

（4）可传输性。信息必须通过一定的方式和渠道进行传输，以确保信息的价值属性；同时，信息传输的快慢对决策的判断和价值的提升起着至关重要的作用。信息的传输过程中，应确保其价值性和时效性。另外，信息传输的渠道有效性和介质方式也对信息的传递效率起到重要的影响，如通过卫星传输通信信号、电视信息。

（5）可转换性。在信息传输过程中，需要对信息进行相应方式的转换和加工。对信息可采用定量化的计量单位方式进行度量，对信息的内容、特征进行加密、编码等操作，使其达到可进行时间和空间的转移、传递的状态。在转换过程中，信息可以由初始的文字、图片形态，转换为磁介质、密码数字、电磁波信号、程序代码等形态，如计算机技术中所使用的二进制、八进制、十六进制等。

（6）可编码性。信息转换时，可以通过编码技术形成标准化、制式化的符号——信息编码，从而提升信息分析和信息处理的人机交互效率与准确性。信息编码是指将表示信息的符号体系，转换成为便于计算机、人识别和处理的另一种符号体系的过程，信息转换的符号体系称为代码或码。信息代码是一个或一组有序的便于人机识别的信息符号。信息编码必须标准化、规范化和系统化，信息编码的合理性和科学性是信息系统的设计、开发和管理的关键因素。编码示例如：中国制定的包括一、二级汉字和常用符号的图形字符代码（GB 5007-85、GB2312 等），日文、韩文等其他文字与符号的"大 5 码"（BIG 5），英文字符的"ASCII 码"（American Standard Code for Information Interchange）等。

（7）可存储性。信息必须可存储，才能实现可传输和转换。信息存储是指将加工和处理序化后的信息，根据一定的模式、格式和顺序，规范存储于特定的介质中的一种过程。信息的可存储性是为了便于信息使用者、信息管理者和信息决策者及时、准确地定位、识别检索到的所需的信息。另外，信息的存储需要存储介质，如磁带、磁盘、磁鼓、光盘、计算机硬盘、移动硬盘和 U 盘等。

另外，信息的特征还可包括识别性、可归纳性等。

## 1.2.2  会计数据与会计信息

现代会计活动实质上是一种信息系统，以计算机作为记录存储、分析处理和输出转移企业价值活动和会计数据的重要工具,并向信息使用者和企业关联方提供所需会计信息。会计信息是现代企业最重要的经济资源。在企业经营和管理的过程中,会计发挥了核算和监督的重要职能,对企业的生产、运营、销售、投资等方面进行连续、系统、全面、综合的反映和监督。

#### 1.2.2.1　经济活动与会计事项

企业在经济活动过程中会发生各类经济业务,而经济业务中会存在多种利益主体和利益相关者,如与政府税务部门之间的纳税关系、与消费者的销售及服务关系、与原料提供方的购买关系及资金往来;也包括企业生产部门、生产部门员工发生的经济事项,如原料领用、产品生产、产品完工入库、制造费用结转等。

企业对其所发生的经济业务需要进行会计记录、核算和监督,会计核算必须以实际发生的经济业务为依据。作为会计记录和核算事项的经济业务,必须满足两个条件:①能够用货币单位进行计量;②会引起企业财务状况的变动。

因此,企业对以货币计量,并且会引起财务状况变动的经济业务,进行系统性的记录、核算的经济事项,称为会计事项。具体会计事项是指会使企业的资产、负债、所有者权益、收入、费用、利润等会计要素发生增减变动的经济事项。示例如下:

A 企业为制造某类产品,从 B 企业采购一批原材料,货款 15 000 元未付,原材料已收妥入库。

解析:这是一笔原材料采购的经济事项。企业采购了原材料,引起资产增加;企业未付账款,引起负债增加。

针对此笔会计交易记录如下:

借:原材料　　　　　　　　　　　　　　　　　　　15 000
　　应交税金——应交增值税(进项税额)　　　　　　 2 550
　　贷:应付账款——B 企业　　　　　　　　　　　　　　　　17 550

#### 1.2.2.2　会计数据

会计数据是指用于描述和反映会计业务中会计事项变动情况的数据的统称。会计数据来源于会计事项中的会计业务所关联的各种原始凭证、原始单据以及记账凭证、财务报表等描述性数据。

会计数据主要包括以下数据:款项和有价证券的收付数据;财物的收发、增减和使用数据;债权债务的发生和结算数据;资本、基金的增减数据;收入、支出、费用、成本的计算数据;财务成果的计算和处理数据;需要办理会计手续、进行会计核算的其他事项的数据。

以上例 A 企业原材料采购的会计事项为例,原材料价值的数据为 15 000 元,应交税金——应交增值税(进项税额)的数据为 2 550 元,应付账款数据为 17 550 元。该会计事项中的会计数据均为定量数据。

#### 1.2.2.3　会计信息

会计信息是企事业单位经营和管理中最重要的经济资源之一,它可以连续、系统、全面、综合反映企事业单位的财务状况、运营情况和经营成果,并为关联的各类会计信息用户提供帮助。

会计信息的内涵是:对会计业务中客观地、系统地反映会计事项的会计数据进行加工和处理后的"信息产品"。这种"信息产品"是按照一定的规范、维度和格式进行加工和处理、传输和存储的。对会计数据进行加工和处理的过程,包括数据的连续性记录、按一定的规则进行分类和排序、数据汇总和数据分析等。

以上例 A 企业原材料采购的会计事项为例,该会计事项中涉及的会计信息有:

(1) 该笔交易系 A 企业的原材料采购事宜。

(2) 会计科目涉及原材料、应交税金、应付账款科目。

(3) 原材料采购的金额为 15 000 元,应交增值税的进项税额为 2 550 元,应付账款为与 B 企业发生的交易额 17 550 元。

(4) 记账时会计分录为两借一贷。

(5) 原始凭证包括原材料采购的相关进货单、增值税发票等。

上例分析中,会计信息既包含会计事项的描述性信息,也包含定量化的会计数据,并对会计数据所对应的内容进行了刻画和解释。由上可见,会计信息是基于对会计数据进行加工和处理基础之上的归纳性、详细性描述和释义。

#### 1.2.2.4 会计数据与会计信息的关系

会计信息包含一条或多条已经过加工和处理的会计数据,它是会计数据的集合。会计信息进入会计信息系统后,成为标准化、格式化的多维度电子数据存储于系统中,形成数据库表或信息数据表,便于信息用户进行检索、查找和分析使用,如表 1-3 所示。

表 1-3　会计科目代码信息表

| 科 目 代 码 | 科 目 名 称 | 余 额 方 向 | 科 目 类 别 | 计 量 单 位 | 计 算 标 志 |
|---|---|---|---|---|---|
| 1001 | 库存现金 | 借 | 流动资产 | 元 | 否 |
| 1002 | 银行存款 | 借 | 流动资产 | 元 | 否 |
| 1012 | 其他货币资金 | 借 | 流动资产 | 元 | 否 |
| 1101 | 交易性金融资产 | 借 | 流动资产 | 元 | 否 |
| 1121 | 应收票据 | 借 | 流动资产 | 元 | 否 |
| 1122 | 应收账款 | 借 | 流动资产 | 元 | 否 |
| 1123 | 预付账款 | 借 | 流动资产 | 元 | 否 |
| 1131 | 应收股利 | 借 | 流动资产 | 元 | 否 |
| 1132 | 应收利息 | 借 | 流动资产 | 元 | 否 |
| 1221 | 其他应收款 | 借 | 流动资产 | 元 | 否 |
| 1231 | 坏账准备 | 贷 | 流动资产 | 元 | 否 |

需要指出的是,会计数据和会计信息并无非常严格的界限区分。在经济业务过程和

会计处理过程中,已经加工和处理的会计数据形成会计信息,而会计信息又成为此后会计环节中的数据,形成了"会计数据—会计信息—会计数据"的往复交替过程,如图 1-4 所示。

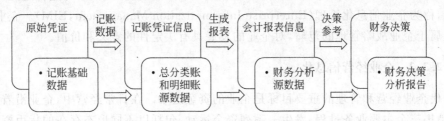

图 1-4　会计数据与会计信息的关系

在会计制证环节,原始凭证是基础数据,根据基础数据进行会计分录记账后形成的记账凭证是会计信息;在记账环节,记账凭证数据成为源数据,而总账和明细账则是会计信息;在报表编制和生成环节,总账和明细账信息成为源数据,而会计报表则是会计信息;在财务决策环节,会计报表信息成为源数据,而决策分析报告则是会计信息。

## 1.2.3　企业管理与经营信息化

### 1.2.3.1　企业信息化发展

企业信息化是指应用现代信息技术对信息资源进行深入利用和充分挖掘,从而改进和提升企业管理与决策、经营与生产、销售与服务等的总体水平和综合能力,进而全面提升企业价值和竞争力的过程。企业信息化的要素包含企业管理和运作的网络化、生产制造的自动化和数字化、方案决策的科学化和智能化、供应链管理的流程化和电子化。

企业信息化的实施步骤如图 1-5 所示。

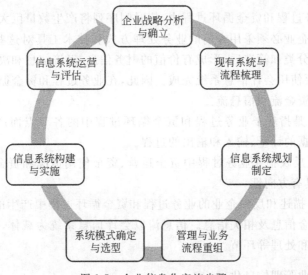

图 1-5　企业信息化实施步骤

企业信息化过程是一个动态的、复杂的组织和管理变革过程,涉及企业的组织框架、管理模式和方式、运营流程和业务流程、企业目标和企业文化等方面的改变。在对信息化中的信息资源、信息设备、改革范围、信息化质量和效率、目标实现效果等进行过程的管理和控制,称为企业信息化管理(Enterprise Informatization Management,EIM)。企业信息化管理属于企业战略管理的范畴,对企业的发展具有决定性的意义和价值。

### 1.2.3.2 企业经营信息化

现代企业经营和管理的重要目标是企业的资金运动。在日常经营中,企业沿着采购、生产、销售三个主要业务过程,发生一系列资金运动,包括以不同形态存在的货币资金、生产资金、商品资金、储备资金和借入资金等,从货币资金开始,又以货币资金结束,形成了一个完整的资金循环过程,如图 1-6 所示。

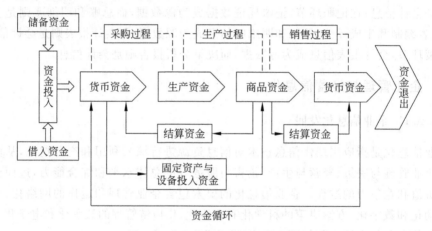

图 1-6 企业的业务过程与资金循环

在企业的业务过程和资金循环过程中,依时间序列将产生数量巨大、种类繁杂的业务数据和基础资料,企业必须采用专门的业务处理方式和技术工具对这些基础数据和资料进行加工和处理、分类和筛选后,形成有价值的财务信息、经济信息和决策信息;数据和资料的加工处理主要使用会计信息系统完成。因此,在业务过程和资金循环过程中,将主要产生会计数据流、资金流和信息流。

(1)数据流。是指基于业务过程和资金循环过程中的各节点而产生的各类基础数据、加工处理后数据的计量、输入和输出的过程。

(2)资金流。反映企业业务过程中资金运营、资金使用情况和资金往来变动的流向和路径。资金流具有方向性。

(3)信息流。描述和反映企业的业务过程和资金循环过程中产生的,具有路径、方向性的数据信息、资金信息及相关信息。信息流以会计信息系统为载体,包括信息采集、信息传递、信息加工和处理等环节。

### 1.2.3.3 企业管理信息化

企业的管理活动包括财务管理、生产管理、采购管理、仓储管理、销售管理、计划管理、人力资源管理、组织管理和决策管理、研发管理等,其中,财务管理是与其他管理活动均会发生直接或间接联系的重要活动。企业的管理活动如图 1-7 所示。

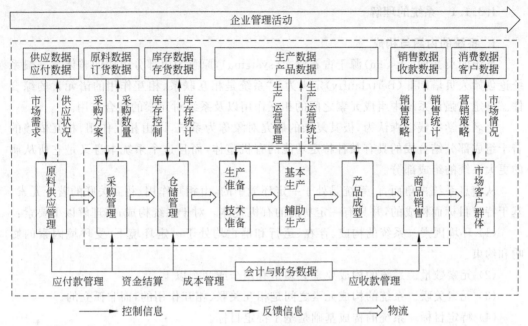

图 1-7　企业的主要管理活动与信息流

企业管理信息化是指将信息技术及计算机技术、网络技术等引入企业的管理活动中,改进和优化管理流程、提升管理效率和决策能力、促进企业资源和生产要素的优化配置,从而提升企业的综合竞争力、实现企业的战略目标和提升其价值的过程。具体而言,就是企业需要构建一套完整的信息管理系统,并将企业管理活动中各类人员管理、运营操作、制度规范、决策指挥、计划实施等活动以信息系统作为贯穿主线,以管理活动中产生的信息作为生产要素和产品,实现各个部门、各类人员、各种角色对于信息的不同使用和有效利用,从而完成企业的计划、组织、实施、监控和评估等一系列操作活动。

在企业管理信息化过程中,信息是核心和基础,信息的内容和范围不仅包括企业内部的各类信息,而且包括与企业管理活动相关的外部信息源。信息源的采集渠道、采集质量和信息利用价值等受到企业内外环境的影响。企业管理信息化的目标是运用现代信息技术,将先进的管理理念和方法引入管理流程中,提高管理效率和水平,促进管理创新。推进企业管理信息化,是促进企业管理创新和各项管理工作升级的重要突破口。

## 1.3　信息系统及 IT 管理规范

信息系统论是人类社会发展到一定阶段后,在特定的环境下发展起来的,体现了会计的本质特征。信息系统论认为,会计在本质上是一个以提供财务信息为主的经济信息系统。

## 1.3.1　信息系统概述

### 1.3.1.1　系统的理解

**1. 系统的内涵与构成**

系统的英文词(system)源于古希腊文(systema),原意为由部分组成的整体。一般系统论创始人贝塔朗菲(Bertalanffy)定义为:"系统是相互联系、相互作用的诸元素的综合体。"该定义强调系统中组成元素之间的相互作用以及系统对元素的整合作用。

著名科学家钱学森认为,极其复杂的研究对象称为系统,即由相互作用、相互依赖的若干组成部分结合成的具有某种特定功能的有机整体,而且这个系统本身又是它所从属的更大系统的组成部分。

从信息系统视角而言,系统是处于一定环境中的,由相互作用、相互关联的若干元素,基于特定目标而构成的,并具有一定功能的有机整体。对于系统构成,需理解以下要素:

(1) 环境因素。系统的构成、存在、运行和消亡均处于一定环境下,受环境因素的影响和约束。

(2) 元素数量。系统的构成要素必须是有两个或两个以上。

(3) 元素关联。系统的构成元素之间是相互关联、相互作用的,而非孤立的。

(4) 特定目标。系统的构成基础是基于特定目标。

(5) 整体功能。系统构成有机整体后,将具备一定的功能和作用。

**2. 系统的分类与特征**

系统一般可以分为人工系统和自动系统。人工系统指工作流程和工作环节主要由人工进行协作、分工完成,如手工会计系统;自动系统指工作流程和工作环节主要由机器、设备或计算机自动完成,如电网自动调度系统、水位自动控制系统、数控机床系统、计算机会计信息系统。

一般而言,系统有下列主要特征。

(1) 交互性。每个系统均存在于一定的环境中,系统与外部环境因素进行能量、信息的交换,并受到外部因素的影响和作用;同时,系统内部也形成了内部环境,内部各元素之间、内外部元素之间、各内部元素与系统整体之间、系统整体与外部元素之间也直接或间接发生影响和作用。

(2) 整体性。系统是若干元素的有机组合,而非简单的组合;系统在形成时,各元素的功能和各元素间的作用根据整体目标而聚合和耦合,发生物质、信息、能量的交换,从而形成了具有整体属性、整体功能和整体运行规律的系统。

(3) 目标性。系统的目标是确定系统功能结构的依据,系统的所有活动均是为了达到特定的目标而进行的。每个系统也正是基于特定的目标而构建起来的,这是区别于其他系统的重要标志。系统中各元素的构成和各自功能存在差异,但总体目标是一致的。

(4) 功能性。为了完成系统的特定目标,每个系统均有其明确的功能,系统元素通过各自的作用以及相互之间的协同作用,来共同实现这种功能和整体目标。

(5) 周期性。任何系统均有一个孕育、形成、完善、成熟和消亡的过程,即系统的生命周期,每个阶段的系统特点、功能、属性也都会发生相应的变化和调整。

(6) 层次性。系统构成后,往往非常复杂,通常一个大系统会根据其功能实现的难度、重要度,依层级分解成为一系列小系统,即系统具有可分性和层次性,而这些小系统也称为多层级子系统或子系统。层级越低,所需完成的系统功能越基础,功能结构也越简单;层次越高,所需完成的功能越多样,功能结构也越复杂。

### 1.3.1.2 信息系统的内涵与结构

#### 1. 信息系统的内涵与层次

信息、物质和能源是人类社会发展的重要资源要素,而信息系统是一门新兴的科学,其主要任务是最大限度地利用信息基础设施,使企业的管理活动和经营活动实现数字化、信息化,向各类信息用户提供有效、有价值的使用信息和决策信息,从而加强对企业所拥有和控制的资源要素的有效管理、控制和利用,达到不断提升企业的管理水平和经济价值的目的。

信息系统(Information System,IS)是以计算机硬件和软件、网络和通信设备等信息基础设施为基础运行环境构建起来的,以信息流的收集和存储、加工和处理、转换和传输为目的的人机交互系统。简言之,信息系统是一个进行数据的收集、输入、处理、存储和信息输出,以完成特定组织目标和任务的若干元素的集合。

信息系统的运行是执行规定的程序和指令,以信息作为处理对象,以数据的获取和输入为起点,以有价值、有用信息的提供和输出为终点,形成一个完整的信息流过程。另外,信息系统在运行时均有特定的目标,目标决定了系统获取、接受、加工和处理哪些数据,将数据处理成为具有哪些维度和特征的信息。

根据信息系统的组成和逻辑功能划分,信息系统一般可划分为以下几个层次。

(1) 基础环境层。由支持信息系统运行的计算机硬件、系统软件、网络及相关设备组成。该层是信息系统的物理基础。

(2) 资源管理层。由进行信息采集和存储、转换和传输、使用和管理的资源管理系统(如数据库管理系统、内容管理系统、目录服务系统等),以及各类结构化、半结构化和非结构化的数据信息共同组成。

(3) 软件支持层。由操作系统为主的系统软件,以及支持系统运行的相关软件组成,包括数据库管理系统、客户和服务器开发软件、分布对象环境和集成开发工具等。

(4) 系统功能层。由信息系统提供的用于进行信息处理、业务处理、组织管理和辅助决策等操作的功能。

(5) 业务逻辑层。由实现各种业务功能和流程、规则和策略等应用的一组信息处理代码构成。

(6) 应用表现层。建立在业务逻辑层基础上,将经过处理的信息资源、数据通过多种信息展现形式(包括分析文字、图表、图像、声音等)向系统用户提供人机交互的信息处理结果。

#### 2. 信息系统的基本结构

信息系统的结构是指信息系统中各组成部分之间的相互关系和构成框架。运用不同的构成方式和维度,就会形成不同的信息系统结构,包括概念结构、功能结构、硬件结构和软件结构等。

基于信息流程视角划分,信息系统的基本结构可包括信息源、信息处理器、信息使用者、信息输出和信息管理者五个方面,如图 1-8 所示。

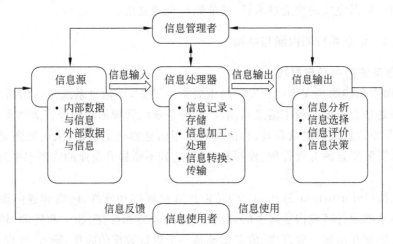

图 1-8　信息系统的基本结构

（1）信息源。是指信息发生的来源,即信息的产生地,可以分为内部信息源和外部信息源。内部信息源主要指在经营活动中所产生的各种数据,如生产数据、财务数据、销售数据等。外部信息源是指来自企业外部环境的各种信息,如国家宏观经济信息、市场信息等。

（2）信息处理器。是指计算机软件和硬件设备。信息处理器能完成数据的采集、数据变换和数据存储等,并将数据转变为信息提供给信息用户和管理人员供其制定科学决策使用。

（3）信息输出。是指将信息处理器的信息处理结果以模式和特定化、规范化格式进行展现,以便信息使用者进行有效的信息分析、选择、评价和决策。

（4）信息使用者。是指企业各不同部门和不同层次的管理人员,即信息系统的最终受益者,也称为信息用户。信息用户可利用信息系统提供的各种信息进行辅助性决策。

（5）信息管理者。是指负责管理信息系统开发和运行的人员。他们在系统实施过程中负责信息系统各部分的组织和协调工作。

### 1.3.1.3　信息系统的发展与应用

信息系统的发展历程可划分为四个阶段。具体如下。

（1）电子数据处理系统（EDPS）阶段。20 世纪 50—60 年代为计算机数据处理或电子数据处理系统（Electric Data Processing System,EDPS）阶段。在该阶段,计算机开始应用于企业的日常业务与事务的处理中,并可以定期提供较为系统的业务数据统计信息。EDPS 的主要目标是:通过提供单一数据的计算机处理服务,减少企业的人工数据统计工作量,达到节省费用、提升企业管理人员日常业务处理的工作效率的目的。

（2）管理信息系统（MIS）阶段。20 世纪 70 年代后,逐渐进入管理信息系统阶段

（Management Information System，MIS）。在该阶段，计算机操作系统、数据库系统均已出现并逐步成熟，计算机已广泛应用于企业的经营和管理中，EDPS 阶段中单一的业务数据处理模式逐渐发展成为可处理综合数据和复杂数据的管理信息系统，并在系统性、整体性方面也有长足发展。MIS 的出现为企业的管理人员提供了具有较完善功能的业务信息和辅助决策的信息系统。管理信息系统的数据方式为面向终端的联机处理（Online Processing）。管理信息系统主要包括人力资源、客户关系管理、生产制造管理、供应链管理、会计信息系统等重要的职能性子系统。

（3）决策支持系统（DSS）阶段。20 世纪 80 年代后，随着管理信息系统的基本理论、实践解决方法渐趋系统和完善，由 MIS 阶段进入了第三个阶段——决策支持系统（Decision Support System，DSS）阶段。该阶段，管理信息系统逐渐引入了管理科学、控制论、行为科学等前沿理论，并以信息技术、仿真技术和网络技术为手段处理半结构化、非结构化的决策问题，形成具有智能性的人机交互信息系统。DSS 可以通过对各种相关信息资源的处理来构建模型、提供方法和参数、实施模拟和决策效果检验，为决策者提供更为科学的决策依据，从而提升决策者的决策能力和决策水平。

以专家系统（Expert System，ES）和群决策支持系统（GDSS）为例。ES 是使用某专业领域中专家的知识构成的计算机系统，其目标是让计算机具有与该领域专家同等水平的解决实际问题的能力。GDSS 是为了满足集体决策的需要所设计的、能够支持多个决策者获取有效决策结果的计算机辅助系统。GDSS 除可进行决策分析外，还可实现决策参与者之间的互动交流。

（4）高管信息系统（EIS）阶段。高管信息系统（Executive Information System，EIS）是向企业的高层主管提供企业总体绩效信息的特殊系统，也称为经理信息系统或总裁信息系统。EIS 可以使高层主管得到更为及时快速的、直接有效的、可视化的，更具有决策参考价值的企业总体绩效信息。EIS 实质上是一个"组织状况报道系统"和"人际沟通系统"的系统结合体，它既可以为高层主管提供企业内部、外部等信息中的"成功关键因素"以及预警与控制关键指标，还可以让高层主管通过 EIS 进行战略任务的分解、战术策略的下达、工作绩效的沟通、业务方案的讨论。EIS 的目标，是以决策者最易理解和接受的形式，向其提供企业总体绩效的信息。目前，在企业扁平化、网络化组织结构的趋势下，EIS 的使用层次正在从组织的高层逐渐扩展到较低层次，扩大其信息用户深度。

企业组织中主要的信息系统如表 1-4 所示。

表 1-4　主要信息系统

| 系 统 名 称 | 英 文 名 称 | 系 统 用 途 |
| --- | --- | --- |
| 事务处理系统 | TPS（Transaction Processing System） | 负责采集和处理事务方面数据的信息系统 |
| 客户集成化系统 | CIS（Customer Integrated System） | 建立在 TPS 基础上，允许客户处理个性化信息的系统 |
| 管理信息系统 | MIS（Management Information System） | 利用计算机、通信技术和网络等信息技术与设备，为企业中高层级管理人员提供信息处理的集成化、人机交互的系统 |

| 系 统 名 称 | 英 文 名 称 | 系 统 用 途 |
|---|---|---|
| 终端用户运算系统 | EUCS(End User Computing System) | 为终端用户提供数据和信息处理的系统 |
| 工作组支持系统 | WSS(Workgroup Support System) | 支持信息共享和信息流,提高工作组工作性能的信息系统 |
| 决策支持系统 | DSS(Decision Support System) | 用于解决高层非结构化的管理问题的人机交互系统 |
| 人工智能系统 | AIS(Artificial Intelligence System) | 人工智能(AI)是研究人类思维和行为模拟的一门科学,开发用于模拟、延伸和扩展人的智能的技术及应用系统 |
| 高管信息系统 | EIS(Executive Information System) | MIS 与 DSS 及 AIS 的结合体 |
| 企业资源计划系统 | ERP(Enterprise Resource Planning) | ERP 系统是建立在信息技术基础之上的,以系统化的管理思想为企业决策层和管理层提供决策运行手段的管理平台,是从制造业资源规划、管理发展成的一个通用的 MIS 系统 |

自 20 世纪 90 年代以来,随着计算机技术、通信技术和网络技术的创新发展,信息系统发展的重要趋势是网络化、智能化,并随之出现了企业资源计划(ERP)、客户关系管理(CRM)、产品数据管理(PDM)、供应链管理(SCM)、电子商务(EC)和战略信息系统(SIS)等新的信息系统。

### 1.3.2 管理信息系统

对于管理信息系统的内涵和构成理解,可以从技术、管理、应用等多个视角去理解。一般共性的认识是:管理信息系统是将先进的管理思维、理念和现代信息技术引入信息系统进行相互有机融合后形成的,它能够对组织原有的管理流程、业务流程进行优化和改进,从而达到提升企业管理效率和实现企业价值的目的。因此,管理信息系统是现代管理方法与信息技术手段相结合的新型信息系统。

#### 1.3.2.1 管理信息系统的内涵与特征

《中国企业管理百科全书》(1990 年版)将管理信息系统定义为:一个由人、计算机等组成的,能进行管理信息收集、传递、储存、加工、维护和使用的系统。管理信息系统能实测企业的各种运行情况,利用过去的数据预测未来,从全局出发辅助企业进行决策,利用信息控制企业的行为,帮助企业实现其规划目标。

薛华成(2001)在《管理信息系统》一书中,将管理信息系统定义为:一个以人为主导,利用计算机硬件、软件、网络通信设备以及其他办公设备,进行信息的收集、传输、加工、储存、更新和维护,以企业战略竞优、提高效益和效率为目的,支持企业高层决策、中层控制、基层运作的集成化的人机系统。

基于信息系统视角,管理信息系统是利用计算机技术、通信技术和网络技术及决策理论、现代管理等理论的思想,对企业管理和生产经营过程中产生的数据和信息,进行获取和存储、加工和处理、转换和传输、管理和使用,向信息使用者、决策者提供具有使用价值和决策价值的信息的人机交互式的集成系统。

管理信息系统实质上是信息系统在管理领域的具体应用,它具有信息系统的一般属性、特征和功能结构,其管理对象是基于管理流程、业务流程及供应链流程产生的信息流,其目的是实现管理、业务、运营的总体优化和改进,提升组织的综合运营效率和整体价值。

管理信息系统的主要特征如下。

**1. 科学性与技术性融合的现代信息系统**

管理信息系统的形成不但是计算机技术、网络技术和通信技术的产物,更是与决策理论、管理理论、运筹理论、控制论、信息论等先进管理思维、理念和理论相结合的产物。

对于管理信息系统的理解,可以从管理视角和技术应用视角两个层面进行。一方面,先进管理思维和方式的引入,是为了改进和优化现有的管理流程和业务流程,而改进和优化的目的恰恰需要通过现代信息技术手段才能实现;另一方面,信息技术的使用和引入,则需要根据组织的战略规划、管理策略和思维发展而确定应用的程度、深度和范围,以确保有效的资源投入。

**2. 管理决策服务和支持导向型的信息系统**

现代管理信息系统由管理学相关理论、决策论、信息论等理论作为支撑基础,是现代管理学和现代信息技术的重要发展,体现了现代管理思想和现代技术的特点。

构建和使用管理信息系统的目标是向信息用户提供解决例行化问题的技术手段和计量模型、决策模型,获取、加工、处理、输出能够用于管理和决策的重要信息、数据分析,协助管理者进行决策,从而解决经营和管理中的实际问题,并能够实时监控和预测未来,如制造生产系统、办公系统、会计管理系统等。

**3. 业务流程和管理流程全覆盖的信息系统**

在设计、构建管理信息系统框架时,应注意它应包含多个子系统,涉及多个部门、各个条线、各类业务和各类人员等,同时还涉及各业务条线和各部门的运营特点、数据和信息特点、软件和硬件现状、计算机系统配备情况以及数据库标准等各方面资源。因此,不能简单地、孤立地进行管理信息系统的构建,而是应综合地、全面地进行管理信息的系统设计,覆盖企业组织的业务流程、管理流程和整个供应链,才能充分满足不同用户、不同利益主体对于管理信息系统的使用要求和决策要求。

**4. 以人为主的人机交互式信息系统**

计算机技术、网络技术和通信技术在信息系统中的应用是现代信息系统的重要标志,现代信息系统是基于计算机的系统(CBIS)。计算机在数据及信息的存储和计算、加工和处理的过程中起着人力不可及的作用。

需要指出的是,在现代信息系统中,人依然是系统中的决定性角色和主体,计算机不可能也不能完全替代人的思维意识和决策能力。信息系统是人进行设计、开发、运营和维护的,所有的运行过程、环节均被管理员通过设置系统参数、触发机制、约束条件的方式进行控制,所有的数据结果和信息输出也均由人进行分析、判定和使用。因此,现代管理信息系统是一个以人为主的人机交互式的信息系统,人是系统中不可分割的重要组成部分。

### 1.3.2.2 管理信息系统的功能结构

管理信息系统(以下简写为 MIS)主要支持例行的高度结构化(可程序化)管理问题为主的信息系统。MIS 一般由基础和功能两部分组成:基础部分由计算机硬件系统、软件系统、数据存储和管理规范组成;功能部分由各业务子系统及其管理功能组成。MIS 的基本构成如图 1-9 所示。

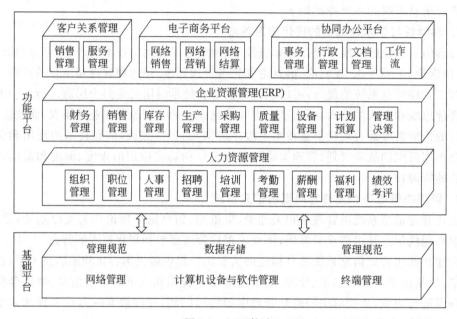

图 1-9　MIS 构成

MIS 的重要系统构成包括企业资源管理系统(ERP)、人力资源管理系统(HR)、客户关系管理系统(CRM)、办公自动化系统(OA)、即时通信软件系统、工程工具软件系统(CAD 软件、工程造价管理软件等)和基础数据支持系统等。根据面向的服务对象和业务处理特点来划分,MIS 可分为以下主要类型。

(1) 国家经济信息系统。该系统负责收集、处理、存储和分析与国民经济运行有关的各类数据和信息,面向各级政府,提供经济运行状况和经济决策服务。国家经济信息系统是一个跨地区、跨部门的综合性经济信息系统,由各级政府的信息中心构成。

(2) 企业管理信息系统。是面向企业组织的,提供管理信息的获取和存储、加工和处理、转换和传输、输出与分析,支持生产监控、预测和决策支持功能的系统,如供应链管理系统、制造管理系统、企业客户关系管理系统、企业会计信息系统等。

(3) 事务型管理信息系统。是面向事业单位的,提供日常行政、管理等事务的处理和事务监控、评估等支持的系统,如医院、学校管理信息系统。

(4) 行政机关办公型管理信息系统。是面向国家各级行政机关的,提供行政服务、日常办公等自动化服务的系统,特点为办公的自动化和无纸化。

(5) 专业型管理信息系统。是面向特定行业或领域提供专业性服务的管理信息系统,如房地产信息管理系统、人才管理系统、再就业管理系统、铁路运输与调度管理系统等。

MIS 的主要功能包括数据处理功能、计划功能、控制功能、预测和决策功能等。

(1) 数据处理功能。MIS 能从各个子系统、各业务流程和各管理流程中自动获取各类源数据,并基于数据处理规则对数据进行加工、处理、传输,为管理人员提供有效和有价值的信息。

(2) 计划功能。MIS 能够协助管理层和相关部门基于业务历史数据、财务信息、非财务信息合理地安排各类计划,从而提升管理和业务效率。

(3) 控制功能。MIS 覆盖了组织的管理流程、业务流程,并对产生的信息流进行实时、有效获取和处理,因此可以实现对组织的运营情况进行全流程监控,及时反馈信息和问题。

(4) 预测和决策功能。MIS 提供基于管理决策论、信息管理理论的各类数学模型和优化方法,可对数据及信息进行计算分析,从而向管理层提供预测信息并辅助决策者进行管理决策。

### 1.3.2.3　管理信息系统的应用体系结构

进入 21 世纪以后,数据库技术和网络技术得到了迅猛发展,构成了现代管理信息系统的核心基础,数据库和计算机网络系统的配置已成为现代管理信息系统的重要标志。现代管理信息系统的处理方式是在数据库和网络基础上的分布式处理,可以实现对数据和信息的高度集中和快速处理。

管理信息系统的应用体系结构发展主要经历了文件/服务器(F/S)结构、客户端/服务器(C/S)结构到浏览器/服务器(B/S)结构三个阶段。目前管理信息系统应用平台的 C/S 结构模式与 B/S 结构模式共存,B/S 结构模式日趋成为主流。

#### 1. 文件/服务器(File/Server)结构

文件/服务器模式(File/Server,F/S)是指在局域网中,数据集中存放于文件服务器,所有用户均通过使用自己的计算机设备,利用局域网登录访问服务器中所指定的文件存储设备,由服务器将用户端查询到的数据文件发送给客户计算机。在该模式下,用户的计算机设备配置有数据库管理系统来处理所获取的数据文件,用户处理完的结果又以数据文件的方式通过局域网再放置于文件服务器上。

该模式对文件存储设备的要求很高,文件服务器不但要存储文件,对用户的访问进行并发处理、分时处理,对文件的更新和变动进行相应的顺序管理、版本管理,还要进行系统的安全保密处置。因此,文件服务器通常是用来管理共享文件的、具有大容量硬盘的计算机设备,包括处理器、磁盘和控制软件等。

该模式的主要优势在于其管理的低复杂程度和功能简单化。该模式强化了存储器功能,简化了网络数据管理模式,提高了数据的可用性,降低了运营费用。主要缺点是服务器仅负责共享硬盘和数据管理,而客户机(PC 机)则要负责除数据管理外的所有工作,客户机与服务器的所有交互均只能通过局域网传输,网络负载大。

文件/服务器模式如图 1-10 所示。

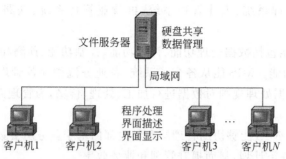

图 1-10　文件/服务器(File/Server)

### 2. 客户端/服务器(Client/Server)结构

客户端/服务器(C/S)结构是一种软件体系结构,其工作过程是:通过选择一台或多台运算能力和存储能力强大的计算机(小型机)作为主服务器,构建企业级局域网环境和设置工作站,将应用系统放置于工作站或用户的终端机上,服务器程序在主服务器的数据库中储存共享数据。C/S模式是一种成熟的应用体系结构,被成功地广泛应用于各种管理信息系统中。

C/S结构是典型的两层结构——客户端、数据库服务器。客户端包含一个或多个在用户计算机上运行的程序。服务器端有两类:一类是数据库服务器端,客户端通过数据库连接访问服务器端的数据;另一类是 Socket 服务器端,服务器端的程序通过 Socket 与客户端的程序进行通信。C/S结构如图 1-11 所示。

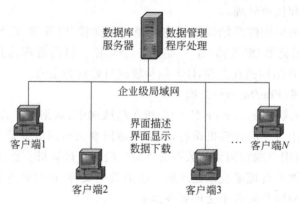

图 1-11　客户端/服务器(C/S)结构

在C/S结构模式下,利用客户端和服务器端的硬件资源优势,通过用户身份验证后,将任务合理分配到两端来实现。目前,多数应用软件系统虽然还是 C/S 模型的两层结构,但软件应用系统正在向分布式的 Web 应用方向发展。

C/S结构的主要优势如下。

(1) 系统和信息安全性强。C/S结构可实现多层认证,并面向较为固定的用户群,信息安全性和系统安全性能够得到保障。

(2) 服务器响应快。C/S结构中的客户端与服务器进行直接交互,无其他中间环节,因此响应速度快。同时,客户端和服务器端两端均能处理任务,因此可以减轻服务器的处理压力。

（3）信息传输效率高。在网络通信中只传输请求服务和结果数据,可降低网络通信线路负载和运营成本,极大地提高了系统运行效率。

（4）服务器处理压力小,操作界面友好。C/S 结构下,操作界面友好,可满足客户个性化操作需求。

（5）事务处理能力强。C/S 结构下,管理信息系统具有较强的事务处理能力,能处理复杂的业务流程。

（6）技术成熟度高。从软件设计、技术成熟度而言,C/S 技术相对更加成熟和稳定。

C/S 结构的主要缺点如下。

（1）开放程度有限。C/S 结构的开放性限于系统开发级,其中的客户端和服务器端均需特定的软件来支持,并且需要针对不同的操作系统相应开发不同版本的软件,针对点多面广且不具备网络条件的用户群体时,无法实现快速部署安装和配置。

（2）开发和运维成本高。当系统及软件需要升级时,C/S 结构下的全部客户端应用程序均需要进行升级,运维效率低。同时,针对不同的系统环境应用软件的兼容性差,需专业人员进行重新开发和编写程序。

（3）并发处理能力有限。C/S 结构采用主从式结构,客户端和服务器端直接相连,服务器需要直接响应客户端的请求,当大量客户端并发进行数据请求时,频繁的数据请求形成堆积后,会导致服务器响应效率大幅降低甚至崩溃。

（4）数据库移植性差。C/S 结构在存储过程的调用中,均在数据库层完成全部处理过程,再由服务器将最终结果返回给客户端。C/S 结构的业务逻辑需采用专用语言开发,很难移植到其他数据库。

**3. 浏览器/服务器（Browser/Server）结构**

随着互联网的快速发展,C/S 结构已无法满足网络互联和开放性、共享性的要求。在C/S 结构两层的基础之上,出现了 B/S 型结构——浏览器/服务器（Browser/Server）结构,其中浏览器指 Web 浏览器。B/S 型结构是一个三层级结构,包括浏览器客户端、WebApp 服务器端和 DB 端。

B/S 结构的工作过程是:用户的工作界面是浏览器,通过浏览器来访问服务器的数据和信息,这些数据和信息均由诸多 Web 服务器产生,每个 Web 服务器又可以通过各种方式与数据库服务器相连接,而实际上数据是存放于数据库服务器中;在通过浏览器进行数据下载的过程中,当遇到与数据库相关的指令时,由 Web 服务器提交数据库服务器来进行解释执行,执行后再返回给 Web 服务器,Web 服务器再返回给用户。

B/S 结构的特征是:客户端基本上不再承担事务处理逻辑的任务及处理复杂计算、数据访问等重要事务,仅负责信息结果显示;服务器承担更多的功能和任务;用户仅通过浏览器即可向服务器发出请求,服务器处理用户的请求后,将处理结果返回给用户。

B/S 结构如图 1-12 所示。

B/S 结构的主要优势如下。

（1）开放性和扩展性强。B/S 结构以中间件为基础,利用中间件技术将应用的业务逻辑、表示逻辑和数据分为多个不同的处理层,使管理信息系统具有可扩展性和开放性。

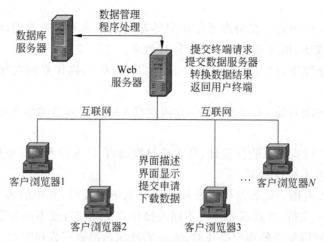

图 1-12　浏览器/服务器（B/S 结构）

同时,通过增加网页即可增加服务器功能。

（2）用户操作便利性。客户端只需要有 Web 浏览器和能够联网,无须安装其他用户程序即可发起信息和数据请求。同时,浏览器软件用户界面、语言格式、传输协议均统一,并支持异构数据库。

（3）网络交互性强。B/S 结构可应用于广域网环境下,只需通过相应的权限设定和控制,即可实现多客户访问的目的。

（4）运维和升级方便。当系统升级时只需要升级服务器即可,无须再进行多个客户端的程序升级处理。

（5）不受时间和地域影响。在网络联通条件下,用户可不受时间和地点的限制,随时随地发起业务处理请求。

B/S 结构的主要缺点如下。

（1）在确保处理速度和系统安全性方面,B/S 结构还存在诸多不足。

（2）由于客户端的功能弱化,仅能完成浏览、查询、数据输入和数据下载等简单功能,服务器承担了绝大多数任务,因此服务器负担非常重。

（3）当需要在网络上发布或传输信息时,其格式要求以 HTML 格式为主,而 HTML 格式文件不易编辑修改,在文件管理方面存在不便。

（4）由于 Web 浏览器的特点约束,用户在浏览器端发起业务请求时,主要使用鼠标和刷新界面方式,无法满足更复杂的操作要求。

### 1.3.3　IT 治理与 IT 审计

#### 1.3.3.1　IT 治理与 COBIT

IT 治理是组织的一种制度安排,这种安排需要确保组织中的信息和 IT 技术能支持其业务目标的实现和价值交付,并能够恰当管理组织中的各类 IT 风险和评估 IT 投资绩效,从而达到组织所拥有的 IT 资源得到合理、充分利用的目的,实现 IT 目标与业务目标的一致性。IT 治理的提出，为组织在实现业务目标的同时，确保 IT 的投资收益和风险管理的平衡提供了一种机制。

国际信息系统审计与控制协会(ISACA)提出了一个 IT 安全与信息技术管理和控制标准——《信息系统和技术控制目标》(Control Objectives for Information and Related Technology，COBIT)。COBIT 为 IT 治理的实施提供了有效的框架指南和审计标准，成为目前国际普遍认同的 IT 治理和控制最佳实践。2012 年 ISACA 发布了 COBIT 5.0，该框架提供了全球广泛认可的原则、最佳实践、分析工具和模型等。

COBIT 重点关注两个关键点：提供所需要的信息，以支持业务目标和需求；根据 IT 流程所管理的 IT 相关资源及应用，对信息进行处理。作为 IT 治理的核心模型，COBIT 模型通过 IT 规划和组织(Planning and Organization)、系统获得和实施(Acquisition and Implementation)、交付与支持(Delivery and Support)、信息系统运行性能监控(Monitoring)四个管理控制域，以及 34 个流程/控制目标，形成了一个多维立体性、强逻辑性的 IT 控制框架结构。COBIT 框架构建的原则是将管理层对 IT 的期望与 IT 职责联系在一起；COBIT 的目标是在提供 IT 价值的同时管理好 IT 风险，实现 IT 治理效果。COBIT 的 IT 管理框架如图 1-13 所示。

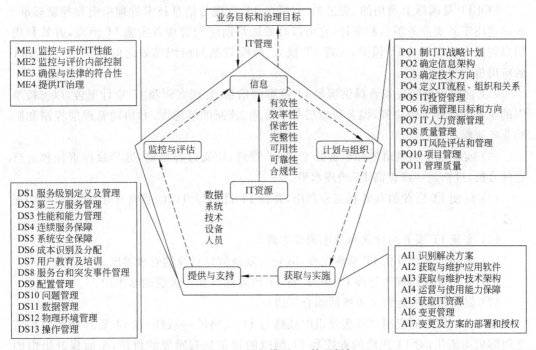

图 1-13　COBIT 模型 IT 管理框架

### 1. COBIT 的 IT 资源

数据(Data)：最广义的对象，包括结构化、非结构化的各类内在化和表象化的符号、图形、声音等。

应用系统(Application Systems)：人工程度与计算机程序的集合。

技术(Technology)：包括硬件、操作系统、数据库管理系统以及网络、多媒体等。

设备(Facilities)：用来存储和支持信息系统的全部资源。

人员：人员的技能和意识,以及从事计划、组织、获取、传输、支持和监控信息系统和服务的能力。

**2. COBIT 的 IT 准则**

有效性(Effectiveness)：信息对于业务活动而言是"有效"的,信息系统能够及时、准确地传输信息。

效率性(Efficiency)：应确保最经济、最高效地使用资源和提供信息。

保密性(Confidentiality)：对敏感信息进行保护,避免信息泄露和未经授权披露。

完整性(Integrity)：从业务价值和期望的匹配而言,信息应确保是准确完整和真实可信的。

可用性(Availability)：在满足业务需要和进行业务处理时,信息应确保可用、可获取。

可靠性(Reliability)：为管理者能够维护组织的经营管理和正确履职,提供适合和所需要的信息。

合规性(Compliance)：业务活动必须遵行相关法律法规、合同和约定规定。

**3. COBIT 的应用价值**

COBIT 是国际上通用的、先进的、权威的 IT 治理与信息技术管理指南和控制标准,普遍适用于各类业务项目和审计,它可以有效地帮助组织管理者实施 IT 治理,有效利用信息资源和管理相关 IT 风险,实现 IT 投入、风险管制与组织绩效之间的平衡。COBIT 的应用价值概括如下：

(1) 向管理层和决策者提供满足 IT 准则的信息、管理案例和 IT 审计报告,以支持组织的业务决策和管理决策,提升管理层对于管理、控制的敏感度,并协助管理层控制和影响业务流程。

(2) 实现基于明确角色和职责分工的 IT 管理,定义过程措施,区分过程责任和进行责任分析,进而进一步提高 IT 治理水平。

(3) 促使 IT 资源的有效和充分利用,并使 IT 目标与组织的战略目标、业务目标实现一致。

(4) 实现 IT 服务的优化和技术的成本降低。

(5) 能够简化和量化 IT 管理工作,减轻对复杂信息系统的管理难度。

(6) 及时发现和有效管理 IT 风险,将 IT 风险保持在可接受的水平内。

(7) 促使组织的运营和业务活动合规进行。

总之,COBIT 的应用可以实现组织战略与 IT 战略的一致性,在 IT 管理和业务价值之间形成均衡化,对 IT 风险的管控和 IT 绩效的评估具有重要的价值,全面提升组织的信息管理水平和 IT 治理能力。因此,将 COBIT 的 IT 治理思想和工具、框架引入我国信息系统的构建过程,逐步构建起 IT 治理机制,对于推动我国各类管理信息系统的规范化良性发展具有重要的价值和意义。

**1.3.3.2 信息管理系统审计**

进入信息化时代后,计算机和网络成为企业生存、发展、竞争的核心,现代企业对计算机及网络的依赖性越来越强。IT 风险也随着计算机及网络技术的发展呈现日益复杂化和多样化,IT 风险的危害性也越来越强。企业系统面临严重的 IT 风险威胁,如 IT 系统的宕机和故障、网络病毒的侵入、信息与数据的泄露等。现代企业必须同步加强对 IT 审计和 IT 风险的管理,实现有效的 IT 治理。

ISACA 认为,信息系统审计(IT 审计)是一个获取并评价证据,以判断计算机系统能否保证资产的安全、数据的完整以及有效率地利用组织的资源并有效果地实现组织目标的过程。针对信息系统审计的实施和操作,ISACA 制定了信息系统审计准则和信息系统审计指南。

(1) 信息系统审计准则是审计准则体系的总纲,包括信息系统审计人员的资格条件、执业行为的基本规范等,是制定审计指南和审计程序的基础依据。ISACA 标准委员会制定了 11 大类信息系统审计准则。

(2) 信息系统审计指南是依据审计准则制定的细化条款和操作规程,为信息系统师在审计中如何遵守审计准则提供指导,并执行各项审计业务、出具审计报告的具体操作。ISACA 标准委员会制定了 35 条信息系统审计指南。

IT 审计的对象是信息系统,审计内容是针对以计算机资源为中心的相关设备的操作、使用、运行、维护和安全等方面的管理。IT 审计的目标包括资产安全性(Asset Security)、系统有效性(Effectivity)、系统效率性(Efficiency)和数据完整性(Data Integrity)。

在 COBIT 中,IT 审计过程包括以下四个方面。

(1) 识别环节。识别和记录与审计实施任务相关联的信息系统管理控制程序和方法、关联业务的风险状况、相关人员、过程和地点等。

(2) 评估环节。根据已确定的判断规则和标准,通过评估规定的控制程序,判断该程序是否提供有效的控制结构。

(3) 测试环节。对已证明有效的控制程序进行符合性测试,以判断控制程序是否被正确地、持续地实施;进行必要的数据测试(实质性测试),以判定业务目标是否已实现,达到管理层的要求。

(4) 证实环节。通过分析技术对相关数据、信息的分析,以及参考前述环节的判断,证实控制目标的风险是否存在。

在实施 IT 审计时,涉及一般性控制措施审计和应用控制措施审计。

(1) 一般性控制的审计业务内容

一般性控制是指针对整个计算机信息系统及环境要素实施的,对系统中所有的应用和功能进行约束和产生影响的控制措施,包括如表 1-5 所示的五类控制。

表 1-5　IT 内控的一般性控制

| 控 制 类 型 | 控 制 措 施 |
| --- | --- |
| 组织控制 | 基于组织特点进行的组织结构、权责划分和制度安排,包括职责分离、授(受)权、监督管理和人事管理等 |
| 系统开发与维护控制 | 包括需求定义、开发规划、系统设计、编程实现、测试、运行维护、文档管理等控制 |

| 控 制 类 型 | 控 制 措 施 |
| --- | --- |
| 系统安全控制 | 系统运行环境的控制,包括访问接触、环境安全、信息安全、病毒防范、信息保密等控制 |
| 硬件与软件控制 | 硬件设备、系统软件的安装、使用等控制 |
| 系统操作控制 | 信息系统的使用操作控制,包括管理制度制定、上机与操作规程、上机日志记录、保密制度制定等 |

针对一般性控制的审计内容包括:信息系统的管理、规划;信息系统技术基础设施与运行;信息资产保护;灾难恢复与业务持续计划;业务应用系统开发、获得、实施与维护;业务流程评价与风险管理;与安全相关的人力资源管理与企业文化。

（2）应用控制的审计业务内容

应用控制是为满足数据处理的控制要求,在应用系统中构建的、用于保证数据的完整性和准确性的控制措施。应用控制主要是针对输入、处理和输出功能的控制,如表1-6所示。

表1-6　IT内控的应用控制

| 控制类型 | 控 制 措 施 |
| --- | --- |
| 输入控制 | 确保只有经授权批准的业务输入计算机信息系统<br>确保经核准进入系统后的数据不被丢失,出现遗漏或被篡改<br>允许被计算机拒绝的错误数据在修正后可重新提交 |
| 处理控制 | 确保数据在进行处理过程中,进行数据的有效性检测、校验和相应提示,以及采取错误更正控制与提示等措施 |
| 输出控制 | 确保向用户交付的数据按照输出规则进行处理,输出数据应具有可用性、有效性、一致性和安全性,包括输出错误处理、输出报告管理、报告接收确认等措施 |

随着大数据、云计算、移动网络等新兴信息技术的不断出现和创新发展,现代企业获取了具有更高计算能力的高容量、高速度的信息技术资源,创造了更大的价值并进一步提升了竞争力。但同时,现代企业在IT审计方面也面临比以往更多的挑战,未来IT审计发展的重要趋势将包括私有云和公共云服务方面的数据安全性审计、企业社交网络的系统安全管理审计以及移动互联网模式下企业数据的传输安全和信息安全审计等。

## 1.4　会计信息系统及其应用

### 1.4.1　会计信息化的发展

会计的基本职能是对经济活动进行核算和监督,会计实质上是一种经济管理活动。会计信息化的进程是伴随着业务活动信息化和管理活动信息化的发展而逐步形成的。

会计信息化（Accounting Informatization）是集计算机技术、网络技术、通信技术等现代信息技术和会计理论、会计实务于一体的、全新形式的系统工程和新学科。会计信息化使传统会计理论、会计实务从形式到内容得到了根本性变革,不同系统、不同业务流程之间的数据流、资金流、信息流、物流得到有机整合和贯通，从而使会计信息系统具有了开放性、网络性和共享性，成为一个动态化、数字化、实时化的信息系统。

一般而言，会计信息化可以分为广义的会计信息化和狭义的会计信息化。

（1）广义的会计信息化是指与会计信息化的开展、实施相关联的各类工作与活动，主要包括：会计信息化总体战略的规划、实施方案的制定；会计信息理论的研究、会计信息系统发展与应用的研究、会计信息化软件技术的研发等；会计信息化制度和规程的建立；会计信息化系统的设计、开发、构建、应用与维护；会计信息化的宏观规划；会计信息化设备设施的购置、部署、安装和启用；会计信息化人才的培育；会计信息化软件市场的培育与发展等。

（2）狭义的会计信息化是计算机技术、网络技术、通信技术等信息技术在会计领域的具体应用。会计信息化是企业全面信息化建设的一个重要子集，会计信息化是在会计业务流程和会计管理过程中利用各类现代信息技术对会计业务流程和管理过程进行优化和整合的过程，会计信息化的目的是使企业组织能够充分利用会计信息化资源，向会计信息的使用者和决策者提供有价值、有效用的会计信息服务，从而加强会计的经济业务职能和企业组织管理能力。

会计信息化过程是：将会计数据和信息作为信息化的管理对象，在信息化过程中应用计算机、通信、网络等现代信息技术，对其进行获取和存储、加工和处理、转换和传输、使用和输出等，具有账务处理职能集中化、集成化的特点，从而为企业的管理和经营提供具有重要价值的会计信息。

会计信息化的实质是：在信息技术的应用基础上，运用现代会计理论和管理科学理论对会计业务流程、会计管理流程进行重组和优化，使会计信息系统成为具有"功能集成化"和"信息共享化"的人机互动的决策系统。信息技术的应用和技术平台的构建，是会计信息化的基础；会计软件在会计业务、会计管理流程中的有机嵌入和科学应用，是会计信息化的核心。

### 1.4.2 会计信息系统的内涵与构成

企业的各项业务和管理活动均会与会计发生直接或间接的联系。会计信息是企业组织中最重要的经济资源，它可以连续、系统、全面、综合地反映和监督企业的业务运营情况和总体经营绩效，并为管理、经营决策提供重要参考依据。会计实质上是一种信息系统。随着时代的发展和科技的进步，传统会计信息系统已经将信息技术、管理学等理论进行了有机引入和整合，从而形成了具有计算机、网络特征的计算机管理信息系统。

#### 1.4.2.1 会计信息系统的定义与分类

1966 年，美国会计学会（AAA）出版的《论会计基本理论》（A Statement of Basic Accounting Theory）明确提出：会计是一个信息系统，"会计是为便于信息使用者有根据地判断和决策而鉴别、计量和传输信息的过程"。

鲍德纳（2002）在其《会计信息系统》（Accounting Information System）一书中将会计信息系统定义为：会计信息系统是基于计算机的，将会计数据转换为信息的系统。

会计信息系统(Accounting Information System, AIS)是在会计业务流程和会计管理过程中引入会计学、管理科学、系统学、控制论等先进理论作为指导,并利用各类现代信息技术整合、优化会计业务流程和管理过程,对会计数据和会计信息进行获取和存储、加工和处理、转换和传输、管理和使用,构建起贯穿全流程的人机交互式的信息系统。

会计信息系统构建和使用的目的,是将物流、资金流、信息流进行有机融合,向信息使用者、决策者提供具有使用价值和决策价值的会计数据和会计信息。会计信息系统的基本目标是核算和反映会计主体经济活动的全部过程,它所定量描述的资金运动过程,与生产经营活动有明显的同步性和一致性。因此,会计信息系统的首要目标是正确、及时、完整、全面地记录和反映会计主体经济活动的客观情况,如各种资产的增减变动情况、负债的取得和清偿情况、营业收入和成本费用的发生以及利润的形成和分配情况等。

随着会计理论、管理理论和科学技术的发展,早期的人工方式的会计信息系统已经逐渐发展成为计算机和网络化会计信息系统。会计信息系统的内涵、类别,结构功能也在不断地变化和发展。对于会计信息系统的分类,具有不同方法和维度,如表1-7所示。

表 1-7　会计信息系统分类

| 分 类 依 据 | 具 体 分 类 | 系 统 应 用 |
|---|---|---|
| 管理层级 | 会计核算系统<br>会计管理信息系统<br>会计决策支持系统 | 属于部门级的核算型系统<br>属于企业级或部门级的中级管理型系统<br>属于企业级的高级管理型系统 |
| 信息技术影响程度 | 手工会计信息系统<br>传统自动化会计信息系统<br>现代会计信息系统 | 以人工处理为主的会计信息系统<br>以计算机为主要处理工具的会计系统<br>以计算机技术、信息技术、网络技术等为数据和处理工具的决策型会计系统 |
| 系统功能层次 | 电子数据处理系统<br>管理信息系统<br>决策支持系统 | 单一数据处理的信息系统<br>综合数据处理的信息系统<br>现代信息技术与管理科学相融合的人机交互式信息系统 |
| 系统服务用户 | 单用户系统<br>多用户系统 | 同一时间只能为一个用户服务的会计系统<br>多个用户同时使用的会计系统 |
| 系统适用范围 | 专用系统<br>通用系统 | 为某一单位使用而设计的系统<br>适合某一行业内或多行业的系统 |

#### 1.4.2.2　会计信息系统的构成要素

会计信息系统是企业管理信息系统中的一个重要子系统,它是利用计算机技术、通信技术、网络技术等设备设施,按照会计业务相关规程,处理与会计业务相关联的数据和信息,从而为企业管理和决策提供重要信息的系统。因此,会计信息系统的基本构成包括计算机硬件资源、计算机软件资源、数据与信息资源、会计人员与系统管理人员、会计信息与系统管理规范等五部分要素。

(1)计算机硬件资源。计算机硬件资源是指进行会计数据输入和存储、加工和处理、传输和输出的各类电子硬件设备,具体如表1-8所示。

表 1-8　计算机硬件资源

| 硬件资源类型 | 主要设备 |
| --- | --- |
| 输入设备 | 键盘、扫描仪等 |
| 存储设备 | 磁盘、光盘、硬盘等 |
| 处理设备 | 计算机主机 |
| 输出设备 | 显示器、打印机等 |
| 网络设备 | 网卡、网关、网桥、路由器、集线器等 |
| 其他设备 | 不间断电源(UPS)、应急电源等 |

(2)计算机软件资源。计算机软件包括系统软件、应用软件两大类。

① 系统软件。系统软件是保障会计信息系统正常运行的基础软件,主要包括操作系统、数据库管理系统。主要系统软件有:Windows、Unix、Netware,其中 Unix 主要用于中、小型机,多应用于银行系统,商用系统软件主要为 Windows 操作系统。

② 应用软件。会计信息系统中的应用软件主要是指各类会计软件,主要用于会计核算和会计管理。会计软件的配置是会计信息系统区别于其他信息系统的重要标志。国内主要的会计软件提供商主要有用友公司、金蝶公司、浪潮通软、安易公司、新中大、上海博科等;国外的软件提供商主要有 SAP 公司、甲骨文公司,主要会计软件有 SAP、ORACLE、SSA、QAD、MAPICS、JDE 等。

(3)数据与信息资源。在会计信息系统中,数据和信息资源是最重要的处理对象,即与会计业务、会计管理相关的各类数据、信息。会计信息是加工和处理后的会计数据集合。会计数据和信息资源是会计信息系统运行的核心。

在系统软件中,数据和信息资源须以数据文件形式来获取和存储。会计信息进入会计系统软件后,即成为标准化、格式化的多维度电子数据,包括各类字段的名称、数据类型、长度、小数位数(数值型)以及完整性约束等;系统以电子数据为基础,形成数据库表或信息数据表,便于检索、查找和分析使用。

(4)会计人员与系统管理人员。在会计信息系统中,对应会计业务流程、会计管理流程中会计人员的角色和职责,在系统软件中也相应地为会计人员配置了用户角色和权限,以便会计人员使用会计信息系统进行信息使用与分析、会计管理和业务操作等操作。

会计信息系统的用户主要有两类人员:一类为使用会计信息系统的会计人员;另一类为进行系统运行维护的系统管理人员。

会计人员的职责主要是利用会计信息系统完成会计业务操作,使用经会计信息系统加工和处理的信息进行会计管理和会计决策活动。会计人员主要包括会计主管、凭证录入人员、凭证审核人员、会计档案保管人员等。

系统管理人员的职责是对会计信息管理系统进行设计、研发、管理和运行维护,以确保软件的正常运行和会计人员的使用。系统管理人员主要包括系统管理员、系统开发人员、系统运维人员等。

(5)会计信息与系统管理规范。会计信息管理规范和系统管理规范是会计信息系统的重要构成要素,也是会计信息系统规范运行和顺利使用的保障。

会计信息管理规范包括会计数据管理规范(资产、负债、所有者权益、收入、费用、利润等产生的源数据、加工数据和输出数据)、会计人员岗位职责规范、会计内部规范、会计结算和核算规范、档案管理规范等。

系统管理规范包括硬件管理制度、软件安装和使用规范、系统运行管理规范、数据及信息安全管理规范等。

### 1.4.3 会计信息系统的功能结构

#### 1.4.3.1 会计信息系统的基本功能结构

会计信息系统的功能结构是从会计信息系统的总体功能出发,按照业务的处理流程和实施规范,确定会计信息系统的子系统构成和具体功能,并确定会计信息系统各层级之间、子系统之间关系的一种划分方式,如图 1-14 所示。

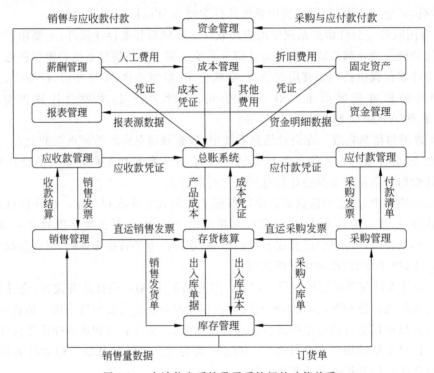

图 1-14　会计信息系统及子系统间的功能关系

基于会计信息系统的构成要素和会计业务流程、会计管理的职能特点,可以将会计信息系统划分为财务系统、购销存系统和管理决策三个主系统,三个主系统下又可分解为若干子系统。会计信息系统的功能结构如图 1-15 所示。

#### 1. 财务系统

财务子系统的主要职能是进行会计核算,包括款项和有价证券的收付,财物的收发、增减和使用,债权债务的发生和结算,资本、基金的增减,收支与成本费用的计算,财务成

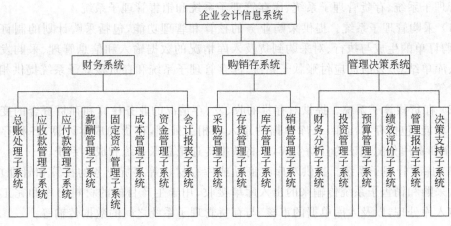

图1-15 会计信息系统功能结构

果的计算和处理以及其他会计事项等。财务系统主要包括总账处理子系统、应收款管理子系统、应付款管理子系统、薪酬管理子系统、固定资产管理子系统、成本管理子系统、资金管理子系统和会计报表管理子系统等。

（1）总账处理子系统。提供日常的会计账务处理功能，包括凭证录入、凭证审核、记账、结账、银行对账等工作，以及总账、明细账、日记账等账簿的查询和打印输出功能。

（2）应收款管理子系统。提供应收款业务的核算和管理功能，以及应收账款的登记和核销、应收款客户的信息记录、各类应收款的账龄分析和坏账估计等功能。

（3）应付款管理子系统。提供应付款业务的核算和管理功能，以及应付账款的登记和核销、应付款客户的信息记录、各类应付款的分析预测等功能。

（4）薪酬管理子系统。提供员工薪酬的计算、发放、个人所得税计算，以及各类工资费用的划分、计提等功能，自动生成人工费用凭证，传递至总账和成本系统。

（5）固定资产管理子系统。提供固定资产增加、减少和变动的记录和管理，以及折旧费用的按期自动计提和分配功能，生成计提折旧等凭证，自动传递至总账和成本系统。

（6）成本管理子系统。提供自动接收从其他各子系统模块传递来的成本信息的功能，并对各种生产耗用、费用等成本数据进行归集、分配与汇总，自动生成成本凭证，传递至总账，完成生产成本的核算过程；同时，提供相关的成本模型，可对生产成本进行预测。

（7）资金管理子系统。提供企业内部和外部存款、借款数据及信息的记录、管理功能，对内、对外的收款和付款、转账等资金往来业务的记录、管理功能，利息自动计息和利息凭证生成功能，以及资金往来信息查询和统计等功能。

（8）会计报表管理子系统。提供内部报表、外部报表的自动数据获取、报表编制、报表合并、报表生成和报表视图展现等功能，并提供定义报表、公式编辑、参数配置等功能。

**2. 购销存系统**

购销存系统的主要职能是进行供应链管理，即对采购、存货和销售环节进行会计核算，加强成本管理和实物管理，使财务管理和物流管理有机融合，从而协助企业实现经济采购、合理库存、扩大销售，达到提升资金营运效率和利润的目的。购销存系统主要包括采购管理子系统、存货管理子系统、库存管理子系统和销售管理子系统。

（1）采购管理子系统。提供采购业务的核算和管理功能，包括采购计划的制订和执行、采购订单的生成与执行、对采购到货及入库情况的数据输入和信息管理、采购发票录入与入库单结算，及时向应付账款子系统、库存管理子系统和存货核算子系统提供相关采购信息等。

（2）存货核算子系统。提供对存货的收、发、存情况的业务核算和存货资金的变动情况统计功能，包括存货出库、入库单据的录入和相关处理，存货的成本计算，各种存货入库、出库和费用分配凭证的自动生成，并将数据传递至总账系统和成本系统。

（3）库存管理子系统。提供对库存商品或库存材料等存货业务的核算和管理功能，包括从采购和销售子系统传输来的出入库单接收、用于生产目的的材料出库和完工产品的结转入库处理，以及入库单据的审核、与存货管理子系统之间的数据传输等。

（4）销售管理子系统。提供销售订单、销售发货、销售开票及销售收款业务的管理，以及销售业务的核算和分析功能，包括销售订单的录入和执行反馈，发货单、销售出库单、销售发票的开具与结算等，与应收款管理子系统之间的销售款项回收的数据传输、凭证生成等。

**3. 管理决策系统**

管理决策子系统的主要职能是通过及时、准确地汇总财务信息和非财务信息，为企业的管理者提供用于会计管理、会计决策和绩效评估的信息。管理决策系统主要包括财务分析子系统、投资管理子系统、预算管理子系统、绩效评价子系统、管理报告子系统和决策支持子系统六个子系统。

管理决策系统是将管理决策理论与计算机技术、通信技术和网络技术相结合，构建起用于决策使用的数据库和决策模型，对所获取的各类财务数据信息和非财务数据信息进行计算、分析和判定，由管理者和决策者对资源要素约束等进行综合判断后，确定如何实施和开展财务核算、企业投资、预算编制等工作，并协助管理者更为客观、准确地评估企业的总体绩效情况。

### 1.4.3.2 会计信息系统的功能结构特点

（1）软件用户职能的个性化。各企业在使用会计信息系统时，可根据企业业务和管理的特点、会计部门与其他部门的关系以及会计人员的层次和资源充足性，设置具有企业自身特点的账套、数据字典、权限配置和会计系统参数等。

（2）账务处理模块的重要性。会计信息系统的功能结构层级是以账务处理子系统为中心，其他子系统的功能、关系均围绕该子系统进行设计和展开。

（3）功能模块的相对独立性。会计信息系统中各子系统在功能方面具有相对的独立性，一般不存在重复功能，侧重系统之间功能的支持、衔接和数据调用等。

## 1.4.4 会计信息系统的发展与趋势

### 1.4.4.1 国内外会计信息系统发展综述

**1. 国外会计信息系统的发展概述**

1954 年，美国通用电气公司首次利用计算机对企业工资进行数据统计和核算，从而开创了会计数据处理(EDP)的新纪元,引起了革命性变革。在电子数据处理系统(EDPS)阶段,数据处理主要应用于少数会计模块和统计功能,如工薪统计、销售统计等。1965 年以后,EDPS 阶段逐步过渡到管理信息系统(MIS)阶段,会计核算系统逐渐完善,覆盖了总账、工薪计算、应收账款、应付账款和财务报表等模块。

20 世纪 70 年代后,决策支持系统开始出现,为会计核算中的"存货管理"、"采购管理"模块提供决策支持数据。20 世纪 80 年代后,随着计算机技术、人工智能理论和应用的发展,在"销售计划"、"资金管理"、"物料需求计划"等模块中引入了人工智能决策的理念和方法,进一步完善了管理会计职能,提升了企业的经营管理水平和决策能力。

20 世纪 90 年代后,信息技术、网络技术的快速发展,极大促进了会计信息系统的集成化、一体化、智能化和网络化发展,会计数据和会计信息的共享程度进一步提升,会计信息系统成为企业管理网络的核心部分。同时,随着管理信息系统和决策支持系统的有机融合,会计软件产业也得到迅猛发展,集中式会计信息系统逐步被基于网络技术实现的分布式结构所替代,陆续出现了 MRP Ⅱ 和 ERP 全面企业管理型软件,会计信息系统逐步向管理决策型软件方向迅速发展,并在会计财务管理和财务决策等方面取得了显著的经济效益。

### 2. 国内会计信息系统的发展概述

我国的会计信息系统建设起于 20 世纪 70 年代末。1979 年,我国将计算机应用于会计数据处理。1981 年 8 月,在财政部等相关部门以及中国会计学会、中国人民大学、长春一汽的共同努力下,联合召开了"财务、会计、成本应用计算机问题讨论会",在会上首次提出了"会计电算化"的概念。1981 年,国内筹建了"会计电算化研究会",启动了会计信息系统的相关研究工作。此后,部分大、中型企业意识到了计算机在会计业务处理方面的重要价值,相继自行开发或委托定点开发与会计业务、会计管理相关联的功能性应用软件模块,形成了我国财务会计软件的开端。

自 20 世纪 80 年代中期后,随着计算机应用软件的信息化程度提升,市场上出现了专门从事会计软件开发和销售服务的公司,如用友公司、金碟公司等,并陆续为企业推出了财务软件包、会计核算应用软件,财务软件在国内市场上得到了快速发展。我国的财务软件提供商也从最初的财务软件单纯设计逐渐转型为 ERP 厂商。

20 世纪 90 年代初,为进一步推进我国财务软件行业的规范和健康发展,财政部陆续发布了《会计核算软件管理的几项规定》(1989 年)、《关于会计核算软件评审问题的补充规定》(1990 年)、《会计核算软件基本功能规范》(1994 年)、《会计电算化知识培训管理办法》(1995 年)及《会计电算化工作规范》(1996 年)。1995 年,我国还成立了"中国软件行业协会财务软件分会",1996—1998 年,财务软件分会制定了《中国软件行业协会财务软件分会行约》条例。1998 年 6 月,我国发布了"中国财务软件数据接口标准"。2009 年,我国发布了《关于全面推进我国会计信息化工作的指导意见》,该意见在全面推进我国会计信息化工作,建立健全会计信息化法规体系和会计信息化标准体系,提升企、事业单位的管理水平和风险防范能力等方面具有十分重要的指导意义。

### 1.4.4.2 会计信息系统的发展历程

以计算机技术、网络技术和通信技术为代表的现代信息技术的不断发展推进了现代会计理论的演进,会计信息系统也在不断发生变革。会计信息系统经过数十年的发展,经历了从封闭型向开放型网络,从单项数据处理向核算型,从核算型向管理型,从管理型向物流、资金财务、进销存业务一体化管理软件发展的历程,成为符合现代 ERP 理念的集成式和网络化的管理型软件,会计信息系统也逐渐成为 ERP 中的核心组成部分。

会计信息系统的发展历程可划分为四个阶段,具体如下。

**1. 手工会计信息阶段**

手工会计信息系统是一种以人工和手工处理为主的数据处理系统。在该阶段,由相关会计人员基于不同的职责分工、权限设定,进行会计数据和会计信息的人工统计、传递和统计分析,从而完成会计业务操作和会计管理工作。手工会计信息系统是一个完整的信息系统,同样要进行会计数据的采集和存储、加工和处理、传输和输出,是一个从数据形成到信息产出、会计报表生成、会计档案形成和保存等的完整会计业务处理过程。

手工会计信息系统处理信息的主要特点是:①会计数据和会计信息处理的工具主要有笔、算盘、普通计算器,数据和信息的存储介质主要为纸质的单据、发票、凭证、账簿和报表等。②会计信息数据在传输过程中,无法进行数据格式的不同形式转换和加密处理,一般是采用人工统计方式对数据源进行分类汇总、分解、分析和编制。③手工会计信息系统的信息处理缺点是数据处理效率低、时间长和易出错,且人力成本和处理成本高。

**2. 机械会计信息系统阶段**

19 世纪末 20 世纪初,随着机械技术和控制理论的发展,西方部分国家逐渐开始借助穿孔机、卡片分类机、机械制表机等机械设备,实现会计数据的记录、计算、汇总和编表,从而改变了手工会计信息阶段对于数据及信息的记录和处理手段,在一定程度上提升了会计数据和信息的处理效率。

需要指出的是,我国并未经历机械会计信息系统阶段。

**3. 电算化会计信息系统阶段**

1946 年,世界第一台电子计算机 ENIAC(Electronic Numerical Integrator And Computer,埃尼阿克)在美国费城研发成功,标志着人类社会进入计算机时代。1954 年,美国通用电气公司首次利用计算机进行职工薪金计算和统计,引发了会计数据的革命,标志着电算化会计信息系统模式的开始。

计算机技术在会计信息系统中的应用,不仅仅是对人工会计信息系统的简单升级和取代,而是对会计数据和信息处理等方式、技术的质的改变,极大提升了会计数据和信息的采集、加工、处理、传输及输出方面的效率,对原本分散于各会计职能部门的数据信息实现了集中化、流程化、统一化处理,同时还将信息系统理论、管理决策论等引入了会计信息系统,促进了现代会计在理论、内涵和应用方面的极大发展,对会计核算、会计管理和会计决策起到了重要的支持和指导作用。

会计电算化是会计信息化的初级阶段,也是会计信息化的基础工作。会计电算化在发展过程中,主要经历了会计核算电算化、会计管理电算化和会计决策电算化三个层次。

（1）会计核算电算化。主要是应用计算机逐步替代手工核算，完成日常会计核算工作。会计核算电算化的主要工作涵盖了会计科目设置、会计凭证填写、会计账簿的总分账登录、会计试算和结账、成本核算和会计报表编制等。

（2）会计管理电算化。建立在会计核算电算化基础之上，利用计算机会计软件所提供的应用功能，对会计核算系统中所获取到的会计数据进行加工和处理，实现财务计划的编制、财务控制和会计预测，从而向财务管理人员提供管理、决策的重要数据、信息，协助财务管理人员合理规划和运用资金。

（3）会计决策电算化。将决策理论和方法引入会计信息系统，对会计核算数据、会计管理信息进行处理和加工，协助管理者对信息进行分析和判定，从而制定科学的会计决策方案，如生产决策、采购决策和销售决策等。决策支持系统并非替代人来决策，而是一种辅助决策系统，为决策者提供决策所需的信息和决策方法、判定模型，进行最优方案的选择，从而降低决策风险。

**4. 现代会计信息系统阶段**

1982 年美国学者威廉·麦卡锡（William E. McCarthy）在《会计评论》上发表了题为《REA 会计模型：共享数据环境中的会计系统的一般框架》一文，提出了 REA 模型［R-Resources（资源），E-Events（事件），A-Agents（主体）］。REA 模型一般用视图方式表示企业经济交易中的概念结构和各种关系，为系统的分析和设计提供基础。REA 是一种计算机会计信息处理的模型，其目的是提供在共享数据环境下构建会计信息系统的一般框架，其核心是以业务事件驱动，将业务处理与信息处理、财务信息与非财务信息、会计核算与会计管理进行集成。

REA 模型包括下列构成要素。

（1）资源（Resource）。REA 模型中的"资源"不同于会计定义中的"资产"，REA 模型强调资源是组织所拥有并在其控制之下的有形物品。例如，REA 认为应收账款是客户销售额与销售回款之间的差额，实质上是一类差值运算记录，因此应收账款就不能列入REA 模型中的要素中。

（2）事件（Event）。REA 模型中的"事件"是指在经济交易中会引发资源发生变动的过程和原因。事件一般用 5W（When? Where? Who? What? Why?）进行描述刻画，从而形成业务事件数据库。业务事件数据库是信息系统的基础和重要信息资源。

（3）参与者（Agent）。REA 模型中的"参与者"是与资源发生变动的事件具有关联关系的组织、部门、个人，既包括内部关联者（如市场销售部、物料车间、制造车间、生产工人等），也包括外部关联方（如原材料供应商、销售客户、个人消费者）。

REA 模型将会计系统视为真实商业活动的一个数字化反映，即从详细记录最原始经济业务事件的属性或语义表述于数据库中开始，而不是从记录经过人为加工后的会计分录开始，其基本元素不再是科目、分录和账簿。REA 模型可以充分利用信息技术，使信息系统并不局限于财务管理，而是面向整个企业管理，并能克服电算化会计信息系统的不足，因此 REA 模型被视为现代会计信息系统模式的开始。

### 1.4.4.3　现代会计信息系统应用的发展趋势

进入21世纪以后,随着信息技术的快速发展和互联网时代的来临,企业组织所处的社会环境、经济环境、金融环境等会计环境发生了巨大的变化,企业的业务形态、管理模式和运营方式也随之发生变革,其财务管理模式、会计核算方式和会计管理模式也在发生显著的变化。

现代企业和利益相关方对于会计信息的内容和质量、数据输入和信息输出、信息传输和信息安全等有了更高的要求,同时也对会计信息的人机交互、网络应用、开放性等方面给予高度关注。

现代会计信息系统逐渐向网络化方向发展,具体发展方向如下。

**1. 网络之间的共享化与智能化**

随着信息技术和网络技术的不断发展,企业组织将越来越多地依托互联网环境发生经济业务、交易事项,同时网络技术越来越深入地应用于会计信息化系统的各个模块、各个流程和各个子系统。现代会计信息系统正在发展成为基于网络的会计信息系统,不但能够在企业内部、企业间网络、企业与社会网络及政府网络、企业与国际互联网之间进行信息的共享、传输和利用,而且能够支持会计业务的远程处理、并发处理和众包处理等新模式。同时,智能化决策系统逐步替代人脑做出管理和业务决策,进一步提升企业组织的决策效率和质量。

**2. 会计核算的网络化和电子化**

现代会计信息系统的会计核算体系将逐渐转变为网络化和电子化方式。①会计核算网络化。原有计算机桌面式会计核算方式逐渐演化为网络式核算方式,通过网络进行业务流程和会计核算流程的协作、分工和信息处理。②交易结算网络化。通过网络实现经济业务和交易活动的网上资金划转、网上支付、网络交易结算等。③业务处理远程化。通过互联网,实现远程报账和审批、远程财务监控和远程审计、远程报税和报关等。④单据处理电子化。会计数据、会计资料的承载载体和会计信息传输介质逐渐演变为电子式介质,如电子采购单、电子发票和电子记账凭证,纸质原始凭证、纸质发票将逐渐退出。

**3. 系统功能的协同化和综合化**

随着网络技术及电子技术的发展,企业通过互联网与外部网络进行经济业务和交易活动的同时,不断将网络技术应用于会计信息系统各模块的功能中,从而实现业务和财务的协同。同时,会计信息系统作为企业管理信息系统的重要构成,与其他管理子系统实现了信息贯通和有机融合,并不断引入先进的管理决策思维和信息管理、控制理论等对系统功能进行创新。目前,现代会计信息系统已经逐步由核算型走向管理型,由部门级发展到企业级,成为企业管理信息系统不可分割的核心构成,紧密融入基于供应链思想的ERP中。

## 1.5　本章小结

信息技术是应用于管理和信息处理所采用的各种技术的总称,主要包括应用计算机科学和通信技术进行设计、开发、安装和实施的信息系统与应用软件。信息化是以现代通信技术、网络技术、数据库技术为基础的现代信息技术被广泛应用于社会、经济、金融等各个领域的形态或过程。信息技术是实现信息化目标的核心基础,而信息化是社会进步和发展的重要力量。

会计数据是指用于描述和反映会计业务中会计事项变动情况的数据的统称,而会计信息是对会计业务中客观地、系统地反映会计事项的会计数据进行加工和处理后的"信息产品"。会计信息是会计数据的集合。

企业信息化过程是一个动态的、复杂的组织和管理变革过程,它涉及企业的组织框架、管理模式和方式、运营流程和业务流程、企业目标和企业文化等方面的改变。现代企业经营管理的重要目标是企业的资金运动,企业管理与企业经营活动中主要产生会计数据流、资金流、物流和信息流。

管理信息系统是对企业管理和生产经营过程中产生的数据和信息,进行获取和存储、加工和处理、转换和传输、管理和使用,为信息使用者、决策者提供具有使用价值和决策价值的信息的人机交互式的集成系统,实质上是信息系统在管理领域的具体应用,它具有信息系统的一般属性、特征和功能结构。

会计信息系统是利用各类现代信息技术整合、优化会计业务流程和管理过程,对会计数据和会计信息进行获取和存储、加工和处理、转换和传输、管理和使用,构建贯穿全流程的人机交互式的信息系统。它包括计算机硬件资源、计算机软件资源、数据与信息资源、会计人员与系统管理人员、会计信息与系统管理规范等五部分构成要素,可划分为财务系统、购销存系统、管理决策系统三大职能系统以及相应的子系统功能模块。

通过本章学习,读者应理解和掌握:

(1) 信息技术与信息化的内涵、发展与应用;

(2) 数据与信息的区别与联系,会计信息与会计数据的关系;

(3) 企业管理活动和企业经营活动的流程、特点;

(4) 信息系统与管理信息系统的结构、特点和发展应用;

(5) IT 治理的内涵与 IT 审计的实施过程;

(6) 会计信息系统的内涵、构成、功能结构和应用。

## 思考题

1. 请分析数据与信息之间的区别与联系。

2. 请分析会计信息与会计数据的关联是什么。

3. 请分别论述企业业务活动和企业管理活动的流程与特点。

4. 请说明管理信息系统的功能结构是如何构成的,包括哪些分类。

5. 请概括会计信息系统的构成要素包括哪些,以及功能模块之间是如何形成关联的。

# 第 2 章　企业资源计划

企业资源计划（Enterprise Resources Planning，ERP）是建立在信息技术基础上，以系统化的管理思想，为企业决策层及员工提供决策运行手段的管理平台。

ERP 是面向企业信息化管理的软件产品。ERP 是将企业管理概念、业务流程、基础数据、制造资源、计算机硬件和软件整合于一体的企业资源管理系统。ERP 将企业管理思想提升到供应链（Supply Chain）层次去优化企业的资源，跳出了传统企业边界，综合应用了 B/C/S 体系、大型关系数据库结构、面向对象技术、图形用户界面、第四代语言（4GL）、网络通信等信息技术架构，将企业的财务、采购、生产、销售、库存和其他业务功能整合到一个信息管理平台上，从而实现信息数据标准化、系统运行集成化、业务流程合理化、绩效监控动态化和管理改善持续化。

## 2.1　ERP 的起源与发展

ERP 是起源于 20 世纪 90 年代，伴随着西方企业管理方法的发展而发展起来的一个新的管理理念。西方管理思想大致经历了以下过程。

（1）订货点法。20 世纪 40 年代，计算机系统还没有出现，为了解决库存控制问题，人们提出了订货点法。

（2）时段式 MRP。60 年代随着计算机系统的发展，使得短时间内对大量数据进行复杂运算成为可能，于是人们提出了 MRP（Material Requirement Planning）理论，即物料需求计划。

（3）闭环 MRP。随着人们认识的加深及计算机系统的进一步普及，MRP 的理论范畴也得到了发展，在 70 年代为解决对采购、库存、生产、销售的管理，发展了生产能力需求计划、车间作业计划和采购作业计划理论。

（4）MRP Ⅱ 理论。80 年代计算机网络技术发展，企业内部信息得到充分共享，MRP 的各子系统也得到了统一，形成了一个集采购、库存、生产、销售、财务、工程技术等于一体的子系统，于是发展了 MRP Ⅱ（Manufacturing Resource Planning）理论，即制造资源计划。

（5）ERP 的产生。到了 90 年代，市场竞争进一步加剧，企业竞争的空间和范围进一步扩大，80 年代主要面向企业内部资源全面管理的思想随之逐步发展成为怎样有效利用和管理整体资源的管理思想。90 年代初（1991 年）美国加特纳公司首先提出了 ERP 的概念报告。ERP 系统集信息技术与先进管理思想于一身，成为现代企业的运行模式，反映时代对企业合理调配资源、最大化地创造社会财富的要求，成为企业在信息时代生存、发展的基石。

## 2.2　ERP 与会计信息系统的关系

ERP 与会计信息系统相比既有联系又有区别，ERP 是会计信息系统的深化与革新。

### 2.2.1　ERP 与会计信息系统的区别

ERP 是会计信息系统的深化，ERP 软件在实现会计信息化的基础上也实现了其他部门业务的"信息化"。两者相比有以下不同。

（1）集成化程度不同。ERP 系统采用的集成管理技术远远超出了会计信息系统的范围，它是针对整个价值链的管理。

（2）信息采集方式不同。财务系统的信息源与业务系统完全一致。其唯一性确保了财务信息的真实、实时、完整，使得会计部门的工作重心向会计信息的再开发和再利用方面转变，变被动的信息提供服务为主动的决策支持服务，能更好地发挥其自身的创造性和主动性。

（3）控制模式与侧重点不同。在人工环境或者非 ERP 系统下，对业务开支的管理是事前控制；而在 ERP 环境下，由于采用通过预算管理和利润中心控制的原则，财务对业务的控制模式改变了，ERP 环境下的控制模式变成了事后审查。非 ERP 环境下会计信息系统的控制权限是由财务部门确定的，控制点是动态的，多而不强；在 ERP 环境下，控制点是单一的强控制。

（4）为现代审计服务的功能不同。企业会计信息系统能为审计提供财务数据，而 ERP 不仅可提供财务数据，还可提供大量的业务数据、统计分析数据和专家决策数据；两者对审计支持的纵深度、与业务的关联度、内部控制的体现层次均有较大差异。总而言之，ERP 对审计业务的支持程度远远高于会计信息系统。

（5）两者的性能不同。会计信息系统的各子系统可分可合，用户可以根据需要选择，但各子系统设计好后，其处理流程和程序控制则是相对固定的。虽然用户可以通过初始化调整科目级数、每级长度、非法对应关系及自动转账凭证等，但对于系统的处理流程和程序控制则难以作更多的选择或改变。各个子系统中的子模块都不能有选择地进行使用，一旦选择某一子系统，其中的子模块必然也全部投入使用。ERP 系统用户不仅可以在系统初始化时设定要进行分析或责任会计核算的各项，还可以设定各业务管理子系统与总账处理子系统间自动转账凭证的科目，并可对软件进行裁剪，确定其处理流程及程序控制。用户可以根据企业的实际情况自行选择，设定每个子系统中哪些子模块必须执行、哪些可以不执行，并确定各子模块的系统的处理流程。

### 2.2.2　ERP 的运用是对会计信息系统的深化与革新

**1. ERP 系统促使会计系统的职能重点从"核算型"转向"管理型"**

ERP 思想的贯彻使会计职能出现转化和扩展，其工作重心由过去的对外报送报表为重，转向利用经济数据加强企业内部管理与对外报送报表并重；会计信息系统也从以经济业务发生后的事后记账、核算、编报为主要内容的"核算型"系统，向事前有预测和决策、事中有计划和控制、事后有分析和评价的"管理型"系统发展。

**2. ERP系统促使会计信息系统的起点从凭证转向经济业务**

过去的会计信息系统运行的起点是凭证的输入,系统的其他各项功能如核算、编制报表等都是以凭证输入为前提的。应用ERP技术之后,一方面促使会计信息系统具有更大的可追溯性,即从账务处理系统的凭证可以追溯到对应的经济业务,方便查询;另一方面由于会计系统的职能发生了转变,系统在很大程度上要控制和支持经济业务的发生,因此会计系统的设计将抛开从财务会计立场出发的模式,其设计的起点将改为经济业务,凭证输入只作为第二起点来考虑。

**3. 强调会计系统与其他系统的联系**

ERP的管理系统包括财务系统、市场营销系统、生产制造系统、质量控制系统、服务维护系统、工程技术系统等对内管理系统,以及企业筹资管理系统、投资决策系统和市场研究开发系统等对外管理系统,这些系统是不可分割的。从企业管理的层次来看,企业管理层次分为决策层、管理层和事务层三个主要的层次。会计信息系统处于事务层,即企业管理金字塔的底端,它既要向决策层和管理层的其他系统传送信息,又必须接受和理解决策层和管理层系统的信息。ERP将各个管理子系统整合为一个相互制约的有机整体,为会计信息系统与其他系统的连接提供了必要支持。

**4. 会计信息系统增强了对企业资源的利用**

在ERP模式下会计信息系统涉及的企业资源可以划分为四类:一是物质资源,包括企业原材料供给、能源供应和装置设备等;二是科技资源,包括人力资源的使用和开发、技术的开发、质量保证体系的建立等;三是管理资源,包括管理模型和管理系统;四是信息资源,包括企业内部决策支持信息、外部行业信息、环境信息以及客户与供应商、竞争对手的信息等。

ERP的观念是全方位地利用企业内外部信息最大化地提高经济效益,而会计信息系统从本质上可划分为两大基本子系统:一是向企业外部信息使用者报送反映企业财务状况和经营成果、现金流动情况等信息的子系统;二是向企业内部管理者提供预、决策所需要的管理信息的子系统。第一个子系统受到严格的规章制度的约束,其数据和资料来源都具有较为稳定的形式;第二个子系统为了更好地实现其功能,必须充分利用企业的各种内外部资源。ERP的管理思想和管理模式,促使会计信息系统充分利用这些资源,也为会计系统利用这些资源创造了宝贵的条件。

## 2.3　ERP的主要功能模块

ERP是将企业所有资源进行整合集成管理,对企业的三大流(物流、资金流、信息流)进行全面一体化管理的管理信息系统。下文以典型的生产企业为例来介绍ERP的功能模块。

目前,市场上主流ERP产品的厂商有浪潮、用友、金蝶、金算盘、Oracle和SAP。这些ERP产品主要围绕采购、库存、生产、销售、财务会计、管理会计、人力资源等功能模块的应用,把企业的人、财、物、产、供、销及相应的物流、资金流、信息流紧密地集成起来,实现企业内部资源和企业相关外部资源的整合、优化和共享。

常见的 ERP 一般都包括三大类功能模块,分别是财务管理类、供应链管理类和人力资源管理类功能模块。主流 ERP 产品的基本结构如图 2-1 所示。

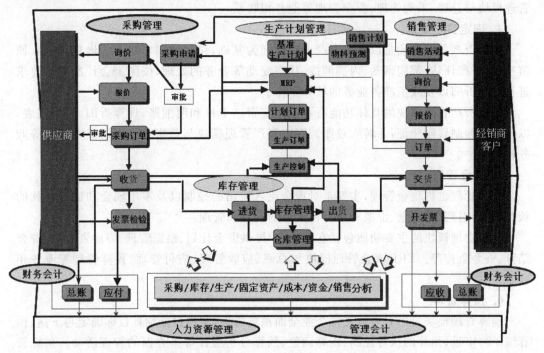

图 2-1　ERP 的基本结构

## 2.3.1　财务管理

财务管理是 ERP 的核心部分,一般包含总账、应收管理、应付管理、固定资产管理、资金管理和预算管理等模块。

**1. 总账模块**

总账模块是 ERP 财务系统的一个主要子模块,它以货币为主要计量单位,综合、全面、系统地反映企业的经济活动、财务状况和经营成果。

总账模块一般可实现以下基本功能:处理记账凭证输入、登记,输出日记账、一般明细账及总分类账,编制主要会计报表。除上述基本功能之外,由于 ERP 具有高度集成性和灵活性,可在一个企业集团集中部署,因此 ERP 总账通常还具有公司间关联交易、多币种核算与合并以及费用分摊等功能。

**2. 应收管理**

应收管理模块主要用于核算和管理客户往来款项,即管理企业在日常经营过程中所产生的各种应收款信息,包括发票管理、客户管理、付款管理和账龄分析等功能。应收管理模块与总账、销售管理和资金管理等业务相联系。

### 3. 应付管理

应付管理模块主要用于核算和管理供应商往来款项，即管理企业在日常经营过程中所产生的各种应付款信息，包括发票管理、供应商管理、汇票管理、账龄分析等功能。应付管理模块与总账、采购管理、资金管理等业务相联系。

### 4. 固定资产管理

固定资产管理模块是以固定资产卡片管理为基础，包括对固定资产的增加、减少、原值重置、资产评估、部门调动、内部调拨、状态变动等业务的处理，按国家会计准则的要求进行计提折旧以及减值准备业务的核算工作。

固定资产管理模块的具体功能有登录固定资产卡片和明细账，计算折旧，编制报表，以及自动编制转账凭证，并转入总账。固定资产管理模块与总账、应付账、成本管理等业务相联系。

### 5. 资金管理

资金管理也称现金管理，主要是对现金流入流出的控制以及零用现金和银行存款的核算，包括对现金、支票、汇票和银行存款等的核算和管理。

资金管理模块的主要功能包括在 ERP 中提供资金计划、票据管理、筹融资管理、资金结算、资金监控等。ERP 资金管理模块与总账、应收管理、应付管理、预算管理等业务相联系。

### 6. 预算管理

预算管理模块可以有效地支持企业全面预算管理，实现包括预算目标确定与下达、预算编制与审批、预算的执行控制、预算调整、预算分析考评等多方面的管理活动。预算管理模块与总账、资金管理、购销（供应链）管理、薪酬管理等业务相联系。

### 7. 成本管理

成本管理模块依据企业产品结构、工作中心、工序、采购等信息进行产品的各种成本的计算，以便进行成本分析和规划。

## 2.3.2 供应链管理

供应链管理思想是 ERP 概念的源头，主要包括采购管理、销售管理、生产管理、库存管理等模块。

### 1. 采购管理

采购管理模块主要用来确定合理的订货量、优秀的供应商和保持最佳的安全储备，能够随时提供订购、验收的信息，跟踪和催促外购或委外加工的物料，保证货物及时到达。

采购管理模块的主要功能包括从请购计划、签订采购合同、采购订单下达直至到货接收、检验入库、采购发票管理、采购结算的整个采购过程。采购管理模块与生产管理、库存管理、预算管理、应付管理、总账等多个业务相联系。

### 2. 销售管理

销售管理模块是从产品的销售计划开始，对其销售产品、销售地区、销售客户等信息的管理和统计分析。

销售管理模块的主要功能包括从销售报价、签订销售合同、销售订单下达直至发货出库、销售开票、销售结算的整个销售过程。销售管理模块与预算管理、生产管理、库存管理、应收管理、总账等多个业务相联系。

**3. 生产管理**

典型生产管理模块的核心功能是根据产品生产计划（可根据销售订单或销售预测结合当前库存、安全库存等因素计算），制订主生产计划，进而进行生产排程以及物料计划和控制。生产管理模块通常还支持生产过程管理、生产成本管理、外协管理（委外加工、委外工艺等）以及设备管理等功能。

**4. 库存管理**

库存管理模块处理采购、生产、销售等部门的库存管理业务，对库存物料的入库、出库、移动和盘点等操作进行全面的控制和管理。

### 2.3.3　人力资源管理

人力资源管理模块从企业的人力资源规划开始，记录招聘和岗位描述、员工培训、技能和绩效评估、薪资和福利核算、考勤和工时核算、到岗离职等与员工个人相关的信息，将企业内员工的信息统一地管理起来。

人力资源管理模块中，较为重要的是薪酬管理功能。薪酬管理功能通过对薪酬全方位的管理及与总账、资金管理等业务的联系，完成薪酬发放、费用分摊、账务处理等日常业务。

## 2.4　ERP 的现状及未来发展趋势

世界范围内的 ERP 已经很成熟了，国外许多大中型企业都已经在使用 ERP 系统，而且效果也相当显著。据统计，《财富》500 强企业有超过 400 家使用 ERP 系统。在中国，自从 1981 年沈阳第一机床厂从德国工程师协会引进了第一套 MRP Ⅱ 软件以来，MRP Ⅱ/ERP 在中国的应用与推广已经历了三十年从起步、探索到成熟的风雨历程。

先进的 IT 技术为 ERP 的实施提供了技术支持。网络技术、Internet/Intranet 技术、EDI 技术、条码技术、电子商务技术、数据仓库技术、远程通信技术等技术的采用使各企业在业务往来和数据传递过程中实现了电子方式连接；在管理技术上，ERP 也为企业提供了从内部到外部各环节上的管理工具，特别是当今的 ERP 系统已将上述先进的 IT 技术融入了自己的系统，帮助企业实现这种全行业的供应链管理和企业联盟管理，实现社会资源在企业间、部门间的优化配置及充分利用。

现在常用的 ERP 管理软件有 SAP、Oracle、用友、金蝶、浪潮等。

借助 IT 技术的飞速发展与应用，ERP 得以将很多先进的管理思想变成现实中可实施应用的计算机软件系统，大大发挥了自己的功效，促进了企业的发展。ERP 也处在不断的发展中，主要有以下几种发展方向。

### 2.4.1 管理理念与技术的发展趋势

**1. 动态企业建模技术(DEM)**

动态企业建模技术(Dynamic Enterprise Module,DEM)的提出就是为了满足企业不断增长的动态重整过程的需求,实现管理业务与软件系统的分离(就如同开放的软件系统可以脱离特定的硬件环境一样)。1996 年 Baan 公司发布的新一代名为 BAANⅣ的 ERP 应用套件即体现了这样的思想。BAANⅣ对动态企业建模的实现,使得企业管理者、业务分析人员及系统实施者可以将注意力集中于一系列高层管理职能、最优业务实践和流程,而不是复杂的应用软件调试或没完没了的产品细节配置。

然而,无论是 ERP 系统还是进一步发展的 DEM 技术,其企业管理思想和模式基本上都是基于一种"面向事务处理"的、按顺序逻辑来处理事件的管理,均不能对无法预料的事件和变化做出快速反应。在产品创新加速与市场需求瞬息万变的市场环境下,企业要随时根据动态多变的市场进行决策,并根据新决策改变产品结构、生产计划和生产流程。这样才能迅速使产品上市,并有效地控制生产成本,而现有面向事务管理的软件是无法满足这些需求的。

**2. 智能资源计划(IRP)**

智能资源计划(Intelligent Resource Planning,IRP)是一种具有智能及优化功能的管理思想和模式。它打破了以前所有那些"面向事务处理"的管理模式,可使管理人员按照设定的目标去寻找一种最佳的方案并迅速执行。这样就可紧紧跟踪,甚至超前于市场的需求变化,快速做出正确的决策,随之改变原有的计划,并以最快的速度执行这些变化。此外,IRP 还将解决以前无法解决的"协同制造"和"约束资源"等问题。因此,IRP 也成为 ERP 系统发展的又一重要方向。

**3. CRM 与 ERP 系统集成**

有超前意识的公司都已认识到只有将自己建成能够对客户做出迅速反应的公司才能获得诸多收获,即收入、新客户、客户满意度、客户回头率和公司效益的增加,从而使竞争力大为提升。因此,客户关系管理(CRM)与 ERP 系统的集成成为另一个发展方向。面向客户的客户关系管理(CRM)不仅是将销售过程自动化,而且帮助企业充分利用关键客户和企业数据来优化商业决策过程。CRM 赋予客户与企业进行交流的能力,而这种交流是通过一种对客户来说最方便、对企业来说性价比最高的交流载体来进行的。此外,CRM 还使各企业逐步从传统的营销、销售和服务模式,进化到以互联网为中心的模式来完成扩大市场领域、改进客户服务以及增强产品和服务的个性化的任务。Oracle CRM 客户关系管理系统提供了一整套应用软件和技术,包括销售、市场、服务应用产品、电子商务和电话服务中心等部分,是这一方向的先行者。CRM 与 ERP 的紧密集成,将不仅可以为企业带来当前销售业绩的增长,更是一次全面提升企业管理水平和方法的机遇,从而改变企业的内部管理积弊,提升企业的核心竞争力。

### 2.4.2 ERP 产品的发展趋势

随着上述变化,ERP 产品也在变化,其发展趋势主要表现在如下方面。

### 1. 从 ERP 系统向 APS 系统转变

风靡一时的 ERP 实际上是早先 MRP/MRP Ⅱ 系统的延伸,在侧重生产制造环节的 MRP 基础上又加入了财务、人事等功能模块,使企业内部的资金、物料和信息的流动形成了一个闭环。但是,企业慢慢认识到只是把企业内部的事情管好是不够的,很多时候企业经营得是否成功取决于能否洞察客户的需求,并能在最短的时间里以最经济的方式安排生产。因此,先生产产品然后推向市场的"推"式营销正逐渐被根据市场需求安排生产的"拉"式营销所取代。"拉"式营销要求企业必须有较强的机动反应能力,因为市场需求稍纵即逝,企业必须知道是否需要委外加工部分产品,或者找哪些供应商购买原材料才能又快又好又便宜等问题,才可能抓住市场机会。APS(Advanced Planning System)系统由此应运而生。APS 的概念与时下流行的供应链概念很相似,均是把 ERP 又扩展了一步,把企业信息化管理系统延伸至企业以外的供应商等关键团体。

### 2. 从庞大的系统转变为模块化的系统

ERP 产品体现了开发厂商的管理思路。有的厂商信奉所谓的最佳业务实践,希望从成功企业的管理模式和业务流程中提炼出精华,体现到管理软件中去。这种软件往往大而全,企业在实施时一般要先做 BPR(业务流程重组),然后再进行 ERP 系统的安装调试,因此这种软件对企业的要求也比较高。而且,所谓的最佳业务实践也未必是放之四海而皆准。

### 3. 从水平市场转向纵向行业解决方案

ERP 主要包括一些通用的模块,如财务、生产制造、人事管理和库存分销等。很多用户已发现单独依靠这些基本模块并不能满足他们的需求。因此,很多 ERP 厂商提出要开发更加纵深的专门针对某个行业的"行业解决方案",从而把 ERP 真正推到制造业以外的各行各业。行业解决方案通常都是以通用的财务等模块为基础,在此之上叠加针对每个行业特殊要求的小模块。

### 4. 从简单的数据处理到智能的信息分析

在 ERP 的管理范围更广泛、呈现行业化的趋势的同时,激烈的市场竞争迫使企业必须快速、准确地做出决策,面对这一情况,ERP 在深度上便呈现智能化的趋势。

### 5. 从企业后台转向企业前台

传统的 ERP 系统着眼于企业后台的管理,而缺少直接面对客户的系统功能。这是因为,传统的企业着力于买到物美价廉的原材料,快速高效地生产出产品,至于哪种产品更受欢迎、哪些服务最有待改进这一类的问题,却往往没有确切的答案,只能凭经验臆测。在电子商务的大环境中,企业的客户可能分散在全球各地,企业不可能对他们的情况都了如指掌,所以必须有一个系统来收集客户信息,并加以分析和利用。

## 2.5 ERP 产品简介

## 2.5.1 用友

用友 ERP 系统包括财务管理、供应链管理、客户关系管理、生产制造、人力资源、决策支持、零售管理、分销管理、系统管理集成应用、移动应用等多个模块。其中财务管理模块包括财务会计、管理会计、集团应用以及相关的财务分析。

（1）财务会计：主要包括总账、应收款管理、应付款管理、出纳管理、固定资产管理、网上报销、网上银行、UFO报表、财务分析等模块，从不同的角度，实现了从核算到报表分析的财务管理全过程。

（2）管理会计：包括预算管理、成本管理、项目成本管理与资金管理四个模块。管理会计以预算管理为工具、以成本管理（包括制造成本管理与项目成本管理）为基础、以资金管理为核心，通过对业务流转的过程控制和事后绩效分析与考核以及成本与资金进行全面控制，使企业由过去以财务核算为主转为以财务管理为主，从而实现过程控制和目标管理。

（3）集团应用：主要包括集团财务、合并报表、行业报表、预算管理（集团版）、结算中心、网上结算等模块。从不同的角度，实现了集团账务、报表、预算、资金和决策分析的财务管理全过程，为集团实现财务集中管理以及财务信息的分析挖掘提供完整的解决方案。

用友ERP产品中具有代表性的U8＋产品经过十多年的市场锤炼，不断贴近客户需求，应对中型以及成长型企业的发展，提供了一整套企业级的解决方案。

U8＋是以集成的信息管理为基础，以规范企业运营、改善经营成果为目标，帮助企业"优化资源，提升管理"，帮助客户实现面向市场的盈利性增长。

U8＋采取All-in-One产品战略，不但自身可以集成应用在不同的竞争环境下，同时适用不同的制造、商务模式和运营模式。集成了PDM、OA、BI、分销、零售应用，帮助企业在技术创新、商务创新、渠道创新方面提供所需要的应用支持。面向机械、电子、服装、交通运输、化工、制药、食品、非金属矿制品、流通、IT服务、物流等数十个行业，提供200余个细分行业的精细管理解决方案，蕴含了丰富的中国先进管理模式，充分体现各行业最佳业务实践，能完全满足行业的深层次管理需求，它可伴随企业的不断成长，随需扩展应用，从而帮助企业重塑核心能力。

本书第3章至第6章将以用友ERP-U8产品为例，介绍会计信息系统中常见模块的业务流程和操作过程。

## 2.5.2 SAP

1972年成立于德国的SAP公司目前在全球范围内提供ERP系统，其产品系列统称SAP系统。该公司自1995年进入中国大陆市场，在全国范围的各行业中被广泛使用，从石油、化工、电信到装备制造、零售业等。目前使用该系统的大型企业包括中石化、中石油、国家电网、中粮集团等。SAP中国研究院2013年11月在上海成立，目前已发展为全球三大研发中心之一。研究院在借鉴SAP全球多年运营中所累积的丰富管理经验的基础上，实现以市场为导向的技术创新、提供更贴合客户运营需求的高价值商务解决方案，近年来更是针对中国客户提供本土化功能方案。

**1. 产品组件**

SAP提供全面的企业级信息系统解决方案，其中包括核心套件ERP（企业资源计划），以及CRM（客户关系管理）、SRM（供应商关系管理）、SCM（供应链管理）、PLM（产品生命周期管理）、HCM（人力资本管理）、EPM（企业绩效管理）、BI（商务智能）、HANA（内存数据管理)。核心 ERP 系统包括的主要组件如图 2-2 所示。

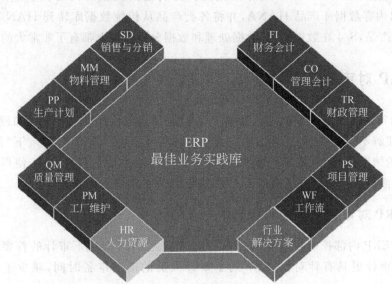

图 2-2　SAP 结构图

SAP ERP 系统是一套集成了管理理念与企业具体业务流程、借助计算机应用软件来实现新型企业管理模式的企业资源管理系统,用以支持企业主要的核心业务流程。SAP ERP 通常包括:财务会计、管理会计、财政管理、项目管理、销售与分销、物料管理、生产计划、质量管理、工厂维护、人力资源等;整体、实时地提供与各项业务相关的数据,包括以前难以及时获取的数据;可以向领导者提供企业整体的状况,反映企业的盈利能力和各项业务活动的情况;所有业务处理和活动通过统一的数据库进行及时更新,以改善用户存取、提高业务信息质量、减少数据校验,内嵌了可配置的行业最佳业务模式。

**2. 产品路线图**

自最早的 R1 系统的推出,经过几十年的发展,于 2015 年正式发布目前最新的 S/4 产品解决方案。每一代产品的推出,可谓具有跨时代的创新与变革(见图 2-3)。

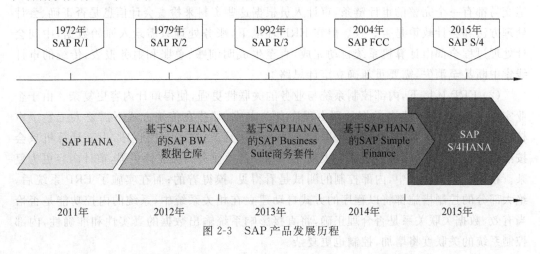

图 2-3　SAP 产品发展历程

S/4 的底层采用了 HANA 内存数据库。为满足大数据时代的企业应用,SAP 于 2011 年推出内存数据库产品 HANA,并将各类产品从传统数据库转到 HANA 数据库。相比以往的产品,S/4 在数据存储、数据处理和数据分析性能上都有了非常大的提升。

## 2.6  ERP 对审计工作的影响

ERP 给审计工作带来了挑战和机遇。一方面,如果以传统的审计思路和视角去看待 ERP,往往理解不了 ERP 的系统结构、功能和数据,甚至会出现 ERP 环境下"打不开账,进不了门"的情况;另一方面,ERP 系统中财务信息与业务信息高度集成,使得数据分析可以更加全面深入。以下就从这两个方面阐述 ERP 对审计工作的影响。

### 2.6.1  ERP 对审计工作的积极影响

(1)对 ERP 内部控制模块相关参数的测试成为 ERP 环境下审计的首要和关键因素。这使得审计更具有针对性,也节约了审计人员的前期准备时间,减少了工作的盲目性。

(2)ERP 系统为风险审计提供了整合的信息,有助于快速评估风险以及确定风险点,从而为财务收支审计工作向风险型、绩效型审计转变提供了平台和条件。

(3)ERP 系统极大地促进了企业资源的集成、数据的交换及信息共享,有利于审计工作程序的简化、工作周期的缩短。

(4)ERP 系统的在线操作记录为审计人员提供了清晰的审计线索。通过对 ERP 系统日志的调取和解读,就能分析和还原出原有数据的真实面貌,为后期审计报告的形成提供了重要保证。

### 2.6.2  ERP 给审计工作带来的挑战

(1)ERP 环境下,传统的审计链条不再必要,必须建立适应 ERP 系统的审计工作程序。如在传统会计记录中,审计内容包括会计凭证、会计账簿、会计报表等会计资料,每一笔交易都有一个完整的审计链条,审计人员根据这些资料来检查会计信息是否正确、会计处理方法和会计政策是否一致。但在 ERP 环境下,账务处理只需录入原始数据,中间会计处理过程全部由计算机系统自动完成,直至生成明细账、总账和财务报表,传统的审计线索中断甚至消失,需要重新确立审计思路。

(2)ERP 环境下,内部控制系统与业务的关联性更强,使得审计内容更复杂。由于企业实行了 ERP,各项业务数据处理由程序自动完成,某些在传统方式下需要人工签字审核的环节被程序代替,这些应用程序如果被人非法篡改,嵌入非法程序,由于计算机只会按照既定程序处理,很可能造成巨大损失,因此,各项业务的关联性更强,审计内容更为复杂。在传统手工会计中,内部控制的测试是看得见、摸得着的;而在实施了 ERP 系统后,绝大部分的控制措施都将以程序的方式自动建立在相关系统中,系统的内控功能是否恰当有效、数据关联关系是否合理正确,将直接影响系统输出数据的真实性和准确性,内部控制系统的关联度将增加,控制也更复杂。

（3）一旦 ERP 系统出现异常，审计人员进行业务数据取证的难度将增加。在实施了 ERP 系统后，要求做到数据的实时处理，并及时反馈给相关管理人员，为保证企业正常运转，必须让系统一直处于运行状态，因为一旦中断，企业的生产经营活动必将受到影响。审计人员要在被审计单位信息系统持续运行的同时，进行业务数据取证，完成审计任务，其难度可想而知。

## 2.7　本章小结

本章通过对企业资源计划（ERP）等基本概念、起源与发展的介绍，重点梳理了 ERP 与会计信息系统的关系，介绍了 ERP 产品的主要功能模块及发展趋势，并对用友、SAP 的功能模块做了简要介绍，最后概括提出了 ERP 给审计工作带来的挑战和机遇。

## 思考题

1. 简述会计信息系统与 ERP 的主要关系。
2. 思考互联网＋时代 ERP 可能的发展方向。
3. 如何利用被审计单位的 ERP 产品实施审计？

# 第3章　总账与报表系统

用友 ERP 软件由财务子系统、购销存子系统和决策支持子系统三部分组成,其中:财务子系统包括总账、报表、工资、固定资产、应收应付、资金管理、财务分析、成本管理、现金流量表等模块;购销存子系统包括采购计划、采购管理、销售管理、库存管理、存货核算等模块;决策支持子系统包括决策支持等模块。

本章首先介绍用友总账和报表系统。

## 3.1　用友系统间关系简介

用友 ERP 软件核心内容由三部分组成:财务子系统、购销存子系统和决策支持子系统。各系统之间可以进行一些数据交换,并通过总账系统连接成为一个整体,全面管理企业的各项工作。用友 ERP 软件各子系统之间的关系可以用图 3-1 表示。

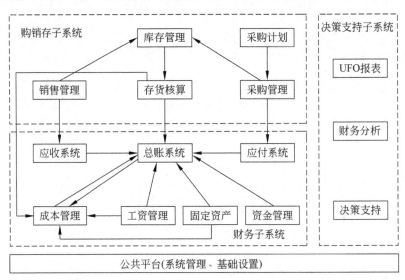

图 3-1　用友 ERP 软件系统间关系

用友企业级财务软件所含的各个产品是为同一个主体的不同方面服务的,并且产品与产品之间相互联系、数据共享,完整实现财务、业务一体化的管理。因此,就要求这些产品具备如下特点:

(1) 具备公用的基础信息;

(2) 拥有相同的账套和年度账;

(3) 操作员和操作权限集中管理;

（4）业务数据共用一个数据库。

要满足 ERP 系统的总体要求，首先需要设立一个独立的产品模块，即系统管理模块，实现对用友企业级财务软件所属的各个产品进行统一的操作管理和数据维护。在正式做账之前，还要先将一些公共基础设置设好，其中有多个项目的设置直接关系到软件功能运用的正确性，因此是一项非常重要的工作。

因此，本章首先介绍系统管理和基础设置，然后介绍总账和报表系统。

## 3.2　系统管理

### 3.2.1　系统管理的启动

**1. 系统的安装**

用友财务软件提供向导式的安装服务，步骤如下：

（1）将装有用友软件的光盘插入光驱；

（2）打开用友文件夹，双击"Setup.exe"图标，运行该文件；

（3）出现安装模块选择界面，用户可以单击选择需要安装的模块，然后单击【开始安装】按钮；

（4）出现安装信息后，直接单击【确定】按钮；

（5）出现安装图标，单击安装图标，系统自动完成用友 ERP 系统的安装工作。

**2. 系统的操作流程**

用友 ERP 系统安装完毕后，按如图 3-2 所示的步骤操作。

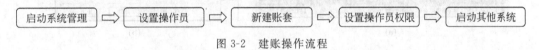

图 3-2　建账操作流程

**3. 系统管理的启动和注册**

安装完毕后，可以按以下步骤启动该系统：

单击【开始】菜单，选择【程序】，找到【U8 管理软件】，选择【系统服务】后，选择并单击【系统管理】图标，出现如图 3-3 所示的界面，在该界面单击【系统】下的【注册】，选择用户名"admin"，单击【确定】。

### 3.2.2　设置操作员

以系统管理员（admin）的身份注册进入【系统管理】，单击【权限】下的【操作员】（如图 3-4（a）所示），然后单击【增加】（如图 3-4（b）所示），输入操作员编号、姓名、口令等内容后回车即可，单击【增加】可重复录入。

**例：** 东方有限责任公司有会计人员三人：001 吴天明是账套主管，002 钱意和 003 徐帆均为会计人员。按以上步骤即可录入相关人员。

图 3-3　启动注册系统管理

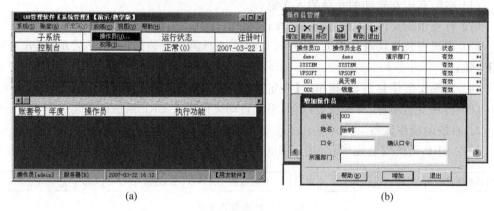

(a)　　　　　　　　　　　　　　　(b)

图 3-4　设置操作员

### 3.2.3　建立账套

所谓账套,简言之,就是一套独立的账。用友 ERP 软件可同时设置多个账套,满足了不同企业的管理需要。一个单位可以设置一套账簿,但有时为了核算清晰,明确责权利关系,一个单位又划分出多个利润中心进行核算,如下属分厂、子公司或一些职能部门,这样,每一个独立核算的利润中心都有自己独立的账簿,都可以作为一个个的独立账套进行管理,从而提高了企业的管理效率。

用户在使用 ERP 软件前,必须先对手工方式下的业务数据进行整理加工,使之符合电算化系统的要求,然后再输入计算机,这就是一个新建账套的过程。

**例**:东方有限责任公司基本资料如下:

单位名称:东方有限责任公司(简称东方公司)

账套号:001

启用日期:2016 年 1 月

企业类型:工业

行业性质：**工业企业**

进行经济业务处理时,需要对存货、供应商、客户进行分类,无外币核算。科目编码级次:322;存货分类编码级次:22;部门编码级次:22;客户编码级次:22;供应商分类编码级次:2;其余采用系统默认值。存货数量、存货单价、开票单价、件数及换算率的小数位均为 2。

根据以上资料,操作步骤如下。

(1) 输入账套信息

以系统管理员(admin)的身份注册进入【系统管理】,在【账套】菜单中单击【建立】,则出现如图 3-5 所示的界面,包括已存账套、账套号、账套名称、账套路径、启用会计期和会计期间设置。用户可在此输入账套信息,输入完成后,单击【下一步】按钮,进行第二步设置。

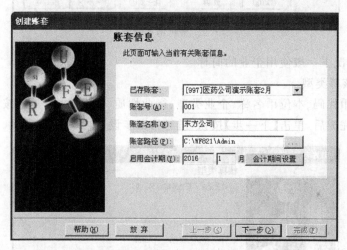

图 3-5　账套信息输入

界面中的各栏目说明如下:

① 已存账套:用户只能参照,而不能输入或修改。

② 账套号:用来输入新建账套的编号(为三位数),用户必须输入且必须唯一。

③ 账套名称:可以输入单位名称,用户必须输入。

④ 账套路径:新建账套所要被放置的路径,默认为 C:\WF821\Admin,用户可以进行修改。

⑤ 启用会计期:用软件做账的开始时间,启用后不能修改。

⑥ 会计期间设置:可用于设置各月的截止日期,各月的初始日期随上月截止日期的变动而变动。

(2) 输入单位信息

用于记录本单位的基本信息,包括单位名称、单位简称、单位地址、法人代表、邮政编码、电话、传真、电子邮件、税号、备注等,如图 3-6 所示。输入完成后,单击【下一步】按钮,进行第三步设置。

单位信息中的【单位名称】是指用户单位的全称,必须输入。在打印发票时会用到企

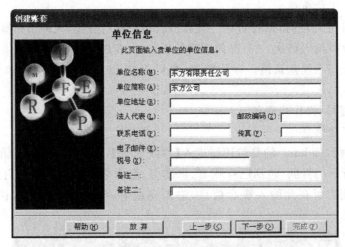

图 3-6　单位信息输入

业全称，其余情况下一般使用企业的简称。

（3）输入核算类型

包括本位币代码、本位币名称、企业类型、行业性质、账套主管、是否按行业性质预置科目等。输入完成后，单击【下一步】按钮，进行第四步设置，如图 3-7 所示。

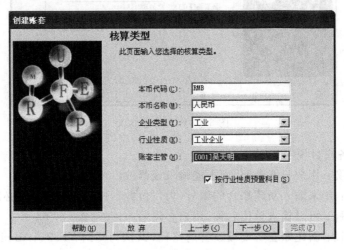

图 3-7　核算类型设置

各栏目说明如下。

① 本位币代码与名称：用来输入新建账套所用的本位币的代码和名称，用户必须输入，启用后不能修改。

② 企业类型与行业性质：用户必须从下拉框中选择输入，启用后不能修改。

③ 账套主管：用户必须从下拉框中选择账套主管的姓名。

④ 按行业性质预置科目：如果在该选项前打钩，则可以预置所属行业的标准一级科目；否则，会计科目库为空，用户可以根据自己的需要另行设置。

（4）输入基础信息

本项内容主要是对存货分类、客户分类、供应商分类等进行设置。如果需要进行分类管理，则必须在是否分类选项前打钩，否则为不分类管理。

当单位的存货、客户、供应商等种类较多时，可选择分类管理，便于提高效率。

输入完成后，单击【完成】按钮。

（5）设置编码方案

用户可以根据需要在此对编码方案进行定义，定义完成后，单击【确认】按钮，如图 3-8 所示。

| 项目 | 最大项数 | 最大长度 | 单级最大长度 | 是否分类 | 第1级 | 第2级 | 第3级 | 第4级 | 第5级 | 第6级 | 第7级 | 第8级 | 第9级 |
|---|---|---|---|---|---|---|---|---|---|---|---|---|---|
| 科目编码级次 | 6 | 15 | 9 | 是 | 3 | 2 | 2 | | | | | | |
| 客户分类编码级次 | 5 | 12 | 9 | 是 | 2 | 2 | | | | | | | |
| 部门编码级次 | 5 | 12 | 9 | 是 | 2 | 2 | | | | | | | |
| 地区分类编码级次 | 5 | 12 | 9 | 是 | 2 | 3 | 4 | | | | | | |
| 存货分类编码级次 | 8 | 12 | 9 | 是 | 2 | 2 | 2 | 2 | 3 | | | | |
| 货位编码级次 | 8 | 20 | 9 | 是 | 2 | 3 | 4 | | | | | | |
| 收发类别编码级次 | 3 | 5 | 5 | 是 | 1 | 1 | 1 | | | | | | |
| 结算方式编码级次 | 2 | 3 | 3 | 是 | 1 | 2 | | | | | | | |
| 供应商分类编码级次 | 5 | 12 | 9 | 是 | 2 | | | | | | | | |

图 3-8　分类编码方案设置

**例**：企业的银行存款有工商银行的存款和建设银行的存款，同时工商银行存款又分为胜利路支行存款和永定路支行存款，则可以采用以下编码方式：

银行存款

10201　　　工商银行存款

1020101　　胜利路支行存款

1020102　　永定路支行存款

10202　　　建设银行存款

所以其科目编码级次可定义为：第 1 级为 3 位，第 2 级为 2 位，第 3 级为 2 位。

（6）定义数据精度

用户可以根据需要在此对数据精确度进行定义，定义完成后，单击【确认】按钮。

## 3.2.4　设置操作员权限

以系统管理员（admin）的身份注册进入【系统管理】，单击【权限】下的【权限】，先选择账套，然后选中要设置权限的操作员，再单击【增加】，出现如图 3-9 所示的界面。双击左边所要授权的授权组，所选权限变蓝表示已选定，在右边双击明细权限可增减明细权限，单击【确定】完成权限设置。

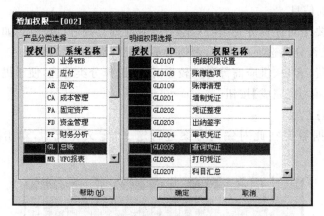

图 3-9　增加权限

### 3.2.5　系统管理的其他常用功能

**1.　引入账套**

引入账套功能是指将系统外某账套数据引入本系统中。

操作步骤如下：

（1）系统管理员（admin）登录系统管理界面后，单击【账套】下的【引入】。

（2）选择所要引入的账套数据备份文件，单击【打开】。

**2.　输出账套**

输出账套功能是指将选定的账套数据从本系统中卸出。

操作步骤如下：

（1）系统管理员（admin）登录系统管理界面后，单击【账套】下的【输出】。

（2）在【账套号】栏目中选择要输出的账套，如果想删除源账套，则还要在【删除当前输出账套】栏目前打钩，然后单击【确定】。

**3.　清除异常任务**

当系统发生异常时可以进行清除。操作步骤为：系统管理员在系统管理界面单击【视图】下的【清除异常任务】，即可完成。

**4.　上机日志**

为了保证系统的安全运行，使软件操作有迹可循，系统对各个产品或模块的每个操作员的上下机时间、操作的具体功能等情况都进行登记，形成了上机日志。用户可以对上机日志的内容进行浏览、删除。

## 3.3　基础设置

由于用友 ERP 软件可以为企业提供全方位的服务，包含多个子系统，而不同的子系统拥有一些公用的信息，因此在正式做账之前，需要先将一些公共基础信息设置好，以便后续工作的顺利展开。

操作步骤如下:

（1）单击【开始】菜单;

（2）选择【程序】,找到【U8 管理软件】;

（3）单击【系统控制台】后,选择账套和操作员后【确定】,单击【基础设置】。

基础设置主要包括以下内容的设置。

**1. 部门档案**

在会计核算中,录入凭证时有些科目经常与部门相关,查账时也经常需要按部门进行分类和汇总,因此需要先将本单位所有部门在【部门档案】中设好。

**2. 职员档案**

设置单位职员信息基本资料。

**3. 客户分类**

当往来客户较多时,可以对客户进行分类统计以便于管理;如果客户不多,也可以不用对客户分类,直接设置客户档案。

**4. 客户档案**

客户档案是指具体的客户资料,如电话、地址等。如果对客户进行了分类,就必须首先设置客户分类,否则无法录入客户档案。

**5. 供应商分类**

对单位的供应商进行分类的设置,设置方法同客户分类。

**6. 供应商档案**

这里是指具体的供应商,设置方法同客户档案。

**7. 存货分类**

对存货进行分类统计以便管理。

**8. 存货档案**

设置具体的存货资料。系统为存货设置了以下几种常用属性,同一存货根据需要可以设置多个属性。

【销售】:具有该属性的存货可用于销售。

【外购】:具有该属性的存货可用于采购。

【生产耗用】:具有该属性的存货可用于材料的领用。

【自制】:具有该属性的存货可由企业生产自制。

【劳务费用】:指开具在采购发票上的运费费用、包装费等采购费用或开具在销售发票或发货单上的应税劳务、非应税劳务等。

**9. 科目**

可以根据用户需要增加、删除、修改会计科目。

**10. 凭证类别**

在编制凭证、记账前需要设置记账凭证的分类。

**11. 结算方式**

该功能用来建立和管理用户在经营活动中所涉及的结算方式。

**12. 仓库档案**

存货一般是用仓库来保管的,对存货进行核算管理,首先应对仓库进行管理,因此进行仓库设置是供应链管理系统的重要基础准备工作之一。每个仓库必须选择一种计价方式。

**13. 收发类别**

收发类别是为了用户对材料的出入库情况进行分类汇总统计而设置的。系统规定收发类型只有两种,即收和发。

**14. 采购类型**

用户在采购系统中使用。

**15. 销售类型**

用户在销售系统中使用。

**16. 常用摘要**

该功能可用于设置日常核算中常用的凭证摘要内容,以便提高录入凭证的工作效率。

## 3.4 总账系统

总账系统处于 ERP 系统的核心,可单独使用,也可与其他系统联合使用。总账系统可以接收存货核算、应收款管理、应付款管理、固定资产系统、工资系统等系统生成的凭证,同时也可以向 UFO 报表等系统提供财务数据。

总账的基本流程如图 3-10 所示。

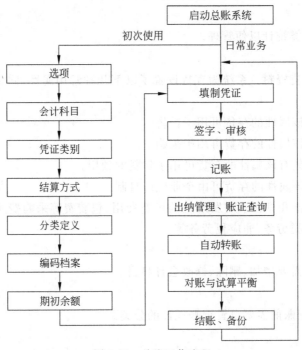

图 3-10　总账工作流程

### 3.4.1　总账初始设置

#### 3.4.1.1　核算规则设置

首次使用总账系统时，需要定义启用向导。单击【开始】菜单，选择【程序】，找到【U8管理软件】，单击【系统控制台】后，选择账套和操作员后单击【确定】。单击【总账】出现如图 3-11 所示的界面，设置完成后单击【确定】，完成初步的账套参数设置。

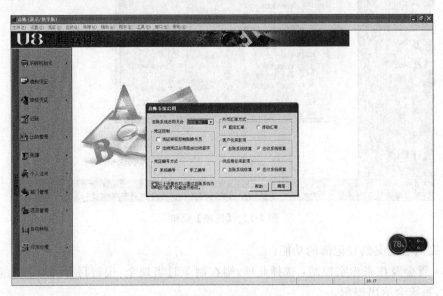

图 3-11　总账启用

各栏目说明如下。

（1）凭证审核控制到操作员：选择此项时可以细化操作人员的审核权限，例如限定某操作员只能审核某类凭证等。

（2）出纳凭证必须经由出纳签字：选择此项后，涉及出纳管理的凭证（如包含现金、银行存款内容的凭证），如果不经过出纳签字是不能进行记账处理的。

（3）系统编号与手工编号：系统编号是制单时由软件系统按照凭证类别按月自动给凭证编号，手工编号是在制单时手工录入凭证编号。

（4）客户往来款项与供应商往来款项：如果用户将客户往来款项放在总账系统核算，则选择"总账系统核算"；如果用户需要利用软件进行应收款的开票、结算等业务，则应选择"应收系统核算"。供应商往来款项核算与客户往来款核算的设置是类似的。

当然，上述设置只是初步的，系统启用后，还可以根据需要进一步设置账套参数。这时，可以利用【选项】菜单进行，如图 3-12 所示。

主要栏目说明如下。

（1）制单序时控制：选择此项，则表明记账凭证的编号是按时间顺序排列的，即凭证编号与时间是同增的。

（2）支票控制：选择此项，则在制单时如果录入了未在支票登记簿中登记的支票号，

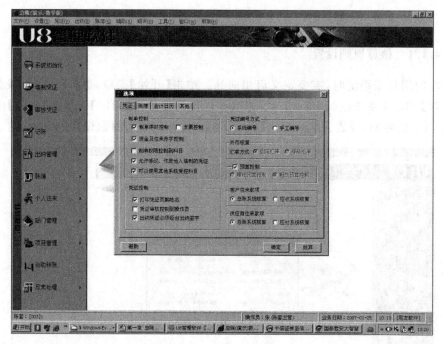

图 3-12 【选项】菜单

系统会提供登记支票登记簿的功能。

（3）资金及往来赤字控制：选择此项，则在制单时当现金、银行科目的最新余额出现赤字时，系统会给出提示。

（4）制单权限控制到科目：选择此项则可以对操作员的制单权限进行细化设置，只能对有权限的科目进行制单。

（5）允许修改、作废他人填制的凭证：选择此项则可以修改他人填制的凭证，否则只能由本人来修改自己填制的凭证。

（6）可以使用其他系统受控科目：例如，当客户往来放在应收系统核算时，制单工作由应收系统完成，"应收账款"科目为应收系统的受控科目，因此，为了防止重复制单，总账系统就不能使用此科目进行制单，也就是不选择此项。如果选择此项，则表明在总账系统中也能使用这些科目填制凭证。

### 3.4.1.2 会计科目设置

一级会计科目可以在建账时预置，也可以在此录入。明细科目只能由用户自行录入。在此模块中，用户可以根据业务需要完成指定、增加、修改、删除会计科目等操作，如图 3-13所示。

**1. 指定会计科目**

所谓指定科目就是指定出纳所管理的内容，因此，一般是指定现金、银行存款等科目。具体步骤是：单击【编辑】菜单下的【指定科目】，用户在此用【＞】、【＞＞】等选择现金、银行存款的总账科目，选择完毕后，单击【确认】，如图 3-14 所示。

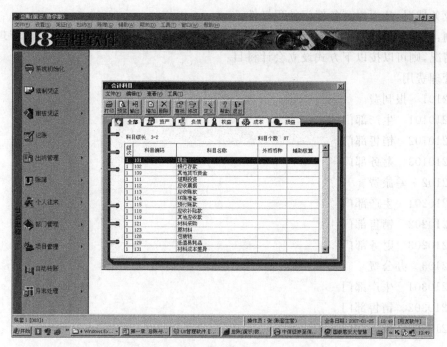

图 3-13　设置会计科目

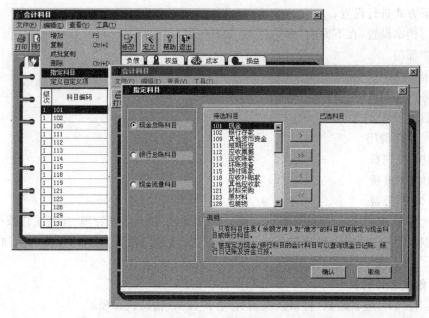

图 3-14　指定科目

## 2. 增加会计科目

企业管理者不仅需要大量的综合信息,也常常需要一些具体信息。例如,企业每一个部门都可以是一个责任中心,通过分部门核算,可以明确责权利关系,方便检查、监督各部门的业务情况,从而提高各部门的积极性。

**例**:东方有限责任公司欲对管理费用进行严格控制,需要明确每一部门的管理费用支出情况,则可以按以下方式设立会计科目:

管理费用

52101　报刊费

5210101　生产部门

5210102　销售部门

5210103　财务部门

52102　差旅费

5210201　生产部门

5210202　销售部门

5210203　财务部门

52103　办公费

5210301　生产部门

5210302　销售部门

5210303　财务部门

……

可以看出,上述设置导致科目体系庞大繁杂,如果对"管理费用"建立辅助核算,则可以按以下方式进行设置:

部门档案设置(在下面的"编码档案"设置中进行)

生产部门

销售部门

财务部门

科目设置

　　管理费用

52101 报刊费

52102 差旅费

52103 办公费

由此可见,使用部门辅助核算可以简化科目结构、便于数据管理、提高工作效率。

根据以上资料,输入科目编码、科目名称,选择【部门核算】后单击【确认】,如图 3-15 所示。

**3. 修改会计科目**

**例**:将"113 应收账款"科目修改为有"客户往来"辅助核算项。

具体步骤是:首先选中要修改的科目,单击【修改】,进入会计科目修改界面,然后单击【修改】,进入修改状态,修改完毕后,单击【确定】,如图 3-16 所示。

**4. 删除会计科目**

如果某科目不再需要,可以进行删除。在"会计科目"界面,选中要删除的科目,单击【删除】即可。

图 3-15　增加会计科目

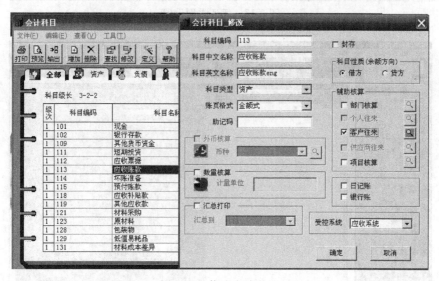

图 3-16　修改会计科目

### 3.4.1.3　凭证类别设置

用户可以根据需要选择不同的分类方式,进行凭证类别设置,如图 3-17 所示。

### 3.4.1.4　结算方式设置

单位核算中用到的结算方式名称和类型在这里录入,如图 3-18 所示。

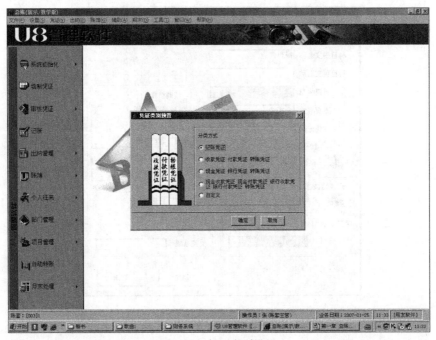

图 3-17　凭证类别设置

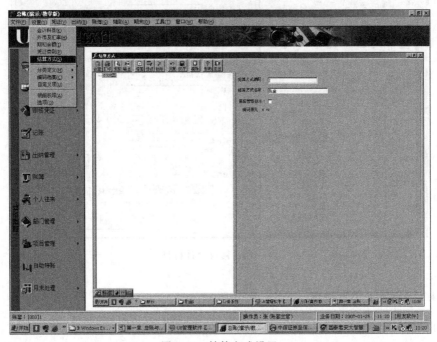

图 3-18　结算方式设置

### 3.4.1.5　分类定义设置

分类定义包括客户分类定义和供应商分类定义。定义方式是相似的,如图 3-19

所示。

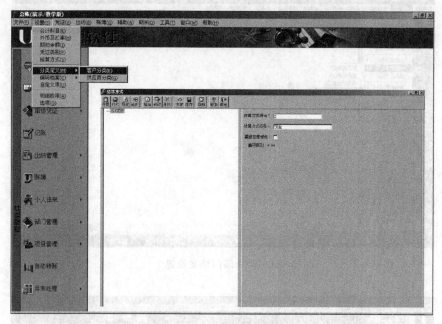

图 3-19　分类定义设置

**注意**：分类编码必须唯一，并且编码规则与建账时设定的编码级次相同。

### 3.4.1.6　编码档案设置

编码档案设置包括职员档案、客户档案、供应商档案、部门档案和项目档案。定义方式是相似的，下面以部门档案设置为例进行介绍。

**例**：东方有限责任公司的部门设置如下：

生产部门

销售部门

财务部门

根据以上资料，操作步骤为：单击【设置】，选择【编码档案】，单击【部门档案】，进入部门档案设置界面，如图 3-20 所示。在这里单击【增加】即可录入部门信息，也可以在此界面修改和删除相关部门。

### 3.4.1.7　期初余额录入

期初余额录入如图 3-21 所示。正常余额直接录入，红字余额用负号录入，录入完毕后单击【试算】，系统将自动完成检验工作并给出试算平衡表。

**注意**：

① 如果某科目余额方向与默认方向不符，可以调整余额方向，步骤是：选中需要调整方向的科目后，单击【方向】，根据提示进行调整即可。

② 如果期初余额试算不平衡，将不能记账，但可以填制凭证。

图 3-20　部门档案设置

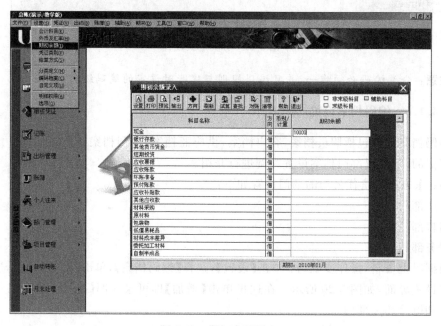

图 3-21　期初余额录入

③ 如果已经使用本系统记过账，则不能再录入、修改期初余额。

④ 辅助核算科目必须按辅助项录入期初余额。例如，如果客户往来辅助核算在总账系统进行，则各客户的期初余额录入步骤是：双击"应收账款"科目的期初余额栏目，屏幕会显示应收各客户的期初余额录入窗口。但是，如果客户往来款项由应收系统核算，则客户往来科目中各客户的期初余额应在应收系统中录入，在这里，只能录入科目的总余额。

### 3.4.2  总账日常业务

通过以上操作,完成了总账系统的初始设置,在此基础上就可以根据企业发生的各项经济业务进行日常账务处理了。总账的日常业务包括填制凭证、对凭证签字和审核、记账等工作,下面分别介绍。

#### 3.4.2.1  填制凭证

记账凭证是登记账簿的依据,因此一定要重视凭证的录入的完整性与正确性。填制凭证包括增加凭证、修改凭证和删除凭证。

**1. 增加凭证**

**例**:2016 年 1 月 1 日,东方公司财务部门购买打印纸 500 元,用现金支付。会计分录为:

借:管理费用——办公费　　　　　　　　　　　　　　500

　　贷:现金　　　　　　　　　　　　　　　　　　　　　　500

操作步骤如下。

① 启动用友软件,进入系统控制台,选择 001-东方公司账套,单击打开"总账"系统。

② 单击【填制凭证】,出现如图 3-22 所示的界面,单击【增加】即可逐项输入凭证的各项内容,录入完毕单击【保存】。

图 3-22　填制凭证

凭证的主要内容包括:

①"凭证类别":在此输入凭证类别字,也可以用鼠标单击,参照选择一个凭证类别,确定回车确认。本例中凭证类别只有一种即"记账凭证"。

②"凭证编号":如果在启用账套时设置凭证编号方式为"系统编号",则由系统分类按月自动编制。系统同时也自动管理凭证页号,因为每页凭证只有 5 笔分录,当某号凭证内容超过 5 笔时,系统自动将在凭证号后标上几分之一,如:记-0002 号 0002/0002 表示为记账凭证第 0002 号凭证共有两张分单,当前光标所在分录在第二张分单上。如果在启用账套时设置凭证编号方式为"手工编号",则用户可在此处手工录入凭证编号。

③"制单日期"：即编制凭证的日期，系统自动选择当前进入账务系统的业务日期为记账凭证填制日期，用户也可以根据需要进行修改。

④"附单据数"：要求输入本张凭证所附原始凭证张数。输完后回车即可，如果没有也可以直接回车。

⑤"摘要"：对该会计业务的简要说明，并且每行的摘要将随该行会计科目等内容在明细账、日记账等会计账簿中出现，所以一般来说每行均要有摘要。将光标移到摘要栏内即可直接输入摘要内容。

⑥"科目名称"：在该栏内输入会计分录的借贷方科目，可直接输入中文科目名称或科目编码，也可以在科目区中单击右下角的放大镜图标参照录入。输入科目时必须是最末级的科目。

⑦辅助信息：根据科目属性输入相应的辅助信息，如部门、客户、供应商等。本例中"管理费用——办公费"为部门核算科目，则录入该科目并回车后，屏幕提示用户输入"部门"信息，可输入部门代码或部门名称，也可单击右边的放大镜图标参照输入，如图 3-23 所示。

图 3-23　辅助项录入

⑧金额：金额可以是正数，也可以是负数，但不能为零。在录入时，可以使用以下一些快捷键：

"回车"键：当借贷方分录金额不等时，按"回车"键能复制上行的摘要。

"＝"键：按"＝"键可以自动计算整张凭证中借贷方的差额，放在本行金额栏里。

"－"(负号)键：按"－"键能改变原来数字的方向，如将负数改为正数，将正数改为负数。

**2. 修改凭证**

在如图 3-22 所示的填制凭证的界面中，利用【首张】、【上张】、【下张】、【末张】按钮翻页查找到要修改的凭证，将光标移到需要修改的地方直接修改即可，修改完毕单击【保存】则保存当前修改，单击【放弃】则放弃当前凭证的修改。

另外，单击【插分】可在当前分录前插入一条分录，单击【删分】可删除当前光标所在的分录。

**3. 删除凭证**

用友软件删除凭证是分两步进行的，首先作废凭证，然后整理凭证，这样才能将凭证真正删除。

（1）作废凭证

具体操作步骤是：在如图 3-22 所示的填制凭证的界面中，利用【首张】、【上张】、【下张】、【末张】按钮翻页查找到要作废的凭证，单击【制单】下的【作废/恢复】，如图 3-24 所示,凭证左上角将显示"作废"字样。

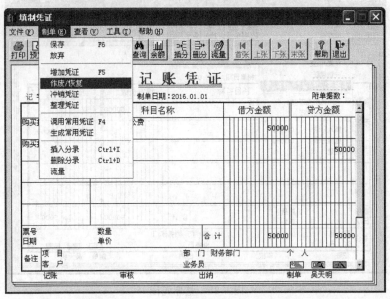

图 3-24 作废/恢复凭证

作废凭证不能修改,不能审核。在记账时,不对作废凭证作数据处理,相当于一张空凭证。在账簿查询时,也查不到作废凭证的数据。

如果要将已作废的凭证恢复为有效凭证,单击【制单】下的【作废/恢复】,则可取消作废标志。

(2)整理凭证

如果要彻底删除凭证,可以通过凭证整理功能进行,删除凭证的同时还可以进行断号整理。

具体操作步骤是:在填制凭证的界面中单击【制单】下的【整理凭证】,如图 3-25 所示,然后选择要整理的月份并【确定】,弹出作废凭证表窗口,在此选择要真正删除的作废凭证并【确定】,系统会提示"是否还需整理凭证断号",选【是】则对剩下的凭证重新整理编号,否则只删除凭证不进行整理。

**注意**:若本月已有凭证已记账,那么,本月最后一张已记账凭证之前的凭证将不能作凭证整理,只能对其后面的未记账凭证作凭证整理。

### 3.4.2.2 出纳签字

凭证录入完毕,在记账前需要经过审核。审核工作包括出纳人员的签字和审核人员的审核,其中,凭证中如果涉及出纳管理的现金、银行存款等科目,则需要出纳人员签字。

具体操作步骤如下。

(1)单击【审核凭证】,进入【出纳签字】,出现出纳签字范围窗口,输入要签字的凭证的会计期间、类型等,【确认】后出现凭证一览表窗口,单击【确定】后出现如图 3-26 所示的界面。

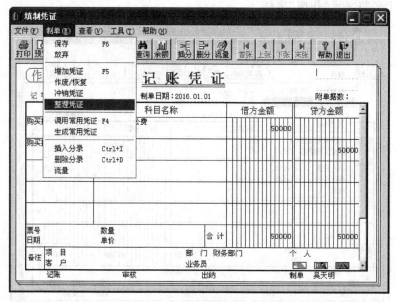

图 3-25　整理凭证

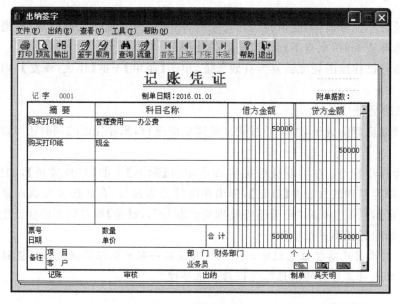

图 3-26　出纳签字

（2）确认该张凭证是否正确：可通过菜单【查看】进行，如图 3-27 所示，可以查辅助明细、联查原始单据等。

（3）检查无误后单击【签字】，则在凭证下边出纳处签上出纳人姓名以便明确责任。出纳可以单击【首张】、【上张】、【下张】、【末张】按钮选择凭证进行签字。若想对已签字的凭证取消签字，则可以单击【取消】来取消签字。

如果凭证较多，也可以成批签字或成批取消签字。在如图 3-26 所示的界面，单击【出

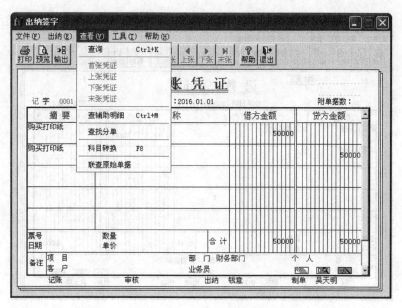

图 3-27　出纳签字中的查看

纳】,选择【成批出纳签字】即可成批签字。选择【成批取消签字】则可以对已签字的凭证成批取消签字。

**注意:**

① 凭证一经签字,就不能被修改、删除,只有取消签字后才可以进行修改或删除。

② 取消签字只能由原签字人本人进行。

### 3.4.2.3　审核凭证

凭证在记账前必须通过审核以确保凭证的正确无误,因为记账以后就不能对错误的凭证直接进行修改了,而必须通过编制红字冲销凭证来更正错账,所以审核是记账的前提条件,通过审核的凭证才能记入账簿。

审核凭证的步骤如下。

(1) 单击【审核凭证】,选择【审核凭证】,出现凭证审核范围窗口,输入要审核的凭证的会计期间、类型等,【确认】后出现凭证一览表窗口,【确定】后出现如图 3-28 所示的审核凭证窗口。

(2) 确认该张凭证是否正确:可通过菜单【查看】进行,可以查辅助明细、联查原始单据等。

(3) 若审核人员发现该凭证有错误,可单击【标错】,对凭证进行标错,已标错的凭证可以在"填制凭证"里进行修改。对已标错的凭证,再次单击【标错】可以取消标错。

(4) 对于确认无误的凭证,可以单击【审核】,则审核人员的名字签在了该张凭证下部的"审核"处以明确责任。审核人员可以单击【首张】、【上张】、【下张】、【末张】按钮选择凭证进行审核,还可以单击【审核】下的【成批审核凭证】来提高效率。

如果发现已审的凭证有误,需要取消审核签章,可以单击【取消】,消去已签章的审核

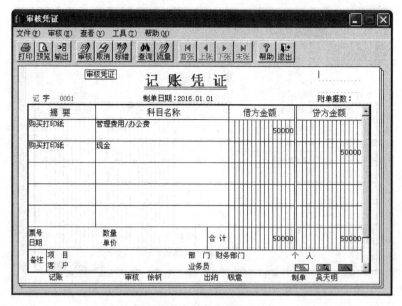

图 3-28　审核凭证

人员的姓名,使该张凭证成为未签章的凭证。也可以单击【审核】下的【成批取消审核】将本次所选凭证的签章一次全部取消。

**注意:**

① 审核人和制单人不能是同一个人。

② 经过审核的凭证不能直接修改,必须取消审核后才能修改,并且只能由原审核人员取消审核,不能由其他人员取消。

③ 作废凭证不能被审核,也不能被标错。同样,已标错的凭证也不能被审核。

### 3.4.2.4　记账

记账凭证经签字、审核后,即可用来登记各种账簿,包括总账、明细账、日记账、各种辅助账等。

具体操作步骤为:在桌面单击【记账】,出现未记账凭证范围选择窗口,选定后单击【下一步】,系统会对凭证进行合法性检查,如果发现不合法凭证,会提示错误,否则显示所选凭证的汇总表,在此单击【下一步】,点击【记账】即可,系统会自动完成各类账簿的记账工作。

用友软件记账后还可以恢复到记账前的状态。具体操作步骤是:单击【期末】,选择【对账】,在此界面下按下<Ctrl+H>键,【恢复记账前状态功能已被激活】(在对账界面再次按下<Ctrl+H>键,屏幕则显示【恢复记账前状态功能已被隐藏】),如图 3-29(a)所示,单击【确定】。然后再选择【凭证】菜单下的【恢复记账前状态】子菜单,出现选择恢复方式的界面,如图 3-29(b)所示,选定方式后单击【确定】即可。

**注意:**

① 记账功能在一个月内可以多次使用,根据各单位的业务量确定。

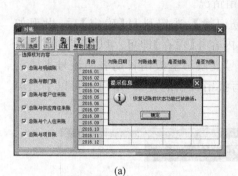

(a)　　　　　　　　　　　　　　　　(b)

图 3-29　恢复记账前状态

② 在第一次记账时，若期初余额试算不平衡，系统将不允许记账。

③ 上月未结账，则本月不允许记账。

④ 未审核、未经出纳签字的凭证不能记账。

### 3.4.3　出纳管理与账证查询

#### 3.4.3.1　出纳管理

出纳人员管理业务可以通过总账的"出纳"菜单进行，具体包括：现金日记账、银行日记账、资金日报表的查询；支票登记簿的录入与管理；银行对账等。

**1. 日记账及资金日报表的查询**

查询步骤是：单击【出纳】，选择要查询的内容例如【现金日记账】后，选定要查询的条件后【确认】，则屏幕显示相应的账簿内容，如图 3-30 所示。在此界面，单击【凭证】可以查

图 3-30　现金日记账

看相应的凭证,单击【总账】可以查看总账。

银行日记账、资金日报表的查询方式与现金日记账相似,这里不再赘述。

**2. 支票登记簿的录入与管理**

支票登记簿的内容包括领用日期、领用部门、领用人、支票号、金额、用途、报销日期等,可以帮助出纳全面了解和管理支票的使用和报销情况。

具体操作步骤为:单击【出纳】,选择【支票登记簿】,选定科目【确定】后,出现如图 3-31 所示的界面,出纳人员在此录入支票的相关内容并【保存】即可。以后该支票业务填制完成凭证后,系统会自动在支票登记簿中将该号支票写上报销日期表明该号支票已报销。对于由于人为原因而造成系统未能自动填写报销日期的支票,用户也可以手工填写。已报销的支票可以删除。

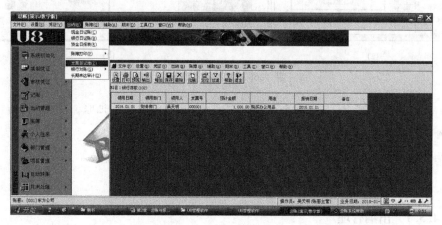

图 3-31　支票登记簿

**注意**:只有在"会计科目"中设置银行账的科目才能使用支票登记簿,并且需要在"结算方式"功能中对需使用支票登记簿的结算方式打上"票据管理标志"。

**3. 银行对账**

首先,首次启用银行对账功能前,必须先将日记账、银行对账单未达账项期初数据录入系统中。操作步骤是:进入【出纳】,选择【银行对账】,单击【银行对账期初】,选定科目【确定】后即可录入期初余额。

其次,月末进入【银行对账单】录入本月的银行对账单。操作步骤是:选择【出纳】菜单下【银行对账】下的【银行对账单】,进入银行对账单的录入界面。

最后,进行对账。操作步骤是:选择【出纳】菜单下【银行对账】下的【银行对账】,选定科目、月份后【确定】即可进入银行对账界面:屏幕左边为单位日记账,右边为银行对账单。在此界面单击【对账】可自动进行银行对账,也可以双击相应行进行手工对账。

对账完成还可以查看、输出银行存款余额调节表等。

### 3.4.3.2　账证查询

**1. 凭证查询**

具体操作步骤为:选择【凭证】菜单下的【查询凭证】,出现如图 3-32 所示的凭证查询条件选择窗口,可以选择查询【已记账凭证】或【未记账凭证】,可以按【辅助条件】进行查询,也可以按月份查询等。

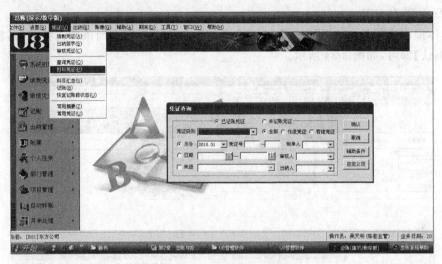

图 3-32　凭证查询条件选择

输入条件后【确认】进入凭证一览表窗口,可双击某张凭证显示该凭证,也可以【确定】后利用【首张】、【上张】、【下张】、【末张】按钮翻页查找需要的凭证,在此界面可以通过【查看】查看辅助明细、联查明细账和原始单据,如图 3-33 所示。

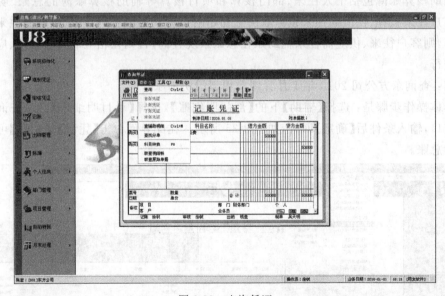

图 3-33　查询凭证

### 2. 账簿查询

（1）总账查询

总账查询功能强大,从总账科目到所有二至六级明细科目的年初余额、各月发生额合计和月末余额都可以进行查询。

具体操作步骤是：选择【账簿】下的【总账】，进入总账查询条件选择窗口，输入条件后【确认】即可。

（2）余额表查询

具体操作步骤是：选择【账簿】下的【余额表】，进入余额表查询条件选择窗口，输入条件后【确认】即可，如图 3-34 所示。

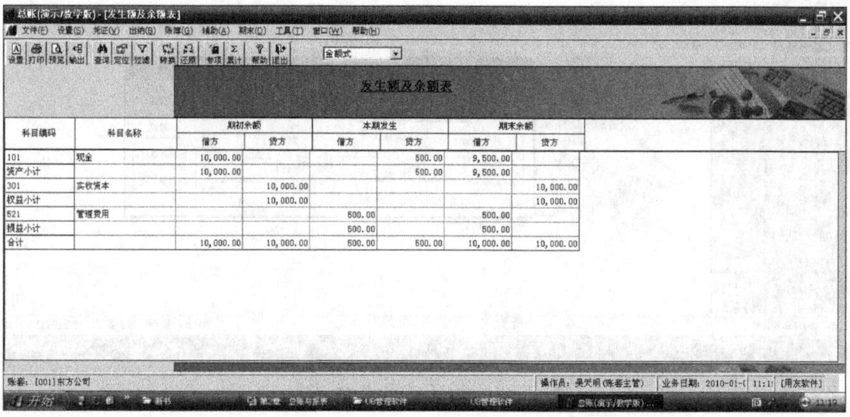

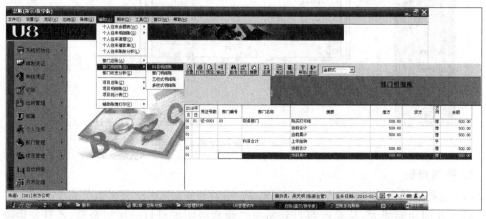

图 3-34 余额表

（3）辅助核算账查询

辅助核算账簿包括个人往来、部门核算和项目核算等辅助核算账簿的总账、明细账等。客户往来核算、供应商往来核算取决于初始的设置。如果客户往来、供应商往来在总账核算，则客户往来、供应商往来辅助账在总账系统查询，否则在相应的应收系统、应付系统中进行。

例：查询东方公司 2016 年 1 月管理费用部门明细账。

具体操作步骤是：选择【辅助】下的【部门明细账】，选择【科目明细账】出现查询条件选择窗口，输入条件后【确定】即可，如图 3-35 所示。在此界面单击【凭证】、【总账】可联查凭证和总账。

图 3-35 查询部门明细账

其他辅助账簿的查询方式与部门辅助账是类似的,这里不再赘述。

### 3.4.4　总账期末处理

#### 3.4.4.1　自动转账定义与生成

转账包括外部转账和内部转账两种:外部转账是指将其他子系统生成的凭证转入总账系统进行核算;内部转账是指在总账系统内部将若干科目的余额或发生额转入另外的科目中。这里介绍的是内部转账,外部转账在相关的子系统中进行介绍。

会计工作是一个不断重复循环的过程,在这个重复循环的过程中有些业务是经常变化的:如营业外支出各月是不确定的,盘亏盘盈并不是每月都会发生的,管理费用的支出项目也非一成不变,但是,有些特定业务却是每月必定要发生的,如收入和费用的结转、销售成本的结转、无形资产的摊销等,对于这些业务每月都要编制同样的凭证,采用同样的计算方法。因此,为了提高效率、减少工作量,用友软件提供了"自动转账"功能。

所谓自动转账,是指事先定义需要结转的项目和内容,每月使用时只需由系统自动调用定义好的转账分录格式生成机制凭证即可。

软件提供的自动转账主要包括自定义结转、对应结转、销售成本结转、汇兑损益结转和期间损益结转等,这里主要介绍期间损益结转。

期间损益结转用于在会计期末将本期损益类科目的发生额结转到本年利润科目中,从而及时反映企业利润的盈亏情况,包括产品销售收入、产品销售成本、产品销售费用、产品销售税金及附加、其他业务收支、管理费用、财务费用、营业外收支、所得税等科目的结转。

自动转账功能需要先定义转账内容,再调用生成凭证。当然,生成后的自动转账凭证依然需要经过审核、记账,才能真正完成转账的工作。

**例**:东方公司月末要结转损益,分录如下:

借:产品销售收入

　　贷:本年利润

　　　　产品销售成本

　　　　管理费用

根据上述资料,具体操作步骤如下。

(1)转账定义:选择【期末】下的【转账定义】,单击【期间损益】,如图 3-36 所示,在【本年利润科目】处录入要结转到的本年利润科目,也可以点击右边的放大镜参照录入,然后【确定】即可。

(2)转账生成:单击【期末】下的【转账生成】,选择【期间损益结转】和要进行结转的月份,如图 3-37(a)所示,然后单击【全选】后【确定】,则屏幕显示出生成的凭证,如图 3-37(b)所示,在此界面单击【保存】,则凭证左上角显示"已生成",表明该转账凭证已生成并保存。

**注意**:

① 损益科目结转表中已列出所有的损益科目,如果该科目本期没有发生额,则在以

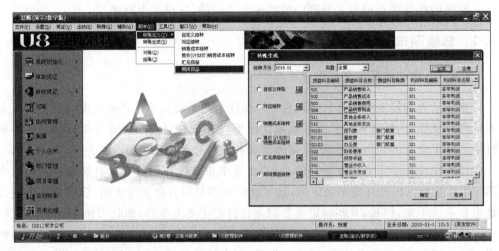

图 3-36 转账定义

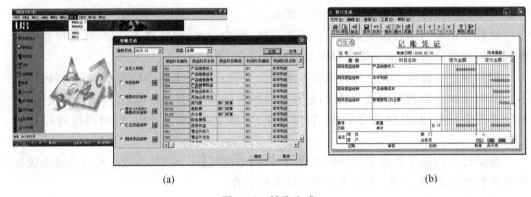

(a)  (b)

图 3-37 转账生成

后生成的凭证中不显示出来,所以在转账生成时不需要剔除没有发生额的损益科目。

② 必须将所有未记账凭证记账后才能进行转账生成工作,因为转账时是按照已记账凭证的数据进行计算的,所以,如果没有全部记账有可能导致转账凭证数据有误。

### 3.4.4.2 对账与试算平衡

在结账之前需要对账,以检查记账是否正确、账簿是否平衡。对账包括总账与明细账核对、总账与部门账核对、总账与客户往来账核对、总账与供应商往来账核对、总账与个人往来账核对、总账与项目账核对等。如果客户往来业务选择由应收系统核算或供应商往来业务选择由应付系统核算,则不能对客户往来账、供应商往来账进行对账。

对账工作一般至少一个月进行一次,在月末结账前进行。

具体操作步骤是:选择【期末】下的【对账】,出现如图 3-38 所示的界面,选择要进行对账的月份后在【是否对账】栏双击,单击【对账】,系统开始自动对账。若【对账结果】栏显示"正确"表明账账相符,若【对账结果】栏显示"错误"表明账账不符,可点击【错误】查看原因,还可以单击【试算】进行试算平衡。

图 3-38　对账

### 3.4.4.3　备份并结账

当该月有关凭证全部输入完毕，并按上述步骤全部记账、对账后，就可以结账了，而在结账前，为防止意外并提高数据的安全性，一般要对数据进行备份。

**1. 备份**

备份就是"输出"，在"系统管理"模块中进行，在前述 3.2.5 节已作介绍。

**2. 结账**

全部业务完成后就可以结账了，具体操作步骤是：单击【期末】下的【结账】，选择结账月份后单击【下一步】，点击【对账】，对账完成后单击【下一步】，出现如图 3-39 所示的工作报告界面，可以查看是否存在问题，如果没有问题就可以单击【下一步】并【结账】即可完成结账工作。

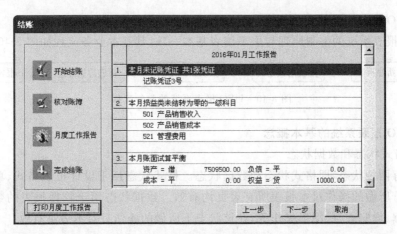

图 3-39　结账工作报告

如果结账错误，需要取消结账，则可以单击【期末】下的【结账】，选择要取消结账的月份,然后按<Ctrl+Shift+F6>键,输入主管口令后即可取消结账。

**注意:**

① 结账每月只能进行一次,结账后不能再输入本月的凭证。

② 如果上月未结账,则本月不能结账。

③ 本月还有未记账凭证时,本月不能结账。

④ 其他系统结账后总账系统才能结账。

# 3.5 UFO报表管理系统

## 3.5.1 概述

UFO报表系统在整个用友管理软件系统中处于重要地位,它既可以独立使用,也可以与总账系统、销售系统、采购系统、库存系统、存货系统、应收系统、应付系统、固定资产系统和工资系统等结合使用,从而方便地编制各种报表、台账,完成表格制作、数据运算、图形分析等各种功能。UFO报表系统还可以进行报表的汇总、合并,便于集团公司的管理。

UFO报表系统功能强大,操作简便。例如,在报表格式设计方面,可以设置报表尺寸、字体、颜色、画表格线(包括斜线)等,同时内置了多个行业多种格式的标准报表模版供用户选用,还提供了用户自定义模版功能;在报表数据处理方面,能在99 999张具有相同格式的报表中建立有机联系并且统一在一个报表文件里管理,提供了丰富的函数以便编制各种报表;在图表分析方面,可以提供10种分析图形,图表并茂,非常直观;在文件管理方面,UFO报表系统提供了标准财务数据接口,可以方便地导入导出相关报表数据,还可以输出多种文件格式的报表,包括文本文件、*.dbf文件、*.mdb文件、Excel文件、Lotus1-2-3文件等;此外,UFO报表系统还提供二次开发功能,可以开发适合本企业的专用系统。

**1. UFO报表系统的业务流程**

UFO报表系统的编制原理与手工编表基本一致,其基本业务流程如图3-40所示。

启动系统,新建报表 ⇒ 报表格式定义 ⇒ 报表公式定义 ⇒ 报表数据处理 ⇒ 报表输出管理

图3-40 UFO报表系统的业务流程

**2. UFO报表系统的基本概念**

(1) 格式状态和数据状态

报表有两种状态,即格式状态和数据状态。格式状态用于设计报表格式、单元公式,在该状态下所做的操作对本报表所有表页均有效。数据状态用于管理报表的数据,如可以输入数据、增删表页、图形操作等,在该状态下所做的操作只对本表页有效。

(2) 单元

单元是由行和列交错而确定的空格,它是组成报表的最小单位。单元类型有以下三种。

① 数值单元：用于存放报表的数据单元内容必须是数字。可以在数据状态下直接输入，也可以根据单元中存放的单元公式运算生成。建立一个新表时，所有单元类型均默认为数值型。

② 字符单元：用于存放报表的数据，单元内容可以是汉字、字母、数字及各种符号等。可以在数据状态下直接输入，也可以根据单元中存放的单元公式运算生成。

③ 表样单元：是报表的格式，是在格式状态下输入的所有文字、符号、数字等，在数据状态下只能显示无法修改。

（3）表页

一张报表可以由多达 99 999 张表页组成，表页具有相同的格式、不同的数据。表页在报表中的序号在表页的下方以标签的形式出现。

（4）关键字

关键字是游离于单元之外的特殊数据单元，是识别表页间的唯一标志，如单位名称、单位编号、年、季、月、日等。

### 3.5.2　报表格式定义

**1. 概述**

报表格式定义在格式状态下进行，选择【格式】菜单里相关的内容如【表尺寸】、【行宽】、【列高】等功能进行定义即可。通过上述定义，可以设计出企业所需的各种格式的报表，满足企业管理需要。

但是，对于一些企业常用的报表，可以不需要从头定义，UFO 报表系统提供了报表模板，可以套用模板以提高工作效率。

**2. 报表模板**

例：定义东方公司的资产负债表。

套用报表模板的操作步骤如下。

（1）新建报表

单击【开始】菜单，选择【程序】，找到【U8 管理软件】，单击【系统控制台】后，选择账套和操作员后【确定】，单击【UFO 报表】选择操作员后【确定】。

进入报表系统后，单击【文件】下的【新建】，出现如图 3-41 所示的新建报表的界面。

（2）套用模板

在如图 3-41 所示的新建报表中，在左下角显示为"格式"的状态下，点击【格式】菜单下的【报表模板】，所在行业选择"工业"、报表名选择"资产负债表"后【确认】，出现如图 3-42 所示的套用模板建立资产负债表的界面。

报表的格式定义好后，还需要对单元公式进行定义。

### 3.5.3　报表公式定义

**1. 单元公式定义**

例：定义资产负债表中"货币资金期末数"的单元公式。

具体操作步骤如下。

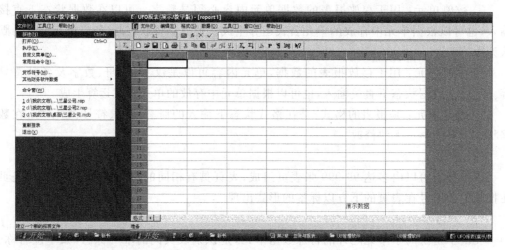

图 3-41　新建报表

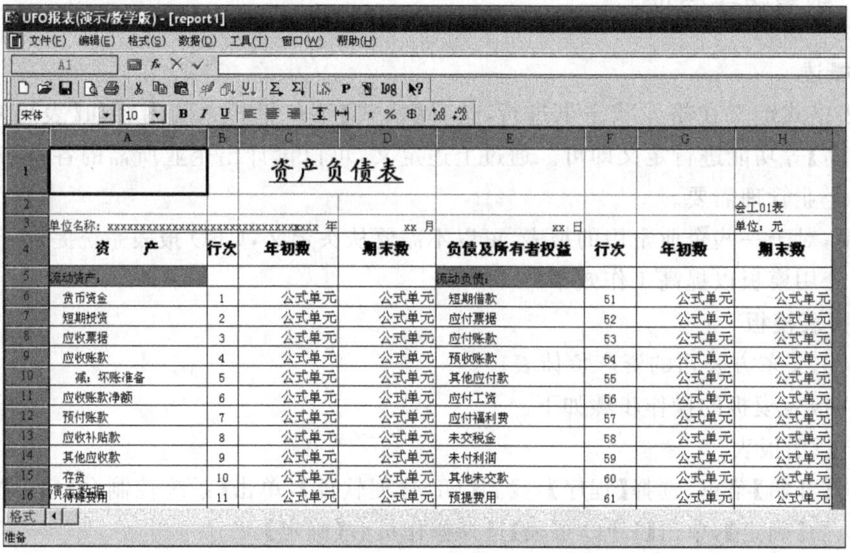

图 3-42　套用模板建立资产负债表

（1）在如图 3-42 所示的界面，在左下角显示为"格式"的状态下，选中"货币资金期末数"单元，点击【fx】或按"＝"，出现如图 3-43(a)所示的界面，删除错误公式后点击【函数向导】并【确认】。

（2）出现如图 3-43(b)所示的选择函数界面后，选择函数类型，在左边的"函数分类"栏里选择"用友账务函数"；在右边的"函数名"栏里选择"期末"，然后单击【下一步】。

（3）出现如图 3-44(a)所示的选择业务函数界面后，单击【参照】，出现如图 3-44(b)所示的界面，在"科目"栏中输入"101"（现金的科目代码）或单击右边的按钮参照录入科目代码后单击【确定】。

（4）回到如图 3-44(a)所示的界面后再次单击【确定】，回到如图 3-43(a)所示的界面，

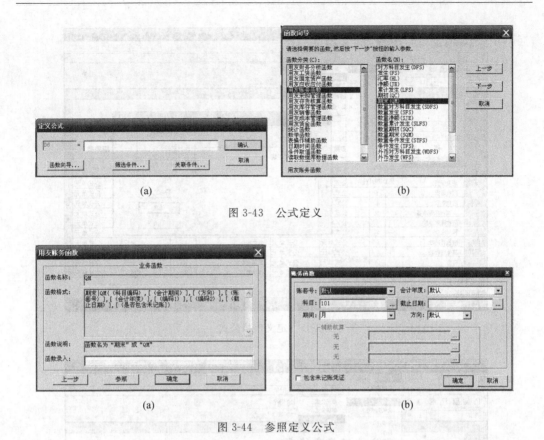

图 3-43　公式定义

图 3-44　参照定义公式

在此录入"＋"号,单击【函数向导】并【确认】,重复上述步骤,直到出现如图 3-44(b)所示的界面,在"科目"栏中输入"102"(银行存款的科目代码)或单击右边的按钮参照录入科目代码后单击【确定】。再次重复录入"109"(其他货币资金的科目代码)。全部录入完毕后单击【确认】即可。

**注意**:输入单元公式时,录入数学符号时必须使用英文半角字符。

**2. 审核公式定义**

报表中的某些项目或者不同报表之间存在一定的钩稽关系,因此,可以定义审核公式以便审核报表是否存在正确的钩稽关系。

具体操作步骤是:在如图 3-42 所示的界面,在左下角显示为"格式"的状态下,选择【数据】菜单下的【编辑公式】里的【审核公式】,出现审核公式录入界面,根据右边的范例录入并单击【确定】即可,如图 3-45 所示。

**3. 舍位平衡公式定义**

在企业管理中,常常需要对报表数字进行舍位。为了保证舍位后的报表依然保持平衡关系,可以利用舍位平衡公式进行处理。

具体操作步骤是:在如图 3-42 所示的界面,在左下角显示为"格式"的状态下,选择【数据】菜单下的【编辑公式】里的【舍位公式】,出现舍位平衡公式录入界面,录入后单击【完成】即可,如图 3-46 所示。

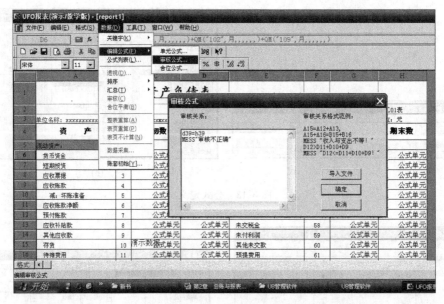

图 3-45　定义审核公式

图 3-46　定义舍位平衡公式

### 3.5.4　报表数据处理

报表数据处理工作是在数据状态下进行的,包括生成报表数据、审核报表数据和舍位平衡操作等。

**1. 生成报表数据**

例:生成东方公司的资产负债表。

具体操作步骤如下。

（1）打开报表

启动 UFO 报表系统，单击【文件】下的【打开】，选定要打开的报表后单击【打开】。

（2）账套初始

账套初始就是确认单元数据取数的账套和会计年度。该项工作既可以在格式状态下进行，也可以在数据状态下进行。

操作步骤是：单击【数据】菜单下的【账套初始】，然后输入"账套号"和"会计年度"，单击【确认】即可，如图 3-47 所示。

图 3-47　账套初始

（3）录入关键字

打开报表后，在报表左下角显示为"数据"状态时，单击【数据】菜单下的【关键字】，选择【录入】，录入相关内容后【确认】，如图 3-48 所示。

（4）生成报表数据

录入关键字后系统会提示"是否重算第 1 页？"，单击【是】则计算出报表数据。单击【否】则不计算，以后可以在数据状态下通过单击【数据】菜单下的【整表重算】或【表页重算】重新计算生成报表数据。

**2. 审核报表数据**

编制完成以后，可以对报表进行审核。具体操作步骤是：打开报表后，在报表左下角显示为"数据"状态时，单击【数据】菜单下的【审核】，如果报表数据不符合设定的审核公式，则会给出相应提示，如图 3-49 所示。

**3. 舍位平衡操作**

具体操作步骤是：打开报表后，单击报表左下角使之显示为"数据"状态后，单击【数据】菜单下的【舍位平衡】即可。

图 3-48　录入关键字

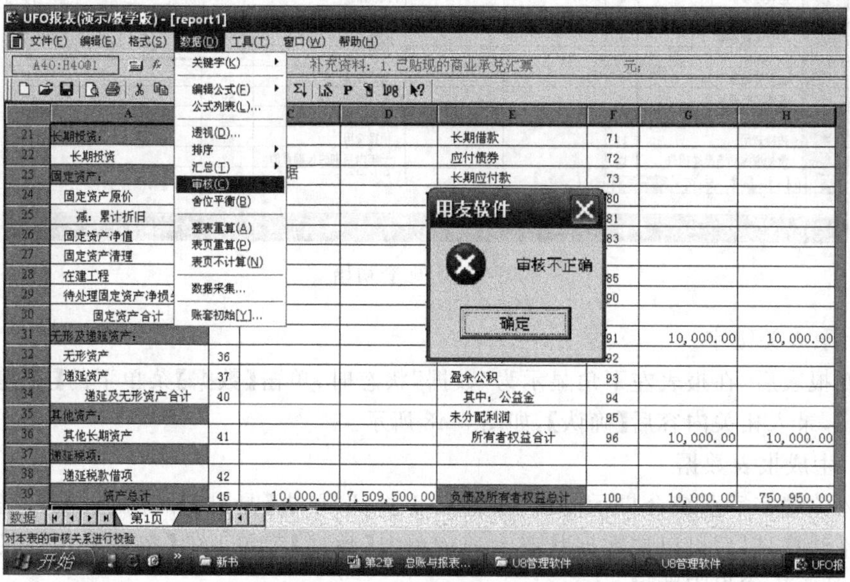

图 3-49　审核报表

### 3.5.5　报表输出管理

报表编制完成后可以保存，这时是将公式和数据同时保存。还可以输出为其他形式的数据，包括文本文件、*.dbf 文件、*.mdb 文件、Excel 文件、Lotus1-2-3 文件等，通过【文件】菜单里的【另存为】保存，选择不同的文件类型即可以实现不同数据形式的转换。

## 3.6　本章小结

　　用友 ERP 软件包括财务子系统、购销存子系统和决策支持子系统等组成部分,这些系统之间不是孤立的,而是相互联系、数据共享的,并通过总账系统连接成为一个整体,全面管理企业的各项工作。因此,在实际操作时要理解总账系统的工作流程,掌握正确的操作方法。

　　UFO 报表系统在整个用友管理软件系统中处于重要地位,它既可以独立使用,也可以与总账系统、销售系统、采购系统、库存系统、存货系统、应收系统、应付系统、固定资产系统、工资系统等结合使用,从而可以方便地编制各种报表、台账,完成表格制作、数据运算、图形分析等各种功能。UFO 报表系统还可以进行报表的汇总、合并,便于集团公司的管理。因此,在实际工作中要理解并掌握报表系统操作方法。

## 思考题

　　1. 简述总账系统与其他系统的主要关系。
　　2. 简述总账系统的业务流程。
　　3. 简述总账系统的反向处理流程。
　　4. 简述报表系统的业务流程。

# 第4章 销售与收款业务循环

审计人员进行财务报表审计的组织方式一般有两种：账户法和循环法。账户法是对财务报表的每个账户余额单独进行审计而不考虑账户之间的联系。循环法则是根据各类交易的特点和性质，将企业的基本业务划分成几个循环，按业务循环组织审计。循环法将紧密联系的交易种类和账户余额放在一起审计，提高了审计的效率，因而被广泛采用。

在财务报表审计中，根据不同企业的业务性质和规模，业务循环的类别可能有所不同，但通常都可以划分为这样几个业务循环：销售与收款业务循环、采购与付款业务循环、生产与存货业务循环、人力资源与工薪业务循环、投资与筹资业务循环等。本章主要介绍用友销售与收款业务循环。

## 4.1 销售与收款业务循环概述

在用友 ERP 软件中，销售与收款业务循环分散在多个系统中进行，因此，要了解该循环的业务流程，首先必须对销售与收款业务循环涉及的主要活动、产生的主要凭证和会计记录有一个全面的了解。

### 4.1.1 销售与收款业务循环的主要活动

对被审计单位进行审计时，审计人员接触的主要是会计资料，而所有这些会计资料都是由相应的业务活动产生的，所以首先要了解销售与收款业务循环的主要活动。

典型的销售与收款业务循环包括以下主要活动。

（1）接受客户订单。客户的订单需要经审核批准才能进行销售。

（2）批准赊销信用。信用部门须对所有新顾客做信用调查：在销售前，检查顾客的信用额度，核对信用额度与销售情况，并要求被授权的信用部门人员在销售单上签署意见。

（3）按销售单供货。仓库只有收到经过批准的销售单时才能供货。

（4）按销售单装运货物。装运同样需要已批准的销售单，并且每次装运都要编制装运凭证。

（5）开具账单给客户。进行销售时要给客户开具相应的销售发票。

（6）记录销售业务。对销售业务进行正确的记录。

（7）办理和记录现金、银行存款收入。收到现金、银行存款则应收账款减少，需要及时进行相应的会计处理。

（8）办理和记录销售退回、销售折扣与折让。发生该类事项时要经过授权审批然后进行记录。

（9）注销坏账。对于确实无法收回的坏账要及时注销，并作相应的会计处理。

（10）提取坏账准备。采用适当的方法提取坏账准备并登记入账。

## 4.1.2　销售与收款业务循环涉及的主要凭证与会计记录

根据对销售与收款业务循环的主要活动的分析，可以看出在该循环中所涉及的主要凭证与会计记录有以下几种。

（1）客户订单。客户订单是反映客户订货需求的单据。

（2）销售单。销售单是列示客户所订商品信息的凭证。

（3）发运凭证。发运凭证是在发运货物时编制的凭证。

（4）销售发票。销售发票是表明已销售商品的名称、数量、单价、金额等内容的凭证。

（5）商品价目表。商品价目表是列示已经批准可供销售的商品的价格表。

（6）贷项通知单。贷项通知单是用来表示由于销售退回或折让导致的应收款减少的凭证。其格式通常与销售发票相同。

（7）应收账款账龄分析表。

（8）应收账款明细账。

（9）主营业务收入明细账。

（10）折扣与折让明细账。

（11）汇款通知书。

（12）现金日记账和银行存款日记账。

（13）坏账审批表。

（14）客户月末对账单。

（15）记账凭证。

## 4.1.3　销售与收款业务循环的业务流程

销售与收款业务循环包括多项活动，产生多项单据和凭证，也涉及多个系统，包括销售管理系统、库存管理系统、存货核算系统、应收款管理系统和总账系统等。虽然很复杂，但也是有一定的规律可循的，因为该循环的业务是遵循一定的规律的，这就是业务流程。只有把握了销售与收款业务循环的业务流程，才能理解各项业务的来龙去脉，理解各项单据和业务资料从哪里产生、作用是什么等，为后续的审计工作打下良好基础。

用友 ERP 软件中销售与收款业务循环的业务流程可以用图 4-1 来描述。

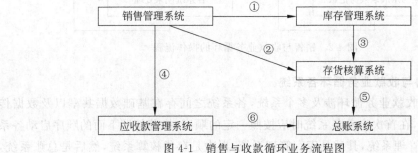

图 4-1　销售与收款循环业务流程图

① 在销售管理系统中录入发货单并审核后,系统自动生成出库单并传递到库存管理系统,库存管理系统对出库单进行审核并发货。

② 在销售管理系统中录入发货单并审核后,系统自动生成出库单并传递到存货核算系统等待记账。

③ 在库存管理系统录入其他出入库单后传递到存货核算系统等待记账。

④ 在销售管理系统中录入销售发票并审核后,形成应收款传递到应收款管理系统。

⑤ 存货核算系统对各种出入库单据登记存货明细账后,编制记账凭证传递到总账系统,等待总账系统完成记总账的工作。

⑥ 在应收款管理系统中对审核后的销售发票等单据制单,生成应收款凭证;还可以在应收款管理系统中录入收款单,核销应收,生成凭证;对坏账处理等相关业务进行处理并生成凭证。将所有凭证传递到总账系统,等待总账系统完成记总账的工作。

### 4.1.4　销售与收款业务循环的操作流程

了解了销售与收款业务循环的业务流程,就可以利用用友 ERP 软件进行销售与收款业务循环的业务处理了。利用用友 ERP 软件对销售与收款业务循环进行管理,同样要先在系统管理里进行操作员设置、建账等工作,然后进行基础设置,见 3.1 节和 3.2 节的介绍。以上工作完成后,需要启用各系统并进行各系统的初始设置,然后才能进行日常和期末的业务处理。

由于销售与收款业务循环涉及多个系统,该循环内部的多个子系统是相互联系、数据共享的,部分系统间存在数据的传递,所以在实际操作时要注意把握操作顺序。销售与收款业务循环的操作流程是:首先启用各系统,然后进行初始设置和期初记账,再进行日常处理,最后进行期末处理,如图 4-2 所示。

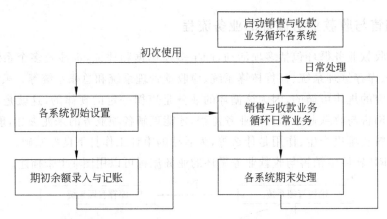

图 4-2　销售与收款业务循环的操作流程

#### 1. 启动销售与收款业务循环各系统

由于销售与收款业务循环涉及多个系统,各系统之间存在基础数据共享以及数据传递的关系。因此,在首次启动各系统时应按照一定的顺序,推荐按照下面的顺序启动各系统:先启动销售管理系统,其后是库存管理系统,再次是存货核算系统,然后是总账系统,最后是应收款管理系统。

**2. 各系统初始设置**

各系统初始设置包括账套参数的设置和其他一些初始设置工作,设置完成才能顺利地进行后续的操作。

**3. 期初余额录入与记账**

销售与收款业务循环的期初余额主要包括存货期初余额、科目期初余额、应收款期初余额等,需要在进行日常业务前录入系统,其中存货期初余额录入完毕还需要进行期初记账。

**4. 销售与收款业务循环的日常业务**

销售与收款业务循环的日常业务主要是在销售管理系统中录入发货单、销售发票等并审核;库存管理系统对销售系统生成的出库单进行审核并发货;存货核算系统负责登记存货明细账并编制记账凭证传递到总账系统;应收款管理系统录入收款单核销应收款,对坏账进行处理,对各类应收款业务编制凭证传递到总账系统;总账系统对传递来的凭证进行签字、审核、记账。

**5. 各系统期末处理**

完成日常工作后,就可以进行期末处理工作了。销售与收款业务循环各系统进行期末处理时也需要遵循一定的顺序,推荐按照下面的顺序对各系统进行期末处理:首先是销售管理系统,其次是库存管理系统,再次是存货核算系统,然后是应收款管理系统,最后是总账系统。

## 4.2 销售管理系统

销售活动是销售与收款业务循环的起点,是企业重要的业务活动之一,销售管理系统就是为企业提供全面管理销售活动的软件系统。

### 4.2.1 销售管理系统概述

销售管理系统属于购销存子系统的组成部分,与购销存子系统中的其他系统的基础数据可以共享,同时,销售管理系统生成的出库单据等可以在库存系统审核,然后实现实物的出库。审核后的单据在存货核算系统中记账。

**1. 销售管理系统的主要功能**

销售管理系统的主要功能包括以下几个部分。

(1)初始设置功能。销售管理系统提供根据用户的需要设置销售业务应用环境的功能,从而将通用系统变成适合本单位实际需要的专用系统。

(2)日常业务处理功能。销售管理系统可以完成销售订货处理、销售发货处理、销售开票处理、销售调拨业务和价格管理等日常业务。

(3)销售账表管理功能。销售管理系统提供多种账表的查询统计分析功能,包括销售收入明细账、销售成本明细账、销售明细账、销售统计表、销售日报、销售增长分析等。在查询时还提供单据追踪功能。例如,可以从明细账追踪查询相关的单据。

（4）月末结账。当某月的销售业务全部处理完毕后,可以进行月末结账处理。月末结账后,不能再处理该月的销售业务。

**2. 销售业务流程**

销售与收款循环涉及物流和资金流两个流向,如图4-3所示,该图也体现了销售管理系统与其他系统的关系。

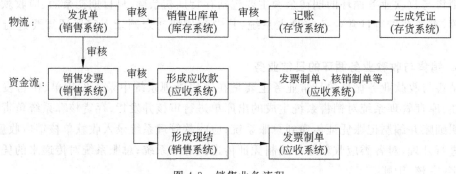

图 4-3　销售业务流程

**3. 销售管理系统的操作流程**

销售管理系统的操作流程如图4-4所示。

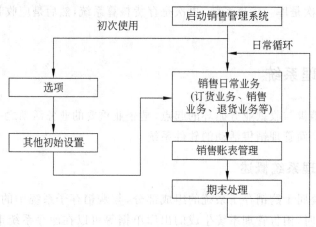

图 4-4　销售管理系统的操作流程

## 4.2.2　销售管理系统的初始设置

**1. 首次启用销售管理系统**

首次启用销售管理系统时需要进行账套参数的设置,具体的操作步骤如下:

单击【开始】菜单,选择【程序】,找到【U8管理软件】,双击【系统控制台】后,选择账套和操作员后【确定】,单击【销售管理】然后【确定】,出现如图4-5所示的界面,首先设置"公用参数"。

设置完毕单击【下一步】,出现如图4-6所示的建账向导界面,开始设置"销售管理业务范围"。设置完成后单击【完成】,这样就完成了销售管理系统的启用工作。

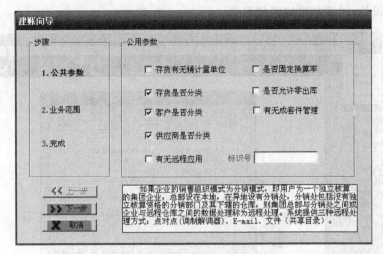

图 4-5　设置销售管理系统公用参数

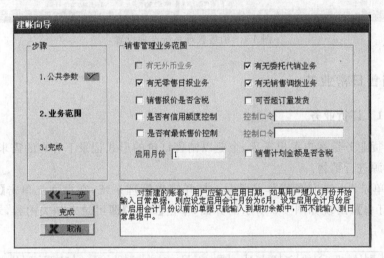

图 4-6　设置销售管理系统业务范围

　　**注意**：在用友 ERP 软件中，销售管理系统、库存管理系统、存货核算系统和采购管理系统都属于相对独立的购销子系统，所以具有相同的"公用参数"和"启用月份"，在一个系统中设置好以后，其他系统就不需要设置了。

　　**2. 选项设置**

　　首次使用销售管理系统时，按照上述步骤完成初步的账套参数设置后，以后还可以根据需要进一步设置账套参数。这时，可以利用【选项】菜单进行，单击【设置】中的【选项】进行设置即可，如图 4-7 所示。

　　**3. 其他初始设置**

　　其他初始设置工作包括分类体系、编码档案、其他设置和单据设计等内容，其中分类体系、编码档案和其他设置等内容可以在【系统控制台】中的【基础设置】里进行，也可以在本系统进行设置。单据设计主要是对销售管理系统里的主要单据的屏幕显示和打印格式进行个性化设计,以满足单位管理需要。

图 4-7　销售管理系统选项设置

### 4.2.3　销售日常业务

#### 4.2.3.1　订货业务

销售订货业务是客户提出需求,企业以销售订单的形式记录下客户的需求,然后根据订单组织货源进行销售。

(1)订单录入。具体的操作步骤是:打开销售管理系统,在桌面上单击【销售订货】下的【销售订单】,出现如图 4-8 所示的界面,单击【增加】即可录入相关内容,录入完毕单击【保存】。

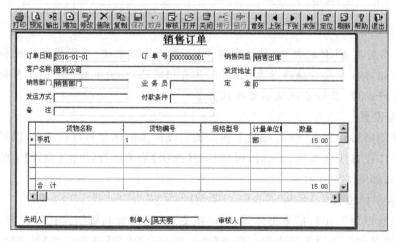

图 4-8　销售订单

（2）订单审核。订单录入完毕后，需要进行审核。审核人员登录销售管理系统后，在如图 4-8 所示的界面中单击【审核】完成审核工作。

**注意：**

① 销售订单的修改、删除工作同样在如图 4-8 所示的界面中进行。

② 销售订单已执行完毕或因某些原因不能继续执行时需要关闭，在如图 4-8 所示的界面中单击【关闭】即可。对于已关闭的订单，也可以通过单击【打开】取消关闭状态，从而继续发货。

#### 4.2.3.2　销售业务

根据销售业务的不同特点，可以将日常销售业务分为先发货后开票业务、直接开票直接发货业务和现收业务等类型，对于不同的业务，软件操作有不同的流程。

**1. 先发货后开票业务**

先发货后开票业务的业务流程如图 4-9 所示，在此模式下发货单可以直接开具，也可以根据销售订单开具。

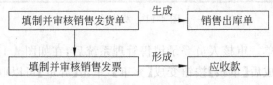

图 4-9　先发货后开票业务的业务流程

（1）填制并审核发货单

发货单可以根据订单开具，也可以直接开具。

① 根据订单开具发货单

具体的操作步骤如下。

首先，打开销售管理系统，在桌面上单击【销售发货】下的【发货单】，然后单击【增加】出现如图 4-10 所示的选择订单的界面，选定客户后单击【显示】，在下面需要选择的栏里

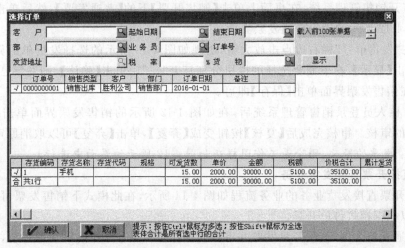

图 4-10　选择订单

分别打上"√"后单击【确认】。

然后,出现如图 4-11 所示的界面后,双击选择仓库,再单击【保存】即可。

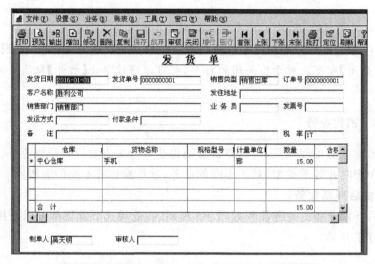

图 4-11　发货单

最后是审核发货单。审核人员登录销售管理系统后,在如图 4-11 所示的界面中单击【审核】即可。审核完成后【审核】按钮变成【弃审】,单击【弃审】可以取消原审核操作。

② 直接开具发货单

具体的操作步骤是:打开销售管理系统,在桌面上单击【销售发货】下的【发货单】,然后单击【增加】,在如图 4-11 所示的界面中录入相关内容并【保存】,然后可以进行审核工作。

注意:发货单的修改、删除工作同样在如图 4-11 所示的界面中进行。

(2)填制并审核销售发票

以普通发票为例,具体的操作步骤如下。

① 打开销售管理系统,在桌面上单击【销售开票】下的【普通发票】,然后单击【增加】,出现如图 4-12 所示的销售普通发票界面。

② 在"发货单号"栏右边点击放大镜,出现如图 4-13 所示的选择发货单的界面,选定客户后单击【显示】,在下面要选择的栏里分别打上"√"后单击【确认】,则发票已根据发货单生成,在销售发票界面单击【保存】即可。

③ 审核人员登录销售管理系统后,在如图 4-12 所示的销售发票界面单击【复核】完成对发票的审核。审核完成后【复核】按钮变成【弃复】,单击【弃复】可以取消原审核操作。

注意:发票的修改、删除等工作同样在如图 4-12 所示的界面中进行。

**2. 直接开票直接发货业务**

直接开票直接发货业务的业务流程如图 4-14 所示,在此模式下销售发票可以直接开具,也可以根据销售订单开具。

以普通发票为例,直接开具发票并审核的操作步骤是:打开销售管理系统,在桌面上单击【销售开票】下的【普通发票】,然后单击【增加】,出现如图 4-12 所示的销售普通发票

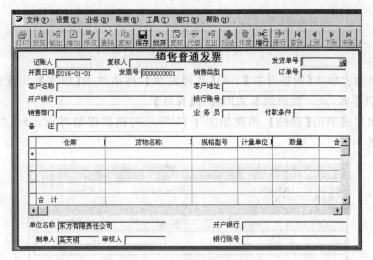

图 4-12  销售普通发票

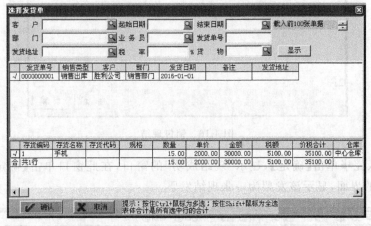

图 4-13  选择发货单

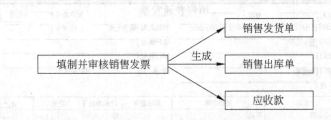

图 4-14  直接开票直接发货业务的业务流程

界面,录入发票的有关内容并【保存】,然后由审核人员对发票进行【复核】。

**3.现收业务**

现收业务即款货两讫业务,在销售结算的同时向客户收取货币资金,这其实是直接开票直接发货业务的一个特例。现收业务的业务流程如图 4-15 所示。

以普通发票为例,现收业务的具体操作步骤如下。

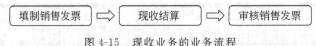

图 4-15 现收业务的业务流程

（1）在桌面上单击【销售开票】下的【普通发票】，然后单击【增加】，出现如图 4-12 所示的销售发票界面，录入发票的有关内容并【保存】。

（2）在此界面单击【现结】，出现如图 4-16 所示的销售现结界面，录入"结算方式"、"结算金额"等内容。

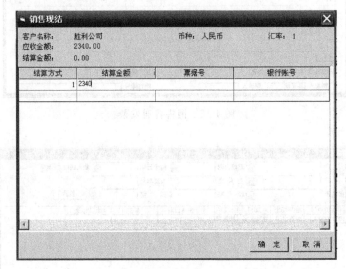

图 4-16 销售现结

（3）录入完毕单击【确定】，显示"现结成功"的窗口，在此窗口单击【确定】后出现如图 4-17 所示的界面，显示该发票为一张现结发票。

图 4-17 现结发票

注意：现结成功后【现结】按钮变成【弃结】，单击【弃结】可以取消原现结操作。

（4）在如图 4-17 所示的销售发票界面单击【复核】可以完成对现结发票的审核。

### 4.2.3.3 退货业务

**1. 先发货后开票业务的退货处理**

先发货后开票业务退货的处理流程如图 4-18 所示，先填制并审核退货单，然后根据退货单填制并审核红字发票。

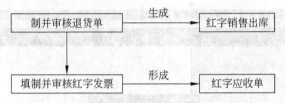

图 4-18　先发货后开票业务的退货处理流程

**2. 直接开票业务的退货处理**

直接开票业务的退货处理流程如图 4-19 所示，填制并审核红字发票即可生成相应的退货单、红字出库单、红字应收款等。

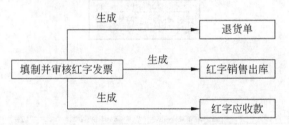

图 4-19　直接开票业务的退货处理流程

### 4.2.4　销售账表管理

销售管理系统不仅可以对销售业务进行处理，还提供多种类型的账表供管理人员查询，如销售收入明细账、销售统计表等。以销售收入明细账为例，具体操作步骤是：打开销售管理系统，在桌面上单击【销售账表】下的【销售收入明细账】，选定条件后【确认】，出现如图 4-20 所示的销售收入明细账界面。双击要查询的栏目可查看对应的单据。

| 年 | 月 | 日 | 发票号 | 发票类型 | 数量 | 原币单价 | 原币金额 | 原币税额 | 折扣额（原币） | 原币价税合计 | 本币单价 | 本币金额 | 本币税额 | 折扣额（ |
|---|---|---|---|---|---|---|---|---|---|---|---|---|---|---|
| 2016 | 01 | 01 | 0000000001 | 普通发票 | 15.00 | 2,000.00 | 30,000.00 | 5,100.00 | | 35,100.00 | 2,000.00 | 30,000.00 | 5,100.00 | |
| 2016 | 01 | 01 | 0000000002 | 普通发票 | 1.00 | 2,000.00 | 2,000.00 | 340.00 | | 2,340.00 | 2,000.00 | 2,000.00 | 340.00 | |

图 4-20　销售收入明细账

### 4.2.5 销售期末处理

当该月有关业务全部处理完毕后,就可以进行期末处理了。期末处理主要是备份数据和月末结账工作。备份在"系统管理"模块中进行,在前述 3.1 节已作介绍。这里只介绍销售管理系统的月末结账工作。

结账的具体操作步骤是:在销售管理系统的桌面上单击【月末结账】下的【月末结账】,出现如图 4-21 所示的界面,单击【月末结账】即完成了该月的结账工作。

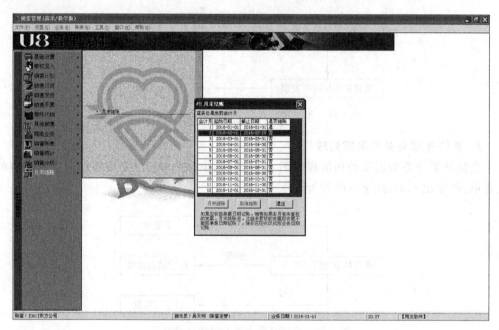

图 4-21　销售管理系统月末结账

**注意:**

① 月末结账可以取消。在如图 4-21 所示的界面中单击【取消结账】就可以取消结账状态。

② 销售管理系统月末处理后,才能进行库存管理系统、存货核算系统和应收款管理系统的月末处理。

## 4.3　库存管理系统

库存管理系统主要负责对企业存货的收入和发出进行数量上的管理,及时提供各类存货的库存信息,并且可以对存货的收发、分布等进行统计分析。

### 4.3.1　库存管理系统概述

库存管理系统属于购销存子系统的组成部分,基础数据可以共享,同时,采购管理系统与销售管理系统生成的出、入库单据可以在库存系统审核,然后实现实物的出库、入库。

审核后的出、入库单据在存货核算系统中记账。

**1. 库存管理系统的主要功能**

库存管理系统的主要功能包括以下四个部分。

（1）初始设置功能。库存管理系统提供根据用户的需要设置库存业务应用环境的功能，从而将通用系统变成适合本单位实际需要的专用系统。

（2）日常业务处理功能。库存管理系统可以完成采购入库业务管理、产成品入库业务管理、销售出库业务管理、材料出库业务管理和其他出入库业务管理等，还能进行调拨业务处理、盘点业务处理等。

（3）库存账表管理功能。库存管理系统提供多种账表的查询统计分析功能，包括出入库流水账、库存台账、收发存汇总表和收发类别汇总表等。

（4）月末处理。当某月的库存业务全部处理完毕后，可以进行月末结账处理。月末结账后，不能再处理该月的业务。

**2. 库存管理系统的操作流程**

库存管理系统的操作流程如图 4-22 所示。

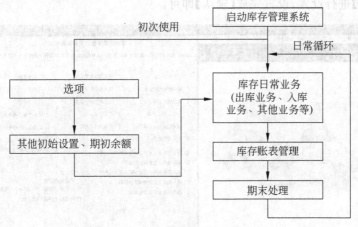

图 4-22　库存管理系统的操作流程

### 4.3.2　库存管理系统的初始设置

**1. 首次启用库存管理系统**

首次启用库存管理系统时需要进行账套参数的设置，具体的操作步骤如下。

进入【系统控制台】，单击【库存管理】然后【确定】，出现设置公用参数的界面，与销售管理系统相同。

设置完毕单击【下一步】，出现如图 4-23 所示的建账向导界面，开始设置"库存管理业务范围"。在【销售出库单是否由销售系统生成】前打钩，设置完成后单击【完成】，这样就完成了库存管理系统的启用工作。

**2. 选项设置**

首次使用库存管理系统时，按照上述步骤完成了初步的账套参数设置，以后还可以根

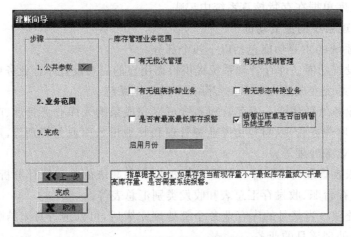

图 4-23  设置库存管理系统业务范围

据需要进一步设置账套参数。这时,可以利用【选项】菜单进行,如图 4-24 所示,单击【设置】中的【选项】进行设置,设置完成【确认】即可。

图 4-24  库存管理系统选项设置

### 3. 其他初始设置

其他初始设置工作包括分类体系、编码档案、其他设置和单据设计等内容,其中分类体系、编码档案和其他设置等内容可以在【系统控制台】中的【基础设置】里进行,也可以在本系统进行设置。单据设计主要是对库存管理系统里的主要单据的屏幕显示和打印格式进行个性化设计,以满足单位管理需要。

### 4. 期初余额录入与记账

各个仓库存货的期初余额可以在库存管理系统中录入,也可以在存货核算系统中录入。但是,如果某些仓库选择用计划成本核算,则启用日期前发生的存货成本差异只能在存货核算系统中录入。期初数据录入完毕要进行期初记账。

期初余额录入与记账的具体操作步骤如下。

首先打开库存管理系统,选择【设置】菜单,单击【期初数据】,出现如图 4-25 所示的期初余额录入界面。先选择要输入期初余额的仓库,然后单击【增加】,依次录入【存货编码】、【数量】等内容。

图 4-25　存货期初余额录入与记账

录入全部仓库的期初余额后,在如图 4-25 所示的界面中单击【记账】就可以对期初数据进行记账。记账后【记账】按钮改变为【恢复】按钮,单击【恢复】则取消记账状态,期初数据还原为未记账状态,同时【恢复】按钮还原为【记账】按钮。

注意:如果需要输入期初差异,则必须在存货核算系统中录入期初差异。

### 4.3.3　库存日常业务

库存管理系统的日常工作主要是对各类出入库业务的单据进行编制和审核,下面分类介绍。

#### 4.3.3.1　出库业务

出库业务主要包括销售出库业务、材料出库业务和其他出库业务等,对应的单据有销售出库单、材料出库单和其他出库单等。销售出库单是企业销售商品时填制的证明商品已经出库的单据;材料出库单是工业企业领用材料时填制的单据;其他出库单包括调拨出库、盘亏出库等其他原因形成的出库单据。

**1. 销售出库单**

当销售管理系统与库存管理系统联合使用时,销售管理系统审核了发货单后,系统会自动生成销售出库单并传递到库存管理系统,库存管理系统只需对这些销售出库单进行审核即可。

如果不使用销售管理系统,则需要在库存管理系统录入销售出库单并审核。具体操作步骤如下。

(1)录入销售出库单

打开库存管理系统,在桌面上单击【出库业务】下的【销售出库】,然后单击【增加】出现如图 4-26 所示的界面,在此界面录入相关内容后单击【保存】。

(2)审核销售出库单

在如图 4-26 所示的界面通过单击【首张】、【上张】、【下张】、【末张】按钮查找需要审核的销售出库单,确认无误后单击【审核】。

注意:

① 审核完成后【审核】按钮变成【弃审】,单击【弃审】可以取消原审核操作。

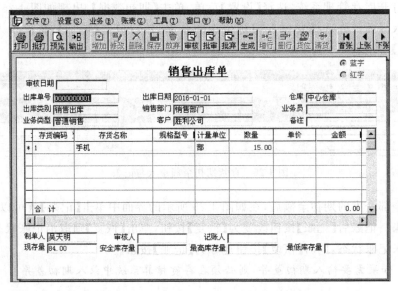

图 4-26　在库存管理系统录入销售出库单

② 销售出库单的修改、删除工作也在如图 4-26 所示的界面中进行。

③ 由销售管理系统生成的销售出库单只能在销售管理系统修改或删除。

**2. 材料出库单**

（1）录入材料出库单

具体的操作步骤是：打开库存管理系统，在桌面上单击【出库业务】下的【材料出库】，然后单击【增加】出现如图 4-27 所示的界面，在此界面录入相关内容后【保存】即可。

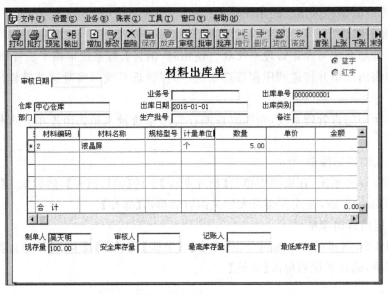

图 4-27　材料出库单

（2）审核材料出库单

具体的操作步骤是：在库存管理系统的桌面上单击【出库业务】下的【材料出库】，出现如图 4-27 所示的界面，单击【首张】、【上张】、【下张】、【末张】按钮查找需要审核的材料出库单，确认无误后单击【审核】。

### 3. 其他出库单

其他出库单的操作步骤与销售出库单类似，这里不再赘述。

#### 4.3.3.2　入库业务

入库业务的详细介绍见 5.3 节。

#### 4.3.3.3　其他业务

除一般的出入库业务以外，库存管理系统还可以对调拨业务、盘点业务等进行管理。仓库之间或部门之间经常要根据实际需要进行存货的调转，这属于调拨业务；企业为保证资产的安全完整，实现账实相符，必须经常对存货进行清查，发现账实不符时要及时处理，这就是盘点业务。

### 1. 调拨业务

调拨业务是通过录入调拨单并审核生成的其他出入库单来完成的。同一张调拨单上，如果转出部门和转入部门不同，表示这是部门之间的调拨业务；如果转出仓库和转入仓库不同，表示这是仓库之间的转库业务。以仓库调拨业务为例，具体的操作步骤如下。

（1）录入调拨单

打开库存管理系统，在桌面上单击【其他业务】下的【调拨】，然后单击【增加】出现如图 4-28 所示的界面，在此界面录入相关内容后单击【保存】。

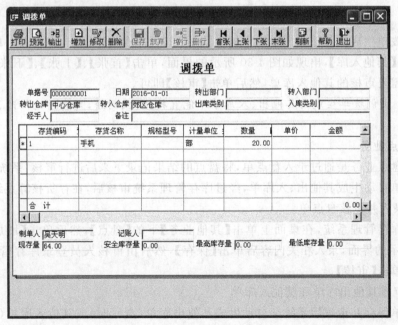

图 4-28　调拨单

**注意**：调拨单的修改、删除工作也在如图 4-28 所示的界面中进行。

（2）审核其他出库单和其他入库单

调拨单保存后系统会自动生成其他出库单和其他入库单，需要在库存管理系统中审核，然后在存货核算系统中记账。

由调拨单生成的其他出库单的审核步骤是：打开库存管理系统，在桌面上单击【出库业务】下的【其他出库】，出现如图 4-29 所示的界面，单击【首张】、【上张】、【下张】、【末张】按钮查找需要审核的其他出库单，然后单击【审核】即可。

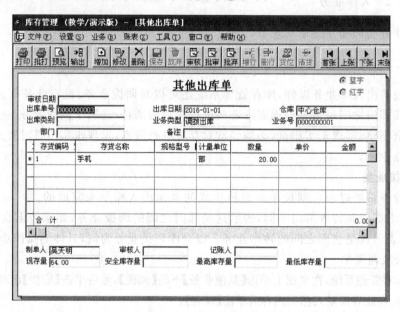

图 4-29　其他出库单

由调拨单生成的其他入库单的审核步骤是：打开库存管理系统，在桌面上单击【入库业务】下的【其他入库】，出现如图 4-30 所示的界面，单击【首张】、【上张】、【下张】、【末张】按钮查找需要审核的其他入库单，然后单击【审核】即可。

**注意**：由调拨单生成的其他出、入库单不能直接修改、删除，只能通过修改、删除调拨单来进行。

**2. 盘点业务**

存货盘点业务是通过录入盘点单，将盘点的结果记录下来后进行审核，系统根据审核后的盘点单自动生成其他出、入库单，经过库存管理系统审核后，在存货核算系统中记账。

（1）录入并审核盘点单

打开库存管理系统，在桌面上单击【其他业务】下的【盘点】，然后单击【增加】出现如图 4-31 所示的界面，录入相关内容后单击【保存】，然后由审核人员登录库存管理系统后在此界面单击【审核】。

（2）审核其他出库单和其他入库单

盘点单保存并审核后系统会自动生成其他出库单（盘亏时）或其他入库单（盘盈时），其他出、入库单需要在库存管理系统中审核，然后在存货核算系统中记账。

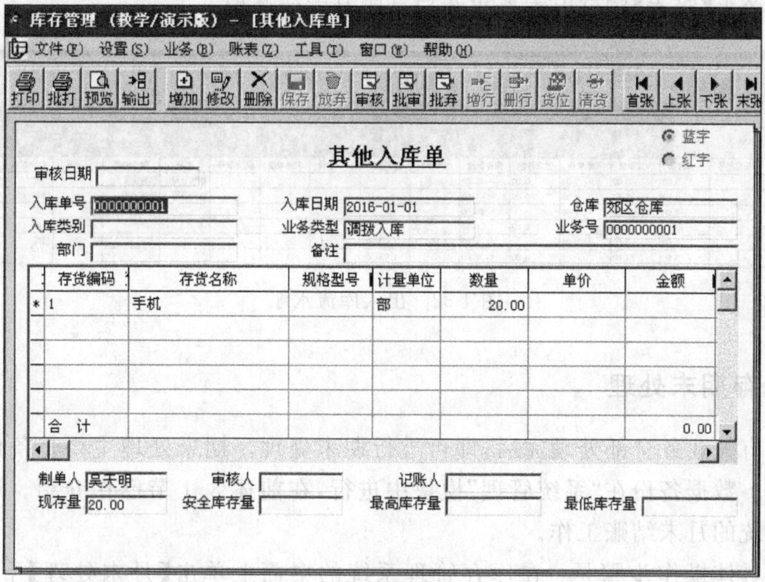

图 4-30　其他入库单

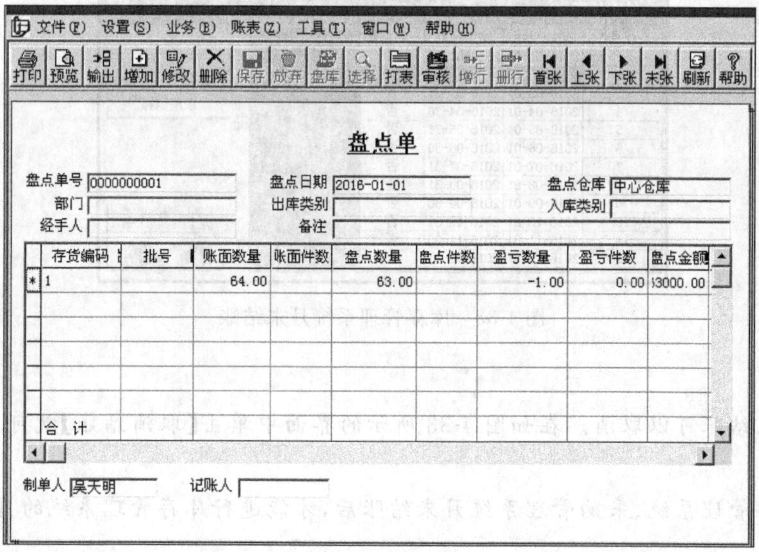

图 4-31　盘点单

**注意：**盘点单的修改、删除工作也在如图 4-31 所示的界面中进行。

## 4.3.4　库存账表管理

库存管理系统可以提供多种账表的查询，如出入库流水账、库存台账等。还能进行统计分析，如对收发存进行分析等。

以出入库流水账查询为例，其具体操作步骤是：打开库存管理系统，在桌面上单击【账簿查询】下的【出入库流水账】，选定过滤条件后【确认】出现如图 4-32 所示的界面。选定记录行后单击【联查】还可以查看当前记录所对应的单据。

| 存货编码 | 存货名称 | 规格型号 | 入库件数 | 入库数量 | 入库单价 | 出库件数 | 出库数量 | 出库单价 | 出库金额 | 计划单价 | 供货单位 | 到货单号 | 客户 | 销售类型 | 订单号 | 收发标志 | 单据类型 | 业务类型 |
|---|---|---|---|---|---|---|---|---|---|---|---|---|---|---|---|---|---|---|
| 1 | 手机 | | 0.00 | 0.00 | 0.00 | 0.00 | 15.00 | | | | | | 胜利公司 | 销售出库 | | 出库 | 销售出库单 | 普通销售 |
| 1 | 手机 | | 0.00 | 0.00 | 0.00 | 0.00 | 1.00 | | | | | | 胜利公司 | 销售出库 | | 出库 | 销售出库单 | 普通销售 |
| 1 | 手机 | | 0.00 | 0.00 | 0.00 | | 20.00 | | | | | | | | | 出库 | 其他出库单 | 调拨出库 |
| 1 | 手机 | | | 20.00 | | 0.00 | 0.00 | 0.00 | | | | | | | | 入库 | 其他入库单 | 调拨入库 |
| 1 | 手机 | | 0.00 | 0.00 | 0.00 | | 1.00 | 1,000.00 | 1,000.00 | | | | | | | 出库 | 其他出库单 | 盘亏出库 |
| 合计 | | | 0.00 | 20.00 | | 0.00 | 37.00 | | 1,000.00 | | | | | | | | | |

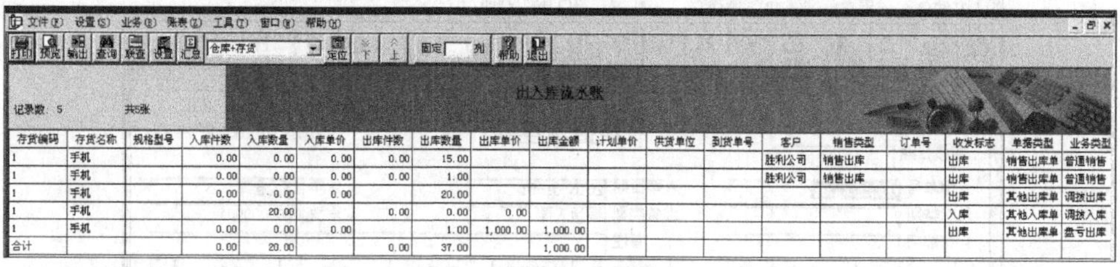

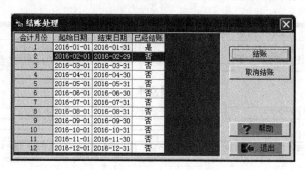

图 4-32　出入库流水账

### 4.3.5　库存期末处理

当该月有关业务全部处理完后，即可进行期末处理。期末处理主要是备份数据和月末结账工作。数据备份在“系统管理”模块中进行，在前述 3.1 节已作介绍。这里仅介绍库存管理系统的月末结账工作。

结账的具体操作步骤是：在库存管理系统的桌面上单击【月末处理】下的【月末结账】，出现如图 4-33 所示的界面，单击【结账】即完成了该月的结账工作。

| 会计月份 | 起始日期 | 结束日期 | 已经结账 |
|---|---|---|---|
| 1 | 2016-01-01 | 2016-01-31 | 是 |
| 2 | 2016-02-01 | 2016-02-29 | 否 |
| 3 | 2016-03-01 | 2016-03-31 | 否 |
| 4 | 2016-04-01 | 2016-04-30 | 否 |
| 5 | 2016-05-01 | 2016-05-31 | 否 |
| 6 | 2016-06-01 | 2016-06-30 | 否 |
| 7 | 2016-07-01 | 2016-07-31 | 否 |
| 8 | 2016-08-01 | 2016-08-31 | 否 |
| 9 | 2016-09-01 | 2016-09-30 | 否 |
| 10 | 2016-10-01 | 2016-10-31 | 否 |
| 11 | 2016-11-01 | 2016-11-30 | 否 |
| 12 | 2016-12-01 | 2016-12-31 | 否 |

图 4-33　库存管理系统月末结账

**注意：**

① 月末结账可以取消。在如图 4-33 所示的界面中单击【取消结账】就可以取消结账状态。

② 销售管理系统、采购管理系统月末结账后，才能进行库存管理系统的月末结账。

## 4.4　存货核算系统

存货核算系统主要完成各类存货的收入、发出、结存的核算工作，并登记存货明细账等各类账簿，然后将存货收发业务编制成记账凭证传递给总账，完成对存货的全面管理。

### 4.4.1　存货核算系统概述

存货核算系统属于购销存子系统的组成部分，基础数据可以共享。同时，采购管理系统与销售管理系统生成的出、入库单据在库存管理系统审核后，在存货核算系统中登记存货明细账等账簿，然后编制记账凭证传递到总账。

**1. 存货核算系统的主要功能**

存货核算系统主要用于核算企业存货的入库成本、出库成本和结余成本，反映和监督存货的收发、领退和保管情况；反映和监督存货资金的占用情况。存货核算系统的主要功能包括以下几个部分。

（1）初始设置功能。存货核算系统提供根据用户的需要设置存货业务应用环境的功能，从而将通用系统变成适合本单位实际需要的专用系统。

（2）日常业务处理功能。存货核算系统可以完成入库业务处理、出库业务处理、单据记账和编制凭证等日常业务。

（3）存货账表管理功能。存货核算系统提供多种账表的查询统计分析功能，包括存货明细账、出入库流水账、出库汇总表和入库汇总表等。

（4）月末处理功能。当某月的存货业务全部处理完毕后，可以进行仓库期末处理和系统月末结账工作。月末结账后，不能再处理该月的业务。

**2. 存货核算系统的操作流程**

存货核算系统的操作流程如图 4-34 所示。

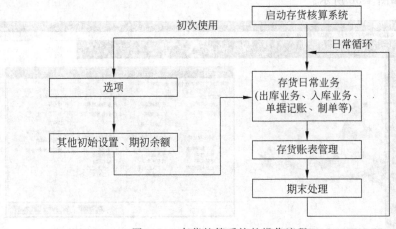

图 4-34　存货核算系统的操作流程

## 4.4.2　存货核算系统的初始设置

**1. 首次启用存货核算系统**

首次启用存货核算系统时需要进行账套参数的设置，具体的操作步骤如下。

（1）进入【系统控制台】，单击【存货核算】然后【确定】，出现设置公用参数的界面，与销售管理系统相同。

（2）设置完毕单击【下一步】，出现如图 4-35 所示的建账向导界面，开始设置"存货核算业务范围"。设置完成后单击【完成】，这样就完成了存货核算系统的启用工作。

**2. 选项设置**

首次使用存货核算系统时，按照上述步骤完成初步的账套参数设置。以后还可以根

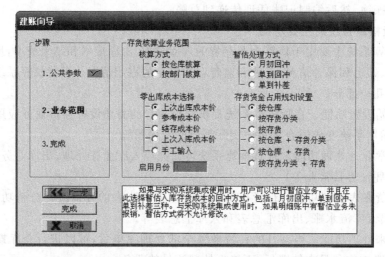

图 4-35 设置存货核算系统业务范围

据需要进一步设置账套参数。这时，可以利用【选项】菜单进行，单击【设置】中的【选项】进行设置即可，如图 4-36 所示。

图 4-36 存货核算系统选项设置

### 3. 其他初始设置

其他初始设置工作包括分类体系、编码档案、其他设置、单据设计和科目设置等内容。

分类体系、编码档案等内容可以在【系统控制台】中的【基础设置】里进行，也可以在本系统进行设置。其他设置中的部分内容可以在【系统控制台】中的【基础设置】里进行。

单据设计主要是对存货核算系统里的主要单据的屏幕显示和打印格式进行个性化设计，以满足单位管理需要。

科目设置用于制单时自动编制凭证。由于存货核算系统在登记完存货明细账后，要将存货的收发业务编制凭证传递到总账，所以需要事先进行科目的设置，这样才能自动生成凭证。科目设置主要包括存货科目设置和对方科目设置等内容。

（1）存货科目设置

**例**：东方公司拟将中心仓库中的产成品的科目设置为"产成品"。

具体的操作步骤是：打开存货核算系统，在桌面上单击【基础设置】下的【存货科目】，出现如图 4-37 所示的界面，单击【增加】，选择相关的"仓库编码"、"存货分类编码"、"存货科目编码"等内容后【保存】即可。

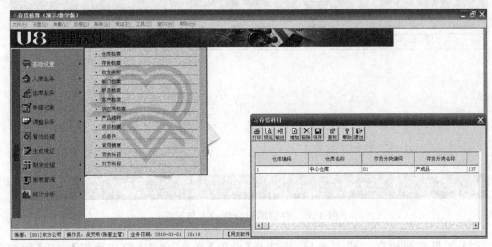

图 4-37　存货科目设置

（2）对方科目设置

**例**：东方公司拟将中心仓库中的产成品以销售方式出库的对方科目设置为"产品销售成本"。

具体的操作步骤是：打开存货核算系统，在桌面上单击【基础设置】下的【对方科目】，出现如图 4-38 所示的界面，单击【增加】，选择相关的"收发类别编码"、"存货分类编码"、"对方科目编码"等内容后回车即可。

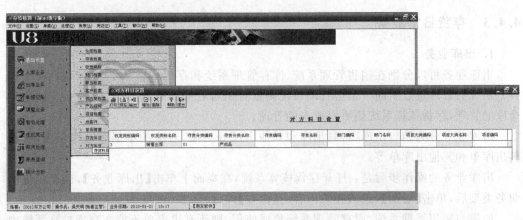

图 4-38　对方科目设置

### 4. 期初余额录入与记账

存货核算系统的期初余额录入与记账的操作步骤如下。

（1）打开存货核算系统，选择【设置】菜单，单击【期初数据】中的【期初余额】，出现如图 4-39 所示的期初余额录入界面。先选择要输入期初余额的仓库，然后单击【增加】，依次录入【存货编码】、【数量】等内容。

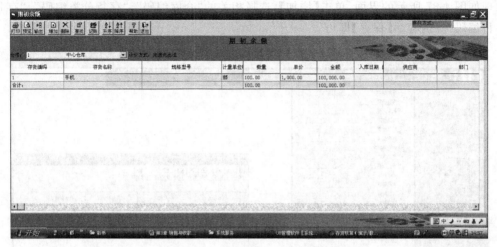

图 4-39　存货期初余额录入与记账

（2）如果有期初存货成本差异，则选择【设置】菜单，单击【期初数据】中的【期初差异】，录入完毕【保存】并【退出】。

（3）录入全部仓库的期初余额和期初差异后，在如图 4-39 所示的界面中单击【记账】就可以对期初数据进行记账。记账后【记账】按钮改变为【恢复】按钮，单击【恢复】则取消记账状态，期初数据还原为未记账状态，同时【恢复】按钮还原为【记账】按钮。

【注意】：

① 如果不需要输入期初差异，可在库存管理系统录入期初余额并进行期初记账。

② 存货核算系统和库存管理系统只需要选择其一录入期初余额并记账就可以了。

### 4.4.3　存货日常业务

**1. 出库业务**

出库业务可以分别在销售管理系统、库存管理系统和存货核算系统中进行管理，不过各个系统的管理重点不同。销售管理系统侧重对销售业务的管理，库存管理系统侧重对仓库的管理，存货核算系统侧重对成本的管理。

出库业务分为销售出库、材料出库和其他出库等类型，对应的单据有销售出库单、材料出库单和其他出库单等。

出库业务的操作步骤是：打开存货核算系统，在桌面上单击【出库业务】，选择相应的业务类型后，单击【增加】，录入相关内容后【保存】即可。

如果与销售管理系统、库存管理系统集成使用，则所有出库单不能在存货核算系统中录入、删除，只能修改其单价或金额。

**2. 入库业务与暂估业务**

入库业务与暂估业务的详细介绍见 5.4 节。

**3. 单据记账**

单据记账是由系统将录入的各种出、入库单自动记入相应的存货明细账中,记账后单据将不能进行修改、删除操作,只有取消记账后才能进行。

(1) 正常单据记账

具体操作步骤如下。

打开存货核算系统,在主菜单上单击【处理】下的【正常单据记账】,出现如图 4-40 所示的选择正常单据记账条件的界面,单击【全选】。

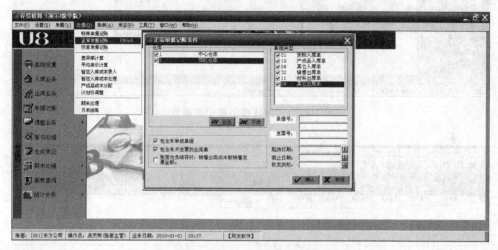

图 4-40　选择正常单据记账条件

【确认】后出现如图 4-41 所示的正常单据记账界面,单击需要记账的单据,则在选择栏前出现"√",如果全部记账可单击【全选】,然后单击【记账】则完成记账工作,记账完毕【退出】。

图 4-41　正常单据记账

(2) 特殊单据记账

特殊单据记账主要用于对调拨业务等不能一次完成记账工作的单据进行记账。具体的操作步骤如下。

打开存货核算系统,在主菜单上单击【处理】下的【特殊单据记账】,出现如图 4-42 所示的选择特殊单据记账条件的界面,选定后单击【确认】。

出现如图 4-43 所示的特殊单据记账界面,单击需要记账的单据,则在选择栏前出现"√",如果全部记账可单击【全选】,然后单击【记账】则完成记账工作,记账完毕【退出】。

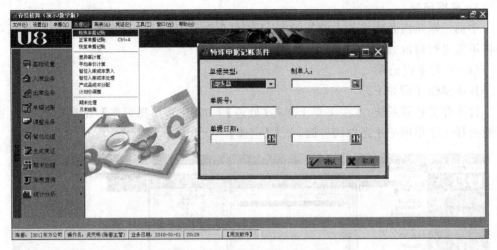

图 4-42　选择特殊单据记账条件

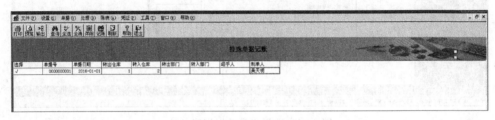

图 4-43　特殊单据记账

（3）取消记账

如果发现已记账凭证有误，可以取消记账。取消记账需要在存货核算系统本月未结账的状态下进行。

具体的操作步骤如下。

打开存货核算系统，在主菜单上单击【处理】下的【恢复单据记账】，出现如图 4-44 所

图 4-44　选择恢复单据记账条件

示的选择恢复单据记账条件的界面,单击【全选】后【确认】。

出现如图 4-45 所示的取消单据记账界面,单击需要取消记账的单据,则在选择栏前出现"√",如果全部取消记账可单击【全选】,然后单击【恢复】并【确定】则完成恢复记账工作,恢复记账完毕【退出】。

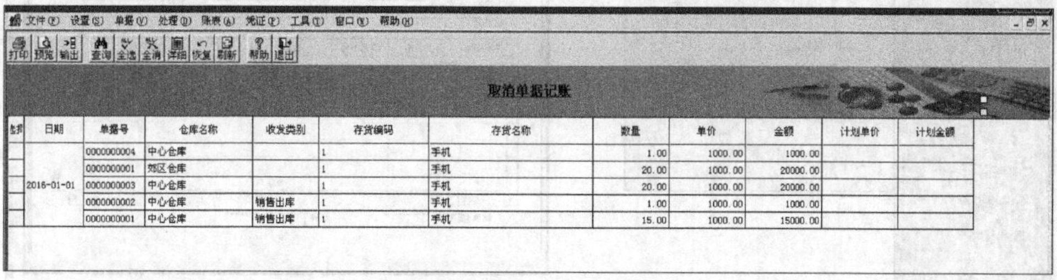

图 4-45　取消单据记账

#### 4. 调整业务

存货核算系统的调整业务包括入库调整、出库调整和计划价调整等业务。

入库调整是对存货的入库成本进行调整,通过入库调整单来完成。它不调整存货的数量,只调整存货的金额。通过调整当月的入库金额,相应地调整存货的结存金额。调整既可针对单据进行,也可针对存货进行。

出库调整是对存货的出库成本进行调整,通过出库调整单来完成。同入库调整业务一样,不调整存货的数量,只调整存货的金额,并且也是通过调整当月的出库金额来相应调整存货的结存金额。不同之处是出库调整只能针对存货进行调整,不能针对单据进行调整。

计划价调整业务是根据价格的变化,随时调整计划价或售价,并于调整后自动计算调整差异或差价,同时登记账簿。

下面以出库调整为例,介绍具体的操作步骤。

**例**:东方公司调整出售给胜利公司的手机出库成本。

具体的操作步骤是:打开存货核算系统,在桌面上单击【调整业务】下的【出库调整单】,出现如图 4-46 所示的出库调整单,单击【增加】录入相关内容,然后【保存】并【退出】。

**注意**:调整单保存后即自动记账,所以保存后不能修改、删除。

#### 5. 制单

各种存货收发业务在存货核算系统只是登记了明细账,还需要进一步登记总账,这就要求编制凭证传递给总账系统,即制单。

(1)编制凭证

**例**:东方公司对销售出库业务和出库调整业务制单。

具体的操作步骤如下。

制单人员登录存货核算系统,在主菜单上单击【凭证】下的【生成凭证】,出现"生成凭证"界面,选择所需生成的"凭证类别",然后单击【选择】按钮,出现查询条件窗口,如图 4-47所示。

如果需要对全部单据制单,可以单击【全选】按钮。这里只单击【销售出库单】、【出库

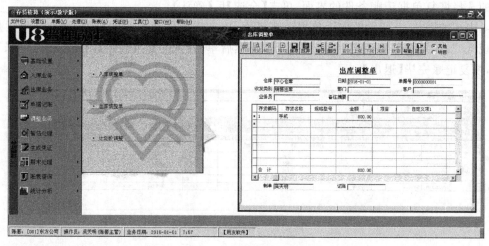

图 4-46　出库调整单

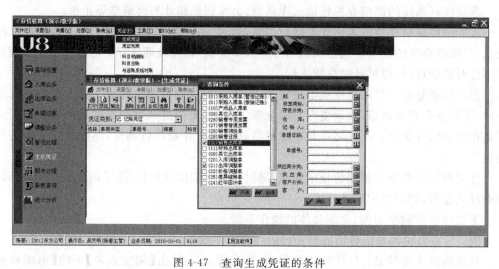

图 4-47　查询生成凭证的条件

调整单】然后【确认】，出现如图 4-48 所示的未生成凭证单据一览表窗口。

图 4-48　未生成凭证单据一览表

如果需要对全部单据制单，可以单击【全选】按钮，否则单击要生成凭证的记录的选择栏，然后单击【确定】，出现如图 4-49 所示的凭证内容设置的界面，在这里还可以修改凭证类别、摘要、借方科目、贷方科目和金额等。

修改完毕单击【生成】，出现如图 4-50 所示的生成凭证的界面，检查无误后单击【保

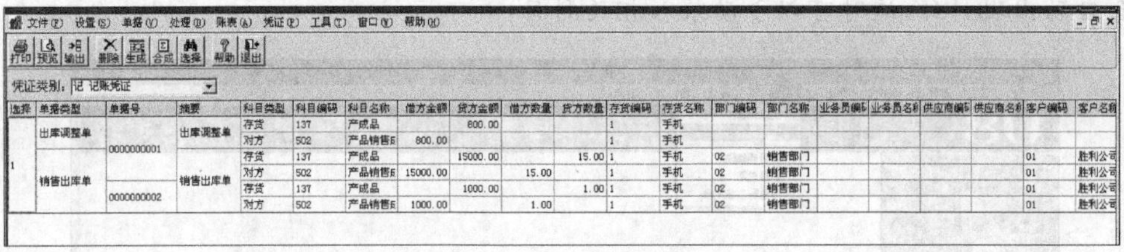

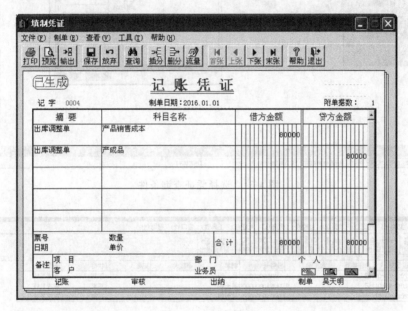

图 4-49　凭证内容设置

存】则该张凭证显示"已生成"。如果有多张凭证需要保存，可以在此界面单击【制单】菜单下的【成批保存凭证】来完成。

图 4-50　生成凭证

（2）删除凭证

删除凭证的操作步骤如下。

打开存货核算系统，在主菜单上单击【凭证】下的【凭证列表】，出现选择"查询条件"窗口，如图 4-51 所示。

单击【全选】然后【确认】，出现如图 4-52 所示的凭证列表窗口，选中要删除的凭证栏，单击【删除】然后【确定】即可。

（3）修改凭证

在如图 4-52 所示的凭证列表窗口，选中要修改的凭证栏，单击【修改】，修改完毕【保存】即可。

（4）查询凭证

查询凭证也在如图 4-52 所示的凭证列表窗口进行，选中要查询的栏目，单击【单据】可以联查相关的单据，单击【凭证】可以查看凭证。

注意：在初始设置时，如果用户没有定义相应的存货科目、对方科目等，生成凭证时不会自动出现科目,这时可以手动录入相关科目。

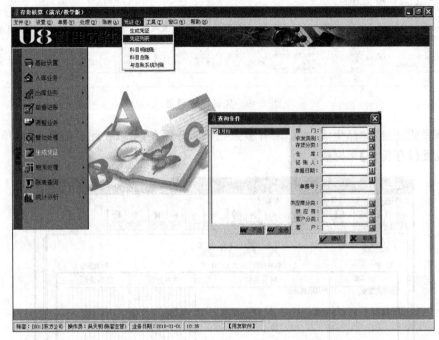

图 4-51　选择凭证查询条件

图 4-52　凭证列表

### 4.4.4　存货账表管理

存货核算系统提供存货明细账、出入库流水账、出库汇总表和入库汇总表等账表供用户查询分析。下面以存货明细账为例介绍具体的操作步骤。

查询存货明细账的具体步骤如下。

(1)打开存货核算系统,在主菜单上单击【账表】下的【明细账】,出现选择"明细账查询"条件的窗口,如图 4-53 所示。

(2)录入条件后【确认】,出现如图 4-54 所示的存货明细账窗口,选中要查询的栏目,单击【单据】可以联查相关的单据,单击【凭证】可以查看凭证。

### 4.4.5　存货期末处理

当该月有关日常业务全部处理完毕后,就可以进行期末处理工作了,在此之前需要先

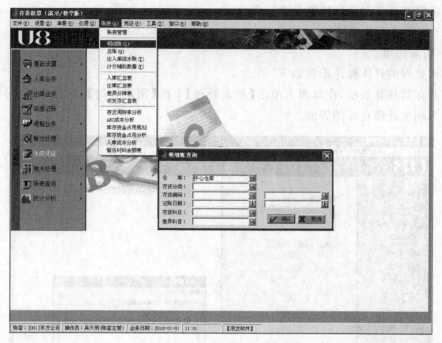

图 4-53　选择明细账查询条件

| 记账日期 | 2016年 | | 凭证号 | 凭证摘要 | 收发类别 | 收入 | | | 发出 | | | 结存 | | |
|---|---|---|---|---|---|---|---|---|---|---|---|---|---|---|
| | 月 | 日 | | | | 数量 | 单价 | 金额 | 数量 | 单价 | 金额 | 数量 | 单价 | 金额 |
| | | | | | 期初结存 | | | | | | | 100.00 | 1000.00 | 100000.00 |
| 2016-01-01 | 01 | 01 | 记 5 | 销售出库单 | 销售出库 | | | | 15.00 | 1000.00 | 15000.00 | 85.00 | 1000.00 | 85000.00 |
| 2016-01-01 | 01 | 01 | 记 6 | 销售出库单 | 销售出库 | | | | 1.00 | 1000.00 | 1000.00 | 84.00 | 1000.00 | 84000.00 |
| 2016-01-01 | 01 | 01 | | | | | | | 20.00 | 1000.00 | 20000.00 | 64.00 | 1000.00 | 64000.00 |
| 2016-01-01 | 01 | 01 | | | | | | | 1.00 | 1000.00 | 1000.00 | 63.00 | 1000.00 | 63000.00 |
| 2016-01-01 | 01 | 01 | 记 4 | 出库调整单 | 销售出库 | | | | | | 800.00 | 63.00 | 987.30 | 62200.00 |
| | | | | | 1月合计 | 0.00 | | 0.00 | 37.00 | | 37800.00 | 63.00 | 987.30 | 62200.00 |
| | | | | | 本年累计 | 0.00 | | 0.00 | 37.00 | | 37800.00 | | | |

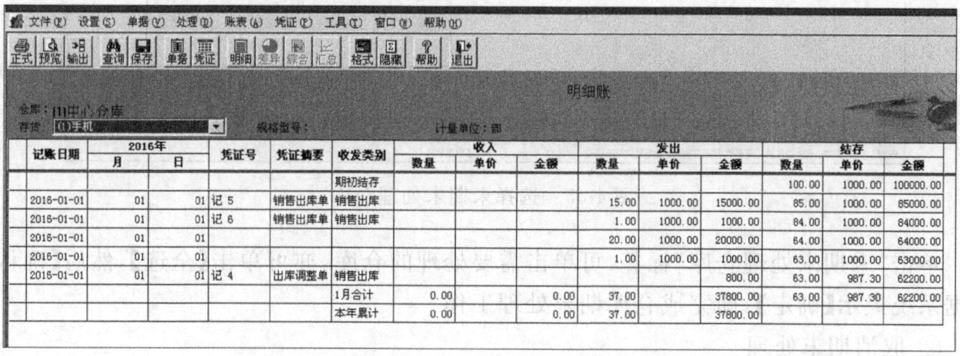

图 4-54　存货明细账

进行数据备份。备份在“系统管理”模块中进行，在前述 3.1 节已作介绍。这里仅介绍存货核算系统的期末处理工作。

存货核算系统的期末处理工作主要包括仓库期末处理和系统的月末结账。

所谓仓库期末处理，就是对已完成日常业务的仓库或部门做处理标志。当选择仓库或部门为全月平均方式核算时，只有在期末处理时，系统才能自动计算此仓库或部门中各存货的全月平均单价、本会计月的出库成本等；当选择仓库或部门为按计划价/售价方式核算时，在期末处理时才自动计算存货的差异率/差价率及本会计月的分摊差异/差价等，并对已完成日常业务的仓库/部门做处理标志。当所选仓库或部门为上述两种核算方式以外的其他计价方式时，系统自动标识此仓库或部门的期末处理标志。

月末结账就是对存货核算系统结账。

(1) 期末处理及取消

① 期末处理

期末处理的具体操作步骤如下。

打开存货核算系统,在桌面上单击【期末处理】下的【期末处理】,出现如图 4-55 所示的选择未期末处理仓库的界面。

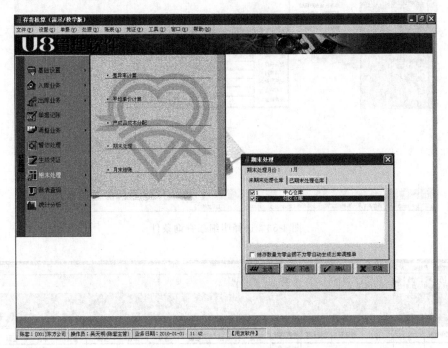

图 4-55  选择未期末处理仓库

单击"未期末处理仓库"标签,可单击需要处理的仓库,亦可单击【全选】,然后【确认】,根据系统提示【确定】,即完成仓库期末处理工作。

② 取消期末处理

期末处理工作完成后,根据需要也可以取消期末处理。具体的操作步骤如下。

打开存货核算系统,在桌面上单击【期末处理】下的【期末处理】,出现如图 4-56 所示的选择已期末处理仓库的界面。

单击"已期末处理仓库"标签,可单击需要处理的仓库,亦可单击【全选】,然后【确认】,根据系统提示【确定】,即完成恢复仓库期末处理工作。

(2) 月末结账及取消

① 月末结账

存货核算系统月末结账的具体操作步骤是:在存货核算系统的桌面上单击【期末处理】下的【月末结账】,出现如图 4-57 所示的界面,选择【月末结账】,单击【确认】即可。

② 取消结账

结账后系统自动进入下一个月份,因此,取消结账要在下一个月份登录存货核算系统,然后在桌面上单击【期末处理】下的【月末结账】,在如图 4-57 所示的界面选择【取消结账】,单击【确认】即可。

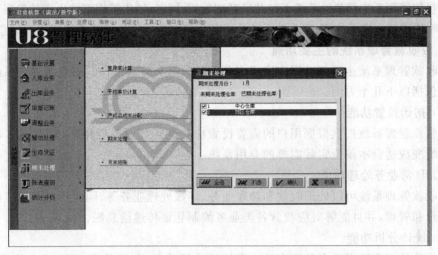

图 4-56 选择已期末处理仓库

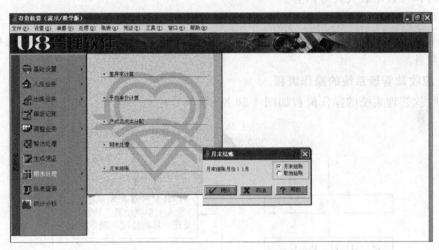

图 4-57 存货核算系统月末结账

**注意**:销售管理系统、采购管理系统和库存管理系统月末结账后,才能进行存货核算系统的月末处理工作。

## 4.5 应收款管理系统

应收款管理系统主要用于核算和管理用户的客户往来款项。用户的客户往来款项可以选择在总账系统核算,也可以选择在应收款管理系统核算,不同的应用方案其系统功能、操作流程等均不相同。本节主要介绍客户往来款项在应收款管理系统核算的业务。

### 4.5.1 应收款管理系统概述

应收款管理系统和其他系统可以共享基础数据,同时,销售管理系统生成的发票可以传递到应收款系统中进行处理,应收款系统生成的凭证可以传递给总账系统用来登记总账。

**1. 应收款管理系统的主要功能**

应收款管理系统主要帮助用户完成应收款的核算和管理工作。应收款管理系统的功能主要包括以下几个方面。

(1) 初始设置功能

应收款管理系统提供根据用户的需要设置应收款管理业务应用环境的功能,从而将通用系统变成适合本单位实际需要的专用系统。

(2) 日常业务处理功能

应收款管理系统可以处理收款和转账业务、坏账处理业务等,同时还可以对应收票据进行记录和管理,并且能够对应收款各类业务编制凭证传递给总账。

(3) 统计分析功能

应收款管理系统提供多种账表的查询统计分析功能,包括单据查询、业务账表查询、业务分析和科目账表查询等内容。

(4) 月末结账功能

当某月的应收款业务全部处理完毕后,即可进行月末结账。月末结账后,不能再处理该月的业务。

**2. 应收款管理系统的操作流程**

应收款管理系统的操作流程如图 4-58 所示。

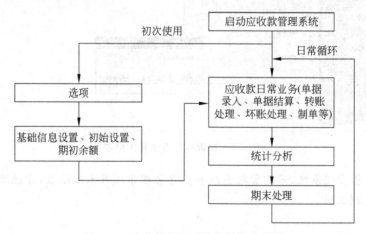

图 4-58 应收款管理系统的操作流程图

### 4.5.2 应收款管理系统的初始设置

**1. 首次启用应收款管理系统**

首次启用应收款管理系统时需要进行账套参数的设置,具体的操作步骤如下。

（1）进入【系统控制台】，单击【应收】然后【确定】，出现如图 4-59 所示的账套参数设置界面。

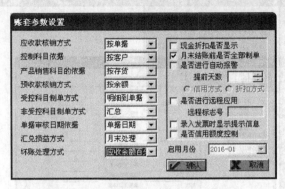

图 4-59　应收款管理系统账套参数设置

（2）在"坏账处理方式"处选择"应收余额百分比"（也可以根据需要选择其他的坏账处理方式）。对各类参数设置完毕单击【确认】即可。

**2．选项设置**

首次使用应收款管理系统时，按照上述步骤完成初步的账套参数设置。系统启用后还可以根据需要进一步设置账套参数。这时，可以利用【选项】菜单进行，单击【设置】菜单中的【选项】进行设置即可。

**3．基础信息设置**

基础信息设置工作包括分类体系、编码档案和单据设计等内容。

分类体系、编码档案等内容可以在【系统控制台】中的【基础设置】里进行，也可以在本系统进行设置。

单据设计主要是对应收款系统里的主要单据的屏幕显示和打印格式进行个性化设计，以满足单位管理需要。

**4．初始设置**

初始设置主要是对应收款管理系统中常用的业务类型的凭证科目进行设置，以便制单时可以自动编制凭证。下面介绍初始设置的主要内容。

（1）科目设置

科目设置主要包括基本科目设置、控制科目设置、产品科目设置和结算方式科目设置等。

・基本科目设置

**例**：东方公司拟设置应收科目为"应收账款"，预收科目为"预收账款"，销售收入科目为"产品销售收入"，应交增值税科目为"应交税金"，销售退回科目为"产品销售收入"等。

具体的操作步骤是：打开应收款管理系统，单击桌面上的【基础设置】里的【初始设置】，出现如图 4-60 所示的界面，在左边的列表中点击【设置科目】下的【基本科目设置】，输入上述科目内容即可。

**注意**：

① 应收科目和预收科目必须事先在科目档案中设置为应收系统的受控科目。

② 所有科目必须是最明细的科目。

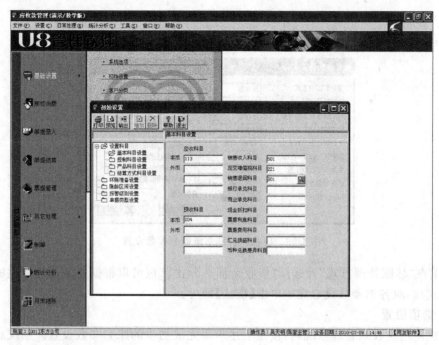

图 4-60　基本科目设置

- 控制科目设置

如果用户针对不同类的客户分别设置了不同的应收账款科目和预收账款科目,可以在这里设置。不过,在设置控制科目之前,需要先在账套参数设置时选择"控制科目依据"是"按客户"、"按客户分类",还是"按地区分类"等。

具体的操作步骤是:在应收款管理系统的桌面上单击【基础设置】里的【初始设置】,在初始设置界面点击左边的列表中【设置科目】下的【控制科目设置】,输入控制科目内容即可,如图 4-61 所示。

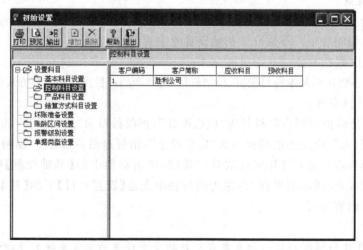

图 4-61　控制科目设置

• 产品科目设置

如果用户针对不同的存货或存货分类分别设置了不同的销售收入科目、应交增值税科目、销售退回科目等，可以在这里设置。不过，需要先在账套参数设置中设置"产品销售科目的依据"时选择"按存货"还是"按存货分类"。

具体操作步骤与控制科目的设置类似。

**注意**：如果某个存货或存货分类的科目与基本科目设置一样，则可以不输入；否则应在此设置。

• 结算方式科目设置

**例**：东方公司拟对常用结算方式的科目进行设置。

现金结算方式：科目为"现金　101"

支票结算方式：科目为"银行存款　102"

具体的操作步骤是：在应收款管理系统的桌面上单击【基础设置】里的【初始设置】，在初始设置界面点击左边的列表中【设置科目】下的【结算方式科目设置】，输入相关内容即可，如图 4-62 所示。

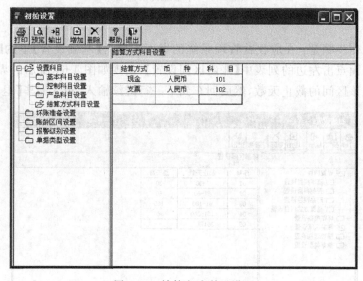

图 4-62　结算方式科目设置

（2）坏账准备设置

**例**：东方公司坏账准备期初余额为 0，坏账提取比例拟定为 10%，坏账准备科目设置为"坏账准备　114"，对方科目设置为"管理费用——坏账　52104"。

具体的操作步骤是：在应收款管理系统的桌面上单击【基础设置】里的【初始设置】，在初始设置界面点击左边的列表中【坏账准备设置】，出现如图 4-63 所示的界面，录入相关内容后单击【确认】，出现提示界面后【确定】即保存了设置内容。

（3）账龄区间设置

如果要对应收账款进行账龄分析，就必须设置账龄区间。

**例**：东方公司拟将应收账款的账龄分为 30 天、60 天、180 天、360 天及 360 天以上等

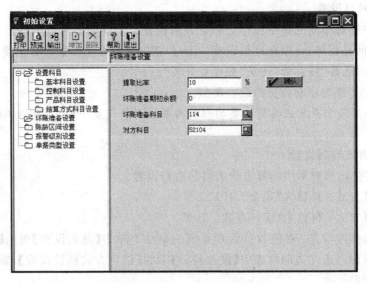

图 4-63　坏账准备设置

几个区间。

具体的操作步骤是：在应收款管理系统的桌面上单击【基础设置】里的【初始设置】，在初始设置界面点击左边的列表中【账龄区间设置】，出现如图 4-64 所示的界面，双击"总天数"栏，输入该区间的截止天数，然后回车到下一行继续输入，录入完毕【退出】即可。

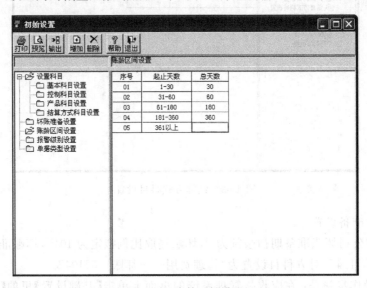

图 4-64　账龄区间设置

**注意**：账龄区间的序号由系统自动生成，从 01 开始，用户不能修改、删除。最后一个区间也不能修改、删除。

**5. 期初余额**

在使用应收款系统前企业应收未收的款项构成了应收款系统的期初余额，在初次使用本系统时必须录入,以保证业务的连续性。具体的操作步骤如下。

（1）在应收款管理系统的桌面上单击【期初余额】,出现如图 4-65 所示的期初余额查询界面。

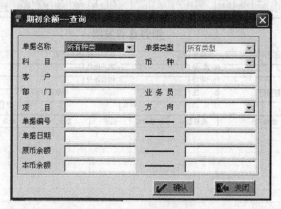

图 4-65　期初余额查询

（2）选定条件后【确认】,出现期初余额明细表界面,单击【增加】出现选择单据类别的窗口,如图 4-66 所示。方向选【正向】表示应收款余额方向为借方,选【负向】表示应收款余额方向为贷方。

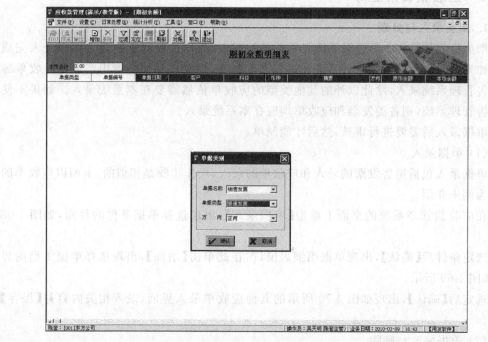

图 4-66　选择单据类别

（3）选定条件后单击【确认】,出现如图 4-67 所示的界面,录入相关内容后【保存】即可。

注意：单据的修改、删除也在如图 4-67 所示的界面进行。

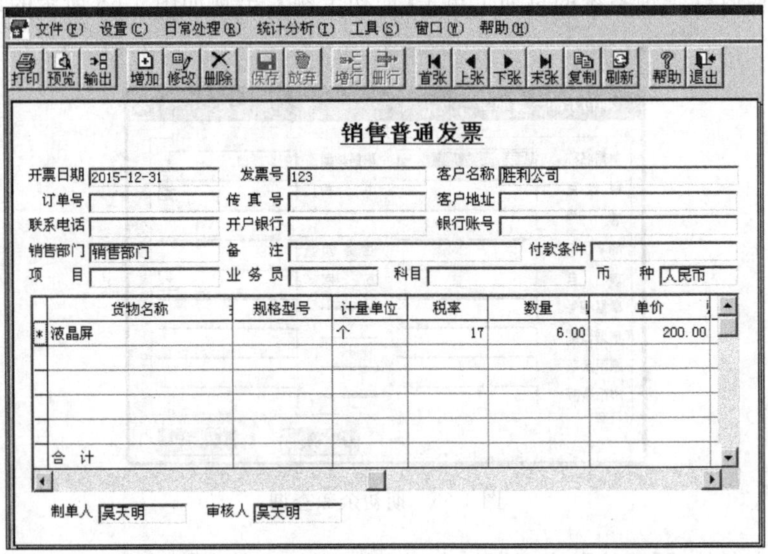

图 4-67　录入期初销售发票

### 4.5.3　应收款日常业务

#### 1. 单据录入与处理

增加应收款是应收款管理系统日常业务的起点，而增加应收款是通过单据录入完成的。如果同时启用应收款管理系统和销售管理系统，则发票和代垫费用产生的应收单等由销售管理系统录入，除此以外的其他类型的应收单依然需要在本系统录入。如果不使用销售管理系统，则各类发票和应收单均应在本系统录入。

单据录入后需要进行审核，然后才能制单。

（1）单据录入

单据录入包括销售发票的录入和应收单的录入，操作步骤是相似的，下面以应收单的录入为例来介绍。

在应收款管理系统的桌面上单击【单据录入】，出现选择单据条件的界面，如图 4-68 所示。

选定条件后【确认】，出现单据明细表窗口，在此单击【增加】，出现选择单据类型的界面，如图 4-69 所示。

选定后【确认】，出现如图 4-70 所示的其他应收单录入界面，录入相关内容并【保存】即可。

（2）单据修改与删除

• 单据修改

具体的操作步骤是：在应收款管理系统的桌面上单击【单据录入】，出现选择单据条件的界面，单击【确认】后出现如图 4-71 所示的单据明细表界面，双击要修改的单据，进入

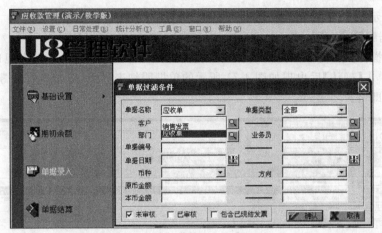

图 4-68　单据录入选择条件

图 4-69　选择单据类型

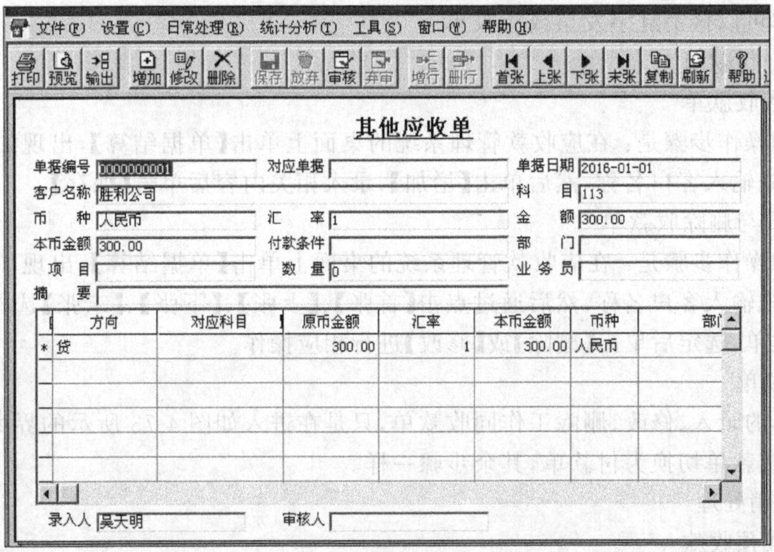

图 4-70　其他应收单

如图 4-70 所示的界面,单击【修改】即可对此单据进行修改。

• 单据删除

具体的操作步骤是:在应收款管理系统的桌面上单击【单据录入】,出现选择单据条件的界面,单击【确认】后出现如图 4-71 所示的单据明细表界面,双击选择要删除的单据,单击【删除】即可。

| 选择标志 | 审核人 | 单据类型 | 单据编号 | 单据日期 | 客户 | 币种 | 原币金额 | 本币金额 | 原币余额 | 本币余额 | 部门 | 业务员 |
|---|---|---|---|---|---|---|---|---|---|---|---|---|
| | | 普通发票 | 0000000001 | 2016-01-01 | 胜利公司 | 人民币 | 35,100.00 | 35,100.00 | 35,100.00 | 35,100.00 | 销售部门 | |
| | | 普通发票 | 0000000002 | 2016-01-01 | 胜利公司 | 人民币 | 2,340.00 | 2,340.00 | 0.00 | 0.00 | 销售部门 | |
| | | 其他应收单 | 0000000001 | 2016-01-01 | 胜利公司 | 人民币 | 300.00 | 300.00 | 300.00 | 300.00 | | |
| | 合计 | | | | | | 37,740.00 | 37,740.00 | 35,400.00 | 35,400.00 | | |

图 4-71　单据明细表

（3）单据审核

具体的操作步骤是:在应收款管理系统的桌面上单击【单据录入】,出现选择单据条件的界面,【确认】后出现如图 4-71 所示的单据明细表界面,双击要审核的单据,进入如图 4-70 所示的界面,单击【审核】即可对此单据进行审核。

审核后出现提示窗口,如图 4-72 所示,如果选【是】则自动生成凭证,选【否】则暂时不生成凭证,以后在【制单】菜单里可以统一生成凭证。这里先选择【否】。

**注意**:如果应收款管理系统与销售管理系统联用,则需要对销售系统生成的发票或应收单等进行审核。

图 4-72　生成凭证提示窗口

**2. 单据结算**

单据结算是将收到的款项作为收款单录入系统中,可以作为预收款处理,也可以核销发票、应收单等。录入收款单可以核销蓝字发票或应收单,录入付款单可以核销红字发票或应收单。

（1）收/付款单

• 录入收款单

具体的操作步骤是:在应收款管理系统的桌面上单击【单据结算】,出现如图 4-73 所示的界面,先输入客户名称,然后单击【增加】,录入相关内容后单击【保存】。

• 修改与删除收款单

具体的操作步骤是:在应收款管理系统的桌面上单击【单据结算】,出现如图 4-73 所示的界面,先输入客户名称,然后通过点击【首张】、【上张】、【下张】、【末张】选择要删除或修改的收款单,选定后单击【删除】或【修改】进行相应操作。

• 付款单

付款单的录入、修改、删除工作同收款单,只是在进入如图 4-73 所示的界面时先单击【切换】,则收款单切换为付款单,其余步骤一样。

（2）核销处理

• 形成预收款

预先收到的款项可以先作为预收款处理,具体的操作步骤是:在应收款管理系统

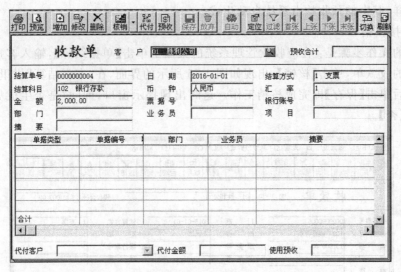

图 4-73 收款单

的桌面上单击【单据结算】,输入客户名称,出现该客户的收款单,单击【预收】,则自动形成了预收款,如图 4-74 所示。然后出现提示窗口,询问"是否生成凭证?",这里先选择【否】。

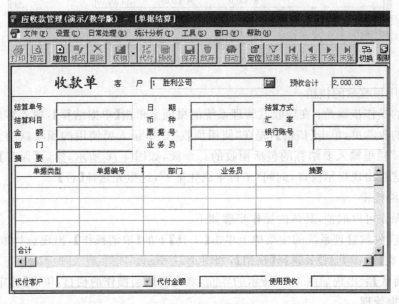

图 4-74 形成预收款

• 单据核销

单据的核销分为几种情况:收款单金额等于单据金额,收款单与单据完全核销;收款单金额大于单据金额,单据完全核销,部分形成预收款;收款单金额小于单据金额,单据部分核销;在核销时使用预收款等。前三种情况属于不使用预收款的直接核销,在具体操作时步骤一样,其中的预收款由系统自动生成。

① 直接核销

具体的操作步骤是:在应收款管理系统的桌面上单击【单据结算】,输入客户名称,出现该客户的收款单,单击【核销】,出现如图4-75所示的界面,在"本次结算"栏里输入要结算的金额后单击【保存】即完成核销工作。这时出现提示窗口,询问"是否生成凭证?",这里先选择【否】。

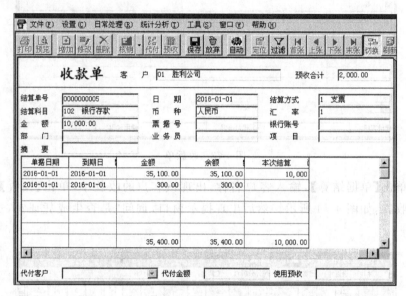

图 4-75 直接核销

② 使用预收款的核销

具体的操作步骤是:在应收款管理系统的桌面上单击【单据结算】,输入客户名称,出现该客户的收款单,单击【核销】,先在"使用预收"栏里录入要使用的预收款的金额,再在"本次结算"栏里输入要结算的包括预收的总金额,如图4-76所示,然后【保存】即完成核销工作。这时出现提示窗口,询问"是否生成凭证?",这里先选择【否】。

· 取消核销

核销操作可以取消,具体的操作步骤如下。

① 在应收款管理系统的主菜单上单击【工具】下的【取消操作】,出现选择取消操作条件的窗口,在【操作类型】处选择【核销】,如图4-77所示。

②【确认】后出现如图4-78所示的界面,双击要取消操作的栏目,单击【确定】即可。

**3. 票据管理**

票据管理主要是对银行承兑汇票、商业承兑汇票进行管理,包括票据的录入、修改、查询、贴现、背书和计息等功能,均通过【票据管理】菜单进行。

**4. 转账处理**

转账处理可以完成应收冲应收、预收冲应收、应收冲应付和红票对冲等业务。这里主要介绍应收冲应收和预收冲应收的业务处理,应收冲应付和红票对冲等业务的操作方法

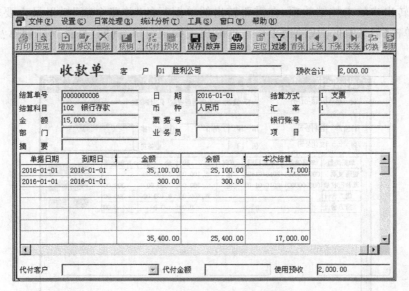

图 4-76　使用预收款的核销

图 4-77　选择取消操作条件

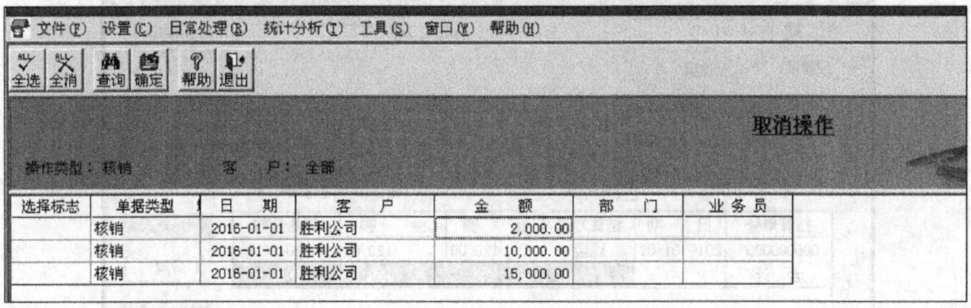

图 4-78　取消操作

与其相似。

（1）应收冲应收

应收冲应收是将一个客户的应收款项转为另一个客户的应收款。

具体的操作步骤是：在应收款管理系统的主菜单上选择【日常处理】中【转账处理】里的【应收冲应收】，出现如图 4-79 所示的界面。输入"转出户"和"转入户"名称后单击【过滤】,出现转出户的未核销款项,在需要转出的单据行的"并账金额"栏里录入要转出的金额,然后单击【确认】即完成冲销工作。这时出现提示窗口,询问"是否立即制单?",这里先选择【否】。

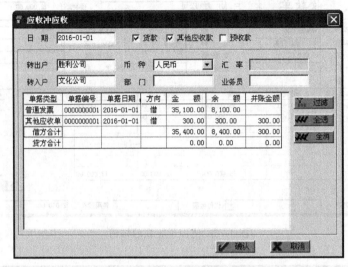

图 4-79　应收冲应收

（2）预收冲应收

预收冲应收是将同一客户的预收款和应收款进行冲销。

具体的操作步骤是:在应收款管理系统的主菜单上选择【日常处理】中【转账处理】里的【预收冲应收】,出现如图 4-80 所示的界面。先选"预收款"标签,然后输入"客户"名称并单击【过滤】,出现该客户的预收款,在需要转账的单据行的"转账金额"栏里录入要转出的金额;然后,选"应收款"标签并单击【过滤】,出现该客户的应收款,在需要转账的单据行

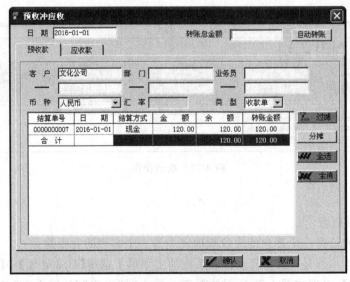

图 4-80　预收冲应收

的"转账金额"栏里录入要转账的金额,单击【确认】完成冲销工作。这时出现提示窗口,询问"是否立即制单?",这里先选择【否】。

　　**注意**:预收款的转账金额合计应等于应收款转账金额的合计。

　　(3)取消转账处理

　　转账处理操作可以取消,具体的操作步骤是:在应收款系统的主菜单上单击【工具】下的【取消操作】,出现选择取消操作条件的窗口,在【操作类型】处选择【并账】(应收冲应收业务)或【转账】(预收冲应收业务)并单击【确认】后出现取消操作的界面,双击要取消操作的栏目,单击【确定】即可。

　　**5. 坏账处理**

　　坏账处理业务包括计提坏账、发生坏账和收回坏账等。

　　(1)计提坏账

　　在应收款管理系统的主菜单上选择【日常处理】项下【坏账处理】中的【计提坏账】,出现如图 4-81 所示的界面。检查无误后单击【确认】即可。这时出现提示窗口,询问"是否立即制单?",这里先选择【否】。

图 4-81　计提坏账

　　(2)发生坏账

　　具体的操作步骤如下。

　　在应收款管理系统的主菜单上选择【日常处理】项下【坏账处理】中的【发生】,出现如图 4-82 所示的坏账发生选择条件的界面。

图 4-82　坏账发生选择条件

选择客户后单击【确认】,出现如图 4-83 所示的坏账发生单据明细的界面,双击相应的单据栏后单击【确认】即可。这时出现提示窗口,询问"是否立即制单?",这里先选择【否】。

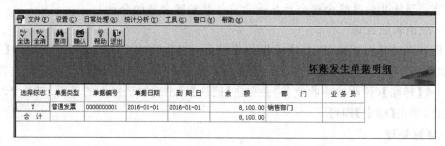

图 4-83　坏账发生单据明细

（3）收回坏账

收回坏账需要先录入收款单,然后进行收回处理。

·录入收款单

在应收款管理系统的桌面上单击【单据结算】,输入客户名称后单击【增加】,录入相关内容后单击【保存】。

·收回坏账

在主菜单上选择【日常处理】项下【坏账处理】中的【收回】,出现如图 4-84 所示的界面。录入"客户"、"结算单号"等内容后单击【确认】。这时出现提示窗口,询问"是否立即制单?",这里先选择【否】。

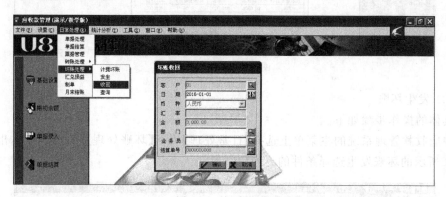

图 4-84　坏账收回

（4）取消坏账处理

坏账处理操作可以取消,具体的操作步骤是:在应收款管理系统的主菜单上单击【工具】下的【取消操作】,出现选择取消操作条件的窗口,在【操作类型】处选择【坏账处理】并【确认】后出现取消操作的界面,双击要取消操作的栏目,单击【确定】即可。

**6. 制单**

在前述业务操作中,当系统提示"是否生成凭证?"或"是否立即制单?"时,选择【是】则可以立即制单,如果选择【否】则还可以在这里成批制单。制单类型包括发票制单、应收单制单、核销制单、票据处理制单、汇兑损益制单、转账制单、并账制单、现结制单和坏账处理制单等。用户可根据需要选取要制单的类型。

（1）制单

以发票制单为例，具体的操作步骤如下。

在应收款管理系统的桌面上单击【制单】，出现如图 4-85 所示的制单查询界面。

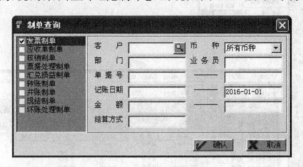

图 4-85　制单查询

输入条件后单击【确认】，出现如图 4-86 所示的发票制单界面，选择"凭证类型"、"制单日期"，双击需要制单的单据栏，然后单击【制单】，出现记账凭证界面，单击【保存】。

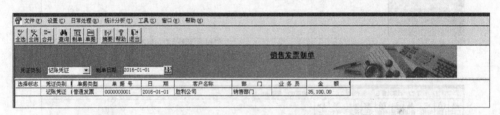

图 4-86　销售发票制单

（2）查询凭证

具体的操作步骤是：在应收款管理系统的主菜单上选择【统计分析】中【单据查询】里的【凭证查询】，出现选择查询条件的界面，选定后单击【确认】，出现凭证查询界面，如图 4-87 所示。单击【单据】或【凭证】可以查看对应的单据或凭证。

（3）删除凭证

具体操作步骤是：在应收款管理系统的主菜单上选择【统计分析】中【单据查询】里的【凭证查询】，出现选择查询条件的界面，选定后【确认】，出现凭证查询界面，如图 4-87 所示。选择需要删除的凭证栏，单击【删除】，这时出现提示窗口，询问"确定要删除此凭证吗？"，选择【是】即可。

## 4.5.4　应收款统计分析

应收款管理系统的统计分析包括单据查询、业务账表查询、业务分析和科目账表查询等内容。

### 1. 单据查询

以发票查询为例，具体的操作步骤是：在应收款系统的主菜单上选择【统计分析】中【单据查询】里的【发票查询】，出现选择查询条件的界面，选定后单击【确认】，出现发票查询界面,如图 4-88 所示。选中某业务栏,单击【单据】或【凭证】可以查看对应的单据或凭证。

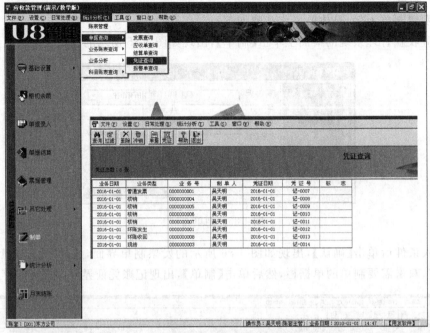

图 4-87　凭证查询

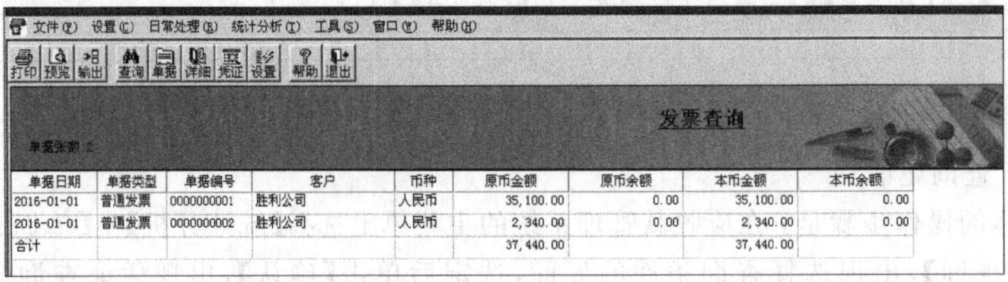

图 4-88　发票查询

## 2. 业务账表查询

以业务总账表查询为例,具体的操作步骤是:在应收款管理系统的主菜单上选择【统计分析】中【业务账表查询】里的【业务总账表】,出现选择查询条件的界面,选定后单击【确认】,出现客户业务总账查询界面,如图 4-89 所示。

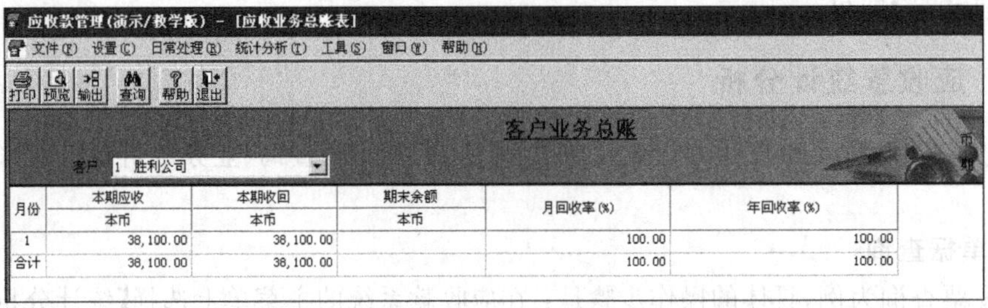

图 4-89　客户业务总账查询

### 3. 业务分析

以应收账龄分析为例,具体的操作步骤是:在应收款管理系统的主菜单上选择【统计分析】中【业务分析】里的【应收账龄分析】,出现选择分析条件的界面,选定后单击【确认】,出现应收账龄分析界面,如图4-90所示。

图 4-90　应收账龄分析

### 4. 科目账表查询

以科目余额表查询为例,具体的操作步骤是:在应收款管理系统的主菜单上选择【统计分析】中【科目账表查询】里的【科目余额表】,出现选择查询条件的界面,选定后单击【确认】,出现科目余额表查询界面,如图4-91所示。

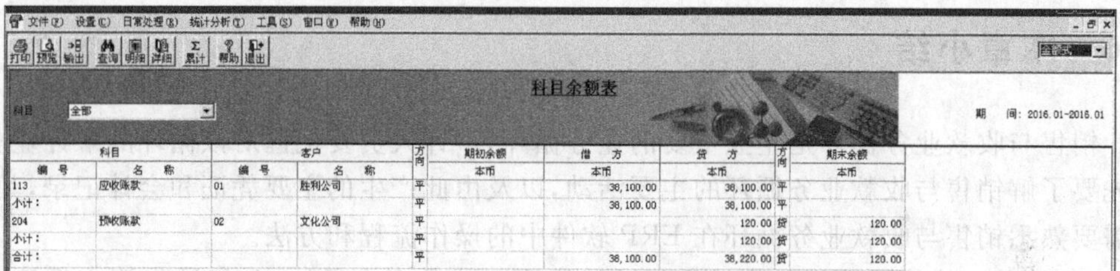

图 4-91　科目余额表查询

## 4.5.5　应收款期末处理

当该月有关业务全部处理完毕后,就可以进行期末处理了。期末处理主要是备份数据和月末结账工作。备份在"系统管理"模块中进行,在前述3.1节已作介绍。这里只介绍应收款管理系统的月末结账工作。

### 1. 月末结账

应收款管理系统月末结账的具体操作步骤如下。

(1)在应收款管理系统的桌面上单击【月末结账】,出现如图4-92所示的界面,双击要结账的月份。

(2)单击【下一步】,出现业务处理情况列表窗口,如图4-93所示。

(3)当业务处理情况显示全部为"是"时,

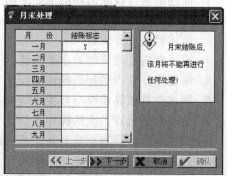

图 4-92　选择结账月份

单击【确认】,在随后出现的"结账成功"窗口单击【确定】完成结账工作。

**2. 取消结账**

月末结账可以取消,具体的操作步骤是:在应收款管理系统的主菜单上单击【工具】下的【取消结账】,出现取消结账的窗口,单击【确认】后出现"取消结账成功"窗口,在此单击【确定】完成取消结账工作,如图 4-94 所示。

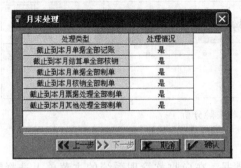

图 4-93　业务处理情况列表

图 4-94　取消结账

**注意**:销售管理系统月末结账后,才能进行应收款管理系统的月末结账。

## 4.6　本章小结

销售与收款业务循环是企业重要的业务循环,审计人员要把握对该循环的审计业务,首先要了解销售与收款业务循环的主要活动,以及由此产生的主要凭证和会计记录,其次还需要熟悉销售与收款业务循环在 ERP 软件中的操作流程和方法。

用友 ERP 软件对销售与收款业务循环的管理涉及多个系统,包括销售管理系统、库存管理系统、存货核算系统、应收款管理系统和总账系统等。这些系统之间不是孤立的,而是相互联系、数据共享的,部分系统间还存在数据的传递关系,因此,在实际操作时要理解销售与收款循环业务的流程,掌握正确的操作方法。

## 思考题

1. 简述销售与收款循环的主要活动。
2. 简述销售管理系统与其他系统的关系。
3. 简述销售业务流程。
4. 简述销售管理系统的主要功能。
5. 简述库存管理系统的操作流程。
6. 简述存货核算系统与其他系统的关系。
7. 简述存货核算系统的操作流程。
8. 简述应收款管理系统与其他系统的关系。
9. 简述应收款管理系统的操作流程。
10. 简述销售与收款循环各系统的结账顺序。

# 第 5 章　采购与付款业务循环

采购与付款业务循环是企业重要的业务循环之一,包括企业购买商品、劳务以及相关的其他支出活动。采购与付款业务循环涉及的业务较多,内容繁杂,如何正确地处理该循环中的各项业务就是用友 ERP 软件系统要解决的问题。

## 5.1　采购与付款业务循环概述

在用友 ERP 软件中,采购与付款业务循环分散在多个系统中进行,因此,要了解该循环的业务流程,首先必须对采购与付款业务循环涉及的主要活动、产生的主要凭证和会计记录有一个全面的了解。

### 5.1.1　采购与付款业务循环的主要活动

任何一个业务循环都有一些典型的业务活动,并因而产生相应的会计资料,采购与付款业务循环也不例外。典型的采购与付款业务循环包括下列主要活动。

(1) 请购商品和劳务。单位需要购买商品或劳务时需要先填写请购单并经过审核批准才能进行采购。

(2) 编制订购单。请购单经过批准后就可以编制订购单送交供应商。

(3) 验收商品。仓库将订购单与收到的商品进行比较,确认无误后编制验收入库单并入库。

(4) 储存商品。商品入库后对商品进行合理的储存和保管。

(5) 编制付款凭单。检查供应商发票,编制付款凭单,并经过授权人员审核签字。编制付款凭单时需要附有与之相配合的订购单和采购发票等凭证。

(6) 确认与记录负债。正确确认负债并登记账簿。

(7) 付款。由应付款管理部门负责到期付款。

(8) 记录现金、银行存款支出。由会计部门将现金、银行存款的减少及时进行相应的会计处理。

### 5.1.2　采购与付款业务循环涉及的主要凭证与会计记录

根据对采购与付款业务循环的主要活动的分析,可以看出在该循环中涉及的主要凭证与会计记录有以下几种。

(1) 请购单。由需求部门填写的申请购买商品或劳务的书面单据。

(2) 订购单。订购单是列示所需商品或劳务完整信息并送交供应商的凭证。

(3) 验收入库单。在验收入库时编制的凭证。

（4）采购发票。采购发票是供应商开具的表明已购商品的名称、数量、单价和金额等内容的凭证。

（5）付款凭单。付款凭单是载明应付款金额、付款日期的凭证。

（6）记账凭证。

（7）应付账款明细账。

（8）库存现金日记账和银行存款日记账。

（9）供应商对账单。

### 5.1.3　采购与付款业务循环的业务流程

采购与付款业务循环包括多项活动，产生多项单据和资料，也涉及多个系统，包括采购管理系统、库存管理系统、存货核算系统、应付款管理系统和总账系统等。虽然很复杂，但也是有一定规律可循的，因为采购与付款业务循环的业务是遵循一定规律的，这就是业务流程。只有把握了采购与付款业务循环的业务流程，才能理解业务的来龙去脉，理解各项单据和业务资料从哪里产生、作用是什么等，为后续的审计工作打下良好基础。

用友软件中采购与付款业务循环的业务流程可以用图 5-1 来描述。

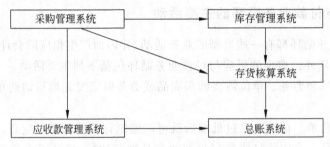

图 5-1　采购与付款业务循环的业务流程

（1）在采购管理系统中录入采购入库单等单据后，系统自动传递到库存管理系统，库存管理系统对入库单进行审核。

（2）在采购管理系统中录入采购入库单等单据后，系统自动传递到存货核算系统等待记账。

（3）在库存管理系统录入入库单等单据并审核后传递到存货核算系统等待记账。

（4）在采购管理系统中录入采购发票后，形成应付款传递到应付款管理系统。

（5）存货核算系统对各种出、入库单据完成存货明细账等账簿的记账工作后，编制记账凭证传递到总账系统，等待总账系统完成记总账的工作。

（6）在应付款管理系统中对审核后的采购发票等单据制单，生成应付款凭证；还可以在应付款管理系统中录入付款单，核销应付款，并生成凭证。将所有应付款业务编制的凭证传递到总账系统，等待总账系统完成记总账的工作。

### 5.1.4　采购与付款业务循环的操作流程

了解了采购与付款业务循环的业务流程，就可以利用用友 ERP 软件进行采购与付款业务循环的业务处理了。利用用友 ERP 软件对采购与付款业务循环进行管理同样要先在系统管理里进行操作员设置、建账等工作,然后要进行基础设置,见 3.1 节和 3.2 节的介绍。以上工作完成后,需要启用各系统并进行各系统的初始设置,然后才能进行日常和期末的业务处理。

　　由于采购与付款业务循环涉及多个系统,该循环内部的多个子系统是相互联系、数据共享的,部分系统间存在数据的传递,所以在实际操作时要注意把握操作顺序。采购与付款业务循环的操作流程是:首先启用各系统,然后进行初始设置和期初记账,再进行日常处理,最后进行期末处理,如图 5-2 所示。

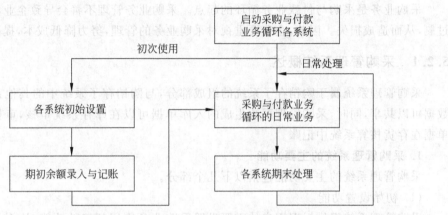

图 5-2　采购与付款业务循环的操作流程

### 1. 启动采购与付款业务循环各系统

　　由于采购与付款业务循环涉及多个系统,各系统之间存在基础数据共享以及数据传递的关系,因此,在首次启动各系统时应按照一定的顺序,推荐按照下面的顺序启动各系统:先启动采购管理系统,其后是库存管理系统,再次是存货核算系统,然后是总账系统,最后是应付款管理系统。

### 2. 各系统初始设置

　　各系统初始设置包括账套参数的设置和其他一些初始设置工作,设置完成才能顺利地进行后续的操作。

### 3. 期初余额录入与记账

　　采购与付款业务循环的期初余额主要包括采购暂估入库期初余额、采购在途存货期初余额、存货期初余额、科目期初余额和应付款期初余额等,需要在进行日常业务前录入系统,其中采购管理系统的期初余额和存货期初余额录入完毕还需要进行期初记账。

### 4. 采购与付款业务循环的日常业务

　　采购与付款业务循环的日常业务主要是在采购管理系统中录入入库单、采购发票等并结算;库存管理系统对入库单据进行审核;存货核算系统负责登记存货明细账并编制记账凭证传递到总账系统;应付款管理系统录入付款单核销应付款,并对各类应付款业务编制凭证传递到总账系统;总账系统对传递来的凭证进行签字、审核和记账。

**5. 各系统期末处理**

完成日常工作后,就可以进行期末处理工作了。采购与付款业务循环各系统进行期末处理时也需要遵循一定的顺序,推荐按照下面的顺序对各系统进行期末处理:首先是采购管理系统;其次是库存管理系统;再次是存货核算系统;然后是应付款管理系统;最后是总账系统。

# 5.2 采购管理系统

采购业务是采购与付款业务循环的起点。采购业务管理不善会导致企业物料短缺或过剩,从而造成损失。因此,企业要重视对采购业务的管理,努力降低成本,提高效率。

## 5.2.1 采购管理系统概述

采购管理系统属于购销存子系统的组成部分,与购销存子系统中的其他系统的基础数据可以共享,同时,采购管理系统生成的入库单据可以在库存系统审核,审核后的入库单据在存货核算系统中记账。

**1. 采购管理系统的主要功能**

采购管理系统的主要功能包括以下几个部分。

(1)初始设置功能

采购管理系统提供根据用户的需要设置采购业务应用环境的功能,从而将通用系统变成适合本单位实际需要的专用系统。

(2)日常业务处理功能

采购管理系统可以完成采购订货处理、入库单据处理、采购开票处理和采购结算处理等日常业务。

(3)采购账表管理功能

采购管理系统提供多种账表的查询统计分析功能,包括采购明细表、采购统计表和暂估入库余额表等。在查询账表时还可以联查相关的单据。

(4)月末结账

当某月的采购业务全部处理完毕后,可以进行月末结账处理。月末结账后,不能再处理该月业务。

**2. 采购业务流程**

采购与付款业务循环涉及物流和资金流两个流向,如图 5-3 所示,该图也体现了采购管理系统与其他系统的关系。

**3. 采购管理系统的操作流程**

采购管理系统的操作流程如图 5-4 所示。

## 5.2.2 采购管理系统的初始设置

**1. 首次启用采购管理系统**

首次启用采购管理系统时需要进行账套参数的设置,具体的操作步骤如下。

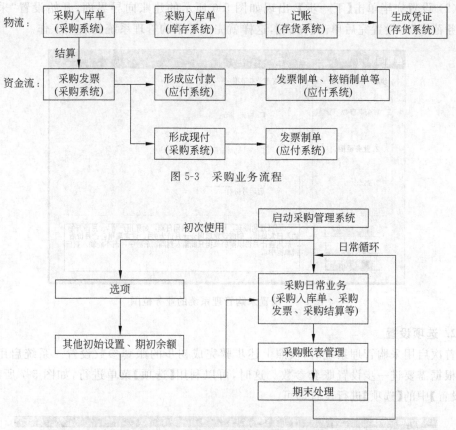

图 5-3　采购业务流程

图 5-4　采购管理系统的操作流程

（1）单击【开始】菜单，选择【程序】，找到【U8 管理软件】，双击【系统控制台】后，选择账套和操作员后【确定】，单击【采购管理】然后单击【确定】，出现如图 5-5 所示的建账向导界面，首先设置"公用参数"。

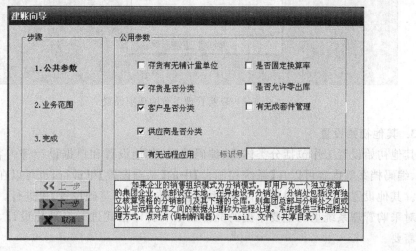

图 5-5　设置采购管理系统的公用参数

（2）设置完毕单击【下一步】，出现如图 5-6 所示的建账向导界面，开始设置"采购管理业务范围"。设置完后单击【完成】，这样就完成了采购管理系统的启用工作。

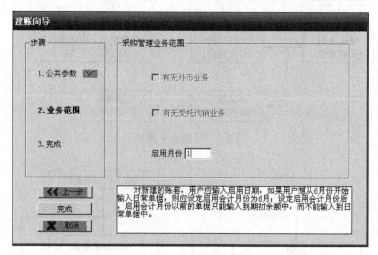

图 5-6　设置采购管理系统的业务范围

## 2. 选项设置

首次启用采购管理系统时，按照上述步骤完成初步的账套参数设置。系统启用后还可以根据需要进一步设置账套参数。这时，可以利用【选项】菜单进行，如图 5-7 所示，单击【设置】中的【选项】进行设置即可。

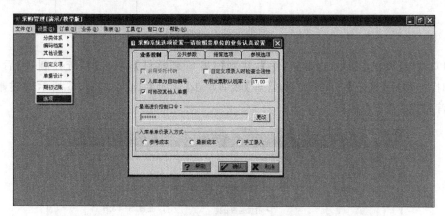

图 5-7　采购管理系统的选项设置

## 3. 其他初始设置

其他初始设置工作包括分类体系、编码档案、其他设置和单据设计等内容，其中分类体系、编码档案等内容可以在【系统控制台】中的【基础设置】里进行，也可以在本系统进行设置。其他设置中的部分内容可以在【系统控制台】中的【基础设置】里进行。单据设计主要是对采购管理系统里的主要单据的屏幕显示和打印格式进行个性化设计，以满足单位管理需要。

**4. 期初余额录入与记账**

（1）录入采购管理系统期初余额

采购管理系统期初数据主要包括期初暂估入库、期初在途存货等。期初暂估入库是将启用采购管理系统前没有取得采购发票因而不能进行采购结算的入库单（即货到单未到的业务）先暂估录入系统，将来取得发票后再进行结算。期初在途存货是将启用采购管理系统前已取得采购发票但货物没有入库不能进行结算的发票（即单到货未到的业务）输入系统，将来货物入库后再进行采购结算。

期初暂估入库数据的录入步骤是：打开采购管理系统，单击【业务】，选择【采购入库】下的【普通入库单】，单击【增加】然后进行输入，录入完毕【保存】。

期初在途存货数据的录入步骤是：打开采购管理系统，单击【业务】，选择【采购发票】下的【专用发票】或【普通发票】，单击【增加】然后进行输入，录入完毕【保存】。

（2）采购管理系统期初记账

将采购期初数据录入完毕后要进行期初记账。期初记账后，期初数据不能增加、修改，必须取消期初记账才能增加或修改期初数据。

具体操作步骤是：单击【设置】下的【期初记账】，出现如图 5-8 所示的期初记账界面，单击【记账】就可以对期初数据进行记账；单击【取消记账】则取消记账状态，期初数据还原为未记账状态。

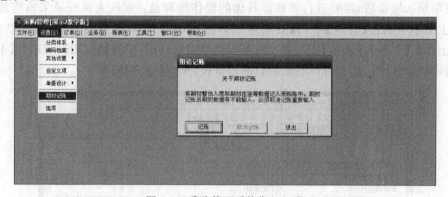

图 5-8　采购管理系统期初记账

**注意**：即使没有期初数据也需要进行期初记账。

## 5.2.3　采购日常业务

**1. 采购订货业务**

采购订货需要填写采购订单。采购订单是单位与供应商签订的书面采购意向，采购订单经审核后可以在录入采购入库单和采购发票时参照。

（1）采购订单录入

具体的操作步骤是：打开采购管理系统，在主菜单上单击【订单】下的【采购订单】，出现如图 5-9 所示的界面，单击【增加】即可录入相关内容，录入完毕单击【保存】。

**注意**：采购订单的修改、删除工作同样在如图 5-9 所示的界面中进行。

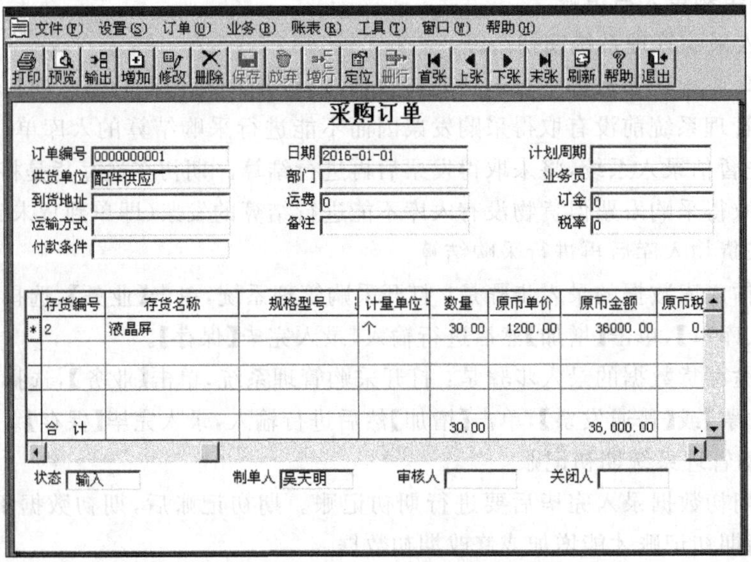

图 5-9 采购订单

（2）采购订单审核

订单录入完毕后，需要进行审核。具体的操作步骤是：审核人员登录采购管理系统后，在主菜单上单击【订单】下的【订单审核】，出现如图 5-10 所示的界面，通过单击【首张】、【上张】、【下张】、【末张】按钮查找需要审核的采购订单，检查确认无误后单击【审核】。

对于已审核的订单也可以在此窗口取消审核，单击【弃审】即可。

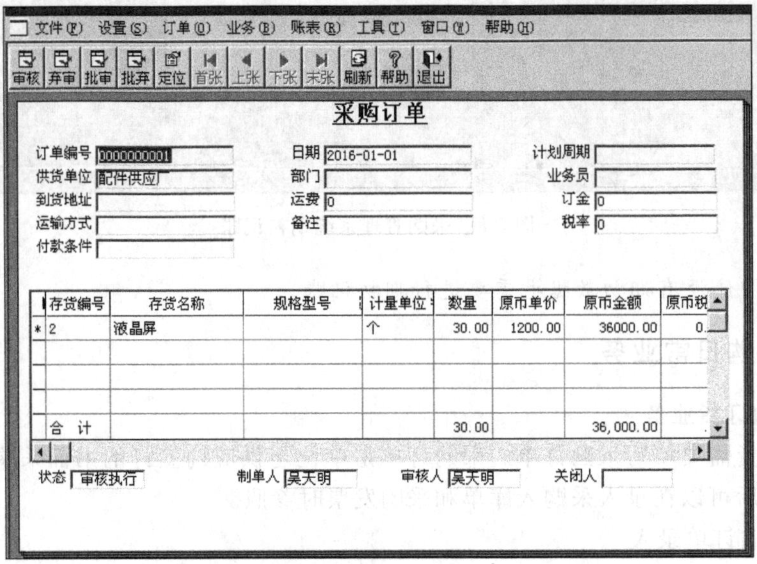

图 5-10 审核采购订单

## 2. 普通采购业务

普通采购业务的基本内容主要是增加采购入库单、增加采购发票和采购结算。

（1）采购入库单

· 采购入库单录入

采购入库单可以直接录入，也可以拷贝采购订单、采购发票等单据生成。

① 直接录入采购入库单

具体的操作步骤是：在主菜单上单击【业务】下【采购入库】里的【普通入库单】，出现如图 5-11 所示的界面，单击【增加】，录入相关内容后【保存】。

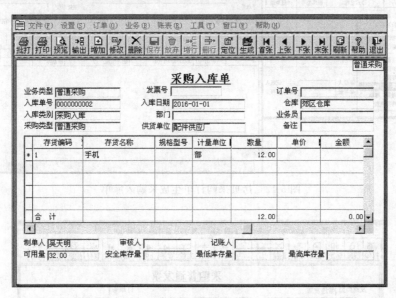

图 5-11　采购入库单

② 拷贝采购订单生成采购入库单

具体的操作步骤是：在主菜单上单击【业务】下【采购入库】里的【普通入库单】，进入如图 5-11 所示的界面后单击【增加】，先输入入库单表头各项内容如"仓库"、"采购类型"、"入库类别"等，然后单击鼠标右键，选择【拷贝订单】功能。单击【过滤】后双击订单列表中的某个订单并单击【确认】，最后单击【保存】即可，如图 5-12 所示。

· 采购入库单的修改与删除

具体的操作步骤是：在主菜单上单击【业务】下【采购入库】里的【普通入库单】，出现如图 5-11 所示的界面，通过单击【首张】、【上张】、【下张】、【末张】按钮查找需要修改或删除的采购入库单，根据需要单击【修改】或【删除】。

（2）采购发票

· 采购发票的录入

采购发票可以直接录入，也可以拷贝采购订单或采购入库单等单据生成。拷贝其他单据生成采购发票的方法与拷贝其他单据生成采购入库单类似，这里不再介绍。

以普通发票为例，直接录入采购发票的操作步骤是：在主菜单上单击【业务】下【采购发票】里的【普通发票】，出现如图 5-13 所示的界面，单击【增加】，录入相关内容后单击【保存】。

· 采购发票的修改与删除

以普通发票为例，具体的操作步骤是：在主菜单上单击【业务】下【采购发票】里的【普

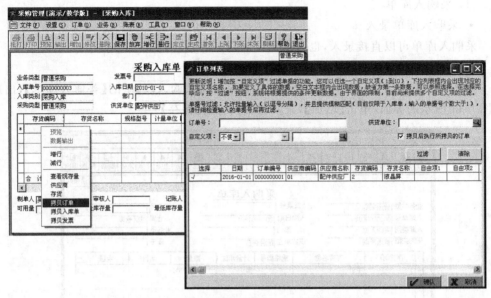

图 5-12　拷贝采购订单生成采购入库单

图 5-13　采购普通发票

通发票】，出现如图 5-13 所示的界面，通过单击【首张】、【上张】、【下张】、【末张】按钮查找需要修改或删除的采购发票，根据需要单击【修改】或【删除】。

（3）采购结算

采购结算即采购报账，表明采购业务单据和货物均已到达，并根据采购发票确认采购成本。采购结算可以自动结算，也可以手工结算。

· 自动结算

自动结算是由系统自动将相同供货单位、相同存货和相等数量的采购入库单和采购发票等进行结算，包括入库单和发票结算、红蓝入库单结算、红蓝发票结算三种结算模式。

　　具体的操作步骤是：在主菜单上单击【业务】下【采购结算】里的【自动结算】，出现自动结算选择条件窗口，如图 5-14(a)所示，输入相关结算条件后单击【确认】，系统就根据输入的条件范围自动进行结算。结算完毕，出现提示窗口，如图 5-14(b)所示，单击【确定】即可。

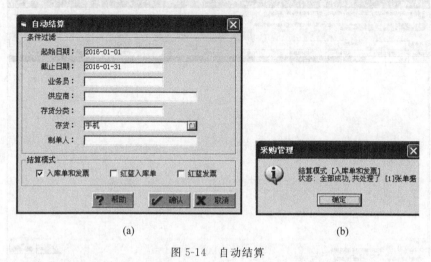

(a)　　　　　　　　　　　　　　　(b)

图 5-14　自动结算

- 手工结算

　　手工结算除了可以对入库单和发票、红蓝入库单、红蓝发票进行结算外，还可以对费用发票单独结算。

　　手工结算非常灵活，可以对入库单中的部分货物进行结算，未结算的货物可以在以后取得发票后再结算；可以同时对多张入库单和多张发票进行报账结算；还可以用甲单位的发票结算乙单位的货物等。

　　以入库单和发票结算为例，具体的操作步骤如下。

　　① 在主菜单上单击【业务】下【采购结算】里的【手工结算】，先单击【过滤】会出现结算条件录入窗口，录入完毕单击【确认】后出现如图 5-15 所示的界面。

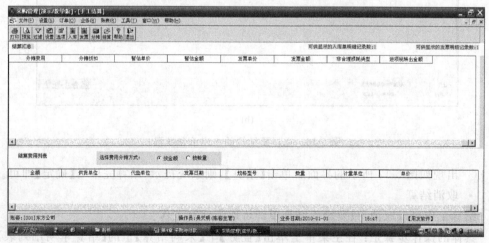

图 5-15　选择手工结算的单据

② 单击【入库】出现入库单选择界面,如图 5-16(a)所示,单击想要结算的入库单左侧的选择栏,选择栏出现"√"后【确认】。然后单击【发票】出现发票选择界面,如图 5-16(b)所示,单击想要结算的发票左侧的选择栏,选择栏出现"√"后【确认】。

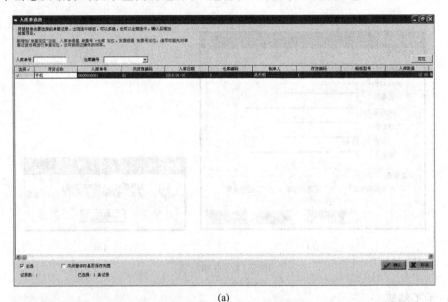

(a)

(b)

图 5-16　选择要结算的入库单和发票

③ 出现如图 5-17 所示的界面后单击【结算】,则系统提示"结算完毕",【确定】即可。

• 取消结算

结算工作可以取消,只要删除结算单即可取消结算工作。

具体的操作步骤是:在主菜单上单击【业务】下【采购结算】里的【结算单明细列表】,

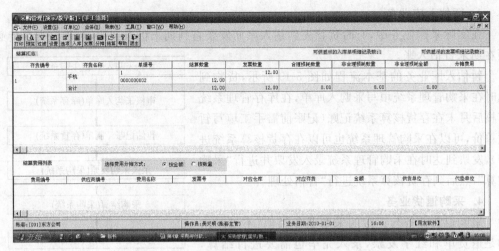

图 5-17　手工结算

出现单据过滤条件录入窗口，录入完毕【确认】后出现如图 5-18（a）所示的界面，双击要删除的单据行，出现如图 5-18（b）所示的界面，单击【删除】。出现提示窗口询问"确实要删除结算单吗?"，单击【是】即可删除结算单从而取消结算。

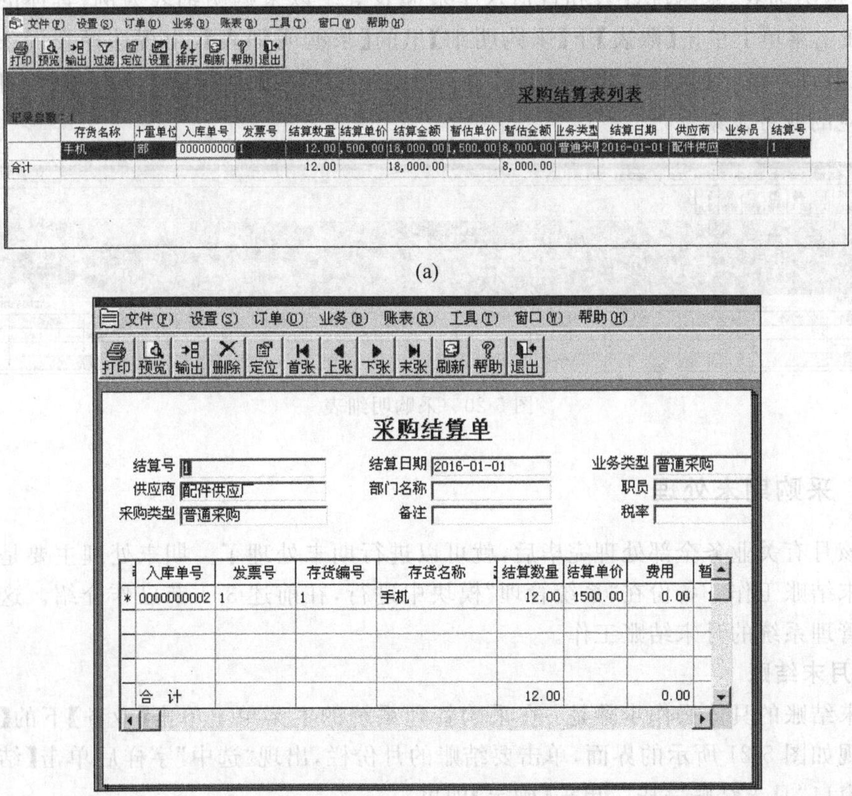

（a）

（b）

图 5-18　取消结算

### 3. 暂估入库业务

在实际采购业务中,有时货物先到达入库而发票直到期末仍未到达,对于该类存货必须在期末暂估入账。

暂估入库业务的基本流程如图 5-19 所示,货物到达时在采购管理系统填写采购入库单,在库存管理系统审核后月末在存货核算系统记账(记账前需手工填写暂估单价,可以在采购管理系统也可以在存货核算系统进行),发票到达时在采购管理系统录入发票并进行"采购结算",然后到存货核算系统进行"暂估处理"。

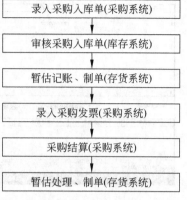

图 5-19　暂估入库业务的基本流程

### 4. 采购退货业务

采购退货业务与正常的采购业务类似,不过录入的是退货单和红字发票,录入完毕也需要进行结算,并记账和编制凭证。

## 5.2.4　采购账表管理

采购管理系统不仅可以对采购业务进行处理,还提供多种类型的账表供管理人员查询,如采购明细表、采购统计表和暂估入库余额表等。以采购明细表为例,具体的操作步骤是:在主菜单上单击【账表】下【采购明细】里的【采购明细表】,出现选择查询条件的窗口,选定条件后单击【确认】,出现如图 5-20 所示的采购明细表界面。双击某行,可以查看该行对应的业务发票。

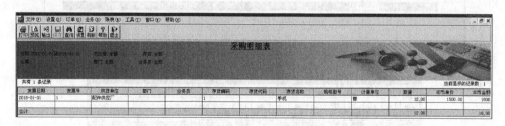

图 5-20　采购明细表

## 5.2.5　采购期末处理

当该月有关业务全部处理完毕后,就可以进行期末处理了。期末处理主要是备份数据和月末结账工作。备份在"系统管理"模块中进行,在前述 3.1 节已作介绍。这里只介绍采购管理系统的月末结账工作。

### 1. 月末结账

月末结账的具体操作步骤是:在采购管理系统的主菜单上单击【业务】下的【月末结账】,出现如图 5-21 所示的界面,单击要结账的月份栏,出现"选中"字样后单击【结账】,出现提示窗口"月末结账完毕",单击【确定】即可。

### 2. 取消结账

取消结账的具体操作步骤是:在采购管理系统的主菜单上单击【业务】下的【月末结

账】,出现如图 5-21 所示的界面,单击要取消结账的月份栏,出现"选中"字样后单击【取消结账】,出现提示窗口"取消月末结账完毕",单击【确定】即可。

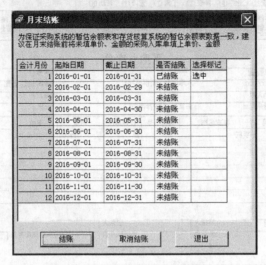

图 5-21　采购管理系统月末结账

## 5.3　库存管理系统

库存管理系统的业务流程、初始设置、一般的日常业务及期末处理等内容见 4.3 节的介绍,这里只介绍入库业务的处理。

入库业务主要包括采购入库业务、产成品入库业务和其他入库业务等,对应的单据有采购入库单、产成品入库单和其他入库单等。采购入库单是企业采购货物入库时填制的单据;产成品入库单是工业企业产成品验收入库时填制的单据;其他入库单包括调拨入库、盘盈入库等其他原因形成的入库单据。

### 5.3.1　采购入库业务

当采购管理系统与库存管理系统联合使用时,采购管理系统填制了采购入库单后,系统会自动传递到库存管理系统,库存管理系统只需对这些采购入库单进行审核即可。如果不使用采购管理系统,则需要在库存管理系统录入采购入库单并审核。

**1. 录入采购入库单**

具体的操作步骤是:打开库存管理系统,在桌面上单击【入库业务】下的【采购入库】,然后单击【增加】出现如图 5-22 所示的界面,在此界面录入相关内容后单击【保存】。

**2. 审核采购入库单**

具体的操作步骤是:在桌面上单击【入库业务】下的【采购入库】,在如图 5-22 所示的界面通过单击【首张】、【上张】、【下张】、【末张】按钮查找需要审核的采购入库单,确认无误后单击【审核】。

**注意:**

① 审核完成后【审核】按钮变成【弃审】,单击【弃审】可以取消原审核操作。

② 采购入库单的修改、删除工作也在如图 5-22 所示的界面中进行。

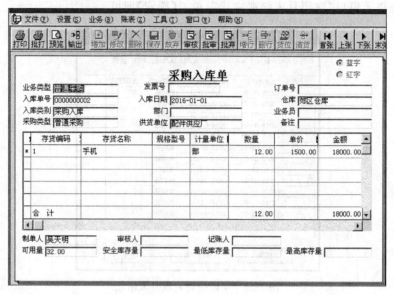

图 5-22  采购入库单

### 5.3.2  产成品入库业务

**1. 录入产成品入库单**

产成品入库单的录入和审核步骤是：在库存管理系统的桌面上单击【入库业务】下的【产成品入库】，然后单击【增加】出现如图 5-23 所示的界面，在此界面录入相关内容后单击【保存】即可。

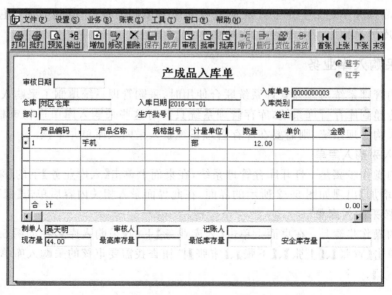

图 5-23  产成品入库单

### 2. 审核产成品入库单

具体的操作步骤是：在桌面上单击【入库业务】下的【产成品入库】，在如图 5-23 所示的界面通过单击【首张】、【上张】、【下张】、【末张】按钮查找需要审核的产成品入库单，确认无误后单击【审核】。

## 5.3.3　其他入库业务

其他入库单的操作步骤与采购入库单类似，这里不再赘述。

# 5.4　存货核算系统

存货核算系统的业务流程、初始设置、一般的日常业务及期末处理等内容见 4.4 节的介绍，这里只介绍普通入库业务和暂估入库业务的处理。

## 5.4.1　普通入库业务

入库业务可以分别在采购管理系统、库存管理系统和存货核算系统中进行管理，不过各个系统的管理重点不同。采购管理系统侧重对采购业务的管理，库存管理系统侧重对仓库的管理，存货核算系统侧重对成本的管理。

入库业务主要包括采购入库、产成品入库和其他入库等，对应的单据有采购入库单、产成品入库单和其他入库单等。

入库业务的操作步骤是：打开存货核算系统，在桌面上单击【入库业务】，选择相应的业务类型后，单击【增加】，录入相关内容后单击【保存】即可。

如果与采购管理系统、库存管理系统集成使用，则所有入库单不能在存货核算系统中录入、删除，只能修改其单价或金额。

## 5.4.2　暂估入库业务

暂估入库业务是货物先到达入库而发票直到期末仍未到达需要进行暂估入账的业务。暂估入库业务的基本流程如图 5-19 所示，货物到达时在采购管理系统先填写采购入库单，在库存管理系统审核，然后月末在存货核算系统记账（记账前需手工填写暂估单价，可以在采购管理系统也可以在存货核算系统进行），发票到达时在采购管理系统录入发票并进行"采购结算"，然后到存货核算系统进行"暂估处理"。

**例**：东方公司 1 月 1 日采购液晶屏 6 个已入库，当月未收到发票，月末暂估入库，暂估单价为 1 200 元。2 月 1 日收到发票，单价为 1 500 元，进行结算。

具体的操作步骤是：

（1）1 月 1 日在采购管理系统录入采购入库单。

（2）1 月在库存管理系统审核采购入库单。

（3）1 月末在存货核算系统录入暂估单价。

操作步骤是：在存货核算系统的主菜单上单击【处理】下的【暂估入库成本录入】，出现入库单查询条件录入窗口，输入查询条件后单击【确认】，出现如图 5-24 所示的界面，在此界面录入相关内容后单击【保存】即可。

| 单据日期 | 单据号 | 仓库 | 存货 | 采购类型 | 供应商 | 入库类别 | 数量 | 单价 | 金额 |
|---|---|---|---|---|---|---|---|---|---|
| 2016-01-01 | 000000000 | 中心仓库 | 液晶屏 | | 配件供应厂 | | 6.00 | 1200 | 7,200.00 |

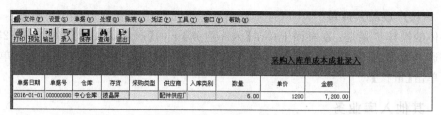

图 5-24　采购入库单成本录入

(4) 1月末在存货核算系统记账并生成凭证。

(5) 2月1日在采购管理系统录入采购发票。

(6) 2月1日在采购管理系统进行采购结算。

(7) 2月1日在存货核算系统执行暂估处理。

操作步骤是：在存货核算系统的主菜单上单击【处理】下的【暂估入库成本处理】，出现暂估处理查询条件录入窗口，输入查询条件后单击【确认】，出现如图 5-25 所示的界面，单击相关记录选择栏出现"√"后，单击【暂估】即可。

| 选择 | 结算单号 | 仓库编码 | 仓库名称 | 入库单号 | 入库日期 | 存货编码 | 存货名称 | 计量单位 | 数量 | 暂估单价 | 暂估金额 | 实际单价 | 实际金额 | 收发类别 |
|---|---|---|---|---|---|---|---|---|---|---|---|---|---|---|
| | 2 | 1 | 中心仓库 | 0000000001 | 2016-01-01 | 2 | 液晶屏 | 个 | 6.00 | 1200.00 | 7200.00 | 1500.00 | 9000.00 | |

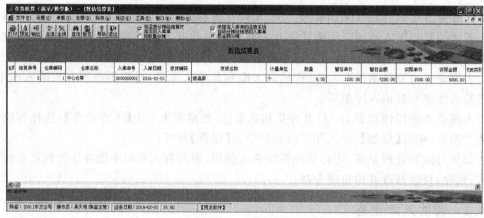

图 5-25　暂估处理

(8) 完成暂估操作后可查看明细账，如图 5-26 所示。

| 记账日期 | 2016年 | | 凭证号 | 凭证摘要 | 收发类别 | 收入 | | | 发出 | | | 结存 | | |
|---|---|---|---|---|---|---|---|---|---|---|---|---|---|---|
| | 月 | 日 | | | | 数量 | 单价 | 金额 | 数量 | 单价 | 金额 | 数量 | 单价 | 金额 |
| | | | | | 期初结存 | | | | | | | 0.00 | | 0.00 |
| 2016-01-01 | 01 | 01 | | | | 6.00 | 1200.00 | 7200.00 | | | | 6.00 | 1200.00 | 7200.00 |
| | | | | | 1月合计 | 6.00 | | 7200.00 | 0.00 | | 0.00 | 6.00 | 1200.00 | 7200.00 |
| | | | | | 本年累计 | 6.00 | | 7200.00 | 0.00 | | 0.00 | | | |
| 2016-02-01 | 02 | 01 | | | | -6.00 | 1200.00 | -7200.00 | | | | 0.00 | | 0.00 |
| 2016-02-01 | 02 | 01 | | | | 6.00 | 1500.00 | 9000.00 | | | | 6.00 | 1500.00 | 9000.00 |
| | | | | | 2月合计 | 0.00 | | 1800.00 | 0.00 | | 0.00 | 6.00 | 1500.00 | 9000.00 |
| | | | | | 本年累计 | 6.00 | | 9000.00 | 0.00 | | 0.00 | | | |

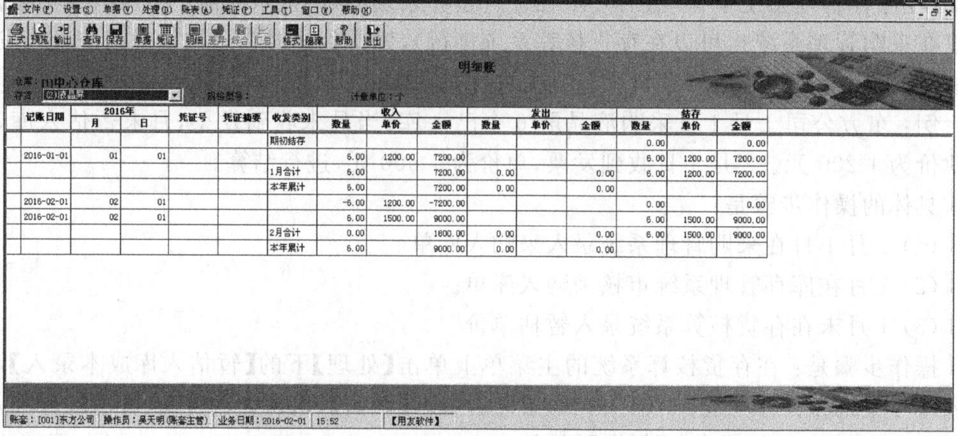

图 5-26　查看暂估处理后的明细账

（9）在存货核算系统对暂估处理制单。

## 5.5 应付款管理系统

应付款管理系统主要用于核算和管理用户的供应商往来款项。用户的供应商往来款项可以选择在总账系统核算，也可以选择在应付款管理系统核算，不同的应用方案其系统功能、操作流程等均不相同。本节主要介绍供应商往来款项在应付款管理系统核算的业务。

### 5.5.1 应付款管理系统概述

应付款管理系统和其他系统可以共享基础数据，同时，采购管理系统录入的发票可以传递到应付款管理系统中进行处理，应付款管理系统生成的凭证可以传递给总账系统用来登记总账。

**1. 应付款管理系统的主要功能**

应付款管理系统的主要功能包括以下几个部分。

（1）初始设置功能

应付款管理系统提供根据用户的需要设置应付款业务应用环境的功能，从而将通用系统变成适合本单位实际需要的专用系统。

（2）日常业务处理功能

应付款管理系统可以处理付款和转账业务等，同时还可以对应付票据进行记录和管理，并且能够对各类应付款业务编制凭证传递给总账。

（3）统计分析功能

应付款管理系统提供多种账表的查询统计分析功能，包括单据查询、业务账表查询、业务分析和科目账表查询等内容。

（4）月末结账

当某月的应付款业务全部处理完毕后，可以进行月末结账处理。月末结账后，不能再处理该月的业务。

**2. 应付款管理系统的操作流程**

应付款管理系统的操作流程如图 5-27 所示。

### 5.5.2 应付款管理系统的初始设置

**1. 首次启用应付款管理系统**

首次启用应付款管理系统时需要进行账套参数的设置，具体的操作步骤是：

（1）进入【系统控制台】，单击【应付】然后单击【确定】，出现如图 5-28 所示的账套参数设置界面。

（2）在此界面设置完毕单击【确认】即可。

**2. 选项设置**

启用应付款管理系统时按上述步骤进行了账套参数设置，系统启用后还可以根据需

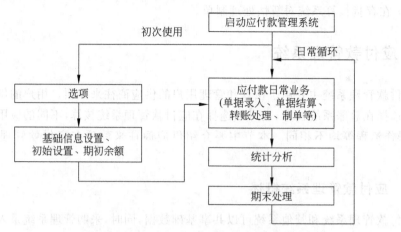

图 5-27　应付款管理系统的操作流程

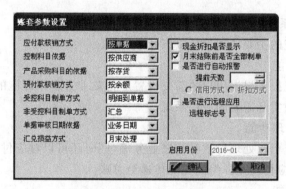

图 5-28　应付款系统账套参数设置

要进一步设置账套参数。这时,可以利用【选项】菜单进行,单击【设置】菜单中的【选项】进行设置即可。

**3．基础信息设置**

基础信息设置工作包括分类体系、编码档案和单据设计等内容。

分类体系、编码档案等内容可以在【系统控制台】中的【基础设置】里进行,也可以在本系统进行设置。

单据设计主要是对应付款管理系统里的主要单据的屏幕显示和打印格式进行个性化设计,以满足单位管理需要。

**4．初始设置**

初始设置主要是对应付款管理系统中常用的业务类型的凭证科目进行设置,以便制单时可以自动编制凭证。下面介绍初始设置的主要内容。

(1)科目设置

科目设置主要包括基本科目设置、控制科目设置、产品科目设置和结算方式科目设置等。

• 基本科目设置

**例**：东方公司拟设置应付科目为"应付账款"，预付科目为"预付账款"，采购科目为"材料采购"，采购税金科目为"应交税金"等。

具体的操作步骤是：打开应付款管理系统，单击桌面上的【基础设置】里的【初始设置】，出现如图 5-29 所示的科目设置的界面，在左边的列表中点击【设置科目】下的【基本科目设置】，输入上述科目内容即可。

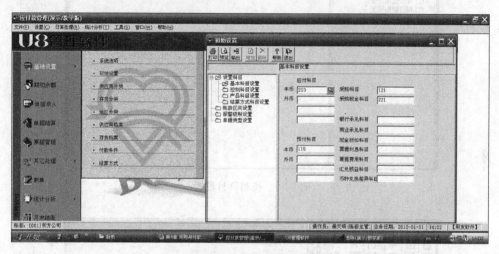

图 5-29　基本科目设置

**注意：**

① 应付科目和预付科目必须事先在科目档案中设置为应付系统的受控科目。

② 所有科目必须是最明细的科目。

• 控制科目设置

如果用户针对不同类的供应商分别设置了不同的应付科目和预付科目，可以在这里设置。不过，在设置控制科目之前，需要先在账套参数设置时选择"控制科目依据"是"按供应商"、"按供应商分类"，还是"按地区分类"等。

具体的操作步骤是：在应付款管理系统的桌面上单击【基础设置】里的【初始设置】，在初始设置界面点击左边的列表中【设置科目】下的【控制科目设置】，输入控制科目内容即可，如图 5-30 所示。

• 产品科目设置

如果用户针对不同的存货或存货分类分别设置了不同的采购科目、采购税金科目等，可以在这里设置。不过，需要先在账套参数设置中设置"产品采购科目的依据"时选择"按存货"还是"按存货分类"。

具体操作步骤与控制科目的设置类似。

• 结算方式科目设置

具体的操作步骤是：在应付款管理系统的桌面上单击【基础设置】里的【初始设置】，在初始设置界面点击左边的列表中【设置科目】下的【结算方式科目设置】，输入相关内容即可，如图 5-31 所示。

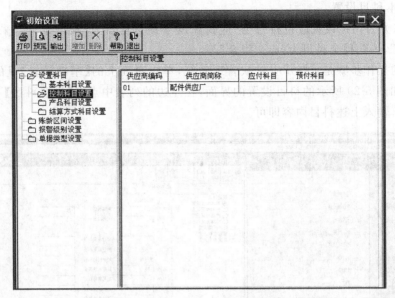

图 5-30　控制科目设置

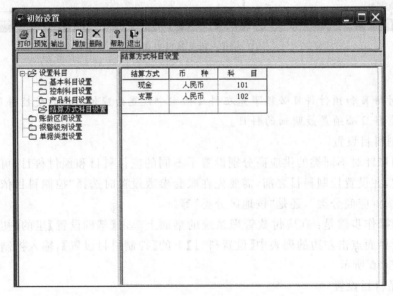

图 5-31　结算方式科目设置

（2）账龄区间设置

如果要对应付账款进行账龄分析，就必须设置账龄区间。

**例**：东方公司拟将应付账款的账龄分为 120 天、360 天及 360 天以上等几个区间。

具体的操作步骤是：在应付款管理系统的桌面上单击【基础设置】里的【初始设置】，在初始设置界面点击左边的列表中【账龄区间设置】，出现如图 5-32 所示的界面，双击"总天数"栏，输入该区间的截止天数，然后回车到下一行继续输入，录入完毕【退出】即可。

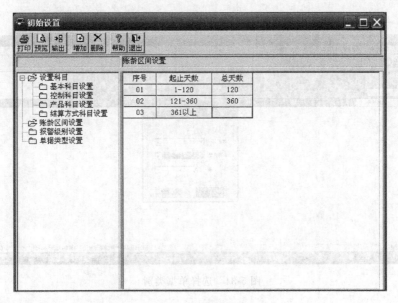

图 5-32　账龄区间设置

### 5.期初余额

在使用应付款管理系统前形成的企业的应付款项、预付款项等构成了应付款管理系统的期初余额,在初次使用本系统时必须录入,以保证业务的连续性。具体的操作步骤如下。

(1)在应付款管理系统的桌面上单击【期初余额】,出现如图 5-33 所示的期初余额查询界面。

图 5-33　期初余额查询

(2)选定条件后单击【确认】,出现期初余额明细表界面,单击【增加】出现选择单据类别的窗口,如图 5-34 所示。方向选【正向】表示应付款余额方向为贷方,选【负向】表示应付款余额方向为借方。

(3)选定条件后单击【确认】,出现如图 5-35 所示的界面,录入相关内容后单击【保存】即可。

图 5-34 选择单据类别

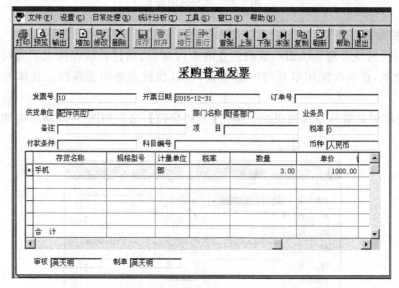

图 5-35 录入期初采购发票

**注意**：单据的修改、删除也在如图 5-35 所示的界面进行。

### 5.5.3 应付款日常业务

#### 1. 单据录入与审核

增加应付款是应付款管理系统日常业务的起点，而增加应付款是通过单据录入完成的。如果同时启用应付款管理系统和采购管理系统，则采购发票由采购管理系统录入，应付单依然需要在本系统录入。如果不使用采购管理系统，则各类发票和应付单均应在本系统录入。

单据录入后需要进行审核,然后才能制单。

（1）单据录入

单据录入包括采购发票的录入和应付单的录入,操作步骤是相似的,下面以应付单的录入为例来介绍。

在应付款管理系统的桌面上单击【单据录入】,出现选择单据条件的界面,如图 5-36 所示。

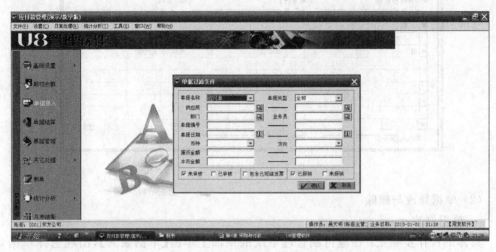

图 5-36　单据录入选择条件

选定条件后单击【确认】,出现单据明细表窗口,在此单击【增加】,出现选择单据类型的界面,如图 5-37 所示。

图 5-37　选择单据类型

选定后单击【确认】,出现如图 5-38 所示的其他应付单录入界面,录入相关内容并【保存】即可。

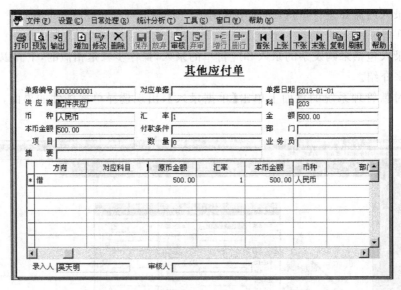

图 5-38　其他应付单

（2）单据修改与删除

· 单据修改

具体的操作步骤是：在应付款管理系统的桌面上单击【单据录入】，出现选择单据条件的界面，单击【确认】后出现如图 5-39 所示的单据明细表界面，双击要修改的单据，进入如图 5-38 所示的界面，单击【修改】即可对此单据进行修改。

图 5-39　单据明细表

· 单据删除

具体的操作步骤是：在应付款管理系统的桌面上单击【单据录入】，出现选择单据条件的界面，单击【确认】后出现如图 5-39 所示的单据明细表界面，双击选择要删除的单据，单击【删除】即可。

（3）单据审核

具体的操作步骤是：在应付款管理系统的桌面上单击【单据录入】，出现选择单据条件的界面，单击【确认】后出现如图 5-39 所示的单据明细表界面，双击要审核的单据，进入如图 5-38 所示的界面，单击【审核】即可对此单据进行审核。

审核后出现提示窗口，如图 5-40 所示，如果选【是】则自

图 5-40　生成凭证提示窗口

动生成凭证,选【否】则暂时不生成凭证,以后在【制单】菜单里可以统一生成凭证。这里先选择【否】。

**注意**:如果应付款管理系统与采购管理系统联用,则需要对采购管理系统产生的发票进行审核。

**2. 单据结算**

单据结算是将已支付的款项作为付款单录入系统中,可以作为预付款处理,也可以核销采购发票、应付单等。录入付款单可以核销蓝字发票或应付单,录入收款单可以核销红字发票或应收单。

(1)付/收款单

• 录入付款单

具体的操作步骤是:在应付款管理系统的桌面上单击【单据结算】,出现如图 5-41 所示的界面,先输入客户名称,然后单击【增加】,录入相关内容后单击【保存】。

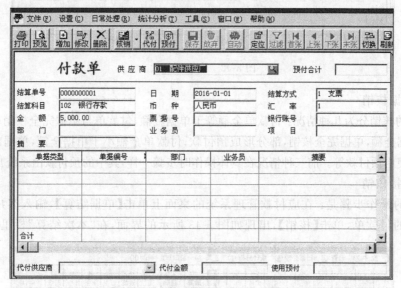

图 5-41　付款单

• 修改与删除付款单

具体的操作步骤是:在应付款管理系统的桌面上单击【单据结算】,出现如图 5-41 所示的界面,先输入客户名称,然后通过单击【首张】、【上张】、【下张】、【末张】选择要删除或修改的付款单,选定后单击【删除】或【修改】进行相应操作。

• 收款单

收款单的录入、修改和删除工作同付款单,只是在进入如图 5-41 所示的界面时先单击【切换】,则付款单切换为收款单,其余步骤一样。

(2)核销处理

• 形成预付款

预先支付的款项可以先作为预付款处理,具体的操作步骤是:在应付款管理系统的桌面上单击【单据结算】,输入客户名称,出现该客户的付款单,单击【预付】,则自动形成了预付款,如图 5-42 所示。然后出现提示窗口,询问"是否生成凭证?",这里先选择【否】。

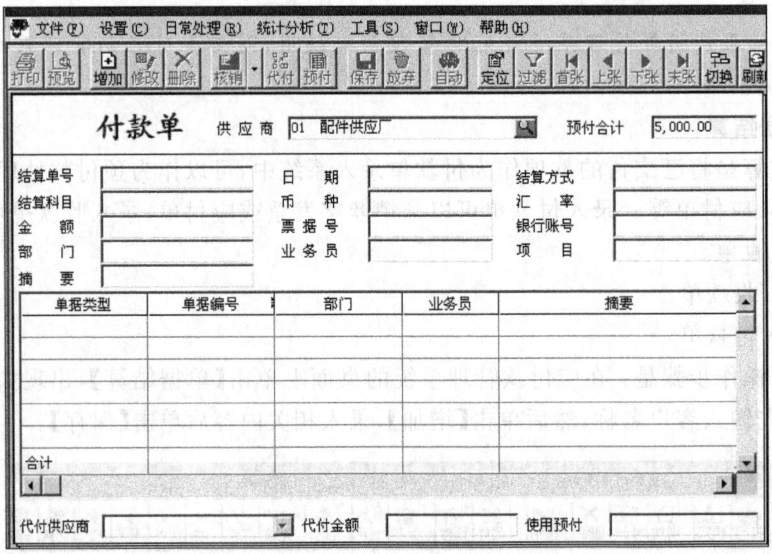

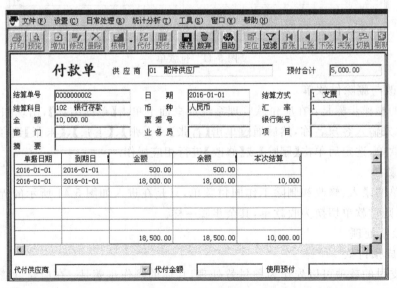

图 5-42　形成预付款

- 单据核销

单据的核销分为几种情况:付款单金额等于单据金额,付款单与单据完全核销;付款单金额大于单据金额,单据完全核销,部分形成预付款;付款单金额小于单据金额,单据部分核销;在核销时使用预付款等。前三种情况在具体操作时步骤一样,其中的预付款由系统自动生成。

① 直接核销

具体的操作步骤是:在应付款管理系统的桌面上单击【单据结算】,输入客户名称,出现该客户的付款单,单击【核销】,出现如图 5-43 所示的界面,在"本次结算"栏里输入要结

图 5-43　直接核销

算的金额后单击【保存】即完成核销工作。这时出现提示窗口,询问"是否生成凭证?",这里先选择【否】。

② 使用预付款的核销

具体的操作步骤是:在应付款管理系统的桌面上单击【单据结算】,输入客户名称,出现该客户的付款单,单击【核销】,先在"使用预付"栏里录入要使用的预付款的金额,再在"本次结算"栏里录入要结算的包括预付的总金额,如图 5-44 所示。然后单击【保存】即完成核销工作。这时出现提示窗口,询问"是否生成凭证?",这里先选择【否】。

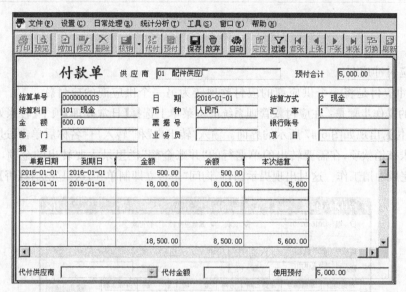

图 5-44　使用预付款的核销

- 取消核销

核销操作可以取消,具体的操作步骤如下。

① 在应付款管理系统的主菜单上单击【工具】下的【取消操作】,出现选择取消操作条件的窗口,在【操作类型】处选择【核销】,如图 5-45 所示。

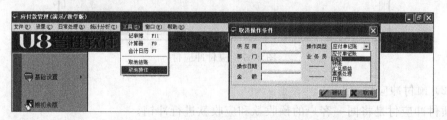

图 5-45　选择取消操作条件

② 单击【确认】后出现如图 5-46 所示的界面,双击要取消操作的栏目,单击【确定】即可。

**3. 转账处理**

转账处理可以完成应付冲应付、预付冲应付、应付冲应收和红票对冲等业务。这里主要介绍应付冲应付和预付冲应付的业务处理,应付冲应收和红票对冲等业务的操作方法

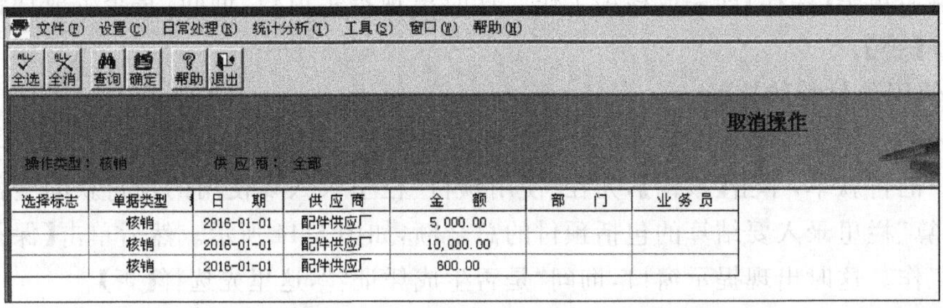

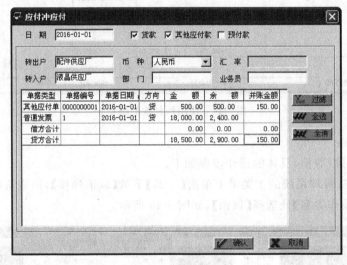

图 5-46 取消操作

与其相似。

（1）应付冲应付

应付冲应付是将一个供应商的应付款项转为另一个供应商的应付款。

具体的操作步骤是：在应付款管理系统的主菜单上选择【日常处理】项下【转账处理】中的【应付冲应付】，出现如图 5-47 所示的界面。输入"转出户"和"转入户"名称后单击【过滤】，出现转出户的未核销款项，在需要转出的单据行的"并账金额"栏里录入要转出的金额，然后单击【确认】即完成冲销工作。这时出现提示窗口，询问"是否立即制单？"，这里先选择【否】。

图 5-47 应付冲应付

（2）预付冲应付

预付冲应付是将同一客户的预收款和应收款进行冲销。

具体的操作步骤是：在应付款管理系统的主菜单上选择【日常处理】项下【转账处理】中的【预付冲应付】，出现如图 5-48 所示的界面。先选"预付款"标签，然后输入"客户"名称并单击【过滤】，出现该客户的预付款，在需要转账的单据行的"转账金额"栏里录入要转出的金额；然后，选"应付款"标签并单击【过滤】，出现该客户的应付款，在需要转账的单据行的"转账金额"栏里录入要转账的金额，单击【确认】完成冲销工作。这时出现提示窗口，询问"是否立即制单？"，这里先选择【否】。

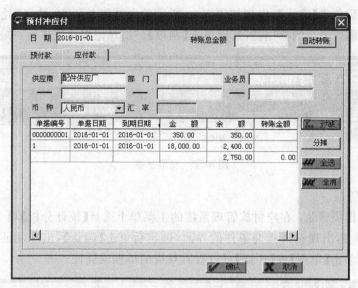

图 5-48  预付冲应付

**注意**：预付款的转账金额合计应等于应付款转账金额的合计。

（3）取消转账处理

转账处理操作可以取消，具体的操作步骤是：在应付款管理系统的主菜单上单击【工具】下的【取消操作】，出现选择取消操作条件的窗口，在【操作类型】处选择【并账】（应付冲应付业务）或【转账】（预付冲应付业务）并单击【确认】后出现取消操作的界面，双击要取消操作的栏目，单击【确定】即可。

**4. 制单**

在前述业务操作中，当系统提示"是否生成凭证？"或"是否立即制单？"时，选择【是】则可以立即制单，如果选择【否】则还可以在这里成批制单。制单类型包括发票制单、应付单制单、核销制单、票据处理制单、汇兑损益制单、转账制单、并账制单和现结制单等。用户可根据需要选取要制单的类型。

（1）制单

以发票制单为例，具体的操作步骤如下。

在应付款管理系统的桌面上单击【制单】，出现如图 5-49 所示的制单查询界面。

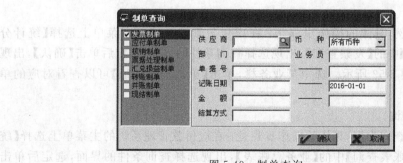

图 5-49  制单查询

输入条件后单击【确认】，出现如图 5-50 所示的发票制单界面，选择"凭证类型"、"制单日期"，双击需要制单的单据栏，然后单击【制单】。出现记账凭证界面，单击【保存】。

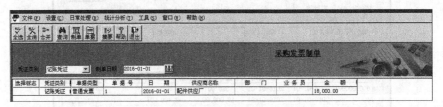

图 5-50　发票制单

（2）查询凭证

具体的操作步骤是：在应付款管理系统的主菜单上选择【统计分析】项下【单据查询】中的【凭证查询】，出现选择查询条件的界面，选定后单击【确认】，出现凭证查询界面，如图 5-51所示。单击【单据】或【凭证】可以查看对应的单据或凭证。

| 业务日期 | 业务类型 | 业 务 号 | 制单人 | 凭证日期 | 凭证号 | 标　志 |
|---|---|---|---|---|---|---|
| 2016-01-01 | 普通发票 | 1 | 吴天明 | 2016-01-01 | 记-0015 | |
| 2016-01-01 | 核销 | 0000000001 | 吴天明 | 2016-01-01 | 记-0016 | |
| 2016-01-01 | 核销 | 0000000002 | 吴天明 | 2016-01-01 | 记-0017 | |
| 2016-01-01 | 核销 | 0000000003 | 吴天明 | 2016-01-01 | 记-0018 | |

图 5-51　凭证查询

（3）删除凭证

具体操作步骤是：在应付款管理系统的主菜单上选择【统计分析】项下【单据查询】中的【凭证查询】，出现选择查询条件的界面，选定后单击【确认】，出现凭证查询界面，如图 5-51所示。选择需要删除的凭证栏，单击【删除】，这时出现提示窗口，询问"确定要删除此凭证吗?"，选择【是】即可。

### 5.5.4　应付款统计分析

应付款管理系统的统计分析包括单据查询、业务账表查询、业务分析和科目账表查询等内容。

**1. 单据查询**

以发票查询为例，具体的操作步骤是：在应付款管理系统的主菜单上选择【统计分析】项下【单据查询】中的【发票查询】，出现选择查询条件的界面，选定后单击【确认】，出现发票查询界面，如图 5-52 所示。选中某业务栏，单击【单据】或【凭证】可以查看对应的单据或凭证。

**2. 业务账表查询**

以业务总账表查询为例，具体的操作步骤是：在应付款管理系统的主菜单上选择【统计分析】项下【业务账表查询】中的【业务总账表】，出现选择查询条件的界面，选定后单击【确认】，出现供应商业务总账查询界面，如图 5-53 所示。

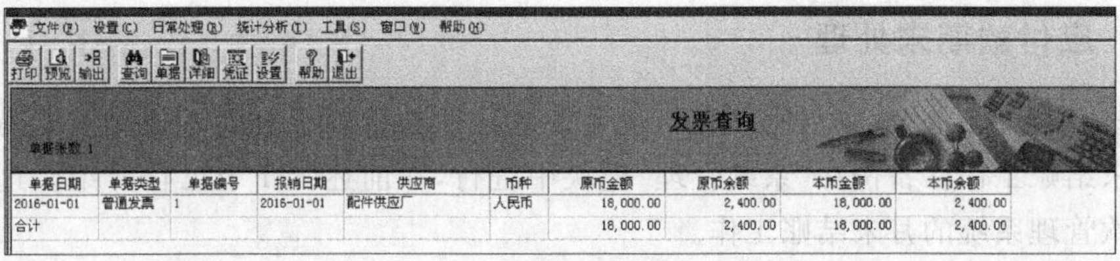

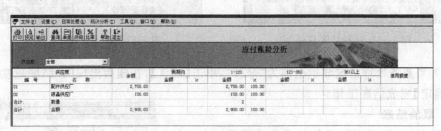

图 5-52 发票查询

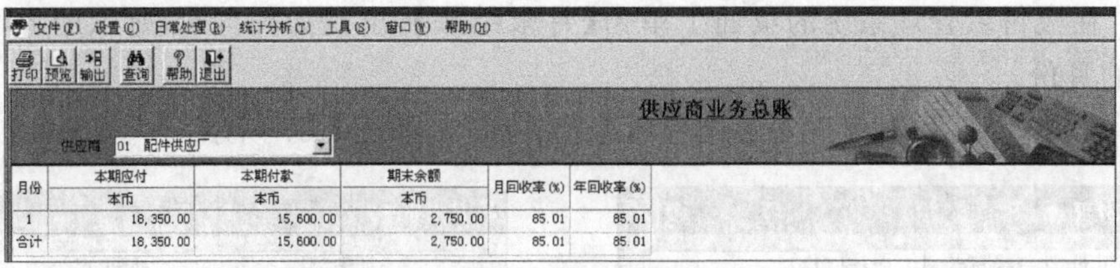

图 5-53 供应商业务总账查询

### 3. 业务分析

以应付账龄分析为例,具体的操作步骤是:在应付款管理系统的主菜单上选择【统计分析】项下【业务分析】中的【应付账龄分析】,出现选择分析条件的界面,选定后单击【确认】,出现应付账龄分析界面,如图 5-54 所示。

图 5-54 应付账龄分析

### 4. 科目账表查询

以科目余额表查询为例,具体的操作步骤是:在应付款管理系统的主菜单上选择【统计分析】项下【科目账表查询】中的【科目余额表】,出现选择查询条件的界面,选定后单击【确认】,出现科目余额表查询界面,如图 5-55 所示。

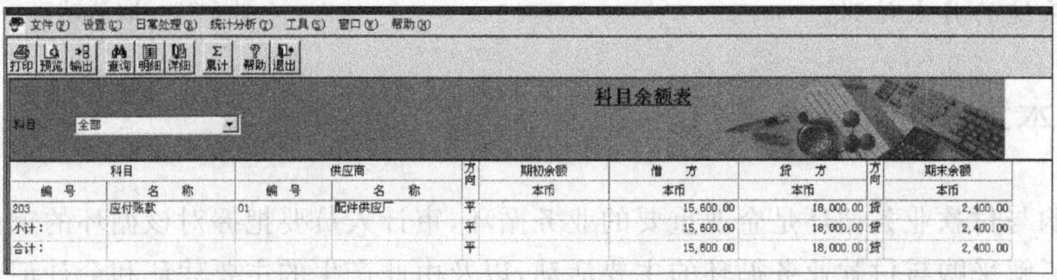

图 5-55 科目余额表查询

### 5.5.5 应付款期末处理

当该月有关业务全部处理完毕后,就可以进行期末处理了。期末处理主要是备份数据和月末结账工作。备份在"系统管理"模块中进行,在前述 3.1 节已作介绍。这里只介绍应付款管理系统的月末结账工作。

**1. 月末结账**

应付款管理系统月末结账的具体操作步骤如下。

(1) 在应付款管理系统的桌面上单击【月末结账】,出现如图 5-56 所示的界面,双击要结账的月份。

(2) 单击【下一步】,出现业务处理情况列表窗口,如图 5-57 所示。

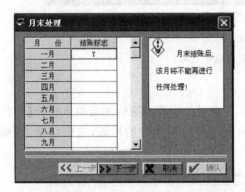
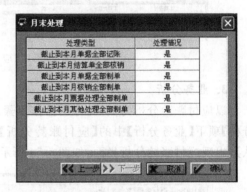

图 5-56　选择结账月份　　　　　　　　　　图 5-57　业务处理情况列表

(3) 当业务处理情况显示全部为"是"时,单击【确认】,在随后出现的"结账成功"窗口单击【确定】完成结账工作。

**2. 取消结账**

月末结账可以取消,具体的操作步骤是:在应付款管理系统的主菜单上单击【工具】下的【取消结账】,出现取消结账的窗口,单击【确认】后出现"取消结账成功"窗口,在此单击【确定】完成取消结账工作,如图 5-58所示。

**注意**:采购管理系统月末结账后,才能进行应付款管理系统的月末结账。

图 5-58　取消结账

## 5.6　本章小结

采购与付款业务循环是企业重要的业务循环,审计人员要把握对该循环的审计业务,首先要了解采购与付款业务循环的主要活动,以及由此产生的主要凭证和会计记录,还需要熟悉采购与付款业务循环在 ERP 软件中的操作流程和方法。

用友 ERP 软件对采购与付款业务循环的管理涉及多个系统,包括采购管理系统、库存管理系统、存货核算系统、应付款管理系统和总账系统等。这些系统之间不是孤立的，而是相互联系、数据共享的，部分系统间还存在数据的传递关系，因此，在实际操作时要理解采购与付款循环业务的流程，掌握正确的操作方法。

## 练习题

1. 简述采购与付款业务循环的主要活动。
2. 简述采购管理系统与其他系统的关系。
3. 简述采购业务流程。
4. 简述采购管理系统的主要功能。
5. 简述应付款管理系统与其他系统的关系。
6. 简述应付款管理系统的操作流程。
7. 简述采购与付款循环各系统的结账顺序。

# 第6章 固定资产与工资系统

固定资产在单位总资产中占有较大比重，正确核算和严格管理固定资产对企业的生产经营具有重要意义。工资核算和管理不仅要反映单位支付给员工的报酬，同时还要为成本计算和总账系统提供重要数据。用友 U8.21 系统是财务与业务一体化的会计信息系统，在会计信息系统中，固定资产管理系统、工资系统与其他系统共享部门、科目等基础信息，通过对账，保持固定资产、累计折旧、应付职工薪酬等数据与总账系统的数据一致。

## 6.1 固定资产管理系统

固定资产管理系统是会计信息系统的重要组成部分，其业务及信息处理具有以下特点：

（1）初始数据信息量大。系统初始启用时，所有的参数、初始数据等都需要录入系统。固定资产一般种类繁多，数量较大，固定资产卡片反映的信息量大，所以初始数据录入量大。

（2）数据储存时间长。固定资产一般使用年限较长，数量较多，需要记录并长期保留每一项固定资产的详细资产，涉及多个会计期间。

（3）日常处理数据量小。固定资产增、减变动的数据量相对较小，日常业务数据处理较少，一般只需每月成批进行一次折旧处理即可。

（4）数据综合查询要求较高。固定资产需要按类别、经济用途等多种方式进行管理，处理资产数据时，需按不同需求分类汇总固定资产属性值，支持企业层面的决策。

### 6.1.1 系统概述

固定资产核算的业务处理包括：固定资产增减核算、固定资产用途变更核算、固定资产清理核算和固定资产清查；固定资产折旧计算和折旧费用分配；固定资产大修理等内容。

#### 6.1.1.1 系统功能

固定资产管理系统主要完成企业固定资产系统设置、固定资产卡片管理、折旧计算、固定资产日常业务及期末业务处理、报表等功能，如图 6-1 所示。

**1. 系统设置**

系统设置可为用户提供自定义资产分类编码方式、设置资产类别功能，同时定义该类

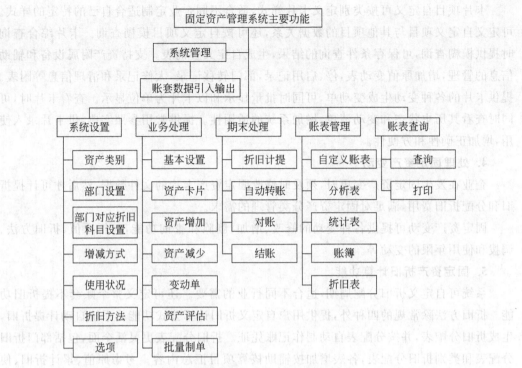

图 6-1　固定资产管理系统主要功能

别级次的使用年限、残值率等,支持资产类别的增、删、改操作。

用户可自定义部门核算的科目,转账时自动生成凭证。系统缺省常用的 13 种固定资产增加及减少的方式,用户可根据需求增、删、改。使用状况可自定义,并增加折旧属性,使用更灵活。提供恢复最近一次结账前功能,方便纠错。提供整套账不提折旧功能,并提供专用卡片模板,适应行政事业单位固定资产管理的需要。

选项菜单主要用于设置账套基本信息、与账务处理系统对账时的接口、固定资产折旧方法选择及资产编码方式等。

**2. 处理固定资产增加、减少业务的核算**

企业取得固定资产时,会计部门与管理部门协作填制和审核有关凭证,按照固定资产的经济用途或其他分类标准进行分类编号,确定价值,记入"固定资产卡片"。企业处置固定资产时,根据固定资产减少凭证将其记入固定资产清理账户,进行固定资产清理核算。会计部门应每月与资产管理部门核对固定资产登记卡记载事项,如有漏项应立即修改,确保数据一致。

**3. 处理各种固定资产卡片**

固定资产系统处理包括固定资产卡片导入、卡片项目自定义和卡片录入等功能。

如果在使用本系统之前,已经建立了固定资产核算系统,固定资产卡片导入功能可以方便地将已有的资产卡片数据导入固定资产系统,以减少手工录入卡片的工作量,提高工作效率。

卡片项目自定义可按类别定义卡片样式,适合不同企业定制适合自己的特定的样式。可定义自定义项目与其他项目的数据关系,还可按自定义项目模糊查询。卡片综合查询时提供模糊查询,可保存条件查询的结果,生成自定义查询表。支持资产附属设备和辅助信息的管理,增加原值变动表,停、启用记录,部门转移记录,大修记录和清理信息等附表。提供卡片的各种变动生成变动单,可同时批量显示和以卡片为单位显示。查看卡片时,可同时查看其历史状态和变动清单,增加系统的适用性。提供常用参照字典,供卡片录入使用,增加正确性和方便性。

**4. 处理固定资产变动**

企业在发生固定资产变更时,须及时修改固定资产卡片的文件数据,然后才可计提折旧和分配折旧费用,满足对固定资产分类管理的需求。

固定资产变动可提供各种变动的修改、增加、删除和查询功能,包括原值、折旧方法、调拨和使用年限的变动等。

**5. 固定资产折旧计算功能**

系统可自定义折旧分配周期,适合不同行业的需要。还可定义整个账套不提折旧功能。折旧方法除常规的四种外,提供用户自定义折旧计算公式功能。系统自动计提折旧,生成折旧分配表,并按分配表自动制作记账凭证。折旧分配表更灵活全面,包括部门折旧分配表和类别折旧分配表,各表增加按辅助核算项目汇总内容。考虑原值、累计折旧、使用年限、净残值和净残值率、折旧方法的变动对折旧计提的影响,自动更改折旧计算。

**6. 与账务系统的接口**

系统可通过本接口将固定资产业务自动制作、生成会计凭证并传递到账务系统。提供传输到账务系统的凭证的查询功能;提供固定资产系统和总账的对账功能;提供批量制单功能;本系统制作的凭证可在本系统进行修改和删除。

**7. 报表**

固定资产业务的报表编制的工作量较大,报表功能应支持用户自定义报表,并可提供直观的图形分析功能;灵活更换查询条件,自动刷新报表;提供账簿、折旧表、统计表、分析表、一览表等多种账簿和报表进行固定资产的核算、分析和管理。

**6.1.1.2 业务处理流程**

固定资产的业务处理流程主要包括固定资产的增加、减少、内部调拨的核算以及折旧的计提等。具体处理流程如图 6-2 所示。

**6.1.1.3 系统操作流程**

固定资产管理部门负责资产的增、减、变动和大修理等业务;资产使用部门负责资产领用、日常维修业务;财务部门负责计提折旧、汇总分配折旧费用等。

固定资产业务流程中,数据处理部门需根据实际发生的业务凭证进行相关处理。对于整个账套计提折旧的企业单位应用方案,用友 U8.21 的操作流程如图 6-3 所示。

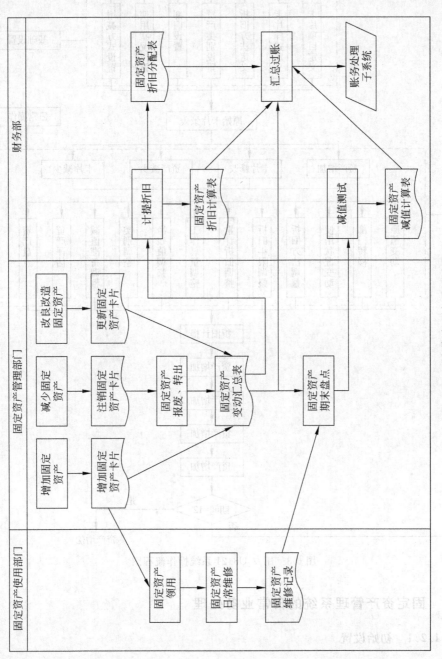

图 6-2　固定资产业务处理流程

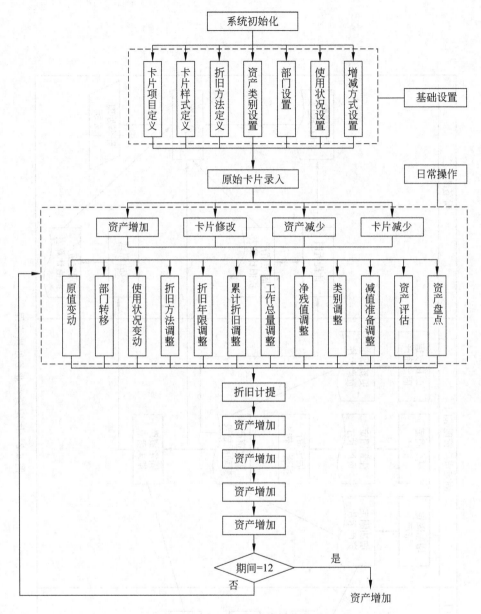

图 6-3　用友 U8.21 系统操作流程图

## 6.1.2　固定资产管理系统的日常业务处理

### 6.1.2.1　初始设置

固定资产管理系统初始设置是根据用户单位的具体情况,建立一个合适的固定资产子账套的过程。固定资产初始设置要完成增加操作员及权限设置、系统初始化、初始设置等过程。初始设置包括设置控制参数、设置基础数据、输入期初固定资产卡片等操作。

**例**：东方有限责任公司固定资产账套初次启用日期为 2010 年 1 月 1 日，有两位固定资产管理人员：004 王华是固定资产主管，具有固定资产的全部权限以及公共目录设置中的部门设置权限；005 刘强是固定资产管理人员，负责固定资产业务处理，具有除了折旧方法修改、删除、账套新增、修改、月末结账、结转上年及反结账等权限以外的其他所有固定资产处理权限。

固定资产折旧方法：电子设备为双倍余额递减法，机械设备、房屋建筑物、办公设备等为平均年限法(一)，交通工具为工作量法；折旧汇总分配周期为一个月，当折旧计提最后一个月时将剩余折旧全部提足；固定资产编码方式为 2112，固定资产编码方式按“类别编号＋部门编号＋序号”方式自动编码，序号长度为“2”；与财务系统对账固定资产的对账科目为“固定资产”，累计折旧对账科目为“累计折旧”；在对账不平的情况下允许固定资产月末结账。

(1) 增加操作员

具体操作步骤如下。

① 单击【开始】菜单，选择【程序】。

② 找到【U8 管理软件】，选择【系统服务】后，双击【系统管理】图标。

③ 单击【系统】菜单下的【注册】选项，用户名选择 admin，单击【确定】。

④ 单击【权限】下的【操作员】，输入操作员编号、姓名、口令等内容后回车即可，单击【增加】可重复录入。增加操作员王华和刘强，如图 6-4 所示。

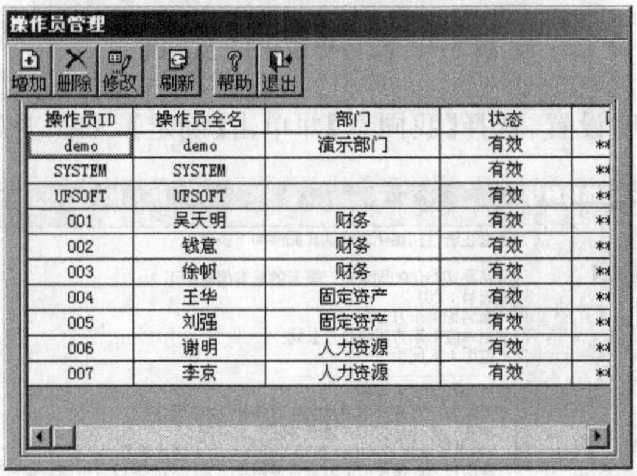


| 操作员ID | 操作员全名 | 部门 | 状态 |
|---|---|---|---|
| demo | demo | 演示部门 | 有效 |
| SYSTEM | SYSTEM | | 有效 |
| UFSOFT | UFSOFT | | 有效 |
| 001 | 吴天明 | 财务 | 有效 |
| 002 | 钱意 | 财务 | 有效 |
| 003 | 徐帆 | 财务 | 有效 |
| 004 | 王华 | 固定资产 | 有效 |
| 005 | 刘强 | 固定资产 | 有效 |
| 006 | 谢明 | 人力资源 | 有效 |
| 007 | 李京 | 人力资源 | 有效 |

图 6-4　操作员及权限设置界面

⑤ 单击【权限】下的【权限】，选择操作员王华，单击【增加】，选择【固定资产】及【公共目录设置】中的【部门档案】授权，单击【确定】、【退出】即可。业务员刘强的权限选择要将【固定资产】权限中的折旧方法修改、删除、账套新增、修改、月末结账、结转上年及反结账权限设置为空，单击【确定】、【退出】，如图 6-5 所示。

(2) 设置控制参数

控制参数包括约定与说明、启用月份、折旧信息、编码方式和财务接口等。这些参数在初次启用固定资产管理系统时设置，其他参数可在“选项”中补充。启用日期一旦确定将不能更改。

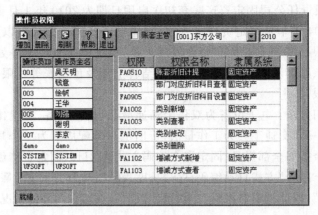

图 6-5　权限设置界面

具体操作步骤如下。

① 选择【系统控制台】。

② 以王华用户进入,单击【固定资产】,进行初始化操作,如图 6-6 所示。

图 6-6　账套初始化提示界面

③ 进行约定与说明设置,选择【我同意】并单击【确定】,如图 6-7 所示。

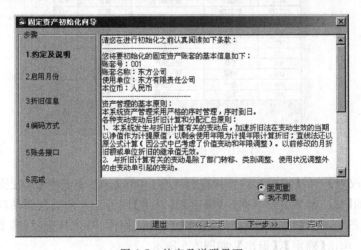

图 6-7　约定及说明界面

④ 选择账套启用月份为 2010 年 1 月并单击【下一步】,如图 6-8 所示。

⑤ 折旧方法选择"平均年限法(一)";将折旧汇总分配周期设置为 1 个月;选择"当折旧计提最后一个月时将剩余折旧全部提足",如图 6-9 所示。

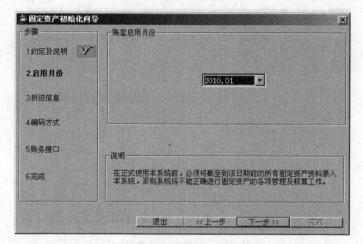

图 6-8 启用月份界面

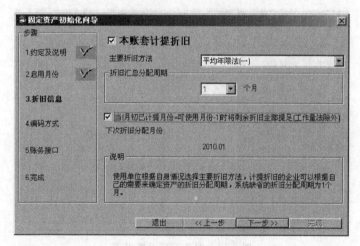

图 6-9 折旧信息设置界面

⑥ 选择固定资产编码方式为"2112";固定资产编码方式设置中单击【自动编码】,然后单击右侧下拉菜单并选择【类别编号＋部门编号＋序号】;序号长度单击下箭头选择【2】,如图 6-10 所示。

⑦ 选择【与账务系统进行对账】;固定资产的对账科目单击选择【固定资产】;累计折旧对账科目选择【累计折旧】;选择【对账不平的情况下允许固定资产月末结账】,如图 6-11 所示。

⑧ 单击【完成】,系统初始化完成,如图 6-12 所示。

(3) 设置基础数据

基础数据设置包括固定资产类别设置、部门设置、部门对应折旧科目设置、增减方式设置、折旧方法设置等。

· 固定资产卡片定义

用友 U8.21 中已定义好了固定资产卡片项目及样式,用户可根据需求自行修改和定

图 6-10　编码方式设置界面

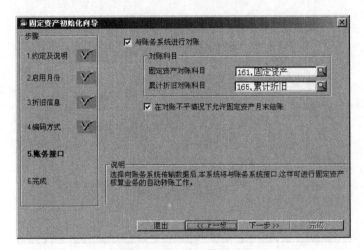

图 6-11　财务接口设置界面

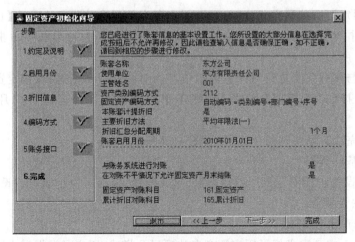

图 6-12　固定资产初始化界面

义,具体操作步骤如下。

①　选择【系统控制台】,进入【固定资产】。

②　选择【基础设置】级联菜单的【卡片定义】和【卡片样式定义】,或单击【卡片】菜单项选择【卡片项目】、【卡片样式】,都可完成操作,如图 6-13 所示;单击【修改】、【增加】等菜单可进行自定义操作(演示版不能操作)。

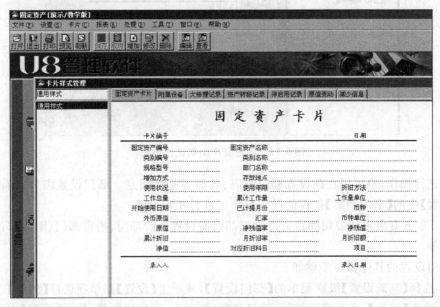

图 6-13　固定资产卡片设置界面

- 固定资产类别设置

固定资产种类、规格繁多,强化固定资产管理的基本方式是科学设置固定资产类别,为核算和管理提供依据。固定资产类别设置主要设置类别编码、类别名称、净残值率、使用年限、计量单位以及此类固定资产的折旧方法等属性。在使用 U8.21 时必须进行资产类别设置。具体操作步骤如下。

例:东方有限责任公司的固定资产分为房屋及建筑物、交通工具、机械设备、办公设备四类;净残值率均为 5%;使用年限分别为 50 年、10 年、10 年、10 年。

①　选择【系统控制台】,进入【固定资产】。

②　选择【基础设置】级联菜单的【资产类别设置】,或单击【设置】菜单项选择【资产类别】,都可完成操作。

③　单击【增加】,对资产类别如房屋建筑物、机械设备等的类别名称、使用年限、净残值率、计量单位及折旧方法等进行定义,单击【保存】完成本项设置。可选择【列表示图】或【单张示图】进行查看,如图 6-14 所示。

④　单击【编辑】、【修改】、【取消】、【删除】等可进行相应操作。

- 部门设置

为明确固定资产的归属,有必要对部门信息进行统一设置。在用友 U8 中,部门设置的信息是可以与其他子系统共享的。固定资产中的部门设置可以利用其他子系统中设置

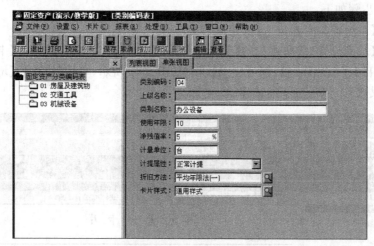

图 6-14  固定资产类别设置界面

的信息进行操作,也可以在此设置部门编码、名称等基础信息。部门设置需要具有【公共目录设置】中的【部门档案】授权的操作员才可进行相应设置。

例:东方有限责任公司固定资产管理部门需设置生产部门、销售部门、财务部门和人事部门等。

部门设置的具体操作步骤如下。

① 选择【基础设置】级联菜单的【部门设置】,或单击【设置】菜单项选择【部门】。

② 单击【修改】,定义部门编码、部门名称、负责人、部门属性等,单击【保存】完成本项设置,如图 6-15 所示。

③ 单击【编辑】、【修改】、【取消】、【删除】等可进行相应操作。

图 6-15  部门档案设置界面

• 部门对应折旧科目设置

账务处理中,一般根据固定资产的使用部门来确定折旧费用的入账科目,在 U8 中,是通过对应折旧科目设置来明确折旧费用归集入成本或费用类别的。归集方式按企业情况不同,可按部门归集,也可按类别归集。部门对应折旧科目设置是给每个部门选择一个折旧科目,使得用户在输入卡片时可由系统自动添入折旧科目。具体操作步骤如下。

① 选择【基础设置】级联菜单的【部门对应折旧科目设置】,或单击【设置】菜单项选择

【部门对应折旧科目设置】。

② 单击【编辑】,选择科目参照中的对应科目定义部门对应的折旧科目,如【管理费用】中的【52104 折旧费】等,单击【保存】完成本项设置。如图 6-16 所示。

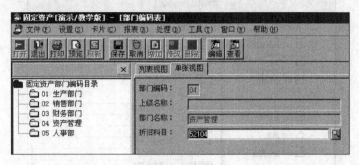

图 6-16　部门对应折旧科目设置界面

③ 单击【编辑】、【修改】、【取消】、【删除】等可进行相应操作。

(4) 设置增减方式

首先要设置固定资产增减方式,系统内置的增加方式有直接购买、投资者投入、捐赠、盘盈、在建工程转入和融资租入等;系统内置的减少方式有出售、盘亏、投资转出、捐赠转出、报废、毁损和融资租出等。其次要设置每一增减方式对应的会计科目;固定资产增加时借方科目是固定资产,而贷方科目随着增加方式的不同而不同。固定资产减少时贷方科目是一定的,而借方科目随减少方式的不同而有所差异。此项设置为固定资产增减业务的会计处理提供了方便。

**例**:东方有限责任公司固定资产增减方式包括所有方式,根据会计准则规定设置对应科目。

① 选择【基础设置】级联菜单的【增减方式设置】,或单击【设置】菜单项选择【增减方式】。

② 单击左侧边条的【增减方式目录表】中的【增加方式】,选择【105 在建工程转入】,单击【修改】,定义增减方式名称为"在建工程转入",定义对应入账科目栏选择或直接输入"169 在建工程";单击【保存】完成本项设置。如图 6-17 所示。

③ 其他增加方式设置方法相同,若需设置其他增减方式,选择【增加方式】并单击【增加】,即可增加一级增加方式;如需设置二级增加方式,则需选择某一级增加方式并单击【增加】。

④ 单击【编辑】、【修改】、【取消】、【删除】等可进行相应操作。

⑤ 减少方式对应入账科目的设置方法同上述步骤。

· 使用状况设置

使用状况设置是固定资产管理的基础。系统内置了使用中(包括在用、季节性停用、经营性出租、大修理停用)、未使用和不需用三种使用状况,用户可根据需求自行增加、修改或删除相应状况。具体操作步骤如下。

① 选择【基础设置】级联菜单的【使用状况设置】,或单击【设置】菜单项选择【使用状况】。

② 单击【增加】可增加相应的使用状况;单击【保存】完成本项设置,如图 6-18 所示。

③ 单击【编辑】、【修改】、【取消】、【删除】等可进行相应操作。

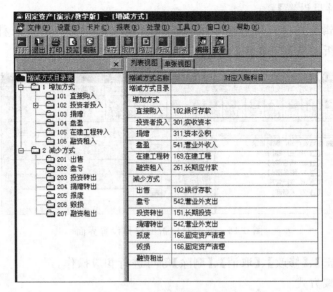

图 6-17 增减方式设置界面

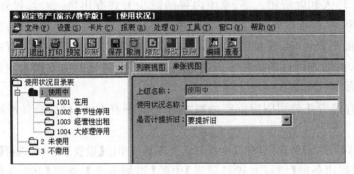

图 6-18 使用状况设置界面

- 折旧方法设置

折旧方法设置是系统自动计算折旧的基础。系统内置了六种常用折旧方法：不提折旧、平均年限法(一)和(二)、工作量法、年数总和法、双倍余额递减法等，并内置了各自的计算公式。平均年限法(一)适用于折旧方法固定不变的固定资产折旧计提；平均年限法(二)适用于折旧方法改变的固定资产折旧的计提。这几种方法是系统默认的折旧方法，只能选用，不能修改和删除。同时系统还提供了自定义功能。

① 选择【基础设置】级联菜单的【折旧方法定义】，或单击【设置】菜单项选择【折旧方法】。

② 单击【增加】可增加相应的折旧方法，并在折旧方法定义页面完成折旧名称、计算公式等设置，单击【保存】完成本项设置，如图 6-19 所示。

③ 系统默认的六种折旧方法不能修改和删除。

④ 对自定义的折旧方法可单击【编辑】、【修改】、【取消】、【删除】等进行相应操作。

- 选项设置

选项设置可设置与账务系统接口、基本信息、折旧信息及其他信息的相关内容，【与账

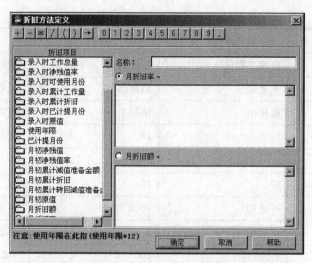

图 6-19　折旧方法设置界面

务系统接口】的选项设置可决定日常业务、结账的相应操作。若在此处设置了"业务发生后立即制单",则本期日常业务发生后自动生成记账凭证,但在生成凭证前,一定要在总账系统中已设置了凭证类别,否则此处无法生成凭证。

例:东方有限责任公司与账务系统接口设置为"与账务系统进行对账"、"月末结账前一定要完成制单登账业务",具体设置步骤如下。

① 单击【设置】菜单项选择【选项】。

② 单击【与账务系统接口】,选择【与账务系统进行对账】,选择【月末结账前一定要完成制单登账业务】。

(5)输入期初固定资产卡片

原始卡片的输入需要录入每一固定资产卡片的信息。为保持历史资料的连续性,必须将建账以前的数据输入系统中。可在任一期间输入,但要与总账系统建账时的固定资产和累计折旧余额一致。

例:东方有限责任公司固定资产初始卡片资料如表 6-1 所示。

表 6-1　东方有限责任公司固定资产卡片资料

| 资 产 编 号 | FW001 | JT001 | BG001 |
|---|---|---|---|
| 卡片编号 | 00001 | 00002 | 00003 |
| 资产类别 | 房屋及建筑物 | 交通工具 | 办公设备 |
| 资产名称 | 厂房 | 别克商务车 | 佳能复印打印一体机 |
| 计量单位 | 幢 | 台 | 台 |
| 数量 | 1 | 1 | 1 |
| 规格型号 | 不适用 | BKSW1 | FYJ01 |
| 使用部门 | 不适用 | 销售部门 | 采购部门 |

| 资 产 编 号 | FW001 | JT001 | BG001 |
|---|---|---|---|
| 增加方式 | 在建工程转入 | 直接购入 | 直接购入 |
| 存放地点 | 不适用 | 销售部门 | 采购部门 |
| 使用状况 | 使用中 | 使用中 | 使用中 |
| 使用年限 | 50 | 10 | 10 |
| 开始使用日期 | 2004 年 12 月 28 日 | 2008 年 12 月 15 日 | 2007 年 12 月 15 日 |
| 已提折旧月份 | 60 | 12 | 24 |
| 工作总量 | 不适用 | 30 万公里 | 不适用 |
| 已工作量 | 不适用 | 3 万公里 | 不适用 |
| 原值 | 1 000 000 | 400 000 | 100 000 |
| 净残值 | 50 000 | 20 000 | 5 000 |
| 累计折旧 | 95 000 | 38 000 | 19 000 |
| 折旧方法 | 平均年限法（一） | 工作量法 | 平均年限法（一） |

① 单击左侧边条的【原始卡片录入】，或单击【卡片】菜单项选择【原始录入】，出现资产类别参照。

② 单击【交通工具】，选择【按名称查询】，选项框出现"交通工具"；或选择【按编码查询】，选项框出现"03"，单击【确认】，显示固定资产卡片界面如图 6-20 所示。

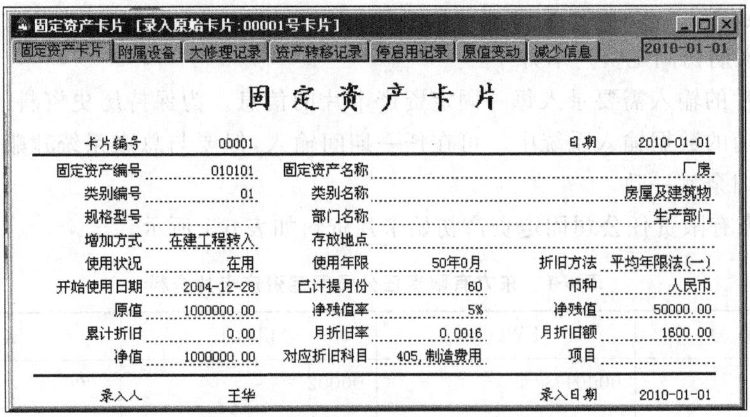

图 6-20　固定资产卡片初始录入界面

③ 在固定资产卡片中逐项输入卡片内容，还可在【所属设备】、【大修理记录】、【资产转移记录】、【原值变动】等选项中分别录入相关信息，单击【保存】或【取消】完成卡片输入。

④ 通过【卡片】菜单、【卡片管理】功能，可对固定资产卡片进行修改操作。

注意：录入卡片前先选择类别的目的是确定卡片的样式，在录入卡片时的参照必须选择明细级。

### 6.1.2.2　日常处理

固定资产日常处理主要包括固定资产增减、变动、资产评估、生成凭证和账表管理等业务。

**1. 资产增减**

资产增加是通过新增一张固定资产卡片的方式来增加单位资产。增加方式的不同体现在卡片信息上,并可导致会计凭证处理的不同。

资产减少是指在资产使用过程中,因毁损、出售、盘亏、报废等退出单位时要做资产减少处理。但系统中的资产减少必须在账套开始计提折旧后才可使用,否则只能通过删除固定资产卡片来完成。资产减少时,系统可记录残值收入和处理费用。

资产减少若出现误操作,可通过纠错功能来恢复,只有当月减少的固定资产才可以恢复,如果已制作凭证,则必须删除凭证后才能恢复。

固定资产增减后,根据初始设置可直接生成会计凭证,也可在以后批量生成凭证。

例:东方有限责任公司 2010 年 1 月固定资产新购入一台挖掘机,资产编号 JX001;规格型号:WJJ01;原值 500 000 元;生产部门使用,货款已支付。2010 年 1 月 23 日出售原人事部门使用的佳能复印机,残值收入 86 000 元,无清理费用。

固定资产增加的操作步骤如下:

单击左侧边条的【日常操作】选择【资产增加】,或单击【卡片】菜单项选择【资产增加】,出现资产类别参照,单击【确定】录入固定资产卡片。

在固定资产卡片中逐项输入卡片内容,操作过程同初次录入固定资产卡片。

因为当月减少的固定资产仍然要计提当月折旧,系统只允许在本月计提完折旧后,才能减少该项固定资产。

固定资产减少的操作步骤如下:

单击左侧边条的【日常操作】,选择【资产减少】,或单击【卡片】菜单项选择【资产减少】,出现资产类别参照,单击【确定】录入固定资产卡片。

逐项输入清理收入、清理费用等参数,完成固定资产减少,如图 6-21 所示。

通过【卡片】菜单、【卡片管理】功能,可看出当前操作已完成。

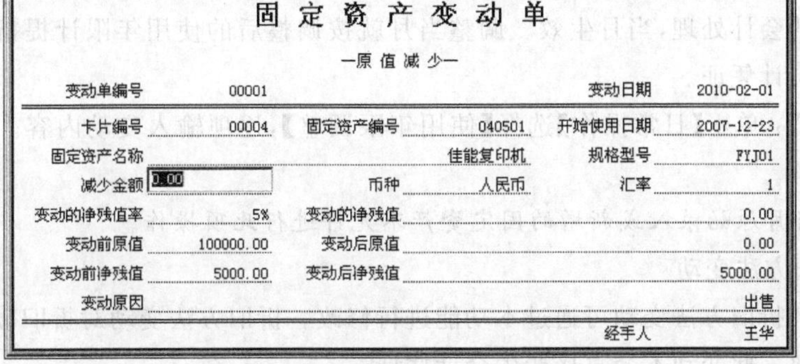

图 6-21　固定资产减少界面

**2. 资产变动**

资产变动包括原值变动、部门转移、使用状况变动、使用年限调整、折旧方法变动、工作总量调整、净残值(率)调整和变动单管理等。

资产变动要求输入相应的变动单来记录资产调整结果。

(1)原值变动

固定资产原值变动包括:根据国家规定对固定资产重新估价、增加补充设备或改良设备、将固定资产部分拆除、根据实际价值调整原暂估价值、发现原记录价值有误等情况。原值变动要产生会计凭证。

原值变动会对固定资产折旧产生影响,原值调整下月开始变更折旧。

操作步骤:单击【日常操作】选择【原值增加】或【原值减少】,逐项录入变动内容。单击【保存】完成本项设置。

**注意**:当月原始录入或新增的固定资产不允许进行此项操作。

(2)部门转移

固定资产使用过程中的部门转移要及时记录,否则会影响折旧的会计处理。部门转移调整当月计提的折旧分配到变动后的部门。部门转移不会产生会计凭证。

操作步骤:单击【日常操作】选择【部门转移】,逐项录入变动内容。单击【保存】完成本项设置。

**注意**:当月原始录入或新增的固定资产不允许进行此项操作。

(3)使用状况变动

固定资产在使用过程中可能会发生使用状况的变化。使用状况分为在用、不需用、未使用、停用和封存等。这种变化会影响折旧的会计处理,当月有效,需及时调整。使用状况变动不会产生会计凭证。

操作步骤:单击【日常操作】选择【使用状况变动】,逐项录入变动内容。单击【保存】完成本项设置。

**注意**:当月原始录入或新增的固定资产不允许进行此项操作。

(4)使用年限调整

固定资产使用年限可能会由于种种原因调整资产的使用年限。进行使用年限的调整会影响折旧的会计处理,当月生效。调整当月就按调整后的使用年限计提折旧。年限调整不会产生会计凭证。

操作步骤:单击【日常操作】选择【使用年限调整】,逐项输入变动内容。单击【保存】完成本项设置。

**注意**:当月原始录入或新增的固定资产不允许进行此项操作。

(5)折旧方法变动

固定资产折旧方法变动可通过本功能进行修改。折旧方法变动对折旧额计提产生的影响当月生效。此变动不会直接产生会计凭证。

操作步骤:单击【日常操作】选择【折旧方法变动】,逐项输入变动内容。单击【保存】

完成本项设置。

**注意**：当月原始录入或新增的固定资产不允许进行此项操作。

（6）工作总量调整

工作总量调整可影响按工作总量法计提折旧的月折旧额和月折旧率。此变动不会直接产生会计凭证。

操作步骤：单击【日常操作】选择【工作总量调整】，逐项输入变动内容。单击【保存】完成本项设置。

**注意**：当月原始录入或新增的固定资产不允许进行此项操作。

（7）净残值调整

固定资产净残值可能会因为环境改变等发生价值变更，净残值调整可能会影响折旧额。此项变动不会直接产生会计凭证。

操作步骤：单击【日常操作】选择【净残值调整】，逐项输入变动内容。单击【保存】完成本项设置。

**注意**：当月原始录入或新增的固定资产不允许进行此项操作。

（8）变动单管理

变动单管理可以对系统制作的变动单进行查询、修改、制单和删除等处理。

在用友 U8.21 中，本月录入的卡片和增加的资产不允许进行变动处理，只能在下月进行。

操作步骤：单击【卡片】选择【变动单】项下的【变动单管理】，逐项输入变动内容。单击【保存】完成本项设置。

**3. 资产评估**

资产评估可对原值、累计折旧、净值和使用年限等进行以下功能操作：

① 将评估机构评估的数据录入系统中。可手工录入或定义公式录入。

② 根据国家要求录入评估结果。可手工录入或根据定义的评估公式生成结果。

③ 对评估单的管理。

**4. 生成凭证**

固定资产管理系统可根据初始设置，在业务发生后，向总账子系统自动传输数据。传输方式可单笔传输也可批量传输。单笔传输是指业务发生后通过"立即制单"自动生成记账凭证并传递至总账系统；批量制单是指一批业务发生后统一制单再进行凭证传递。

单笔制单操作步骤如下：

① 单击【设置】菜单项选择【选项】；

② 单击【与账务系统接口】，选择【业务发生后立即制单】，即可完成单笔制单传输功能。

批量制单操作步骤如下：

① 单击左侧【批量制单】或【处理】菜单项选择【批量制单】；

② 在【制单选择】中单击【全选】，或单击某项业务的【制单】框，使其出现"Y"；

③ 单击【制单设置】，选择对应会计科目，单击【保存】，如图 6-22 所示；

④ 单击【制单】，对该凭证进行凭证类别设置、完善，单击【保存】，凭证即可出现"已生成"字样；

⑤ 单击【退出】、【退出】，完成该功能。

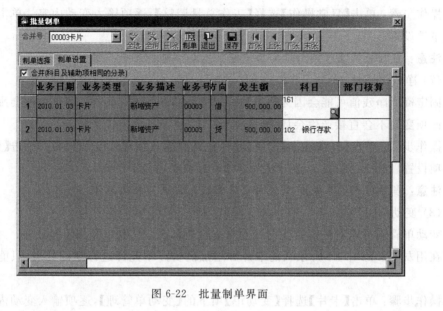

图 6-22　批量制单界面

**5. 账表管理**

固定资产管理系统可提供账表管理功能。这里的账表包括账簿、折旧表、统计表和分析表等，还可根据需求设置自定义报表。

（1）账簿

系统自动生成的账表有部门（类别）明细账、（单个）固定资产明细账、固定资产登记簿以及固定资产总账。该类账表可序时地反映固定资产的变化情况，并可实现穿透查询到某时期、部门、类别明细及相应凭证。

操作步骤如下：

① 单击【报表】菜单项，选择【报表管理】；

② 单击【账簿】选项中的【账簿】，可根据需求选择【部门、类别明细】，选择类别名称及部门名称，选择会计期间；

③ 根据需求选择【显示使用状况和部门】，单击【确定】；

④ 单击【编辑】、【退出】完成操作。

（2）折旧表

系统可提供以下折旧表：部门折旧计提汇总表、固定资产及累计折旧表（一）和（二）、固定资产折旧计算明细表。通过折旧表可了解企业所有资产一定期间、部门、类别的折旧计提及明细情况。

（3）统计表

系统可提供七种统计报表为单位管理服务，即固定资产原值一览表、固定资产统计表、盘盈盘亏报告、评估变动表、评估汇总表、役龄资产统计表和逾龄资产统计表。

（4）分析表

系统通过四种分析表，即部门构成分析表、固定资产使用状况分析表、价值结构分析表和类别构成分析表对资产进行综合分析，为管理者提供决策依据。

（5）自定义报表

用户可自定义报表来扩充企业的分析需求。

### 6.1.3　固定资产管理系统的期末处理

固定资产管理系统的期末处理工作主要包括计提折旧、对账和结账等内容。

#### 6.1.3.1　计提折旧

固定资产管理系统可根据卡片信息，每期自动计提折旧，根据固定资产的类别和使用部门生成折旧费用分配表，制作记账凭证并传递到总账系统。

折旧计提工作流程如下：①当账套内的资产有使用工作量法计提折旧的时候，每月计提折旧前必须录入资产当月的工作量，此功能通过工作量录入实现；②系统自动计提所有资产当期折旧额，并将当期折旧额自动累加到累计折旧项目中；③计提完成后系统可自动生成折旧清单，折旧清单显示了所有应计提折旧资产所计提的折旧数额；④生成折旧分配表，折旧分配表包括类别折旧分配表和部门折旧分配表两种；⑤制作记账凭证并传递到总账系统和成本系统。

**例**：东方有限责任公司计提本月折旧。

具体操作步骤如下。

（1）单击【处理】菜单后选择【工作量】，显示的是登录当月需要计提折旧的，并且折旧方法是工作量的所有资产的工作量信息；设置按工作量法计提折旧的相关固定资产的本月工作量。

（2）如果本月是最新的未结账的月份，该表可编辑，输入本月工作量。当某些资产的本月工作量与上月相同时，选中该区域，单击【继承上月工作量】，选中区域的资产的本月工作量自动录入。累计工作量显示的是截至本次工作量输入后的资产的累计工作量。

（3）单击【保存】，即完成工作量输入工作。

（4）在菜单【处理】中选择【计提本月折旧】，屏幕出现提醒对话框，回答系统的提醒对话框后，屏幕出现计提折旧过程界面，直至折旧计提完毕。

（5）显示"折旧清单"；根据需求选择固定资产部门进行查询，如图 6-23 所示；单击【退出】完成折旧清单查询操作。

（6）在折旧分配表中选择"按部门分配"，单击【凭证】；完善凭证类别、编号等内容，单击【保存】，凭证左上角显示"已生成"，如图 6-24 所示。

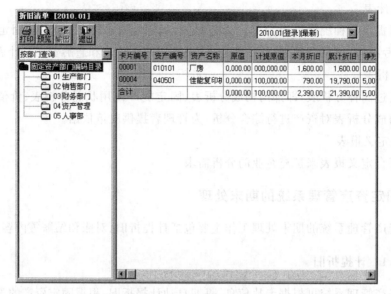

图 6-23　固定资产折旧清单

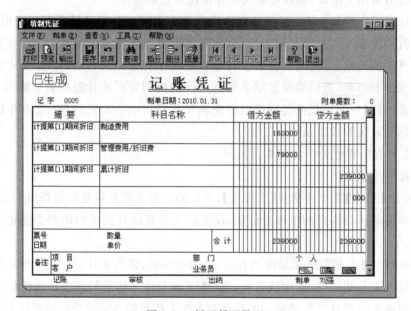

图 6-24　折旧凭证界面

（7）单击【退出】，回到折旧分配界面，如图 6-25 所示。

（8）单击【退出】，显示"折旧计提完成"，如图 6-26 所示。

**注意**：工作量录入时，输入的本期工作量必须保证使累计工作量小于等于工作总量。在选择继承上月工作量的情况下，如果上期期末累计工作量加上本期继承值大于工作总量，则系统不执行继承上月工作量，而是自动计算：本月工作量＝工作总量－上期期末累计工作量，然后在本月工作量后的单元格内标上星号，如果对自动计算的值不满意，可手工修改。

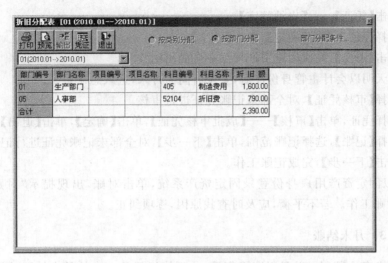

图 6-25 折旧分配界面

折旧计提时应遵循以下原则：

（1）一个期间内可以多次计提折旧，每次计提折旧后只将计提的折旧额累加到月初的累计折旧上，不会重复累加。

（2）若上次计提折旧已制单并传递到总账系统，则必须删除该凭证才能重新计提折旧。

图 6-26 折旧计提完成界面

（3）计提折旧后，如果对账套进行了影响折旧计算分配的操作，则必须重新计提折旧，否则系统不允许结账。

（4）若自定义的折旧方法下月折旧额或月折旧率出现负数，系统自动终止计提。

（5）分配折旧费用时必须对使用部门做出选择。在资产管理中，资产的使用部门一般为明细部门，而折旧分配的部门不一定是明细部门，折旧分配时，资产的使用部门和折旧分配部门可能不同，必须根据实际情况做出选择。

### 6.1.3.2 对账

为确保总账管理系统与固定资产管理系统固定资产科目的数值相等，需要使用对账功能对两个系统进行审查。执行固定资产管理系统中的对账功能需要在系统参数设置中选择"与账务系统对账"参数。系统在月末结账时自动对账，并给出对账结果。只有总账管理系统对传递过来的凭证审计和记账完毕后，固定资产管理系统期末才能和总账系统进行对账工作。

**注意**：固定资产系统要与总账系统对账必须首先完成固定资产新生成凭证的审核与记账工作。

**例**：东方有限责任公司 2010 年年末完成固定资产管理系统与总账系统对账工作。

操作步骤如下。

（1）以出纳身份注册，进入总账系统。

（2）单击【凭证】——【出纳签字】。

（3）选择凭证后单击【确定】，单击【签字】。

（4）单击【退出】，完成固定资产增加业务的出纳签字。

（5）吴天明以会计主管身份注册，登录时间为月末，进入总账系统。

（6）选择【审核凭证】，对全部未记账凭证进行审核。

（7）选择凭证，单击【审核】——【成批审核凭证】，单击【确定】，单击【退出】。

（8）选择【记账】，选择记账范围，单击【下一步】，对全部未记账凭证进行记账。

（9）单击【下一步】，完成记账工作。

（10）以固定资产用户身份登录固定资产系统，单击对账，出现提示"对账结果：平衡"，完成对账工作。若不平衡，应及时查找原因，逐项纠正。

### 6.1.3.3 月末结账

当本期业务全部制单并且对账平衡后，才可执行每月一次的月末结账功能。结账后当期数据无法修改。如发现错误则可通过系统提供的"恢复月末结账前状态"功能反结账，再进行相应修改。本期不结账，无法处理下期数据，并且如果固定资产系统不结账，除非在财务接口中选择了"在对账不平情况下允许固定资产月末结账"设置，否则总账系统也将无法结账。结账前必须进行数据备份。

操作步骤如下：

（1）以固定资产主管王华身份登录固定资产系统，单击【月末结账】——【开始结账】；

（2）"月末结账成功完成"，单击【确定】，如图 6-27 所示；

（3）本月业务结束。

图 6-27　固定资产月末结账界面

## 6.2　工资管理系统

### 6.2.1　系统概述

#### 6.2.1.1　系统功能

工资管理是各单位最常使用的功能之一。工资业务处理的正确与否关系到每名员工的切身利益。工资管理作为会计信息系统中的一个子系统，系统主要功能如图 6-28 所示。

**1. 工资类别管理**

工资类别分为单类别和多类别两种。若单位中所有人员的工资统一管理，而人员的工资项目和工资计算公式相同，则只需建立单个工资类别。若单位中有多种工资类别的人员，工资发放项目不同，计算公式也不同，或是单位一个月多次发放工资，则需建立多工资类别进行管理。

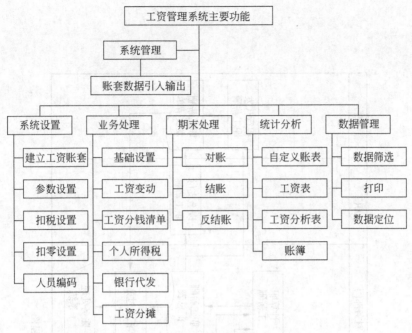

图 6-28　工资管理系统功能结构图

**2. 人员档案管理**

人员档案管理可设置人员的基础信息、附加信息等，并提供人员变动管理功能。

**3. 工资数据管理**

工资数据管理提供了工资项目设置、工资计算、公式调整、所得税计算、汇总工资数据、分摊、计提、转账和数据传输等功能。

**4. 工资报表管理**

工资报表管理可提供多角度、多层次、自定义的工资数据汇总和查询。

### 6.2.1.2　业务处理流程

工资管理系统的业务处理涉及生产、人事、行政、财务等部门以及银行和职工个人。财务部门根据生产部门按期传递的员工出勤记录、产品质量记录，结合人事部门人员薪酬变动情况、扣减行政部门传递的代扣款项等基础数据，按期计算职工薪酬，生成职工工资汇总表；根据需求将人工费用分配表传递至成本系统；同时用现金发放工资或是通知银行代发工资，并为职工发放工资到账通知。具体业务流程如图 6-29 所示。

### 6.2.1.3　系统操作流程

初次使用工资管理系统需要首先安装工资管理系统并启用，新增工资账套，并完成参数设置、扣税、扣零和人员编码等基本设置。其次要进行初始业务设置，包括工资项目、人员附加信息、银行名称和人员类别设置，并建立人员档案。工资管理系统的日常业务包括每月根据设置的工资项目和工资变动情况，设置工资计算公式，完成工资计算、银行代发、

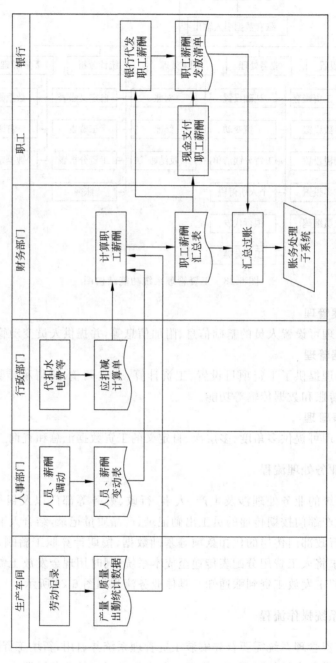

图 6-29　工资管理业务流程图

扣税处理等日常业务,期末需完成工资汇总分摊和结账业务。具体操作流程如图 6-30 所示。

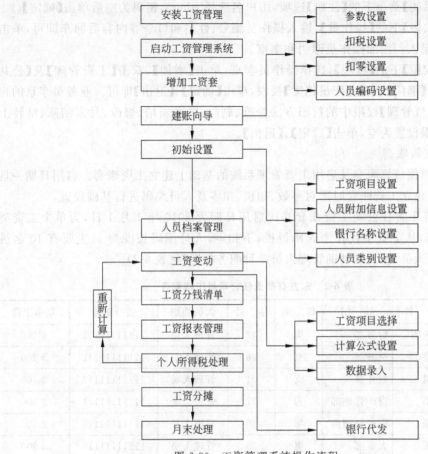

图 6-30　工资管理系统操作流程

## 6.2.2　工资管理系统的日常业务处理

### 6.2.2.1　初始设置

工资管理系统在初次启用时要先设置工资账套的操作员和权限,并对工资账套进行初始设置,包括建立工资账套、设置基础信息等。

**例**:东方有限责任公司有两位工资管理人员:006 谢明是人事部主管,具有工资管理的全部权限和公共目录设置中的部门档案、职员档案设置权限;007 李京是工资管理人员,负责工资业务处理,具有除了工资建账、权限设置、月末处理、参数维护和反结账等权限以外的其他工资管理权限。

(1)增加操作员

具体操作步骤如下。

① 单击【开始】菜单。

② 选择【程序】。

③ 找到【U8 管理软件】,选择【系统服务】后,双击【系统管理】图标。

④ 单击【系统】菜单下的【注册】选项,用户名选择 admin,密码为空后单击【确定】。

⑤ 单击【权限】下的【操作员】,输入操作员编号、姓名和口令等内容后回车即可,单击【增加】可重复录入。增加操作员谢明和李京。

⑥ 单击【权限】下的【权限】,选择操作员李京,单击【增加】,双击【工资管理】及【公共目录设置】中的【部门档案】、【职员档案】授权,单击【确定】、【退出】即可。业务员李京的权限选择要将【工资管理】权限中的折旧方法修改、删除、账套新增、修改、月末结账、结转上年及反结账权限设置为空,单击【确定】、【退出】。

(2) 建立工资账套

在建立了单位核算账套及启用工资管理系统的基础上建立工资账套。启用日期一旦确定无法修改;建立工资账套时需对参数、扣税、扣零及人员编码进行基础设置。

例:东方有限责任公司工资账套初次启用日期为 2010 年 1 月 1 日,为单个工资类别,人民币核算,从工资中代扣个人所得税,不扣零,人员编码长度为 4;主要有 10 名员工,主要有管理人员、工人和辅助管理人员 3 种职务类别(见表 6-2)。

表 6-2    东方有限责任公司员工档案表

| 职工代码 | 姓 名 | 部 门 | 性 别 | 年 龄 | 人员类别 | 银行账号 | 基本工资 |
|---|---|---|---|---|---|---|---|
| 0001 | 吴天明 | 财务部 | 男 | 42 | 管理人员 | 11111111111 | 4 000 |
| 0002 | 钱意 | 财务部 | 女 | 38 | 管理人员 | 11111111112 | 3 200 |
| 0003 | 徐帆 | 财务部 | 女 | 31 | 管理人员 | 11111111113 | 3 100 |
| 0004 | 王华 | 资产管理部 | 男 | 37 | 管理人员 | 11111111114 | 3 000 |
| 0005 | 刘强 | 资产管理部 | 男 | 26 | 管理人员 | 11111111115 | 2 600 |
| 0006 | 谢明 | 人事部 | 男 | 35 | 管理人员 | 11111111116 | 3 900 |
| 0007 | 李京 | 人事部 | 女 | 24 | 管理人员 | 11111111117 | 2 900 |
| 0008 | 赵一平 | 生产部门 | 男 | 52 | 工人 | 11111111118 | 2 800 |
| 0009 | 孙小明 | 生产部门 | 女 | 27 | 辅助管理 | 11111111119 | 2 500 |
| 0010 | 周军 | 销售部门 | 男 | 30 | 管理人员 | 11111111110 | 2 000 |

初始化的具体操作步骤如下。

① 选择【系统控制台】。

② 以谢明操作员身份进入,日期为 2010-01-01;单击【工资】;建立工资套,首先进行参数设置,建立工资类别,如图 6-31 所示,单击【下一步】。

③ 进行扣税设置,打钩选择【是否从工资中代扣个人所得税】并单击【下一步】,如图 6-32 所示。

④ 进行扣零设置,选择【不扣零】,单击【下一步】。

⑤ 进行人员编码设置及启用日期选择;选择"人员编码长度"为"4",启用日期为"2010-01-01",如图 6-33 所示,单击【完成】。

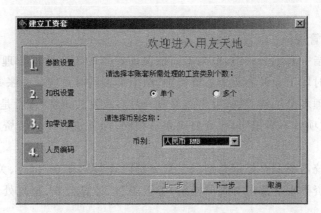

图 6-31  工资套参数设置界面

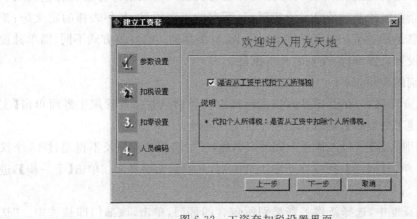

图 6-32  工资套扣税设置界面

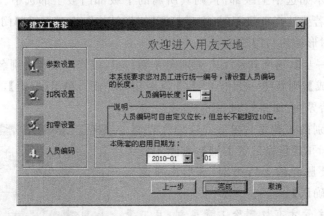

图 6-33  工资套人员编码界面

⑥ 系统提示"是否以 2010-01-01 为当前工资类别的启用日期?",单击【是】确定,单击
【否】进行修改操作。系统初始化完成。

（3）基础信息设置

工资系统运行需要对工资类别、部门、人员档案、工资项目和银行等基础信息进行

设置。

• 工资类别管理

工资类别是指一套工资账中,根据不同情况而设置的工资数据管理类别。如某企业将正式职工和临时职工分设为两个工资类别,两个类别同时对应一套账务。

系统提供处理多个工资类别,可为按周或一月多次发放工资,或者是有多种不同类别的人员,工资发放项目不尽相同,计算公式亦不相同,但需进行统一工资核算管理的单位提供解决方案。

工资管理系统需要设立工资类别。工资类别管理包括建立、打开、关闭、删除和汇总等功能。每个工资类别下都可对人员档案、工资项目、计算公式、报税处理和银行代发等进行操作。

如建立的是多工资类别(如中方与外方两种工资类别),基础信息将需设置企业级和工资类别两级。企业级的基础信息是设置部门、所有的工资项目、各种表样的定义等;工资级别的基础信息是针对某一工资类别的,不同工资类别的工资计算方式不同,需单独设置。工资类别需设置类别编码、类别名称等信息。

新建工资类别的步骤如下。

① 在进入工资管理后,在引导界面单击新建工资类别或在工资管理主界面单击【文件】菜单下的【新建工资类别】,则进入新建工资类别向导。

② 在工资类别名称栏,输入新建工资类别名称,工资类别名称最长不得超过 15 个汉字或 30 个字符。单击【取消】,则放弃新建工资类别,并返回初始界面。单击【下一步】,进入向导第二步。

③ 在部门选择框中,选择新建工资类别所包含的部门,单击,该部门即被选中。"选定下级部门",表示如选中上级部门,则其所属的下级部门被全部选中。如"选定下级部门"框未被点选,若要选择下级部门,则需打开"树形结构",再对下级部门进行选择。单击"+"号即可将"树形结构"打开。

④ 单击【上一步】,返回新建工资类别向导第一步,可修改工资类别名称。

⑤ 单击【完成】,则新建一工资类别,并返回初始界面。单击【取消】,则放弃新建工资类别,并返回初始界面,如图 6-34 所示。

删除工资类别的步骤是:在工资管理主界面,单击【文件】菜单下的【删除工资类别】,删除工资类别时,可双击所要删除的工资类别,或单击所选工资类别后,单击【确认】。

**注意**:只有主管才有权删除工资类别,且工资类别删除后数据不可再恢复。

打开工资类别的步骤是:在工资管理主界面,单击【文件】菜单下的【打开工资类别】。打开工资类别时,可双击所要打开的工资类别或单击所选工资类别后,单击【确认】。

图 6-34 建立工资类别界面

关闭工资类别的步骤是：在工资管理主界面，单击【文件】菜单下的【关闭工资类别】，则关闭正在使用的工资类别及所有正在进行的功能操作。

- 部门设置

若在其他子系统中设置了部门信息，工资系统可以共享；若没有设置，可以在此设立部门编码、部门名称等基础信息，其他系统可以共享。

例：东方有限责任公司需设置生产部门、销售部门、财务部门和人事部门等。

部门设置的具体操作步骤如下：

① 选择【基础设置】菜单的【部门设置】，或单击【设置】菜单项选择【部门】。

② 单击【增加】或【修改】，定义部门编码、部门名称、负责人和部门属性等，单击【保存】完成本项设置，如图 6-35 所示。

③ 单击【编辑】、【修改】、【取消】、【删除】等可进行相应操作。

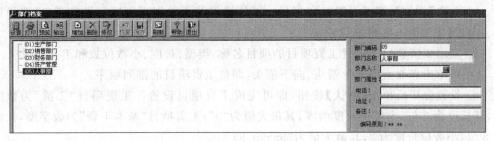

图 6-35　部门设置界面

- 人员类别

根据工资费用分配的不同，设置人员类别有助于进行工资汇总分配。人员类别主要设置人员类别的编码、名称。

例：东方有限责任公司有管理人员、辅助管理人员和工人等。

人员类别设置的具体操作步骤如下：

① 选择【基础设置】菜单的【人员类别设置】，或单击【设置】菜单项选择【人员类别设置】。

② 单击【增加】，定义人员类别；单击【删除】进行相应操作；单击【返回】完成本项设置，如图 6-36 所示。

- 人员附加信息

为加强对员工的管理，通过附加信息设置可增加人员性别、年龄、民族和学历等信息。

例：东方有限责任公司需对人员进行性别、年龄等附加信息设置。

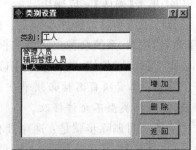

图 6-36　人员类别设置界面

人员附加信息设置的具体操作步骤如下：

① 选择【基础设置】菜单的【人员附加信息设置】，或单击【设置】菜单项选择【人员附加信息设置】。

② 单击【增加】，定义人员附加信息；单击【删除】进行相应操作。

③ 单击【返回】完成本项设置，如图 6-37 所示。

· 工资项目设置

工资项目设置需定义工资项目的名称、类型、宽度、小数和增减项等。若系统建立的是多工资类别，则工资项目设置需包含所有工资类别涉及的工资项目。系统中的固定项目如"应发合计"、"代扣税"、"扣款合计"、"实发合计"等是不能删除和重命名的。其他项目可根据需要设定。

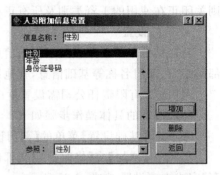

图 6-37　人员附加信息设置界面

增加工资项目的操作步骤如下：

① 在主界面菜单中单击【设置】下的【工资项目设置】项，即进入工资项目设置界面。

② 单击【增加】，即可设置工资项目。系统提供若干常用工资项目供参考，可选择输入。单击【增加】按钮，可继续设置新的工资项目。

③ 新增工资项目需设置工资项目的项目名称、类型、长度、小数位数和工资增减项。

④ 可单击界面上的向上箭头、向下箭头，调整工资项目的排列顺序。

⑤ 设置完毕后单击【确认】按钮，即可完成工资项目设置。工资项目"工龄"为数字型，其长度为 2 位，小数位长度为零，其最大值为"9"；工资项目"基本工资"为数字型，长度为 8 位，小数位长度为 2，其最大值为"99999.99"。

⑥ 若单击【取消】按钮，则取消当前操作并返回主界面。

**例**：东方有限责任公司工资项目有基本工资、岗位工资、缺勤扣款、住房公积金、扣款合计、应发工资和实发工资等。

工资项目设置的具体操作步骤如下：

① 选择【基础设置】菜单的【工资项目设置】，或单击【设置】菜单项选择【工资项目设置】。

② 单击【增加】，可参考选择"名称参照"里的项目，定义工资项目类型、长度、小数和增减项，如图 6-38 所示。

③ 可选择某一工资项目单击上下【移动】完成项目顺序设置。

④ 单击【确认】完成操作。

修改工资项目的操作步骤是：在工资项目列表框中，选中要修改的工资项目。单按【重命名】按钮，系统会弹出重命名框。系统提供原工资项目名，需在名称框内输入新的名称。单击【确认】按钮，确认修改正确；否则单击【取消】按钮退出。

**注意**：工资项目名称必须唯一。系统提供的工资固定项目不允许修改。工资项目一经使用，数据类型不允许修改。

工资项目删除步骤是：选中要修改的工资项目，单击【删除】按钮，系统会弹出对话框。单击【是】按钮确认删除；否则单击【否】按钮退出。

**注意**：系统提供的工资固定项目不允许删除。删除已输入数据的工资项目时，弹出提示下拉框由用户确认是否删除。删除已设置计算公式的工资项目时，弹出提示下拉框进行选择确认。

图 6-38　工资项目设置界面

- 银行名称设置

用户可自行设置发放工资的多个银行名称，以适应不同的需要。此项设置对所有工资类别有效。在主界面菜单中单击【设置】下的【银行名称设置】项，即进入银行名称设置界面。

操作步骤如下：

① 选择【基础设置】菜单的【银行名称设置】，或单击【设置】菜单项选择【银行名称设置】。

② 单击【增加】，光标停在银行名称栏处，可定义银行名称、账号长度，并可选择银行账号长度是否为定长及账号长度。系统默认银行账号定长为选中，长度为"11"位。在此界面还可定义录入时需自动带出的账号长度，手工录入一个小于等于"账号长度"的整数，不允许为空。录入该数值，则在录入"人员档案"的银行账号时，从第二个人开始，系统根据用户在此定义的长度自动带出银行账号的前 N 位，以方便用户录入。单击【确认】完成操作，如图 6-39 所示。

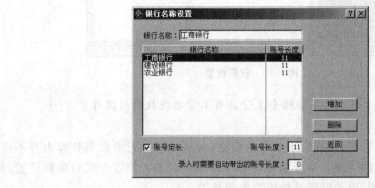

图 6-39　银行名称设置界面

③ 单击【返回】按钮,即回系统主界面,执行其他操作。

④ 单击银行名称设置窗口右上角的"×",放弃本次操作结果,返回系统主界面。

⑤ 可对银行名称栏框内的银行名称、银行账号是否定长及账号长度进行修改。

**注意**:在新增银行名称时,银行名称不允许为空。银行名称长度不得超过 10 个汉字或 20 个字符。银行账号长度不得为空,且不能超过 30 位。银行账号定长是指此银行要求所有人员的账号长度必须相同。银行账号不定长,需指定最长账号的长度,否则系统默认为 30 位。修改银行账号长度时,应按回车键确认。删除银行名称时,则同此银行有关的所有设置将一同删除,包括:银行的代发文件格式的设置、磁盘输出格式的设置以及同此银行有关人员的银行名称和账号等。

• 权限设置

利用此功能可实现将操作员的权限分部门按工资项目来设置。操作步骤如下:

① 在【设置】菜单中,选择【权限设置】进入权限设置界面。

② 在"工资类别"选择框中选择操作员所管理的工资类别。单工资类别时,工资类别不可选择。

③ 在"操作员"列表框中选择需设置权限的操作员,选中后则显示该操作员的管理权限,如图 6-40 所示。

④ 单击"修改"按钮,对选中的操作员进行权限设置。

⑤ 在"部门管理权限"显示框中选择该操作员所管理的部门。

⑥ 在"项目管理权限"显示框中选择该操作员所管理的工资项目。

⑦ 单击"保存"按钮,保存本次操作的设置结果。

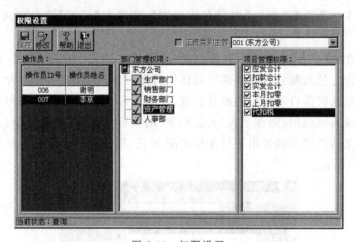

图 6-40　权限设置

**注意**:操作员列表中列示的是非账套主管具有工资功能权限的操作员。

• 参数修改

系统在建立新的工资套后,或由于业务的变更,发现一些工资参数与核算内容不符,可以在此进行工资参数的调整。系统提供对以下参数的修改:扣零方式的重新设置;扣税设置的调整;参数设置;币种设置及外币汇率调整等。

操作步骤：在工资管理主界面中选择【设置】中的【选项】即进入该功能，界面显示参照工资参数维护界面。

**注意**：只有主管人员可以修改工资参数。在未打开工资类别时，修改参数，系统将所有工资类别中的参数统一修改为新的参数；在打开工资类别时，修改参数，系统将只修改打开工资类别的参数。

### 6.2.2.2　日常处理

日常处理包括工资管理、数据管理、个人所得税、银行代发和工资分摊等内容。

**1. 工资管理**

（1）人员档案

在打开某一工资类别后，可对人员档案进行增加、修改、删除、变动和查找等操作，同时用于设置员工类别、姓名、编号和所在部门等信息。人员档案还可通过数据导入、导出、数据替换和数据筛选等数据操作功能进行处理。

**例**：东方有限责任公司人员档案情况见表6-2。

① 选择【基础设置】菜单的【人员档案】，或单击【设置】菜单项选择【人员档案】。

② 单击【增加】，定义人员编号、人员姓名、部门编码、部门名称、人员类别和银行名称等基本信息；同时选择"附加信息"定义性别、年龄等。单击【确认】完成操作，如图6-41所示。

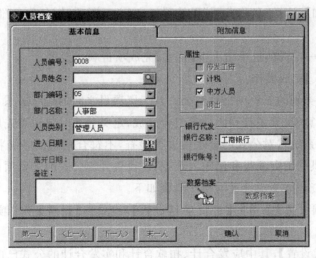

图 6-41　人员档案设置界面

（2）工资项目及公式设置

此功能针对某一工资类别执行。打开某一工资类别后，可针对本工资类别进行工资项目选择及公式设置。

**例**：东方有限责任公司单工资类别，工资项目有基本工资、岗位工资、缺勤扣款、住房公积金、扣款合计、应发工资和实发工资等项目。除基本工资因人而异外，其他工资项目根据职工职务类别和部门决定，而且随着月份变化而变化（岗位工资标准见表6-3）；缺勤扣款标准为每天 50 元,当月考勤情况为刘强请假 1 天;住房公积金扣款标准为基本工资、岗位工资两项的 12%。

表 6-3　东方有限责任公司岗位工资标准表

| 人员类别 | 岗位工资标准/元 | 人员类别 | 岗位工资标准/元 |
| --- | --- | --- | --- |
| 管理人员 | 1 800 | 工人 | 1 000 |
| 辅助管理人员 | 1 300 | | |

员工工资计算公式为

实发合计 = 应发合计 - 扣款合计

应发合计 = 基本工资 + 岗位工资

扣款合计 = 缺勤扣款 + 住房公积金 + 代扣税

要求:选择东方有限责任公司的工资项目,定义计算公式。

首先,对本类别所需的工资项目进行设置,只可选择在系统初始设置中设置的工资项目;工资项目的类型、长度、小数位数和增减项等此时不可更改。

工资项目选择的操作步骤如下。

① 选择【基础设置】菜单的【工资项目设置】,或单击【设置】菜单项选择【工资项目设置】。

② 单击【增加】,选择"名称参照"里的项目,定义工资项目;名称参照里没有的项目此处不能增加。

③ 可选择某一工资项目单击上下【移动】完成项目顺序设置。

④ 单击【确认】完成操作。

其次,定义此类别的工资项目计算公式及工资项目之间的运算关系,定义公式可通过选择工资项目、运算符、关系符和函数等组合完成;定义公式时要注意先后顺序,先得到的数据应先设公式;系统将对公式的合法性进行检查,不符合逻辑的系统将给出错误提示。不能删除系统提供的工资项目和已输入数据、已设置计算公式的工资项目。

东方公司工资计算公式设置的操作步骤如下。

① 选择【基础设置】菜单的【工资项目设置】,或单击【设置】菜单项选择【工资项目设置】。

② 单击【公式设置】,其中应发合计、扣款合计和实发合计的公式已由系统定义好。

③ 单击【增加】,在下拉菜单中选择"缺勤扣款",在右侧公式定义栏里键入"50",单击左侧"运算符"【＊】,在"工资项目栏"选择"缺勤天数",单击【公式确认】(公式也可通过键盘输入或函数公式向导输入);继续增加下一项目。

④ 单击【增加】,在下拉菜单中选择"住房公积金",单击"运算符"【(】,在"工资项目栏"选择"基本工资",单击"运算符"【＋】,在"工资项目栏"选择"岗位工资",单击左侧"运算符"【)】、【＊】;在右侧公式定义栏里键入"0.12",单击【公式确认】;继续增加下一项目,如图 6-42 所示。

⑤ 单击【确认】退出工资设置。

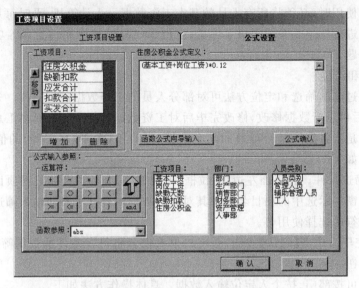

图 6-42　工资计算公式定义界面

（3）工资变动

第一次使用工资系统时，需首先设置工资项目及其计算公式，然后再通过【业务处理】
【工资变动】功能，输入每名员工的工资（如基本工资不变，下月无须再输入）、当月每名员
工的缺勤天数，单击【计算】，系统自动计算其他各项工资项目。利用【过滤器】功能，显示
工资项目。

操作步骤如下。

① 登录工资管理系统，单击【工资变动】，逐
一录入各员工"基本工资"和"岗位工资"、"缺勤天
数"项。

② 单击【退出】，提示界面如图 6-43 所示。

③单击【是】退出。重新计算后本月工资明细
如图 6-44 所示。

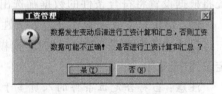

图 6-43　工资变动退出提示

| 人员编号 | 姓名 | 部门 | 人员类别 | 基本工资 | 岗位工资 | 应发合计 | 缺勤天数 | 缺勤扣款 | 住房公积金 | 代扣税 | 扣款合计 | 实发合计 |
|---|---|---|---|---|---|---|---|---|---|---|---|---|
| 0008 | 赵一平 | 生产部门 | 工人 | 2,800.00 | 1,000.00 | 3,800.00 | | | 456.00 | 256.60 | 712.60 | 3,087.40 |
| 0009 | 孙小明 | 生产部门 | 辅助管理人! | 2,500.00 | 1,300.00 | 3,800.00 | | | 456.00 | 256.60 | 712.60 | 3,087.40 |
| 0010 | 周军 | 销售部门 | 管理人员 | 2,000.00 | 1,800.00 | 3,800.00 | | | 456.00 | 256.60 | 712.60 | 3,087.40 |
| 0001 | 吴天明 | 财务部门 | 管理人员 | 4,000.00 | 1,800.00 | 5,800.00 | | | 696.00 | 520.60 | 1,216.60 | 4,583.40 |
| 0002 | 钱意 | 财务部门 | 管理人员 | 3,200.00 | 1,800.00 | 5,000.00 | | | 600.00 | 415.00 | 1,015.00 | 3,985.00 |
| 0003 | 徐帆 | 财务部门 | 管理人员 | 3,100.00 | 1,800.00 | 4,900.00 | | | 588.00 | 401.80 | 989.80 | 3,910.20 |
| 0004 | 王华 | 资产管理 | 管理人员 | 3,000.00 | 1,800.00 | 4,800.00 | | | 576.00 | 388.60 | 964.60 | 3,835.40 |
| 0005 | 刘强 | 资产管理 | 管理人员 | 2,600.00 | 1,800.00 | 4,400.00 | 1 | 50.00 | 528.00 | 328.30 | 906.30 | 3,493.70 |
| 0006 | 谢明 | 人事部 | 管理人员 | 3,900.00 | 1,800.00 | 5,700.00 | | | 684.00 | 507.40 | 1,191.40 | 4,508.60 |
| 0007 | 李京 | 人事部 | 管理人员 | 2,900.00 | 1,800.00 | 4,700.00 | | | 564.00 | 375.40 | 939.40 | 3,760.60 |

图 6-44　当月工资变动明细

**2. 工资数据管理**

系统初次使用时,必须将所有人员的基本工资数据录入计算机,平时每月发生的工资变动也需在此进行调整。系统提供了筛选、定位、页编辑、替换和过滤器等功能来解决工资数据管理问题。

(1) 筛选和定位

采用数据过滤的筛选和定位方法可对部分人员的工资数据进行修改。先过滤符合条件的员工,然后再进行数据修改,修改完毕后对工资数据进行重新计算和汇总。

数据筛选是指将按照某个项目的某个数据(可等于,大于,小于等)的值进行数据处理。操作步骤如下。

① 输入筛选条件。在界面左边"下拉框"提供部门、人员类别和数据项目的参照。在界面右边选项窗显示选中的项目名称及其对应的数据内容。可参照输入筛选条件。系统提供逻辑运算符的选择使用等。

② 录入完毕后单击【确认】按钮,系统将根据设置将符合条件的数据筛选出来;否则单击【取消】按钮。

数据定位可按部门、按个人定位输入数据。具体操作方法如下。

① 按部门将定位某个部门。按部门定位时,系统提供部门名称、部门编码、人员类别参照。按人员将定位到具体某个人进行数据处理。按人员定位时,系统提供部门名称、人员姓名和人员编号的参照。系统提供模糊定位选项,可按人员姓氏、部门等进行查询。选择"模糊定位"时,系统不提供参照。

② 选择完毕后单击【确认】按钮,系统将按设置进行定位查询(录入);否则可单击【取消】按钮返回。

③ 本功能主要用于快速定位某类或某个员工记录。录入完毕后单击【确认】按钮,系统将根据设置将符合条件的数据筛选出来;否则单击【取消】按钮。

**例**:定位东方有限责任公司人员姓氏为"李"的人员。

具体操作步骤是:输入:选择"模糊定位"项;人员姓名:"李",单击【确认】完成,系统定位到"李京"。

**注意**:当符合定位条件的人员多于一人时,将定位在第一个符合条件的人员记录上,可自行选择定位到所需的人员上。当所要定位的人员有不确定条件时,请选择"模糊定位"项。

(2) 替换

将符合条件的员工某个工资项目的数据,统一替换成某个数据或历史上某一期(时期)某项目的发生数(合计数)。但若此数据是根据已设的计算公式得出的工资数据则无法进行此类替换功能。

操作步骤如下。

① 选择替换项目,输入替换表达式。

② 输入替换条件。输完后单击【确认】按钮,有关数据将被替换。界面左边"下拉框"提供部门、人员类别和工资项目的参照。界面右边选项窗显示选中的项目名称及其对应的数据内容。可参照输入过滤条件。系统提供逻辑运算符的选择使用($=,<,>,>=,$

$<=,<>=$)。

③ 若单击【取消】按钮,将取消当前操作并返回。

例:将东方有限责任公司所有人员的年龄加1,则可输入:将"年龄"替换成"年龄+1",单击【确认】后,系统自动将所有人员的年龄加1。

(3) 页编辑

某一员工的信息可以通过页面形式显示,并可对选定的项目进行编辑。

(4) 过滤器

若需对某一工资项目的属性进行修改,可采用过滤器功能将该项目过滤出来。对常用到的过滤项目还可命名保存和删除,方便以后相同类型的操作。

**3. 个人所得税的计算与申报**

用户自定义相应税率及应纳税所得工资项目等内容后,系统可自动计算个人所得税,自动生成个人所得税申报表。

操作步骤:单击【个人所得税】,所得项目默认为"工资",对应工资项目默认为"实发工资";单击【确认】完成设置,自动生成"个人所得税扣缴申报表",如图 6-45 所示。

个人所得税扣缴申报表
2011年1月

| 姓名 | 所得期间 | 所得项目 | 收入额合计 | 减费用额 | 应纳税所得额 | 税率(%) | 速算扣除数 | 扣缴所得税额 |
|---|---|---|---|---|---|---|---|---|
| 吴天明 | 1 | 工资 | 5,104.00 | 800.00 | 4,304.00 | 15.00 | 125.00 | 520.60 |
| 钱意 | 1 | 工资 | 4,400.00 | 800.00 | 3,600.00 | 15.00 | 125.00 | 415.00 |
| 徐帆 | 1 | 工资 | 4,312.00 | 800.00 | 3,512.00 | 15.00 | 125.00 | 401.80 |
| 王华 | 1 | 工资 | 4,224.00 | 800.00 | 3,424.00 | 15.00 | 125.00 | 388.60 |
| 刘强 | 1 | 工资 | 3,822.00 | 800.00 | 3,022.00 | 15.00 | 125.00 | 328.30 |
| 谢明 | 1 | 工资 | 5,016.00 | 800.00 | 4,216.00 | 15.00 | 125.00 | 507.40 |
| 李京 | 1 | 工资 | 4,136.00 | 800.00 | 3,336.00 | 15.00 | 125.00 | 375.40 |
| 赵一平 | 1 | 工资 | 3,344.00 | 800.00 | 2,544.00 | 15.00 | 125.00 | 256.60 |
| 孙小明 | 1 | 工资 | 3,344.00 | 800.00 | 2,544.00 | 15.00 | 125.00 | 256.60 |
| 周军 | 1 | 工资 | 3,344.00 | 800.00 | 2,544.00 | 15.00 | 125.00 | 256.60 |
| 合计 | 1 | 工资 | 41,046.00 | 8,000.00 | 33,046.00 | | | 3,706.90 |

图 6-45　个人所得税扣缴申报表界面

**4. 银行代发**

每月末单位需向银行提供指定格式的文件,确定银行代发的每名员工应付工资数额。银行依据此文件将工资款存入指定的员工账户。

操作步骤:单击【银行代发】,进入银行文件格式设置页面,选择相应的数据内容,单击【插入行】或【删除行】进行修改,选择"首行"、"末行"或"无"确认银行代发数据标志行所在位置,单击【确认】完成操作,生成银行代发一览表(如图 6-46 所示)。

**5. 工资分摊**

工资费用需定期按部门、按员工类别进行汇总分摊,并生成会计凭证传递到总账系统。财会部门根据工资费用分配表,将工资费用根据用途进行分配,并编制转账会计凭证。

操作步骤如下。

① 单击【工资分摊】或在【业务处理】菜单中单击【工资分摊】。

② 单击"分摊月份下拉框",选择分摊计提月份。

| 单位编号 | 人员编号 | 账号 | 金额 | 录入日期 |
|---|---|---|---|---|
| 1234934325 | 0001 | 11111111111 | 4583.40 | 20100404 |
| 1234934325 | 0002 | 11111111112 | 3985.00 | 20100404 |
| 1234934325 | 0003 | 11111111113 | 3910.20 | 20100404 |
| 1234934325 | 0004 | 11111111114 | 3835.40 | 20100404 |
| 1234934325 | 0005 | 11111111115 | 3493.70 | 20100404 |
| 1234934325 | 0006 | 11111111116 | 4508.60 | 20100404 |
| 1234934325 | 0007 | 11111111117 | 3760.60 | 20100404 |
| 1234934325 | 0008 | 11111111118 | 3087.40 | 20100404 |
| 1234934325 | 0009 | 11111111119 | 3087.40 | 20100404 |
| 1234934325 | 0010 | 11111111110 | 3087.40 | 20100404 |

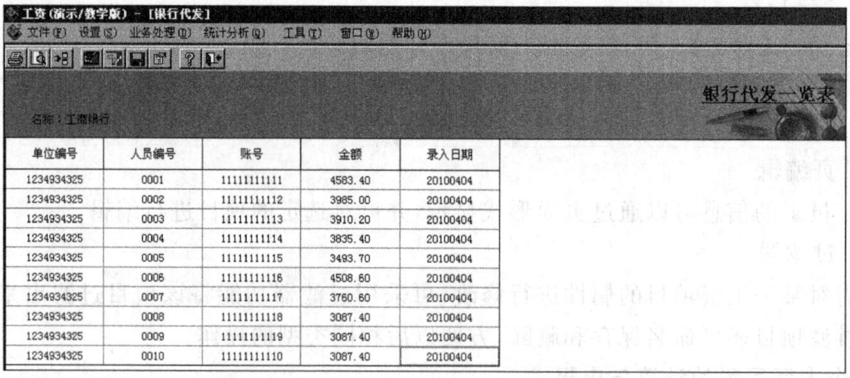

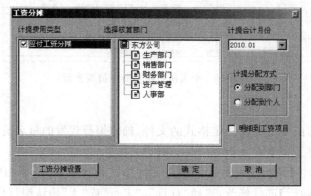

图 6-46　银行代发工资一览表

③ 在“选择核算部门”选择框中，选择参与核算的部门。

④ 在“选择计提费用类型”选择框中，选择参与本次费用分摊计提的类型。

⑤ 在“计提分配方式”中，选择分摊到部门或分摊到个人。

⑥ 如选中“明细到工资项目”，则按工资项目明细列示分摊表格。

⑦ 单击【确认】按钮，进入费用分配计提单据界面，此时可进行应付工资分摊、应付福利费计提、工会经费计提、职工教育经费计提和自定义工资项目分摊。

⑧ 若单击【退出】按钮，则返回工资管理主界面。

⑨ 单击【工资分摊设置】按钮，可进行工资分摊类型设置、分摊计提比例设置和分类构成设置，如图 6-47 所示。

图 6-47　工资分摊界面

### 6. 工资数据查询统计

工资数据可生成多种工资报表，对报表格式的修改可通过“新建表”、“修改表”功能进行自定义，以满足不同单位查询需求。

(1) 工资表

系统提供的原始工资表主要用于每月工资的发放和统计，包括部门工资汇总表、工资变动汇总表、工资变动明细表、工资发放签名表、工资发放条、工资卡、人员类别汇总表、条件汇总表、条件明细表和条件统计表等。工资表可以根据单位需要自行修改和重建。

操作步骤：单击【工资账表管理】，单击【工资表】前的"＋"，单击选择工资表类别，选择部门范围，单击【确定】即可显示所需内容。

（2）工资分析表

工资分析表是出于管理需要，以工资数据为基础，对部门、人员类别的工资数据进行分析、比较，供决策人员使用。系统提供的分析表主要包括部门工资项目构成分析表、分部门各月工资构成分析表、分类统计表（按部门、按项目和按月）、工资项目分析表（按部门）、工资增长情况、员工工资汇总表和员工工资项目统计表等。

操作步骤：单击【工资账表管理】，单击【工资分析表】前的"＋"，单击选择分析表类别，选择部门范围，单击【确定】即可显示所需内容。

## 6.2.3　工资管理系统的期末处理

工资管理系统的期末业务包括月末结转和年末结转。

### 6.2.3.1　月末结转

月末处理只有会计主管人员才能执行。

月末结转是将当月数据经过处理后结转至下月。每月工资数据处理完毕后均可进行月末结转。在工资项目中，有的项目是变动的，有的是不变的。月末结转是将每月基本不变的数据（如基本工资等）直接结转下月，将每月不同的变动数据（如病假天数等）清零后结转下月。

月末处理只在会计年度的 1～11 月当月工资数据处理完毕后才能进行。

月末处理应分工资类别分别进行。若为处理多个工资类别，则应打开工资类别，分别进行月末结算。

若当期工资数据没有汇总，系统将不允许进行月末结转。月末结转只有在当月工资数据处理完毕后才可进行。

月末结转后，当月数据不能改变。月末结账后，需清零的工资项系统将予以保存，不用每月重新选择。

操作步骤如下。

（1）单击【业务处理】菜单选择【月末处理】，即进入该功能。

（2）单击【月末处理】后，系统将弹出选择框如图 6-48 所示，用户选择月末结转，并单击【确认】按钮，即可进行月末结转。单击【确认】按钮，系统将给予操作提示。若用户单击【取消】按钮，则返回工资管理主界面。

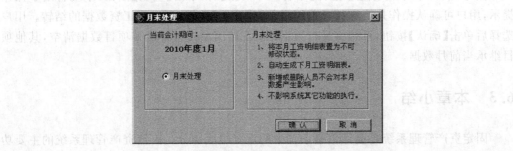

图 6-48　月末处理界面

（3）单击【确认】按钮,系统将弹出对话框,如图 6-49 所示。

（4）单击【否】按钮,则下月项目完全继承当前月数据。

（5）单击【是】按钮,即进入清零项目选择界面（如图 6-50 所示）：左面项目框显示用户设置的所有工资项目,右面项目框显示需要清空数据的项目。

（6）用户选择后单击【确认】按钮,系统将进行数据结转：按用户设置将清零项目数据清空,其他项目继承当前月数据。提示月末处理完毕如图 6-51 所示。

图 6-49　提示选择界面　　　图 6-50　清零选择提示界面　　　图 6-51　月末处理完毕提示界面

### 6.2.3.2　年末结转

年末处理功能只有主管人员才有权执行。

每年 12 月末要对工资系统进行处理后并结转下年。年结时多工资类别要全部关闭。若当月数据未汇总,则系统不允许进行年末结转。年结后,本年各月数据都无法修改。若用户跨月进行年末结转,系统会给予提示。

年结后,部门、人员类别等基础数据在下年初可以重新修改。

### 6.2.3.3　反结账

操作步骤：在【业务处理】菜单内,选中【反结账】菜单项,屏幕显示反结账界面："在进行此操作前,请关闭所有工资类别",单击【确定】系统进行反结账处理。

**注意**：反结账只能由账套主管执行。若本月工资类别已制单到总账系统,或执行此功能前、后处于关闭工资类别状态,又或者反结账工资类别的可处理会计月份为反结账会计月份减 1,则系统不允许反结账。

### 6.2.3.4　结转上年数据

结转上年数据是将工资数据经过处理后结转至本年。新年度账应在进行数据结转前建立。

操作步骤：在系统管理中选择【结转上年数据】后,单击【确认】按钮,系统将给予操作提示,用户可确认操作是否进行。若用户单击【取消】按钮,则取消工资数据的结转。用户选择后单击【确认】按钮,系统将进行数据结转：按用户设置将清零项目数据清空,其他项目继承当前月数据。

## 6.3　本章小结

固定资产管理系统是会计信息系统中的重要组成部分。固定资产管理系统的主要功能包括系统设置、固定资产日常业务的核算、期末处理和固定资产卡片等。固定资产的增减、变动和折旧计提等与总账系统中的业务处理有业务关联性,需要设置好内部控制的选项,才能保障数据顺利传递以及各业务系统的融洽使用。

工资管理系统的主要功能包括工资类别设置、初始信息设置、日常业务处理和期末处理等。工资管理系统涉及单位员工的工资和所得税等相应计算、成本费用的分配,其数据与总账系统、成本系统的数据要保持一致。工资系统的恰当使用可有效提高单位管理效率。

## 练习题

1. 固定资产折旧计提时应先设置好哪些项目?
2. 固定资产月末结账时与总账系统有何关联?
3. 工资管理系统在已制单到总账系统时如何反结账?
4. 工资管理系统与其他系统的关系是什么?

# 第7章 审计准备

我国政府审计萌芽于公元前 11 世纪的西周。当时审计监督权由"天官冢宰"系统掌管，行使审计职能的官员称"宰夫"。宰夫的出现，是我国国家政府审计的正式起源。到了秦汉时期，为了加强审计的政治监察和管理职能，将审计机构独立于行政系统之外单独设置。隋唐时开创了审计司法监督职能的先河，在刑部下设"比部"，独立于财政部门之外，独立性大大加强，有效提高了审计的权威性。南宋时为避高宗构讳，开始启用审计一词，将"诸军/专勾司"、"诸司专勾司"改为"诸军/诸司审计司"，后合并为"审计院"，赋予审计检查、监督财经活动、岁入岁出及钱粮收支的职能。

1983 年 9 月 15 日，国家最高审计机关——中华人民共和国审计署宣布成立；随后地方各级政府审计机关相继成立。1995 年 1 月 1 日起施行的《中华人民共和国审计法》及1997 年 10 月 21 日国务院发布实施的《中华人民共和国审计法实施条例》，有力地推动了我国政府审计法制化、制度化、规范化进程。2015 年 11 月 27 日中共中央办公厅、国务院办公厅印发《关于完善审计制度若干重大问题的框架意见》及相关配套文件的通知(中办发〔2015〕58 号)文件，对完善审计制度提出了系列框架意见，部署了实行审计全覆盖，强化上级审计机关对下级审计机关的领导，探索省以下地方审计机关人财物管理改革等主要任务，是审计制度改革的纲领性文件，是促进国家良治善治的有效手段。

审计准备是整个审计业务进展的最初环节，是审计人员为了取得审计证据完成审计目标，首先要采用的步骤和方法。为了更好地了解审计准备阶段的工作内容和步骤，下文对审计模式、审计流程进行简要介绍，在此基础上，重点讲解审前调查、数据采集与信息系统测试的内容、方法和步骤。

## 7.1 审计模式概述

审计模式又叫审计取证模式，包括审计目标、范围和方法等要素。审计模式解决了审计要审什么、怎么审等问题。审计模式的发展，因审计目标变化、社会经济发展而不断发展变化。传统审计模式理论的发展主要经历了账项基础、制度基础和风险导向审计理论三个阶段。现代风险导向的审计理论是基于传统风险导向理论发展起来的、目前被广泛接受的理论体系。近年来，随着信息技术的发展及云计算、大数据的出现，审计目标发生了更大变化，出现了数字化审计模式。

### 7.1.1 账项基础审计模式

19 世纪中叶产生的账项基础审计是审计模式发展的第一阶段。账项基础审计模式以查错揭弊为审计目标，审计方法以详细审查与抽查相结合，审计方式有顺查法和逆查法。按照报表—账簿—凭证的程序进行详细审查,费时费力,适用于企业规模不大、经济业务比较简单的情况。

随着经济的快速发展,企业规模扩大,经济活动和交易事项变得更加复杂,审计目标也随之改变为验证财务报表是否真实、公允地反映被审计单位财务状况和经营成果。账项基础审计耗时耗力,虽然随后出现的抽样审计代替了详细审计,但仍难以查找错弊产生的会计系统缺陷。为了进一步提高审计效率,保证审计质量,一种从审查内部控制制度着手的制度基础审计模式应运而生。

## 7.1.2　制度基础审计模式

20 世纪 40 年代,适应内部控制制度需要的制度基础审计模式出现,审计目标从查错揭弊发展到对财务报表的真实性、合法性发表意见。制度基础审计模式强调对会计信息赖以生成的内部控制制度进行评价,并在此基础上决定实质性测试的时间、范围和程度,在对内部控制进行了解和评价的基础上制订审计计划,并以此为依据实施审计程序,获取充分、适当的审计证据,提出审计意见,从而将内部控制与抽样审计结合起来。抽查方法是制度基础审计模式普遍采用的审计方法,抽查测试中工作量的大小、样本容量的确定以及抽样方法的选择等是以内部控制系统的强弱以及对内部控制系统的检查和评价为基础的。

制度基础审计通过将审计重点放在对制度中各个控制环节的审查从而发现控制制度薄弱之处,解决了账项基础审计难以发现程序和系统缺陷的问题,大大增强了审计的目标性和方向性。但是,20 世纪 70 年代以来,世界范围的经济变化和企业竞争加剧,社会各界对独立审计评价会计报表的责任提出了更高要求,审计风险受到多方面的影响,如企业固有风险的影响、经营环境的变化、内部控制风险的影响等。制度基础审计使审计人员过于依赖内部控制测试而忽视审计风险产生的其他环节,使审计风险进一步加大。

## 7.1.3　风险导向审计模式

20 世纪 70 年代以后,审计环境发生了重大变化,审计目标转变为对财务报表的真实性和公允性发表意见与揭露被审计单位的舞弊并重。为了从理论和实践上解决制度基础审计存在的缺陷,风险导向的审计模式应运而生。《蒙哥马利审计学》第八版第一次将“风险”的概念与审计程序设计紧密结合,开始探索审计风险控制的措施和审计方法的改进。注册会计师职业界提出了“审计风险＝固有风险×控制风险×检查风险”的审计风险模型。风险导向审计基于审计风险模型,通过对财务报表固有风险和控制风险的评估来确定实质性测试的性质、时间和范围。1983 年美国审计准则委员会发布了第 47 号审计准则《审计风险与重要性》将审计风险模型包含在正文中,将审计风险引入审计理论与实务,在审计发展史上具有里程碑的意义。这种审计风险模型由于在理论和实务两方面都存在一定的缺陷,所以被称作传统风险导向审计。

现代风险导向的审计模式是在传统风险导向审计模式下的进一步演进。20 世纪 90 年代后,企业面临的内外部经营风险可能导致财务报表错报,国际五大会计师事务所联合学术界对审计基本方法进行了全面研究,以被审计单位的经营风险为导向的现代风险导向审计出现(谢荣,吴建友,2004)。现代风险导向审计以系统观和战略观为基本指导思想,采用"自上而下"和"自下而上"相结合的审计思路,将审计风险界定为重大错报风险与检查风险的乘积,标志着现代风险导向审计模式的形成。

审计风险取决于重大错报风险和检查风险。重大错报风险是指财务报表在审计前存在重大错报的可能性。检查风险是指某一认定存在错报,该错报单独或连同其他错报是重大的,但审计人员未能发现这种错报的可能性。

在设计审计程序以确定财务报表整体是否存在重大错报时,审计人员应当从财务报表层次和各类交易、账户余额、列报认定层次考虑重大错报风险。

认定层次的重大错报风险又可进一步细分为固有风险和控制风险。固有风险是指假设不存在相关的内部控制,某一认定发生重大错报风险的可能性,无论该错报单独考虑,还是连同其他错报构成重大错报。控制风险是指某项认定发生了重大错报,无论该错报单独考虑,还是连同其他错报构成重大错报,而该错报没有被单位的内部控制及时预防、发现和纠正的可能性。审计人员应当评估认定层次的重大错报风险,并根据既定的审计风险水平和评估的认定层次重大错报风险确定可接受的检查风险水平。

检查风险取决于既定的审计风险大小与评估的重大错报风险的比率。在既定的审计风险水平下,可接受的检查风险水平与认定层次重大错报风险的评估结果呈反向关系。评估的重大错报风险越高,可接受的检查风险越低;评估的重大错报风险越低,可接受的检查风险越高。

现代风险导向的审计理论在学术界有两种不同的观点,主要基于对"审计风险"的界定不同:①广义的经营风险观认为审计风险不仅包括审计过程的缺陷导致审计结果与实际不符而产生的损失或责任风险,而且包括客户经营失败而导致审计主体遭受损失或不利的可能性(阿尔文,2001;王泽霞,2006)。持广义审计风险观的代表学者有徐政旦和胡春元(2002)、谢荣和吴建友(2004)、汪寿成(2009)等。实务界主要是以原五大事务所为代表,如安永的"审计创新"、原安达信的"经营审计"、毕马威的经营计量流程(Business Measurement Process,BMP)审计方法、普华永道的"普华永道审计方法"。②狭义的重大错报风险观认为风险是"审计人员针对会计报表不能够形成和发表适当审计意见的可能性"(陈毓圭,2004)。国际审计和鉴证准则委员会(IAASB)的第 315 号国际审计准则(ISA315)规定:注册会计师应当了解被审计单位及其环境,以足以识别和评估会计报表重大错报风险、设计和实施进一步审计程序。持狭义审计风险观的主要代表有:国际审计和鉴证准则委员会、美国注册会计师协会、加拿大特许会计协会、中国注册会计师协会、阿尔文和 J. K. 洛贝克、陈志强(2006)、王泽霞(2006)、陈毓圭(2004)、黄世忠和陈建明(2002)等。该观点认为"经营风险导向审计"不仅没有一个科学合理的审计风险模型作为其基础,即使是在对风险概念的理解上也出现了偏差,因此不是真正意义上的风险导向审计。

现代风险导向的审计理论以战略观和系统观思想指导重大错报风险评估和整个审计流程,强化了对重大会计舞弊的识别和应对方法,在理论上遵循复杂系统的认知模式。

## 7.1.4 数字化审计模式

随着信息技术及审计模式的变革,我国审计署着力推进审计信息化建设,努力构建大数据审计模式,积极建设国家审计数据中心,提高审计能力、质量和效率,扩大审计监督的广度和深度,创新性地提出并推广"总体分析、发现疑点、分散核实、系统研究"的数字化审计方式。数字化审计模式是具有时代特征的审计模式,是随着信息技术及审计模式的变革应运而生的时代产物。

2013 年,刘家义审计长提出了中国特色的社会主义审计理论(刘家义,2013),基于"免疫系统"论,从审计功能、目标、基本特征、审计方式、审计管理、规范化、信息化及审计文化等方面阐述了政府审计对于国家治理的重要作用,成为中国特色社会主义审计的指导、途径和保障。"免疫系统"环境变化使审计技术应具有以下时代特点:①审计方法适应于信息化条件,审计技巧高于被审计单位能力;②在实施过程中着重体现审计的监控功能,强调动态预警和控制。同时,在社会主义审计理论指引下,国家审计上升到了国家治理层面,是党和国家监督体系的重要组成部分,具有预防、揭示和抵御的"免疫系统"功能,通过对公共资金、国有资产、国有资源和领导干部履行经济责任情况的审计监督,摸清真实情况、揭示风险隐患、反映突出问题和体制制度性障碍,并推动及时有效解决,是提升国家治理能力的重要力量,是实现国家治理现代化的基石和重要保障。这些理念和认识,引领和保障审计工作实现了质的飞跃。

审计作为国家经济运行的"免疫系统",在预防经济运行风险、揭示苗头性、趋势性问题方面责无旁贷。数据式审计模式理论(石爱中,2005)指出了在计算机取证环境下,审计取证模式应包括以数据为直接对象的数据基础审计模式和以系统内部控制测评为基础,通过对电子数据的收集、清理、转换、分析和验证,实现审计目标的数据式系统基础审计模式,在指导计算机审计实践中起到了巨大的作用。

近几年审计署广泛运用现代审计技术,采用数字化审计模式在实现审计监督预警职能方面发挥了重要作用。

数字化审计模式包括审计项目管理、审计业务实施、审计质量控制、审计指挥和审计决策等全方位的数字化以及数据资源共享多个方面。数字化审计模式是信息系统审计和电子数据审计的集合,是在信息系统审计基础上对电子数据进行"总体分析、发现疑点、分散核实、系统研究"的全过程。

2015 年,中办发〔2015〕58 号文件中《关于实行审计全覆盖的实施意见》,为数字化审计模式的实施铺平了道路,提出创新审计技术方法,构建大数据审计工作模式。《关于实行审计全覆盖的实施意见》要求有关部门、金融机构和国有企事业单位应根据审计工作需要,依法向审计机关提供与本单位本系统履行职责相关的电子数据信息和必要的技术文档,不得制定限制向审计机关提供资料和开放计算机信息系统查询权限的规定,已经制定的应予以修订或废止。审计机关要建立健全数据定期报送制度,加大数据集中力度,对获取的数据资料严格保密。适应大数据审计需要,构建国家审计数据系统和数字化审计平台,积极运用大数据技术,加大业务数据与财务数据、单位数据与行业数据以及跨行业、跨领域数据的综合比对和关联分析力度,提高运用信息化技术查核问题、评价判断、宏观分析的能力。探索建立审计实时监督系统,实施联网审计。这一文件的出台,为数字化审计模式大规模实施创建了前提和基础,是数字化审计模式发展的里程碑。

## 7.2 审计流程概述

审计流程是指审计机构和审计人员对审计项目从开始到结束的整个过程采取的系统性工作步骤。审计流程一般可划分为审计准备、审计实施和审计终结阶段,各阶段又包括许多具体内容。狭义的审计流程是指审计人员在取得审计证据完成审计目标的过程中,所采用的步骤和方法。

### 7.2.1 注册会计师审计流程

注册会计师审计的准备阶段一般需要初步了解被审计单位基本情况,初步评估审计风险,在此基础上,制定总体审计策略,编制具体审计计划。

审计实施阶段需要了解内部控制制度设计能否有效防止或发现并纠正重大错误,制定控制测试方案评价内部控制是否得到执行。根据控制测试结果,调整实质性测试的方案并进行交易、账户余额、披露及列报、期初余额、期后事项等测试,从而完成审计外勤工作。

审计终结阶段包括出具审计报告、向委托人报告、归档,必要时包括后续审计等环节。常见的注册会计师审计流程如图 7-1 所示。

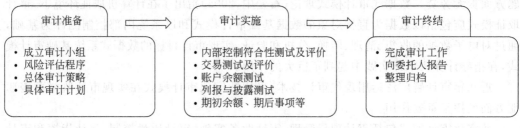

图 7-1 注册会计师审计流程

### 7.2.2 政府审计流程

政府审计流程与注册会计师审计流程有所不同。政府审计流程一般可分为准备阶段、实施阶段、报告终结与处理阶段(如图 7-2 所示)。

审计准备阶段包括审计机关根据批复的年度工作计划,确定具体审计对象,以及由执行部门在具体实施前所做的各项准备工作。在审计机关的年度审计项目计划经批准下达后,项目执行部门确定审计对象,组成审计组,进行审前调查,收集有关法规,制订审计实施方案,发出审计通知书等。

审计实施阶段与注册会计师审计相似,是指审计通知书送达被审计单位至向被审计单位提出审计报告期间,审计人员具体执行审计业务的过程。这一过程的主要工作内容是按照风险导向审计模式的流程,通过评价被审计单位内部控制及执行情况,实施实质性

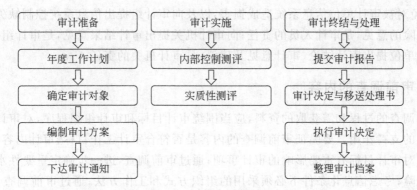

图 7-2 政府审计流程图

测试,收集审计证据,编制工作底稿等,以供评价审计事项和编制审计报告。

审计终结是指审计实施结束后,在综合分析审计工作底稿及审计证据的基础上,编制审计报告,出具审计意见书,做出审计决定、发布审计结果公告和建立审计档案的过程。政府审计报告分为审计组的审计报告、审计机关的审计报告两种。其中审计机关的审计报告又包括审计机关受本级政府委托向本级人大常委会所做的审计工作报告、审计机关向本级政府首长所做的预算执行和其他财务收支情况的审计结果报告、审计机关向本级人民政府和上一级审计机关提交的审计调查报告、审计机关向本级政府有关部门提供的审计结果通告和审计机关向社会公布的审计结果公告等多种形式。

## 7.3 审前调查

近年来,随着被审计单位信息化的发展,会计信息系统、ERP 系统已被较普遍地应用于各大、中小企业及事业单位。被审计单位环境的变化,迫使审计人员必须使用信息化审计手段来辅助完成整个审计流程。计算机辅助审计已较广泛地应用于各审计项目。2007年 12 月审计署发布了《审计署关于印发计算机审计审前调查指南——计算机审计实务公告第 8 号的通知》(审计发〔2007〕78 号);2012 年审计署发布了《审计署关于印发信息系统审计指南——计算机审计实务公告第 34 号的通知》(审计发〔2012〕11 号),供审计人员开展计算机辅助审计、信息系统审计时参考。

### 7.3.1 审前调查的目的与意义

在审计准备阶段,为了了解并掌握与审计项目有关的各方面的情况,做到心中有数,以便在编制审计实施方案以及进行审计时,能突出重点,工作有针对性,审计组在实施项目审计前,应进行审前调查。

按照会计准则的要求编制财务报表,并使其公允地反映财务状况和经营成果;设计、执行和维护必要的内部控制,以使财务报表不存在由于舞弊或错误导致的重大错报是被审计单位管理层的责任。

按照审计准则的规定,遵守审计职业道德守则,计划和执行审计工作,实施恰当的审计程序,对被审计单位财务报表是否不存在重大错报获取合理保证;保守国家秘密和商业秘密,避免对被审计单位信息系统造成损害,以及向审计组提出信息系统控制缺失及其产生数据风险的意见,是审计人员的责任;向审计机关提出审计结果意见,是审计组的责任;向被审计单位提出审计结论、审计意见及建议,是审计机关的责任。

## 7.3.2 审前调查的内容

审前调查的过程和需获取的资料,应当围绕审计目标和审计组织程序,对审计实施方案有一定的支持作用。要验证审前调查的内容是否符合审计工作目标、审计内容与重点;有无遗漏对审计目标有重要影响的审计事项;通过审前调查,进一步确定重要性水平和评估审计风险;考虑信息化条件下必须采用的组织方式和工作方法;通过审前调查,确认审计项目组必需的计算机设备、条件及其解决方式、审计组应当充实的计算机技术人员的数量和专业结构;进一步明确预定的审计工作起止时间和经费预算。

审计人员进行审前调查,包括被审计单位外部环境与内部情况两方面的内容。

外部情况有:有关的政策和法律、法规,社会各界广泛关注的问题,同行业其他单位的情况等。

内部情况有:被审计单位的发展简史、管理体制、隶属关系、机构设置、业务内容和特点、以前年度接受审计的情况、被审计单位所使用的重要信息系统等。对会计信息系统审前调查的内容,包括一般控制、对应用控制及项目管理的调查。

### 7.3.2.1 被审计单位的外部环境

为了控制审计风险,审计人员在对被审计单位开展审计前必须谨慎考虑,综合了解被审计单位面临的外部环境、行业特点,从而做出客观公正的判断。

审计人员需要了解以下外部环境:①被审计单位的行业特征、业务性质与行业竞争状况,了解被审计单位所处行业的主要经济指标和统计数据、行业适用的法规、特定的会计惯例等,主要了解该行业是新兴产业还是老牌产业,其前景状况如何,是属于资源枯竭的能源消耗型,还是前景可观的节能效益型以及国家对该行业的各种经济技术指标、衡量标准等。②了解被审计单位面临的经济、政策环境以及制度变革等,如宏观经济形势对被审计单位产生的影响,政策因素对被审计单位产生的影响,政府对被审计单位的限制性要求等;主要考虑宏观经济形势对该单位的影响,如国家产业政策调整,对某些行业进行扶持,对税收等政策的优惠等。③了解外部风险,如被审计单位是否陷入主管机构或政府部门的调查;了解被审计单位是否涉及债务担保而陷入诉讼,或违反银行债务契约而受到起诉;了解被审计单位是否涉嫌税务舞弊而受到调查或处罚;了解被审计单位是否违反了环保要求而持续经营能力受损。④了解舞弊情况,如主管人员是否正在接受司法或纪检部门对涉嫌违法违纪行为的调查,以前是否由于舞弊受过监管机构的处罚等。这些风险将影响企业内部控制和持续经营能力,因而应引起审计人员对被审计单位重大错报风险评估的重视。

#### 7.3.2.2　被审计单位的经营管理情况

**1. 经营情况**

了解被审计单位及其控股子公司的历史沿革情况、股本形成与演变情况、重大重组情况；了解被审计单位的发展战略、中长期发展目标、经营情况和经营风险；了解被审计单位的产品生命周期、市场占有率，以及在人员、资产、财务、机构、业务方面的部署和管理情况等。

**2. 利益相关者情况**

重点调查被审计单位与控股股东、实际控制人的同业竞争情况、关联方及关联交易情况；了解被审计单位高管人员的任职及变动情况、胜任能力情况、薪酬情况、兼职及对外投资情况等；了解被审计单位的债权人、债务人及担保情况等。

**3. 财务状况**

审计人员应了解被审计单位的财务会计机构设置及工作组织；了解会计制度、会计估计及变更情况，会计原则和会计方法、固定资产折旧方法、存货发出计价方法、长期待摊费用摊销方法，以及国家对该行业的特殊规定等。了解以前年度接受审计的情况，并对财务资料及相关经营成果的变动情况进行详细分析讨论。

**4. 内部控制与重大决策**

了解被审计单位组织结构与内部控制制度及执行情况，了解被审计单位近几年的重大投资项目、投资决策、重大合同的签订等情况。

#### 7.3.2.3　被审计单位的信息系统

在以下场景中，财务数据、主营业务等经济活动信息都是以电子数据形式存在的：被审计单位使用会计核算软件等信息系统；被审计单位使用了业务管理软件等信息系统；对电子政务等项目实施 IT 效益审计等。审计人员需要关注电子数据的真实性、完整性、不可篡改性。

为确保被审计单位会计信息系统及主要业务系统提供数据的真实性、完整性、不可篡改性、控制有效性，审计机关和审计组在编制审计实施方案前，应根据审计项目的规模和性质，安排适当的人员和时间，对被审计单位的会计信息系统、ERP 或重要业务系统进行计算机审计审前调查。

计算机审计审前调查了解被审计单位相关经济业务活动及其所依赖的重要信息系统，包括会计信息系统及核心业务系统；了解涉及会计信息系统及核心业务系统的重要组织架构、人员构成、项目投资及管理情况等。还可采用个别访谈、沟通会、查阅系统开发文档、维护手册等方法了解被审计单位相关业务活动、核心信息系统、重要的管理人员、会计信息系统及重要业务系统建设的经济性，以及信息系统建设管理、信息系统绩效等内容。

审前调查过程中，审计人员应当关注电子数据具有的易拷贝、易扩散特性对保密的负面影响。

计算机审计审前调查应当遵循审计署关于审计项目审前调查的相关要求，关注由于计算机等信息技术应用给审计客体、主体双方带来的实质性变化。开展计算机审计审前调查的目标,是使审计机关和审计组所编制审计实施方案满足信息化环境下开展审计的需求。参与审前调查的人员,应当具有适当的计算机知识和技能。必要时审计机关可以调动本机关计算机审计专业人员或者聘请外部计算机专业技术人员参加。

若审计项目独立列入审计计划,对被审计单位信息系统进行检查的,则需要进行信息系统审计。信息系统审计的主要目标是通过检查和评价被审计单位信息系统的安全性、可靠性和经济性,揭示信息系统存在的问题,提出完善信息系统控制的审计意见和建议,促进被审计单位信息系统实现组织目标;同时,通过检查和评价信息系统产生数据的真实性、完整性和正确性,防范和控制审计风险。

计算机审计审前调查的主要内容包括调查被审计单位所使用的信息系统以及信息系统项目管理、一般控制、应用控制的情况,为开展计算机数据审计做好准备。

(1) 被审计单位信息系统与电子数据调查

在审计之前,首先要调查了解被审计单位有哪些信息系统与电子数据;被审计单位业务流程对信息化的依赖程度;与信息系统有关的管理机构及管理方式;开展计算机审计的环境条件等。这么做的目的是要保证计算机数据审计时审计组具有同等能力与条件,确保获取数据的公允性。

对被审计单位所使用的信息系统进行调查,应当收集、记录下列资料,了解相关情况:①信息系统的名称及版本,取得方式和时间;②信息系统所使用的操作系统、数据库管理系统、应用软件的名称及版本,信息系统运行环境硬件配置;③信息系统担负的主要任务、所处理数据的归属、主要来源、传递方式、主要流程以及与其他信息系统的共享、交互;④信息系统对外输出数据的方式,可输出数据的类型;⑤主要岗位设置、责任划分、权力分配等控制环节,主要访问控制、变更控制等安全策略;⑥有可能获得的系统建设文档、系统取得之后重大调整升级的更新记录等。

审计机关统一组织由不同级次审计机关或者多个审计组参加的行业审计、专项资金审计或者其他统一审计项目需要进行计算机审计审前调查时,应当根据审计机关编制审计工作方案的需要,有所侧重地选择调查内容,进行适当的扩充和删减。对实行数据大集中的行业或者单位进行审前调查,应当将采集、整理、切分等数据准备工作列入审前调查的范围,并安排所需时间。

(2) 信息系统项目管理与电子数据测试

为了了解被审计单位信息系统建设的经济性和有效性,避免重大信息系统投资决策失误和重复建设,系统运行中的信息管理有效,需对被审计单位信息系统项目管理进行审前调查。

对被审计单位与信息系统有关的管理机构及管理方式进行调查,应当收集了解相关法规、规章对在用信息系统的规范要求;了解信息技术部门在被审计单位组织架构中的位置;了解信息系统主要控制环节及岗位设置。审前调查中可以视需要和条件,绘制组织系统图,抽查管理制度的实际执行、控制程度,了解被审计单位是否在信息系统建设和运维中,遵守国家和行业的相关法律、法规和业务规范,建立并实施了恰当的内部控制以保障经济业务活动的有效运行和组织目标的实现。此外,还应了解被审计单位提供给审计机关所需的各类资料和电子数据是否真实完整。

为了确保电子数据的公允性,审前调查中可视需要和条件,必要时审计人员应实施信息系统测试和数据测试。测试工作应当编制适当的预案,确保信息系统的正常运行。

对被审计单位的电子数据进行调查,应当收集、记录下列资料,了解相关情况:①数据内容、范围、存储媒介;②以 GB 为单位计算的被审计单位源数据量、估算的审计所需数据量;③会计核算软件等信息系统输出的数据与国家标准(GB/T 19581—2004)的符合程度,是否能被 AO 等审计软件顺利采集;④数据元素满足专业审计数据规划的程度及主要差异;⑤有可能获得的数据结构说明、用户使用手册等文档资料;⑥被审计单位对审计人员采集、整理数据的支持程度和支持能力;⑦有可能涉及的外部电子数据。审前调查中可视需要和条件,采集、转换审计所需要的部分数据以至全部数据,对数据的真实性、可用性进行初步审查,按照审计项目性质对数据进行初步分析。

(3) 信息系统的一般控制调查

了解被审计单位信息系统总体控制的目的是通过检查被审计单位信息系统总体控制的战略规划、组织架构、制度机制、岗位职责、内部监督等,分析信息系统在内部环境、风险评估、控制活动、信息与沟通、内部监督方面的有效性及其风险,形成信息系统总体控制的审计评价和结论,为审计项目对信息系统总体控制的审计评价提供支持。

了解被审计单位的一般控制,主要包括检查被审计单位信息系统的总体控制、信息安全技术控制、信息安全管理控制等情况。

① 信息系统总体控制调查。首先,检查被审计单位是否建立了信息系统战略发展规划,是否明确了战略目标、整体规划、实现指标和相应的实施机制,以及规划的业务和管理的覆盖面、所辖行业的覆盖面,是否能够指导和推进信息化环境下经济业务活动的战略发展。其次,检查被审计单位是否建立了与信息系统战略发展规划相匹配的决策与管理层领导机构、项目实施层工作机构,以及行业内各层级的信息化工作机构,是否建立了各类机构的权力责任和制约机制,是否有效地发挥了各类机构的作用。再次,检查被审计单位是否建立了与信息系统战略规划和组织架构相匹配的项目管理制度、项目建设制度、质量检查制度等,是否建立了重大问题的决策机制,是否形成了领导机构对项目实施机构和行业工作机构的统一领导,项目实施机构是否形成了对项目建设进度、项目质量、投资效果和风险防范的有效控制。最后,检查被审计单位信息系统规划、建设、运维等方面的岗位设置、人员配置和岗位职责,了解信息技术部门及其工作人员管理维护职责分工;了解财务、业务人员使用信息系统的职责分工;是否建立了各类岗位职责的检查考核机制,是否建立了信息系统建设和经济业务活动之间、信息系统建设的相关岗位之间有效的信息沟通与交互机制。

② 信息安全技术控制调查。信息安全技术控制调查的目的是通过检查被审计单位信息系统的信息安全技术及其控制的整体方案,检查安全计算环境、区域边界、通信网络等方面的安全策略和技术设计,发现并揭示信息系统安全技术控制的缺失,分析并评价风险程度,为数据审计防范和控制审计风险。

③ 信息安全管理控制调查。信息安全管理控制调查的目的是通过检查被审计单位信息系统的信息安全管理以及重要信息系统的需求与设计、研发与集成、使用与控制、运维与保障等,确认被审计单位是否建立健全了信息系统建设和运维全过程的内部监督机

构和监督机制,是否形成了对信息系统的风险评估、控制活动和信息交互等方面的有效控制和监督,是否较好地发挥了促进信息系统健康运行的监督保障作用,评价信息安全管理的完整性和有效性,揭示信息安全管理缺失的问题,为数据审计防范和控制审计风险。

（4）调查被审计单位的应用控制

被审计单位应保障信息系统设置了恰当的应用控制以保障数据的安全性、完整性、可用性和不可篡改性等。应用控制包括信息系统业务流程,数据输入、处理和输出的控制,信息共享和业务协同。

① 信息系统业务流程控制测评的目的是通过检查被审计单位信息系统承载的经济业务活动的发生、处理、记录和报告的业务流程和业务循环过程,评价系统业务流程控制的合理性和有效性,揭示系统业务流程设计缺陷、控制缺失等问题,为防范和控制数据审计风险,以及审计项目对信息系统业务流程控制的审计评价提供支持。

② 数据输入、处理和输出控制测试的目的是通过检查被审计单位信息系统数据输入、处理和输出控制的有效性,发现因系统控制缺失产生的数据风险,形成数据控制水平的审计评价和结论,提出审计意见和建议,为数据审计防范和控制审计风险,以及审计项目对信息系统数据风险控制的审计评价提供支持。

③ 信息共享与业务协同测试的目的是通过检查被审计单位信息系统内外部信息共享与业务协同,揭示共享与协同控制的缺失,分析并评价风险程度,形成被审计单位信息共享与业务协同水平的审计评价,为数据审计获取真实、完整和正确的审计数据。

审计人员应当在调查了解被审计单位信息系统所承载的经济业务活动的业务流、资金流和信息流基础上,按照不同经济业务活动的数据输入、处理和输出功能,分类建立测评指标,开展测评和审计分析,旨在通过重点分析系统结构和数据结构,标识信息系统的关键控制环节和控制点。

### 7.3.3 审前调查的方法

审计人员可采用以下方式进行审前调查。

**1. 询问**

审计人员可通过询问被审计单位的相关人员,了解被审计单位的组织管理模式、经营模式、管理层最关心的主要问题、最近的财务状况以及可能影响财务报告的重要交易或事项,或目前发生的重大会计处理问题、所有权结构、组织结构等重要变化。审计人员也可以通过询问内部审计人员、采购人员、生产、销售、库管等人员,考虑询问不同级别的员工,获取对识别重大错报风险有用的信息。

**2. 观察和检查**

审计人员可通过观察被审计单位的生产经营活动,如观察仓储情况,获得存货管理相关的内部控制执行及管理情况;观察生产过程,获得工艺流程及材料耗用、产品完工的情况,进一步了解经营活动;追踪交易在会计信息系统中的处理过程,执行穿行测试,了解客户的内部控制是否得到执行,其交易流程与其他途径了解的是否一致等。

**3. 审阅法**

审计人员可查阅或者索取相关制度、文件、记录及内部控制手册、信息系统开发文档等资料,了解被审计单位的基本情况、内部控制及制度建设情况;阅读由管理层和治理层编制的财务报告,了解被审计单位近期发生的重大事项;调阅本审计项目以前年度审计的档案,了解审计所发现的主要问题及处理情况等,以确定下一步采取何种策略。

#### 4. 访谈与会议

审计人员可在被审计单位召开面谈会,组织有关人员座谈,由被审计单位相关人员介绍情况,列出具体清单由被审计单位向审计组提供书面材料;审计人员可与核心业务关键人员访谈,了解重要内部控制和关键风险点,获取不同途径的信息。审计人员在执行访谈程序时,需有两名以上审计人员参加,最好可同时做好会议记录或访谈记录,现场打印并由参会人员或访谈人员复核后签字,将口头证据转化为书面证据。

#### 5. 调查问卷

调查问卷法是一种间接的、书面的访问。审计人员向主管部门和有关综合管理部门调查了解,发放调查问卷或者调查表。调查者一般不与被调查者见面,而由被调查者自己填写问卷。运用这种方法可以收集用其他方式难以获得的信息,如账外资金、小金库等。

#### 6. 实地考察与走访

实地查看被审计单位的生产经营场所、存货和设备,了解被审计单位的相关信息;实地考察开展计算机审计的环境条件,了解被审计单位可以提供的设备,审计组完成审计工作必须自行携带的设备;了解被审计单位可利用的网络,审计组需要搭建网络环境的规模和所需设备材料;了解被审计单位可以提供的数据库管理软件和其他辅助软件工具,审计组需要另行准备的软件;了解利用被审计单位计算机环境条件对审计工作、被审计单位系统安全的影响程度。

审计人员还可走访与审计项目有关的单位、被审计单位的上级主管部门和财政、税务、银行等专门机构,收集有关资料。通过走访上级主管部门了解其行业考核目标完成情况;通过走访财政部门了解财政注入资金(国家投入资本金)及该企业上缴利税和国有资产收益情况;通过走访税务部门了解其执行税收政策和完成情况,在税务稽查中是否发现偷漏税现象,以及税收优惠和减免等情况;通过走访其开户银行,了解其银行贷款、资产抵押情况以及票据政策情况。

#### 7. 流程图

必要时可对被审计单位重要的业务流程、数据流程、网络拓扑采用绘制流程图方法进行分析,确定关键节点,发现核心控制可能存在的问题。

#### 8. 系统分析法

系统分析法是根据审计目标的要求,将有关数据资料和具体情况结合起来通过逻辑关系分析、分组分析、对比分析、结构分析、趋势分析和因素分析等手段,进行归纳、推理、判断,概括出审计事项的内在联系,从而得出结论,做出评价判断其存在的主要问题,确定审计重点和目标。运用这种方法可以从总体上把握风险,避免瞎子摸象式的只见局部不见总体的问题。

## 7.4 电子数据采集

当前信息技术革命与人类经济社会活动深入交汇融合，电子数据正以前所未有的深度和广度记录着个人、企业和组织的经济活动运行，审计面对的不再仅仅是纸质账簿和会计凭证，电子凭证、电子账簿、会议纪要、企业规章制度、文件等原始电子交易数据也越来越为审计人员所关注。本书仅介绍会计信息系统数据常见的采集方法。

会计信息系统数据采集常用以下几种方式实现：采用国标标准接口进行采集；直接备份被审计单位数据库数据，并还原至审计数据库服务器；文本采集；模板采集；使用 AO 软件，或由被审计单位会计信息系统客户端查询并保存。

### 7.4.1 国标采集

审计署在审计实践中发现，越来越多的会计数据、业务数据以电子形式存储在软件的底层数据库中。而目前市场上存在多种软件，形成被审计单位数据格式多样化的局面，阻碍了审计人员采集被审计单位数据。

近年来，中国在审计数据采集标准化领域开展了大量工作，通过实施审计数据采集国家标准，有效降低了审计数据的采集成本和使用成本。2004 年国家标准化管理委员会批准了 GB/T 19581—2004《信息技术 会计核算软件数据接口》国家标准，规定了会计核算软件的数据接口要求，包括会计核算数据元素、数据接口输出文件的内容和格式的要求。2010 年国家标准化管理委员会批准发布了 GB/T 24589《财经信息技术 会计核算软件数据接口》标准，规定了会计核算软件接口的数据格式要求，包括会计核算数据元素、数据接口输出文件的内容和格式的要求。其中 GB/T 24589.1—2010《财经信息技术 会计核算软件数据接口 第 1 部分：企业》和 GB/T 24589.2—2010《财经信息技术 会计核算软件数据接口 第 2 部分：行政事业单位》是会计核算软件系列标准中的两项重要标准。

2015 年中国审计署、中国国家标准化委员会在我国审计标准的基础上向国际标准化组织(ISO)提出制定审计数据采集国际标准项目。2015 年 3 月国际标准化组织(ISO)批准成立审计数据采集项目委员会，由中国承担主席和秘书处工作。项目将在 3 年左右的时间制定出相关国际标准。2015 年 11 月 3 日，由我国牵头的国际标准化组织审计数据采集项目委员会(ISO/PC 295)第一次国际会议在北京召开。会议的主要内容是确定 ISO/PC 295 审计数据采集国际标准的框架、范围、成员结构以及后续会议计划。本次会议得到了中国审计署、中国国家标准化委员会、工业和信息化部电子标准化研究院、国内外知名财务软件企业和国际标准化组织等相关机构的高度重视和积极支持，吸引了多个国际组织的权威专家的积极参与。

此次由我国牵头制定审计数据采集国际标准，是我国审计工作和标准化工作在国际最高级别的标准化体系中开辟的一个全新的技术领域，是将中国审计技术在相关领域的实践和经验贡献给世界各国审计机关的有益尝试，不仅有利于进一步提升我国在审计领域的国际影响，对加快我国标准的国际化步伐也具有重要意义。

### 7.4.2　数据库采集

一般的会计信息系统常基于 Windows、Windows NT、Unix、Netware 等平台开发,采用 SQL Server、Sybase、Oracle、DB2、Informix、Mysql、Access 等数据库管理系统。

为避免破坏被审计单位会计信息系统、核心业务系统的生产环境,减少现场审计人员从会计信息系统及核心业务系统前台查询的工作量,审计组的解决方案一般是:将数据从被审计单位的数据库服务器备份并还原到审计人员的工作环境中,同时为审计人员安装被审计单位重要信息系统的客户端并提供相应的查询权限。

**1. 一般会计信息系统的数据库采集**

对于关系型数据库管理系统来说,"开放数据库连接"(ODBC)是最常用的数据下载方法,尤其要关注数据传输和数据下载过程中数据的完整性。

对数据库比较熟悉的审计人员,还可要求被审计单位提供数据库备份文件,并将其还原至审计现场相同版本的数据库管理系统中,之后再用数据库管理系统编写查询或分析脚本进行审计数据分析;或将数据导入审计人员熟悉的审计工具软件中进行审计。

在备份还原被审计单位数据库数据时,要注意被审计单位使用的数据库软件、版本与审计现场数据库服务器的型号版本兼容性问题。若使用低版本备份数据向高版本服务器还原则容易遇到系统兼容性问题导致报错或出现数据缺失,此时一定要进行数据校验。

**2. SAP 数据库采集**

在 SAP ERP 系统中包括了上万张数据表,分为下面三大类。

(1)系统配置表,用于具体客户系统的配置以及关键信息,包括各类组织结构与分配关系,确定业务如何以及关键控制点等。

(2)静态主数据表,在实际业务发生时相对静态可重复使用的数据,如会计科目、客户主数据、供应商主数据、资产主数据、销售价格和采购信息记录等。

(3)动态业务数据表,记录具体的每一笔业务信息,如采购订单、销售订单、交货单、销售发票和会计凭证等。以上的配置表中,产品已预设通用信息,在项目实施过程中将会根据客户业务需求进行定制化设置。系统中的数据表量大,数据逻辑严谨,表间关系错综复杂。

在如此复杂的数据关系中,对于数据的采集提出了更高的要求,例如,图 7-3 为常见的集团化系统硬件架构。

开发系统主要用于系统配置、报表开发和功能开发,其系统更新结果将传输到测试系统。在测试系统中进行功能测试以及用户接受测试,在测试通过后,系统更新才传输到生产系统。生产系统是用户实际使用的系统,记录实际的业务发生。为确保系统的安全性、完整性和可用性,各

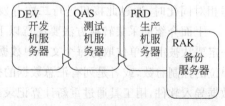

图 7-3　常见的集团化系统硬件架构

公司会确定并执行系统备份机制。在审计过程中,可以从备份系统中采集数据或新增数据备份系统用于审计分析。

数据采集过程中,除了硬件的考虑,还需要看具体的数据软件。图 7-4 为数据采集示例。市场上主流的数据库软件包括 DB2、Oracle 和 SQL Server,以及其他更多的数据库

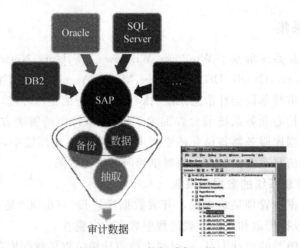

图 7-4　SAP 数据采集示例

软件在应用。数据采集包括 ETL（Extraction Transformation Loading）抽取、转换和加载，最终形成审计数据，其过程仍然可使用数据库软件的采集功能。

　　数据库软件上的直接采集是一种简易通用的方式，在使用审计软件时可以考虑如图 7-5 所示的接口进行数据采集。

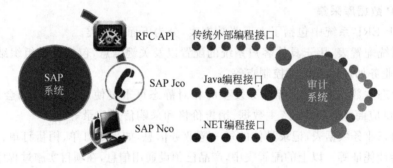

图 7-5　审计软件数据采集接口

　　以上三种编程接口可以基于审计系统的开发环境进行选择。当审计系统所需要的数据相对固化时，通过此接口进行二次开发，数据采集过程具有可重用性。

　　上面介绍的采集转换方法要注意以下要点：如果数据以独立的磁性文件形式提供，则一定要从被审计单位取得每个文件中数据记录的条数。审计人员应从被审计单位取得每个单位的控制总数，或者是列有汇总数据的打印出的纸质文档（如财务报表的汇总数）；然后将数据导入软件，用工具通过重新计算记录条数和汇总数，并与被审计单位提供的相关情况进行比较，完成对数据的完整性的检验。如果对数据进行了转换，要核对转换前后的记录条数和控制总数；以原始格式从被审计单位取得的数据必须做好原始备份。一旦需要审计人员把数据退给被审计单位，最好在审计人员的 IT 系统上保留一个原封不动的备份。

## 7.4.3　文本采集

　　如果现场审计人员并不具有与被审计单位相同的数据库管理系统，或没有相同条件安装同类型同版本数据库管理软件,则可采用文本采集方式。审计人员可在分析被审计单位特殊业务流程、数据流程的基础上,通过分析行业软件后台数据表结构,选定关键数据表。被审计单位按要求采集并提供文本格式数据后,审计人员将数据导入熟悉的数据库管理系统或审计工具软件中进行查询分析。

### 7.4.4　模板采集

有些单位使用的软件不统一,所使用的数据库系统类型各异;或有些被审计单位尚未使用信息系统进行数据处理,审计人员面临大型审计项目时,被审计单位手工账与电子数据并存的情况,不利于对总体进行分析。此时审计组一般会采用模板采集的方式获取数据。例如,对某商业银行总行进行审计时发现,各分行分别采用不同公司开发的行业软件。为使获取的数据更为真实地反映各分行特点,并纵向连续、横向可比,审计人员要求被审计单位提供个贷系统、资金交易系统等重要系统中的关键数据表(如个人贷款信息表、个人贷款余额表、个人贷款利息计算表、贷款七级分类迁移表、个人贷款利息调整表、债券交易流水、正回购逆回购交易明细表、债券利息明细表等),并根据数据表结构获取主要属性,审计人员可将模板采集的总体数据导入工具软件进行横纵向对比分析,有利于提高审计效率。表 7-1 为某商业银行审计部分数据采集模板。

表 7-1　某商业银行审计部分数据采集模板

| 系统 | 表　名 | 字段 1 | 字段 2 | 字段 3 | 字段 4 | 字段 5 | 字段 6 |
|---|---|---|---|---|---|---|---|
| 个贷系统数据 | 个人贷款信息表 | 借据号 | 机构编码 | 支行名称 | 放款日 | 到期日 | …… |
| | 个人贷款余额表 | 借据号 | 机构编码(支行代码) | 支行名称 | 放款日 | 余额 | |
| | 个人贷款利息计算表 | 借款号 | 机构编码 | 支行名称 | 放款日 | 到期日 | |
| | 贷款七级分类迁移表 | 借据号 | 客户代码 | 客户名称 | 贷款类别 | 机构编码 | |
| | 个人贷款利息调整表 | 借据号码 | 机构编码 | 支行名称 | 贷款余额 | 合同利率 | |
| 资金交易系统 | 债券交易流水 | 合同号 | 债券代码 | 债券名称 | 交易对手 | 交易时间 | |
| | 正回购、逆回购交易明细表 | 合同号 | 本方交易员 | 交易对手 | 对手方交易员 | 交易方向 | …… |
| | 债券利息明细表 | 合同号 | 债券代码 | 债券名称 | 资产分类名称 | 交易对手 | …… |
| | …… | …… | …… | …… | …… | …… | …… |

采用模板采集的方式需注意被采集数据的真实、完整、不可篡改性。由于模板采集的数据并非原始数据,为避免被审计单位提供数据时的人为错误和舞弊行为,提高审计效率,审计组应进一步要求被审计单位盖章后提供数据,并由审计人员对提供的数据进行初步分析、校验、复核后使用更为有效。

### 7.4.5　AO 软件采集

数据采集可用模板采集和数据库采集的方式采集数据。AO 软件的数据采集包括采集、转换两个步骤。

模板采集针对不同类型的会计信息系统数据库数据,采集关键数据表数据形成的取数工具。审计人员在采集数据时,需要根据被审计单位会计信息系统的软件名称、版本、数据类型(可选类型有备份文件、数据库文件或 Access 文件)等,选择对应的 AO 内置取数模板,将被审计单位的数据文件采集至 AO 软件中。此后,还需将采集的数据按照 AO 提供的转换模板进行转换,转换完成后,总账、明细账、辅助账和凭证等会计信息系统的数据才完成数据导入过程。

数据库采集功能为用户提供了个人定制采集数据的功能。审计人员通过分析数据表结构,选择所需的数据源中的关键数据表,配置采集参数转换数据。

对于特殊行业的会计信息系统无法按照模板采集和数据库采集方式完成账表重建的,AO 软件还针对国标接口数据(GB/T 19581、GB/T 24589—2010)的采集转换制作了转换模板,符合该标准的数据都可实现数据转换。

### 7.4.6 前台查询并保存

当审计组不具备前几种数据采集条件时,可由被审计单位提供审计查询权限,在客户端进行查询并保存为审计人员需要的数据格式以进行审计分析。

### 7.4.7 其他审计工具软件采集

除了上述采集方法外,还有许多软件也可实现数据的采集、转换及导入,如国家审计署南京特派办开发的审计数据采集与分析工具以及用友审易、中普、昂卓、易审通、鼎信诺、IDEA、Caseware、ACL 等审计工具软件也被普遍应用于审计实践中。

## 7.5 信息系统审计测试

为了确保审计数据的真实性、完整性、不可篡改性及有效性,审计人员常需要对记录、存储数据的信息系统进行审计测试,以避免假账真查,确保数据审计的持续、有效推进。

提及信息系统审计测试的研究不能不提到计算机审计。即使"计算机审计"一词目前在学术界仍有争议,但不可否认的是在一段时间之内,计算机审计的研究也带来了新的研究思路和成果。计算机审计的研究始于 20 世纪 60 年代。美国、加拿大等在准则、技术和软件开发方面进行了有益的探索,我国审计署也积极推进计算机审计的进程,并取得了一定成效。

关于计算机审计的研究成果主要集中在以下方面。①计算机审计内涵:我国审计署、日本会计检查院计算中心、国内的一些专家学者将其归类为对计算机系统本身的审计和计算机辅助审计两种。②准则方面:全球化经济带来的一个趋势是全球会计与审计准则的趋同。国外对计算机审计准则的研究始于近 20 年,主要集中在标准、规范和制度变化等方面,目前最受瞩目的有 ISACA、国际审计协会、ISO 等制定的 COBIT 4.1、ISO 27000、ITIL 等框架、标准、指南和程序。③信息技术审计应用方面:目前还处于初步探讨阶段,部分学者的研究成果有一定借鉴意义。如我国审计署一些专家系统阐述了一般控制和应用控制、应用软件审计的测试技术,开辟了国内计算机审计的新途径;国外学者分析了集成测试、系统控制、连续与间歇模拟技术,建立了非结构化的审计日志挖掘模型,介绍了孤立点检测在审计多维分析中的应用;还有一些学者提出了审计轨迹作为司法证据的向量空间模型,以及在海关审计中利用孤点分析法进行数据挖掘,发现了异常的商品进口、申报价格瞒骗等审计线索。近年来,专家学者利用数据挖掘发现了一些规律,解决审计数据的总体分析问题。虽然上述研究已经形成了初步的框架,但在国内系统应用方面仍显得指导不足,缺乏具体执行的测试程序和测试步骤。

最高审计机关国际组织(International Organization of Supreme Audit Institutions, INTOSAI)是由世界各国最高一级国家审计机关所组成的国际性组织。其 IT 审计委员会出版的《计算机辅助审计技术》培训教材中系统介绍了 CAATS 技术。CAATS 技术分为两类:一种是数据分析;另一种是用于验证程序或系统的技术,即面向系统的 CAATS 常被用于进行会计信息系统控制测试。

四大事务所目前在信息系统控制测试方面设计了相对成熟完整的测试底稿,国内也有一些知名事务所目前在信息系统控制测试方面做了许多探索,并尝试独立出具信息系统控制测试报告。本书选择了一些相对完善的测试过程和底稿供大家借鉴。

### 7.5.1　信息系统测试目标

在对会计信息系统进行数据审计前,以下风险更易被审计人员忽略。

(1)信息系统重大错报风险。不同行业业务复杂,各行业的信息化给审计人员带来的挑战是如何保障数据的真实性、合法性、完整性和机密性。目前我国在对会计信息系统电子数据的审计中,部分审计人员更多地将审计重点放在对财务数据的关注上,对信息系统安全性、可靠性的关注相对较少,对信息系统重大错报风险的评估不足。

(2)信息系统检查风险。由于对信息系统的重大错报风险评估不足,许多审计人员在制订审计计划时,没有充分考虑会计信息系统的检查风险。在确定可接受的检查风险时,过低评价了信息系统重大错报风险,将对信息系统的检查风险评估为一个较高的可接受水平。

(3)审计程序设计风险。在可接受的审计风险确定的情况下,由于对会计信息系统重大错报风险的低估,由此设计的审计程序往往忽略对信息系统应实施的审计程序。即使考虑到该风险,在执行中也常因客观原因采用了非系统的方法,间接导致审计风险增加。

因此,随着审计环境的变化,审计应确立双重目标:一是对被审计单位财务报表的真实性、公允性提供一种合理保证;二是在防范会计信息系统风险、维护正常的经济秩序方面提供一种合理保证,这就要求审计人员对信息系统的安全性、可靠性、机密性和完整性进行充分评估,进而对会计信息系统所提供的信息以及内部控制的有效性提供合理保证。

### 7.5.2　控制测试内容及底稿设计

因此,审计人员应在审计双重目标要求下,对会计信息系统进行初步测试,测试内容包括但不限于以下内容(如图 7-6 所示)。

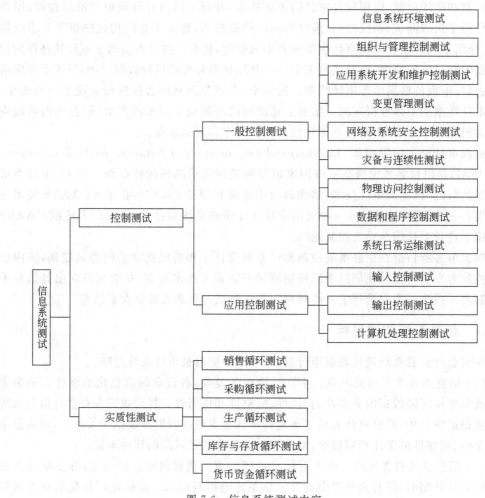

图 7-6　信息系统测试内容

### 1. 一般控制测试

审计人员在进行一般控制测试时,会关注信息系统环境测试、组织与管理控制测试、应用系统开发和维护控制测试、变更管理测试、网络及系统安全控制测试、灾备与连续性测试、物理访问控制测试、数据和程序控制测试、系统日常运维测试等内容,控制测试底稿如表 7-2 所示。

(1) 环境测试包括对企业整个管理环境、软硬件、数据中心等内、外部环境进行调查了解。环境测试的目的是测试被审计单位是否建立合理的监控制度,以保证信息技术流程可以满足企业目标及内部控制要求;测试是否能够在合理的范围内确信信息处理及通信传输设备得到适当的保护并置于定期监控下,以保证企业系统资源的持续可用性。

(2) 应用系统开发和维护控制测试包括对企业已使用、在开发系统进行可行性研究测试、需求分析测试、验收报告测试、系统开发文档测试、资源适当配置测试、系统调试测试、系统上线控制测试、系统维护、修正、更新、扩展和备份测试等。

(3) 变更管理测试包括对企业信息系统的变更管理流程、变更上线、应用系统版本测

**表 7-2　一般控制测试底稿样例**

单位名称：　　　　　最后更新时间：　　　　　测试人：　　　　　审核人：

| 序号 | 信息技术活动领域/子领域 | | 控制目标 | | 关键控制 | | 方法 | 频率 | 测试步骤 | 测试结果 | 样本总体 | 样本数量 | 计划外情况数量 | 备注 |
|---|---|---|---|---|---|---|---|---|---|---|---|---|---|---|
| | 领域 | 子域 | 序号 | 控制目标描述 | 关键控制编号 | 关键控制 | | | | | | | | |
| | | | | | 1 | 2 | 3 | 4 | 5 | | 6 | 7 | 8 | 9 |
| 1 | 控制环境 | 监控 | GIT-01 | 建立合理的监控制度，及时报告信息技术活动的表现，以保证信息技术流程可以满足企业目标及内部控制要求 | GCC-HJ-1 | 各级信息技术部门应每年评估信息系统控制相关政策和制度在本单位的执行情况，对于所发现的问题应分析其原因并制定相应补救措施，并上报责任领导 | | | | | | | | |
| 2 | 信息安全 | 管理机制 | GIT-02 | 能够在合理的范围内确立信息安全管理组织及人员的安全职责，以避免信息系统、资源、数据和数据受到有意或无意的危害或误用 | GCC-AQ-1 | 信息安全管理负责人定期（每6个月）审核本单位信息系统总体控制活动的职责分离情况，填写《职责分离检查表》况，将不符情况报相关责任领导 | ... | ... | | | | | | |
| ... | ... | ... | ... | ... | ... | ... | | | | | | | | |

试等关键控制进行测试,具体包括测试被审计单位是否建立系统变更管理流程,并监控该流程的有效性;测试被审计单位是否标准化所有的系统变更文档,并执行正式的系统变更管理程序;测试变更项目是否得到有效的评估和分类,并有相应的审批、授权、测试、实施和报告监控机制;测试是否只有授权的、经过测试的变更才能迁移到生产环境;测试应用软件是否建立适当的版本管理机制,确保系统版本保持一致和及时更新等。

(4)网络及系统安全控制测试包括网络安全控制、系统安全控制等的测试。网络安全控制测试的目的是验证被审计单位是否能够在合理的范围内确保对企业内部网络的外部互联网接入点采取了足够的安全保障措施,以防止未经授权的外部人员接触公司信息系统与资源,识别潜在的对网络安全的威胁及侵入。

(5)灾备与连续性测试的目的是测试被审计单位能够在合理的范围内确信管理层实施适当的备份和恢复流程以保证财务报告所需要的数据、交易及流程能在意外情况下得到恢复;能够建立应急响应机制以确保突发事件对财务报告所需要的数据、交易和流程的影响减少到最小。

(6)组织与管理控制测试的目的是验证被审计单位是否建立了合适的组织架构、人员、岗位责任,确保能够在合理的范围内确立信息安全管理组织及人员的安全职责,以避免信息系统、资源和数据受到有意或无意的危害或误用。

(7)物理访问控制测试是验证被审计单位是否能够在合理的范围内确保用户被授予的系统权限与其工作职责相符,满足职责分离的要求。测试是否能够在合理的范围内确信管理层或系统所有者定期审阅与财务报告有关的应用系统及数据的接触权限,以确定授予权限的适当性;是否能够在合理的范围内确保企业操作系统有适当的安全配置以保证公司信息系统与资源的安全;是否能够在合理的范围内确保已经建立了对数据中心、机房及敏感的纸质系统文件的有效的物理安全控制,并确信其接触仅限于授权的人员;是否能够在合理的范围内有效防止对信息系统(包括数据库、操作系统、网络、应用系统)的未授权逻辑接触。

(8)信息系统日常运作测试包括批次作业测试、问题管理测试等。批次作业测试的目的是验证管理层是否确保各关键系统的批次作业能及时正确地执行,所有异常情况都能及时识别和调整;问题管理测试旨在验证是否能在合理的范围内确信管理层实施正式的问题管理流程,系统问题能否及时反映至适当级别的管理层并定期进行问题分析。

(9)数据与程序控制测试的目的是保证数据的完整性、机密性和不可篡改性,测试被审计单位是否建立了控制措施以避免数据被丢失、损毁、无痕篡改、泄露、非法侵入等;测试是否建立了安全的程序保护措施以避免源程序被修改,是否制定了完善的防病毒措施,对所有来历不明的介质在使用前进行病毒检测,是否定期对系统进行病毒检测,是否建立了安全的防火墙以避免系统被非法侵入和篡改。

**2. 应用控制测试内容**

应用控制测试包括输入控制测试、输出控制测试和计算机处理控制测试(测试底稿见表 7-3)。

(1)输入控制测试。信息系统输入控制测试的方法包括模拟输入法、观察法、询问法和校验法等。

单位名称：
业务流程名称：
业务流程负责人：

单位编码：
业务流程编码：
影响会计科目：

计划编制人：
计划审批人：

编制时间：
审批时间：

**表 7-3 信息系统应用控制测试样例**

| | 被测试单位关键控制 | | | | | | 测试计划 | | | | | | | 测试人 | 计划执行情况 | | | 备注 |
|---|---|---|---|---|---|---|---|---|---|---|---|---|---|---|---|---|---|---|
| 序号 | 集团公司关键控制编号 | 关键控制描述 | 风险可控制文档索引 | 现有控制措施 | 控制方法 | 控制频率 | 测试步骤 | 测试结果 | 样本总体 | 样本量 | 计划例外情况数量 | 测试业务起始时间 | 测试业务截止时间 | 测试人 | 测试进度 | 测试表索引 | 更新计划 | |
| | 1 | 2 | 3 | 4 | 5 | 6 | 7 | 8 | 9 | 10 | 11 | 12 | 13 | 14 | 15 | 16 | 17 | 18 |
| 1 | | | | | | | | | | | | | | | | | | |
| 2 | | | | | | | | | | | | | | | | | | |
| … | … | … | | | | | | | | | | | | | | | | |

（2）输出控制测试。审计实务中常采用模拟输出法对输出信息的内容、格式、传送过程的安全性、完整性进行控制测试。

（3）计算机处理测试。各行业的应用系统有其独特特点，尤其是企业信息系统众多，来源各异，各系统内部、系统间的数据流程复杂。进行应用控制测试需要首先梳理数据流程，逐级分析数据变化过程，分析在后台的每一个流程中的数据映射，剖析后台核心数据表结构来分析操作。

为了更好地揭示问题，在进行计算机辅助审计时，配合审前调查，审计人员应设置相应的调查问卷，关注信息系统风险并设计信息系统控制测试底稿，以更好地指导审计实务工作。

### 7.5.3 控制数据测试方法

2012年审计署发布的《审计署关于印发信息系统审计指南——计算机审计实务公告第34号的通知》（审计发〔2012〕11号）及新修订的《信息系统审计指南》中列举了信息系统审计方法，审计人员在审前调查阶段对控制测试可参考以下方法完成测试过程。

**1. 资料审查方法**

为了确定信息系统的重要控制环节和重要控制点，审查信息系统的立项审批、系统设计、招标采购、项目实施、项目验收、系统运行、运维服务、项目投资以及各类第三方测试或者评估等相关文档资料，重点审查应用控制、一般控制和项目管理中的重要事项资料。

**2. 系统检查方法**

为了核定信息系统的重要控制环节和重要控制点，需要对应用控制的数据输入、处理、输出及其信息共享与业务协同的相关控制进行检查，对一般控制环境、区域边界和网络通信以及信息系统的物理环境、网络、主机、应用、数据和安全等各类系统控制进行实地检查。

**3. 数据测试方法**

为验证数据输入、处理和输出控制的有效性，采用测试数据对运行系统或者备份系统进行符合性测试；对重要的计量、计费、核算和分析等计算功能及其控制进行设计文档审查、系统设置检查和数据实质性测试的审查，可以采用测试数据生成器（Test Data Generators）和整体测试工具（Integrated Test Facilities）进行检测。该工具可以根据审计人员的要求生成测试数据，是一种检测数据完整性、证明被测试的应用软件可靠性的重要方法。采用这种方法，审计人员需要对被测试的应用软件非常了解，而且必须确保生成的测试数据不能对系统中的真实数据产生影响。整体测试工具由应用软件自己产生，而测试数据生成器在应用软件之外产生数据记录。这种测试的结果必须从最终报告里清除，不然汇总结果将受到影响。要想设计出能够对应用软件控制进行全面测试所需的数据组合通常也是比较困难的。

**4. 数据验证方法**

（1）数据采集验证。利用直连式、旁路式和代理式等合适的数据采集方法与工具，采集系统监测日志或者相关业务数据，进行数据符合性验证。

（2）数据转换验证。利用数据库数据转换、文本转换和网页信息转换等方法与工具，对异构数据库之间的数据转换、结构化数据和非结构化数据的转换、不同数据类型和格式之间数据转换的一致性和准确性进行检查验证。

（3）数据处理验证。通过对数据库 SQL 语句进行转换解析，实现对各类经济业务活动的计量、计费、核算和汇总等计算的符合性与准确性进行验证。

**5．工具检测方法**

（1）安全工具检测。利用入侵检测、漏洞扫描等工具的监测结果进行分析评价。

（2）审计工具检测。利用网络审计、主机审计、数据库审计等工具的日志记录结果进行分析评价。

（3）测评工具检测。利用网络分析检测、系统配置检测等工具，通过采集信息系统之间的通信数据包并进行逆向分析，还原系统间通信内容，检测主机操作系统、数据库和网络设备等重要系统是否满足配置标准和规范要求，采集操作系统、网络设备、安全设备和应用系统等生成的日志信息进行检测分析。用户日志分析软件方法可以发现未经授权的进入尝试或非法口令。大多数系统都有一个用户进入和登录尝试的记录日志，这个文件通常是简单的文本文件，可以方便地使用文件审查软件或自己的程序进行审查。

（4）系统运行监测。利用网络流量、应用进程、CPU 利用率和内存利用率等系统运行监测结果进行分析评价。

（5）系统监控检测。利用对应用、数据、主机、网络和机房环境设备设施等方面的系统运行监控记录进行分析评价。

**6．风险评估方法**

（1）信息系统内外部风险评估。在对信息系统总体风险的评估中，要充分考虑被审计单位信息系统及其经济业务活动所面临的国内外经济环境、政策影响、市场影响、技术影响、文化影响和组织架构影响等因素，以便做出客观的评价。

（2）信息系统控制缺失风险评估。对检查测评发现的系统各类控制缺失应当进行风险程度评估，区分可接受的风险和不可接受的风险，尤其要重视潜在风险的评估。

（3）控制缺失导致业务数据风险的评估。对检查测评发现的控制缺失不可接受的风险，要对是否导致经济业务活动相关数据的风险进行评估，指出具有风险的数据库和数据表，评估数据风险的程度。

（4）信息系统风险责任界定评估。按照固有风险、控制风险和检查风险的审计风险理论，对信息系统的设计与建设、运行与维护、检查与监督等各环节的风险进行评估，对各部门的责任进行界定。

**7．专家评审方法**

组织信息系统等相关方面的专家或者委托有资质的专业机构，对信息系统审计中的相关专业领域、关键技术等进行必要的评审。

**8．平行模拟法**

平行模拟法是指审计人员根据相应的规则或标准，编写具有相同功能的数据处理程序，将数据处理结果与原业务处理系统产生的结果进行比较，根据结果的异同判断处理过程的符合性和准确性。例如，在对大型企业集团会计报表及合并报表数据准确性进行测试时，审计人员可依据被审计单位会计报表的编制规则，编写程序，利用总账模块的会计数据平行模拟报表结果进行比较,以验证被审计单位报表编制的准确性及系统控制的有效性。

**9. 源代码检查法**

信息系统审计人员直接获取系统的程序编码以及数据处理过程的 SQL 脚本源代码,或直接进入系统后台对编码进行检查。审计人员可以尝试审查程序源代码的片段。一般来说,审查全部的源代码是不切实际的;审计人员通常是重点审查几个感兴趣的片段,如金额的计算、关键逻辑点。通过检查源代码的内部运行逻辑,审计人员可以更为直接地对系统逻辑进行判断,发现存在的问题,同时识别程序中的错误代码、非法代码和不规范代码等。错误的代码是代码质量下降的主要原因,需要通过源代码的检查来判断源代码是否存在错误以及语句实现的处理过程是否符合所需功能规定的要求。非法代码是一种未经允许的非法嵌入源程序中的代码。非法代码在特定的条件下被触发运行,从而进行破坏和欺诈的行为。不规范的代码的表现形式有多种,如变量命名、编程方法不符合相关标准与技术规范等。不规范的代码容易导致程序质量的下降并且可维护性很差。

审计人员还可采用程序库分析方法,可以在程序输出结果中出现异常变化时,通过分析程序修改的记录,确定问题的潜在原因。

采用代码比较方法进行检查,将应用软件的源代码或目标代码与可靠保存的原始版本进行比较。审计人员也常常有兴趣去发现实际运行的经编译的程序(目标代码)是否真的源自源代码的主版本。这样就可能发现舞弊人员的篡改或错误,以保证正在使用的是软件的最新版本。

**10. 嵌入审计模块法**

在被审计单位的应用系统中安装或安置一个审计模块,通过此嵌入的模块检查系统中的记录,并对识别出的非标准事项或处理进行筛选和输出,审计人员再对获取识别出的事项进行进一步的审查。嵌入的审计模块可以设计为实时监控每一笔交易,也可以设计为在一定的时间点对交易数据进行批量检查。

## 7.5.4 控制测试步骤

企业审计中的信息系统测试是为整个审计目标服务的,因此,会计信息系统测试模型分为控制测试和实质性测试两个环节。控制测试是风险导向的审计模式必须完成的环节。在会计信息系统审计的控制测试中,需要设计完善的测试底稿以评价控制风险。实质性测试将在第 8 章进行介绍。

(1)审计人员先初步了解被审计单位信息系统一般控制环境,包括企业的管理体系、组织架构、相关 IT 技术部门、软硬件、服务、数据中心环境和重要的信息系统等。

(2)了解重要信息系统及数据流程,了解重要岗位职责及执行情况,评估重大错报风险。

(3)制订信息系统测试计划,包括信息系统现状分析、信息系统内部控制评价、审计工作的组织安排、确定独立 IT 审计小组并进行分工;审计风险评估;审计实施计划(包括 IT 规划测试方案、信息安全测试方案、重要系统的一般控制测试方案、应用控制测试方案);审计方法、沟通与协调机制等。

（4）信息系统测试实施与报告。信息系统测试是按照审计实施计划，采用必要的审计程序，对被审计单位的信息系统进行测试与评价，获取审计证据、形成测试结论的过程。审计人员在获取电子审计证据时，应做好对电子数据采集、清洗和处理过程的记录；对信息系统业务、管理流程的取证，也应做好业务流程分析过程的记录和评价，并由被审计单位盖章或相关人员签字确认。特殊情况下或专业领域的取证，可由审计机关聘请外部专家完成。

信息系统审计记录包括调查了解记录、审计工作底稿和重要事项记录等。审计工作底稿应重点记录信息系统审计事项的审计过程，包括信息系统审计事项内容、审计程序步骤、审计处理过程和审计评价结果，并清晰记录审计轨迹。

为了完成控制测试，审计人员需获取相应的系统数据（如日志文件、访问控制列表、基础表、主文件及交易文件等）进行控制测试。

① 数据获取。审计人员从客户处获得计算机辅助审计测试要求的数据备份，记录源文件名、获得的时间、数据提供者及联系方式、文件大小、记录条数等信息。

② 数据核对。检查客户的数据采集脚本，确保使用正确的脚本公式提取所需数据。单独建脚本提取的工作表并链接至相关检测底稿，分析脚本中每个字段的含义、字段的可能属性，检查是否有特殊的限制等。审计人员检查备份数据与原始数据的一致性，填写并链接至检测底稿：首先，将获得的数据与客户数据库中保存的备份数据进行比对，主要比对记录的总条数、总金额等内容，并对系统里查询的脚本及结果进行拷屏；其次，可选择某些记录对比至前台系统，查看获得的数据与系统中的记录是否一致。

③ 数据整理。审计人员应对原始数据进行格式整理，为数据的导入做准备。

④ 数据导入。使用审计人员熟悉的审计软件进行数据导入，注意导入后每列的数据格式是否满足计算要求，是否有因数据类型（浮点型、字符型等）设置不当而造成信息丢失的情况。

⑤ 具体测试执行。运用审计人员熟悉的审计软件，使用经过复核的脚本进行测试，根据原始数据的字段情况对脚本中包括字段名称等在内的参数进行适当修改；执行具体测试时，注意数据中金额的计量单位（元或分等）。执行脚本生成结果后要保存计算机辅助测试结果。

⑥ 结果的交付。将计算机辅助测试结果对比至数据核对表，检查是否一致；将结果提交给审计小组之前要检查结果是否清晰易理解，必要时添加详细注释以阐明测试目标、测试过程及测试结论，尤其要注意的是，要在底稿中留有清晰的审计轨迹。

## 7.6　本章小结

本章以审计模式、审计流程等基本审计理论为基础，重点介绍了计算机审计的审前调查目的、内容与方法以及电子数据采集、计算机审计测试的内容、方法和步骤等，旨在通过审前深度调查，为审计数据分析提供重要依据。

要求审计人员通过本章的学习，深刻理解审前调查在审计计划阶段的重要意义，掌握审计模式、审计流程的基本概念，了解审前调查的内容及方法，理解数据采集及测试的基本内容与步骤。

## 思考题

1. 如何结合自己的审计任务开展数字化审计工作？有哪些工作设想和审计思路？
2. 审前调查阶段，审计人员应重点关注哪些风险领域？
3. 审计数据采集转换前需要做好哪些准备工作？
4. 什么样的审计项目需要开展信息系统审计测试？

# 第8章 电子数据结构分析

会计信息系统的建立是企业的重要财务活动,用于向企业内外部提供会计信息。会计信息的质量很大程度上取决于会计信息系统的开发与控制部署。在对被审计单位信息系统进行初步测试、电子数据初步评价的基础上,审计人员应对所获取的会计信息系统电子数据进行系统分析,以确定关键业务流在数据层面的映射,理解重要数据表、字段所代表的业务内涵,理解重要数据表间的业务逻辑及依赖关系,从而发现疑点,验证会计信息系统控制与业务流程控制中存在的潜在风险。

企业的控制活动是否得到有效执行往往会在数据层面找到映射关系。审计人员应围绕会计信息系统的业务模型,掌握各业务循环主要的业务流程、数据流程及数据文档,掌握重要控制活动在数据存储中的特征。通过分析数据表间的时间轨迹及存储逻辑,分析字段取值范围及关联关系,从而发现系统控制、业务控制是否按制度设计并得到有效执行,进而揭示舞弊及违规行为。

企业会计信息系统的电子数据一般包括总账、报表、固定资产、工资、应收和应付等模块,一般的企、事业单位会计信息系统仅包括上述模块。但在实际审计过程中,企业会计信息系统的财务数据更多依赖于 ERP 系统供应链模块中的销售、采购、库存、存货管理和主生产等模块中的业务数据。更多审计疑点来自财务数据与业务数据的对比分析,因此,了解 ERP 系统中供应链模块的数据存储特征也是审计人员关注的一个重要组成部分。

本章要求读者重点掌握总账模块中记账凭证、总账和明细账的存储方法;掌握凭证表、余额表和科目代码表的数据内容;了解账套参数表、凭证类型表、操作日志表、自动凭证设置表、月结标志表和操作人员权限表等的内容、作用;了解主要功能的实现方法;了解固定资产管理和工资管理、销售、采购、库存、存货管理等业务中主要文档的存储方法和主要表的内容;了解 SAP 系统控制、采购、销售业务控制的基本内容,理解总账、销售及采购主要表的内容;熟练掌握通过分析数据内容,查找凭证表、余额表和科目代码表等重要表的方法。

## 8.1 会计信息系统设计

企业会计信息系统一般包括购买商品化软件及解决方案、自行开发、委托开发、联合开发等多种方式。无论哪种方式的会计信息系统,审计人员在审计时均需要了解基本的会计信息系统设计思路、数据传递及存储模式。

手工条件下的会计数据处理与会计信息系统的数据处理分属会计系统发展的不同阶段,都具有数据量大、数据结构复杂以及数据的全面性、完整性、真实性、准确性要求严格等特征,且安全可靠性、及时性、可校验性要求高。无论是手工状态下还是会计信息系统中,在数据处理方面,也具有流程步骤相似、目标一致、遵守的会计法规和准则相同的特性,会计数据处理的一般流程都包括会计资料收集、存储、数据处理和信息报告阶段,但在业务流程与数据流程的设计方面,会计信息系统与手工会计处理过程仍有较大差别。

### 8.1.1　会计信息系统数据传递

手工状态下,各企、事业单位往往根据其经济特点、规模大小和业务复杂程度,选择或设计不同的会计核算组织程序,人工完成凭证的传递、账簿的登记、数据计算、账账核对及报表编制过程。由于会计人员的素质不同,时间、资源有限,从填制凭证到编制报表的过程中,为避免机械错误,常在复核时采用"√"标记以防止错漏,明细账与总账同时、同方向、同金额进行平行登记以保证账账相符。因此,手工状态下,会计信息处理速度慢、及时性差、正确率受会计人员能力素质影响大,工作效率低于会计信息系统处理效率。

运用会计信息系统进行数据处理,应由系统部署人员按照配置要求,设计并部署合理的会计信息系统内部控制程序。在经济业务流程设计的基础上,由会计人员根据(或扫描)原始凭证,录入记账凭证,或由业务模块自动完成业务数据采集过程;利用计算机对数据进行加工与存储,实现高速、快捷、完整、准确的记账工作,按照会计准则和会计数据处理要求自动生成电子账簿,形成会计报告信息。批量、实时处理能力大幅提高,准确性、计算速度、模块间的系统性、全面性及共享性大大增强,有效提高了会计数据处理效率。

会计信息系统一般包括总账、销售与应收、采购与应付、库存与存货、成本、固定资产、工资、报表、分析与查询等子系统,各子系统间的数据传递可分为直接传递式和账务处理中心式。

直接传递式是指各业务子系统要在处理、编制好记账凭证并传递到账务子系统;同时固定资产、工资、存货管理等业务子系统及总账子系统要将各种直接、间接费用汇总、分配并传递到成本子系统进行成本核算(如图8-1所示)。

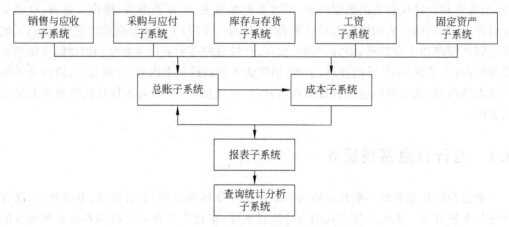

图 8-1　直接传递式数据传递模式

账务处理中心式是由各业务子系统将记账凭证传递到总账子系统,总账子系统对涉及成本、费用的凭证汇总后,通过设置自动转账功能传递到成本子系统。采用这种方式需要设置好辅助核算及明细核算,并要求系统具有自动转账凭证设置及汇总功能(如图8-2

所示)。

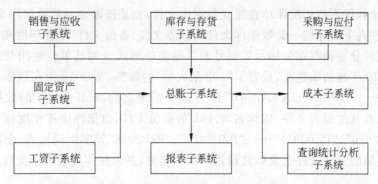

图 8-2　账务处理中心式数据传递模式

## 8.1.2　会计信息系统存储模式

手工条件下,会计数据存放格式是按照纸质账簿、凭证、报表的格式存放。在会计信息系统处理条件下,无论是账簿数据还是报表数据,都是按照数据库文件的格式存放。一个单位可以建立多个账套,一个账套中又可包含多个年度账。

账套是每个独立核算的单位在会计信息系统中建立的一套数据库文件,以便记录该单位资金运动过程中的各种数据。一个完整的账套应包括账套号、账套名称、账套启用日期、账套存储路径、企业会计期间设置、核算单位(如企业名称、地址)等基本信息、账套核算信息(如记账本位币、企业类型、行业性质、编码方案和数据精度)等。一般一个企业只用一个账套,如果企业有多个下属的独立核算的实体,则可以建多个账套。每个账套数据相互独立,一个账套可能被存储为一个数据库,数据库中设置数据表用来存储系统表、各模块的基础数据及交易数据。

年度账是指账套中各个年度的账务数据。一个账套可以存储多个年度的年度账。年度账通常有两种存储模式:一种是在账套数据库文件中设置独立的年度表文件来存储不同年度的凭证、总账及明细账数据;另一种是设置独立的年度数据库文件来存储年度账数据。一个独立核算单位的一个账套中的各个年度账被存储为相互独立的多个数据库文件。

会计信息系统数据常常按照账套的存储路径,以子文件夹的形式存储不同账套的数据。规模较小的单位,常使用单机版的会计软件,或将数据存储在服务器端,各用户通过客户端访问应用服务器,将数据存储在数据库服务器端。

有些会计软件,设计为按年度账建数据库,则常在账套存储路径下按账套号设置独立的文件夹,各会计年度作为其中的子文件夹,存放各年度的数据库文件及日志文件、报表文件、数据备份文件等,有几个年度账,就有几个数据库,分别被存储为几个子文件夹。如某单位使用某商品化会计信息系统 2011 年起初始建账,设置了“601 商贸公司”的账套,至 2016 年在该账套默认存储路径“D:/……/ADMIN/DATA/601”下,分别按年度设置了“D:/……/ADMIN/DATA/601/2011”至“D:/……/ADMIN/DATA/601/2016”6 个子文件夹,各文件夹中存储了后缀名为.mdf 和.ldf 的数据库文件及日志文件,以及其他报表文件、后续名为. bak 的备份文件。

有些会计软件不按年度账单独建立数据库文件,而是按账套号建数据库文件。此时,该账套号文件夹下仅存储一套数据库文件及日志文件、备份文件等,各年度账中的交易文件、账户主文件分别被存储为标示年度号的数据表的形式。如某单位使用某商品化会计信息系统 2010 年起初始建账,设置了"702 某大学"的账套,至 2016 年在该账套默认存储路径"D:⋯⋯/ADMIN/DATA/701"下,存储了后缀名为. mdf 和. ldf 的数据库文件及日志文件,以及其他报表文件、后续名为. bak 的备份文件,数据库中按年度建立了多张凭证表如"PZB2010"、"PZB2011"⋯⋯"PZB2015"、"PZB2016"等多张凭证表,余额表及辅助账、各业务模块的交易文件也是如此设置数据表文件,并未按年度设置子文件夹存储年度账数据。

有些企业是包含下属公司的集团型企业,需要为每个公司建立核算体系。有些会计软件的存储是分别设置不同的账套号,各账套的存储模式与上述模式相同。另有一些会计软件是一个集团对应一个账套,按照各公司之间的控制关系建立公司目录,各单独核算的公司对应着账套中的公司目录,公司目录中每一个公司对应一个会计主体。会计主体可以有多个核算账簿,核算账簿包括会计期间信息、科目信息、公司目录及年度信息。查询某一公司确定年度内的账簿信息时需要将公司代码、年度信息及账簿信息组合起来才能准确定位至被审计单位。

### 8.1.3 会计信息系统的设计规则

会计信息系统设计的目的在于实现会计系统核算、反映、监督整个组织资金运动过程的需求。为了更好地分析会计信息系统的电子数据及存储结构,审计人员需了解会计信息系统的代码设计及数据库设计规则。

**1. 代码设计**

会计信息系统中,会计科目、存货、供应商、客户甚至常用摘要,都可通过编码方式实现对代表事物名称、属性、状态的描述。使用代码为事务提供对照,需要符合一义性、系统性、可扩展性、规范性和稳定性等编码要求,以方便数据存储和检索,有利于提高处理效率和精度,统一各模块间的数据整体性,降低存储冗余。

在会计信息系统中,常用的代码编码方法有顺序码、组码和群码等。①顺序码是批代码按数字或字母顺序排列,如 1、2、3⋯⋯,A、B、C⋯⋯,这种编码方式简单直观,便于处理,但可扩展性差,常用于分类不多的情况。②组码(区段码)是根据编码对象的特点,将编码对象按代码值的大小分成若干组(或区段),每组分别代表编码对象的某一类别。如企业会计准则中将会计科目分为不同的组段,一级科目用四位代码表示,其中资产类各一级会计科目的编码用 1001 至 1999 表示;负债类一级科目用 2001 至 2999 表示;共同类一级科目用 3001 至 3999 表示;权益类一级科目用 4001 至 4999 表示;成本类一级科目用 5001 至 5999 表示;损益类一级科目用 6001 至 6999 表示。组码扩展性好,占用位数不多,有一定的层次意义,但有较多空码不便于判断完整性。③群码(层次码)。群码是将所编代码分成若干层,每一层代表不同含义,设计为固定的位数,按分类对象的层次关系进行编码。一般左端层级高,右端层级低,每一层都可依据设计的固定位数按顺序码编码或按组码编码。如会计科目代码级次结构为 422,则一级科目 4 位,2 级科目 2 位,3 级科目 2 位。一级科目按组码编码,二、三级科目按顺序编码,如"11220102"前四位 1122 代表应收账款,中间"01"代表应收单位款,最后两位"02"代表"上海鹏飞日化有限责任公司"。群码具有很好的层次性,便于校验、分类和汇总,应用广泛,但位数长,不便于记忆。

**2. 数据库文件设计**

会计信息系统大多采用数据库管理系统来存储信息。数据库中的文件依据系统分析中的业务流程图和数据字典进行设计,并要将会计信息系统中涉及的文件进行物理定义,目的是将信息转换成计算机可存取的物理形式。

会计信息系统各子系统中,业务流不同,需输入、输出及执行的处理不同,设计的数据库文件也千差万别。

会计信息系统是由相互关联的各子系统构成的模块化结构,按不同业务流设计主文件和业务文件两种重要的数据文件类型。每个子系统都至少有一个主文件需要维护,跟踪记录最新状态,用业务文件记录每笔经济业务的发生,根据业务文件数据生成相关报表。

(1) 主文件是会计信息系统中最重要的共享文件(如表 8-1 所示),主要包括如供应商、客户、存货、职员和会计科目等实体信息,并非经济业务中的交易信息。主文件主要包括实体的基本的固定属性信息,如供应商地址、客户名称、存货类别、职员姓名、会计科目名称、债券代码等不受交易变化而变化的参照信息;主文件中还可能存储一些由过去的交易汇总、计算后获得的实时汇总数据,如总账子系统中现金科目的期末余额、主营业务收入的累计发生额信息以及库存管理系统中存货的期末结存数。所有主文件一般都包含基本参照信息,但不一定包含汇总数据。主文件不提供交易细节,存储相对持久的信息。

表 8-1　存货主文件

| 存 货 代 码 | 存 货 名 称 | 计 量 单 位 | 结 存 数 量 |
|:---:|:---:|:---:|:---:|
| 1028 | 钢筋(10.5mm) | 吨 | 2 000 |
| 2035 | 石膏板(12mm) | 平方米 | 5 600 |

(2) 业务文件,又称交易文件,存储经济业务发生变化的数据文件(如表 8-2 所示)。业务文件通常包含交易日期、有关经济业务的数据、交易发生的数量、金额等信息,以及该业务目前如审核、记账的状态信息等。例如,债券投资中的某债券买入(卖出)时间、买入(卖出)数量、交易金额、名义利率、溢折价等交易信息,或某存货的出库日期、出库数量、客户代码等,或某存货的销售信息(如品名、销售数量、销售单价、税额、客户代码、销售时间、销售折扣等)。

表 8-2　销售出库文件

| 存 货 代 码 | 出 库 日 期 | 订 单 号 | 客 户 代 码 | 出 库 数 量 |
|:---:|:---:|:---:|:---:|:---:|
| 1028 | 20160305 | 100294343 | 2012 | 1 200 |
| 2035 | 20160306 | 100294522 | 1087 | 1 300 |

数据库各表中分别设计主关键字,各表数据间通过设计一列或多列外键用来加强表间链接。主文件与业务文件表可通过外键进行连接查询。

## 8.2 总账子系统

总账是会计信息系统中实现整个账务处理工作的重要子系统,主要完成会计核算中的数据采集、数据加工与存储、会计报告等工作(如图 8-3 所示)。总账子系统的基本功能是通过凭证的输入和业务信息采集,完成对记账、结账、对账等数据的加工和存储,实现账证表的打印与查询,形成会计报告的过程,从而实现会计信息系统核算、反映、监督企业资金运动过程,保证公允地反映会计信息。

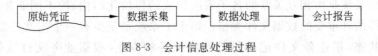

图 8-3　会计信息处理过程

总账子系统是会计信息系统的核心组成部分,包含所有经济业务的会计核算,如采购应付业务、销售应收业务、存货核算、固定资产和工资等业务的会计核算功能。如果单位规模较大,则其他子系统的业务处理在单独的供应链模块中,但其业务系统会将业务处理制单生成记账凭证传递到总账子系统(如图 8-4 所示)。会计信息系统的整个体系基本上是在账务处理的基础上逐渐充实和发展起来的,与其他子系统间存在大量的数据传递关系,采用通用的"借贷记账法",规范性强,系统性好,集成控制要求高,体现了会计信息系统的核心业务。

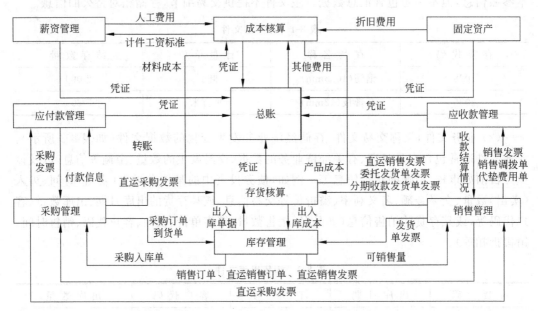

图 8-4　总账子系统与其他子系统的关系

## 8.2.1　会计核算组织程序

手工状态下,会计主体规模大小、业务量多少和业务属性各异,会计凭证、会计账簿、记账程序和方法相互结合的会计账务处理流程不同。一般根据登记总账的依据不同,将会计账务处理流程(又称会计核算组织程序)划分为七种不同模式:记账凭证核算组织程序、记账凭证汇总表核算组织程序、汇总记账凭证核算组织程序、日记总账核算组织程序、通用日记账核算组织形式、多栏式日记账核算组织程序、科目汇总表核算组织程序等。其中最为常用的有记账凭证核算组织程序、汇总记账凭证核算组织程序、日记总账核算组织程序、科目汇总表核算组织程序四种。日记总账处理流程是记账凭证处理流程的变种,汇总记账凭证是科目汇总表的变种,因此,本书主要介绍记账凭证核算组织程序和科目汇总表核算组织程序两种。

### 1. 记账凭证核算组织程序

记账凭证账务处理流程是根据记账凭证登记总分类账的账务处理过程(如图 8-5 所示)。

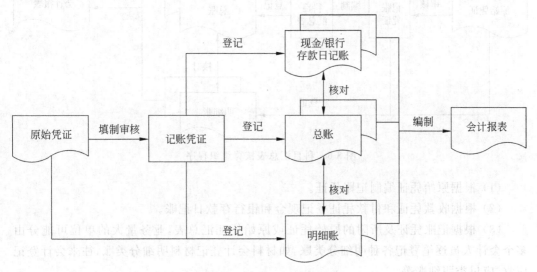

图 8-5　记账凭证核算组织程序

(1) 根据原始凭证编制记账凭证。记账凭证根据会计主体业务量多少可以分为一种通用记账凭证格式,或采用收款凭证、付款凭证、转账凭证三类;或采用银行存款收款凭证、银行存款付款凭证、现金收款凭证、现金付款凭证、转账凭证五类。

(2) 根据收款凭证和付款凭证登记现金和银行存款日记账。

(3) 根据记账凭证及所附的原始凭证或原始凭证汇总表逐笔登记各种明细分类账。

(4) 根据记账凭证逐笔登记总分类账。

(5) 根据日记账、明细账的本期发生额与总账核对,以保证账账相符。

(6) 根据明细账和总分类账编制会计报表。

手工状态下由于需要根据记账凭证逐笔登记总账,因此这种处理流程工作量大,适用于业务简单、规模较小的企业。会计信息系统状态下由于依靠计算机进行处理,因此大型企业也可采用记账凭证账务处理程序。

日记总账账务处理流程是将所有的总账科目单独设置联合账簿,以日记账与总分类账结合的登记方式进行记录,平时根据记账凭证逐笔登记,称为日记总账。日记总账减少了总账的登记工作量。

**2. 科目汇总表核算组织程序**

科目汇总表账务处理程序是定期将记账凭证按科目进行汇总,编制科目汇总表,再按照科目汇总表登记总账的一种处理流程。科目汇总表核算组织程序是最为常见的一种会计核算处理流程(如图 8-6 所示),具体包括以下步骤:

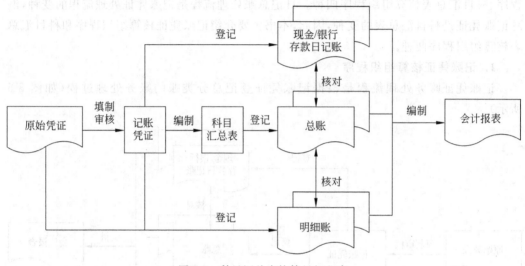

图 8-6　科目汇总表核算组织程序

(1) 根据原始凭证编制记账凭证。

(2) 根据收款凭证和付款凭证登记现金和银行存款日记账。

(3) 根据记账凭证及所附的原始凭证或原始凭证汇总表,业务量大的单位可能分由多个会计人员逐笔登记各种明细分类账,如材料会计登记材料明细分类账,往来会计登记应收、应付类明细账等。

(4) 根据业务量的多少,一个月一次或一个月多次编制科目汇总表(常见形式如表 8-3 所示),并据此登记总分类账。

表 8-3　科目汇总表样例

| 会计科目 | 期 初 余 额 | | 本期累计发生额 | | 期 末 余 额 | |
| --- | --- | --- | --- | --- | --- | --- |
| | 借　方 | 贷　方 | 借　方 | 贷　方 | 借　方 | 贷　方 |
| 库存现金 | 1 000 | | 50 000 | 30 000 | 21 000 | |
| 银行存款 | 1 200 000 | | 200 000 | 400 000 | 1 000 000 | |
| 应收账款 | 0 | | 150 000 | | 150 000 | |
| …… | … | | … | … | … | |

（5）包括对账、结账的月末处理。为避免人为错误，月末根据日记账、明细账的本期发生额与总账核对，保证账账相符。

（6）根据日记账、明细账和总分类账簿数据编制会计报表。

## 8.2.2　总账子系统的账务处理流程

会计信息系统与手工处理方式相比，一方面消除了手工处理方式下的人为错误，另一方面有效提高了计算速度与存储能力。然而，会计信息系统一般基于数据库管理系统进行数据存储，受关系型数据库存储模式的影响，会计信息系统中的账务处理流程不能完全照搬手工环境下的处理流程，在存储模式上应有所突破。

目前，商品化的总账系统如用友、金蝶、浪潮、SAP 以及基于 Oracle 开发的 FMIS 等系统，其数据处理流程都不尽相同，比较典型的账务处理流程如图 8-7 所示。

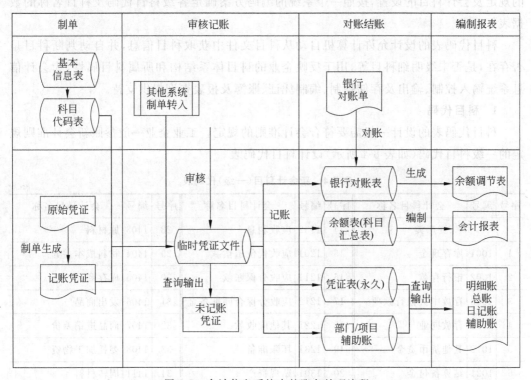

图 8-7　会计信息系统中的账务处理流程

这种典型的账务处理流程由录入人员在总账系统中依据原始凭证录入记账凭证，或由会计信息系统或 ERP 中一体化使用的其他模块制单生成凭证传递至总账系统，经系统自动校验无误后，写入记账凭证临时文件。此临时文件中的凭证在审核、记账前可删除记录。由专人审核记账凭证无误后添加审核人签名标记；记账后添加记账人标记，并根据系统设计可存储为永久凭证文件，该永久凭证文件与临时凭证文件的数据库表设计可能完全一致，或稍有差别，但永久文件中的记录不可随意删除。将银行对账单与凭证表中的银行记录进行对账，填制银行对账表并生成余额调节表。

记账后将凭证文件中的汇总记录更新至科目汇总表(或余额表),以便随机查询任意会计科目的当前累计发生额及余额信息。同时可根据科目余额表或凭证表,查询输出日记账及其他各种明细分类账信息,按财务人员熟悉的格式设计好并进行输出展示。根据科目余额文件编制输出总账。根据科目余额文件生成会计报表。

会计信息系统下的账务处理流程一般会建立科目代码表、记账凭证表、科目余额表、项目/部门辅助账表及对账单表、基本信息表、月结信息表、凭证分类表等数据库表文件,不再设置日记账及明细分类账文件。

### 8.2.3 科目代码表

会计科目是对会计业务具体内容进行分类的名称,会计科目代码表是根据会计制度的规定及会计科目的设置,按照一个系统的编码方案确定各级科目代码及科目名称的数据表。

科目代码表的设计允许计算机自动从科目文件中获取科目信息,并自动判断科目是否存在,是否末级明细科目等,用于反映企业的科目体系结构和所属科目属性,为会计信息系统输入控制、输出及存储控制、编制凭证、账簿及报表查询提供支持。

#### 1. 科目代码

科目代码表的设计一般需要符合会计准则的规定。工业企业一般参照新会计准则规定的一级科目代码(如表8-4所示)设计科目代码表。

表8-4 新会计科目(一级)代码表

| 序号 | 编号 | 会计科目名称 | 序号 | 编号 | 会计科目名称 | 序号 | 编号 | 会计科目名称 |
|---|---|---|---|---|---|---|---|---|
| | | 一、资产类 | 14 | 1132 | 应收利息 | 28 | 1403 | 原材料 |
| 1 | 1001 | 库存现金 | 15 | 1201 | 应收代位追偿款 | 29 | 1404 | 材料成本差异 |
| 2 | 1002 | 银行存款 | 16 | 1211 | 应收分保账款 | 30 | 1405 | 库存商品 |
| 3 | 1003 | 存放中央银行款项 | 17 | 1212 | 应收分保合同准备金 | 31 | 1406 | 发出商品 |
| 4 | 1011 | 存放同业 | 18 | 1221 | 其他应收款 | 32 | 1407 | 商品进销差价 |
| 5 | 1012 | 其他货币资金 | 19 | 1231 | 坏账准备 | 33 | 1408 | 委托加工物资 |
| 6 | 1021 | 结算备付金 | 20 | 1301 | 贴现资产 | 34 | 1411 | 周转材料 |
| 7 | 1031 | 存出保证金 | 21 | 1302 | 拆出资金 | 35 | 1421 | 消耗性生物资产 |
| 8 | 1101 | 交易性金融资产 | 22 | 1303 | 贷款 | 36 | 1431 | 贵金属 |
| 9 | 1111 | 买入返售金融资产 | 23 | 1304 | 贷款损失准备 | 37 | 1441 | 抵债资产 |
| 10 | 1121 | 应收票据 | 24 | 1311 | 代理兑付证券 | 38 | 1451 | 损余物资 |
| 11 | 1122 | 应收账款 | 25 | 1321 | 代理业务资产 | 39 | 1461 | 融资租赁资产 |
| 12 | 1123 | 预付账款 | 26 | 1401 | 材料采购 | 40 | 1471 | 存货跌价准备 |
| 13 | 1131 | 应收股利 | 27 | 1402 | 在途物资 | 41 | 1501 | 持有至到期投资 |

续表

| 序号 | 编号 | 会计科目名称 | 序号 | 编号 | 会计科目名称 | 序号 | 编号 | 会计科目名称 |
|---|---|---|---|---|---|---|---|---|
| 42 | 1502 | 持有至到期投资减值准备 | 71 | 2002 | 存入保证金 | 101 | 2702 | 未确认融资费用 |
| 43 | 1503 | 可供出售金融资产 | 72 | 2003 | 拆入资金 | 102 | 2711 | 专项应付款 |
| 44 | 1511 | 长期股权投资 | 73 | 2004 | 向中央银行借款 | 103 | 2801 | 预计负债 |
| 45 | 1512 | 长期股权投资减值准备 | 74 | 2011 | 吸收存款 | 104 | 2901 | 递延所得税负债 |
| 46 | 1521 | 投资性房地产 | 75 | 2012 | 同业存放 | | | 三、共同类 |
| 47 | 1531 | 长期应收款 | 76 | 2021 | 贴现负债 | 105 | 3001 | 清算资金往来 |
| 48 | 1532 | 未实现融资收益 | 77 | 2101 | 交易性金融负债 | 106 | 3002 | 货币兑换 |
| 49 | 1541 | 存出资本保证金 | 78 | 2111 | 卖出回购金融资产款 | 107 | 3101 | 衍生工具 |
| 50 | 1601 | 固定资产 | 79 | 2201 | 应付票据 | 108 | 3201 | 套期工具 |
| 51 | 1602 | 累计折旧 | 80 | 2202 | 应付账款 | 109 | 3202 | 被套期项目 |
| 52 | 1603 | 固定资产减值准备 | 81 | 2203 | 预收账款 | | | 四、所有者权益类 |
| 53 | 1604 | 在建工程 | 82 | 2211 | 应付职工薪酬 | 110 | 4001 | 实收资本 |
| 54 | 1605 | 工程物资 | 83 | 2221 | 应交税费 | 111 | 4002 | 资本公积 |
| 55 | 1606 | 固定资产清理 | 84 | 2231 | 应付利息 | 112 | 4101 | 盈余公积 |
| 56 | 1611 | 未担保余值 | 85 | 2232 | 应付股利 | 113 | 4102 | 一般风险准备 |
| 57 | 1621 | 生产性生物资产 | 86 | 2241 | 其他应付款 | 114 | 4103 | 本年利润 |
| 58 | 1622 | 生产性生物资产累计折旧 | 87 | 2251 | 应付保单红利 | 115 | 4104 | 利润分配 |
| 59 | 1623 | 公益性生物资产 | 88 | 2261 | 应付分保账款 | 116 | 4201 | 库存股 |
| 60 | 1631 | 油气资产 | 89 | 2311 | 代理买卖证券款 | | | 五、成本类 |
| 61 | 1632 | 累计折耗 | 90 | 2312 | 代理承销证券款 | 117 | 5001 | 生产成本 |
| 62 | 1701 | 无形资产 | 91 | 2313 | 代理兑付证券款 | 118 | 5101 | 制造费用 |
| 63 | 1702 | 累计摊销 | 92 | 2314 | 代理业务负债 | 119 | 5201 | 劳务成本 |
| 64 | 1703 | 无形资产减值准备 | 93 | 2401 | 递延收益 | 120 | 5301 | 研发支出 |
| 65 | 1711 | 商誉 | 94 | 2501 | 长期借款 | 121 | 5401 | 工程施工 |
| 66 | 1801 | 长期待摊费用 | 95 | 2502 | 应付债券 | 122 | 5402 | 工程结算 |
| 67 | 1811 | 递延所得税资产 | 96 | 2601 | 未到期责任准备金 | 123 | 5403 | 机械作业 |
| 68 | 1821 | 独立账户资产 | 97 | 2602 | 保险责任准备金 | | | 六、损益类 |
| 69 | 1901 | 待处理财产损溢 | 98 | 2611 | 保户储金 | 124 | 6001 | 主营业务收入 |
| | | 二、负债类 | 99 | 2621 | 独立账户负债 | 125 | 6011 | 利息收入 |
| 70 | 2001 | 短期借款 | 100 | 2701 | 长期应付款 | 126 | 6021 | 手续费及佣金收入 |

| 序号 | 编号 | 会计科目名称 | 序号 | 编号 | 会计科目名称 | 序号 | 编号 | 会计科目名称 |
|---|---|---|---|---|---|---|---|---|
| 127 | 6031 | 保费收入 | 137 | 6401 | 主营业务成本 | 147 | 6541 | 分出保费 |
| 128 | 6041 | 租赁收入 | 138 | 6402 | 其他业务成本 | 148 | 6542 | 分保费用 |
| 129 | 6051 | 其他业务收入 | 139 | 6403 | 营业税金及附加 | 149 | 6601 | 销售费用 |
| 130 | 6061 | 汇兑损益 | 140 | 6411 | 利息支出 | 150 | 6602 | 管理费用 |
| 131 | 6101 | 公允价值变动损益 | 141 | 6421 | 手续费及佣金支出 | 151 | 6603 | 财务费用 |
| 132 | 6111 | 投资收益 | 142 | 6501 | 提取未到期责任准备金 | 152 | 6604 | 勘探费用 |
| 133 | 6201 | 摊回保险责任准备金 | 143 | 6502 | 提取保险责任准备金 | 153 | 6701 | 资产减值损失 |
| 134 | 6202 | 摊回赔付支出 | 144 | 6511 | 赔付支出 | 154 | 6711 | 营业外支出 |
| 135 | 6203 | 摊回分保费用 | 145 | 6521 | 保单红利支出 | 155 | 6801 | 所得税费用 |
| 136 | 6301 | 营业外收入 | 146 | 6531 | 退保金 | 156 | 6901 | 以前年度损益调整 |

各商品化软件中总账子系统的科目代码表设计各有不同，但一般均遵循财政部规定的一级科目四位编码的设计原则，编码中"1"开头的为资产类科目，"2"开头的为负债类科目，"3"开头的为共同类科目，"4"开头的为权益类科目，"5"开头的为成本类类科目，"6"开头的为损益类科目。

会计科目具有层次性，有上、下级科目之分。因此，科目编码设计通常按科目级次设计。会计科目代码的级次结构代表了其层次性及编码位数，如一级科目应收账款，其中应收企业款、应收个人款为其二级明细，代表了清晰的层次结构。

**2. 科目代码表设计思路**

科目代码表一般包括科目代码、科目名称、科目类型和余额方向等字段内容。常见的科目代码表字段如表8-5所示，会计科目代码表设计实例如表8-6所示。

表8-5　科目代码表常见字段

| 序　号 | 字　段　名 | 类　　型 | 长　　度 |
|---|---|---|---|
| 1 | 科目代码 | C | 8 |
| 2 | 科目名称 | C | 30 |
| 3 | 科目类别 | C | 8 |
| 4 | 科目性质 | C | 8 |
| 5 | 余额方向 | C | 8 |
| 6 | 上级科目 | C | 30 |
| 7 | 是否末级 | N | 1 |
| 8 | 科目级别 | N | 2 |

表 8-6　科目代码表设计实例

| 字 段 名 称 | 序号 | 类型 | 长度 | 必填 | 说　　明 |
|---|---|---|---|---|---|
| i_id | 1 | 数字（长整型） | 4 | | 自动编号（用于编辑时的唯一标识） |
| Cclass | 2 | 文本 | 14 | ** | 科目类型（根据企业类型定义科目分类） |
| cclass_engl | 3 | 文本 | 50 | ** | 科目类型英文名称 |
| Cclassany | 4 | 文本 | 14 | | 财务分析类型 |
| cclassany_engl | 5 | 文本 | 50 | | 财务分析类型英文名称 |
| Ccode | 6 | 文本 | 15 | ** | 科目编码（按科目编码原则进行编码，<主表关联项>） |
| ccode_name | 7 | 文本 | 20 | | 科目名称 |
| ccode_engl | 8 | 文本 | 100 | | 科目英文名称 |
| igrade | 9 | 数字（字节） | 1 | ** | 科目级次（必须与科目编码相匹配） |
| bproperty | 10 | 是/否 | 1 | ** | 科目性质（False：来源 True：占用） |
| cbook_type | 11 | 文本 | 10 | ** | 账页格式（金额式，数量金额式，外币金额式，数量外币式） |
| cbook_type_engl | 12 | 文本 | 50 | ** | 账页格式英文名称 |
| chelp | 13 | 文本 | 6 | | 科目助记码 |
| cexch_name | 14 | 文本 | 8 | | 外币名称（与外币主表关联） |
| cmeasure | 15 | 文本 | 6 | | 计量单位 |
| bperson | 16 | 是/否 | 1 | ** | 个人往来核算（不能与其他辅助核算同时设置） |
| bcus | 17 | 是/否 | 1 | ** | 客户往来核算（可与部门、项目核算同时设置） |
| bsup | 18 | 是/否 | 1 | ** | 供应商往来核算（可与部门、项目核算同时设置） |
| bdept | 19 | 是/否 | 1 | ** | 部门核算（可与客户、供应商、项目核算同时设置） |
| bitem | 20 | 是/否 | 1 | ** | 项目核算（可与客户、供应商、部门核算同时设置） |
| cass_item | 21 | 文本 | 2 | | 项目大类（与项目大类主表_item 关联，当 bitem＝True） |
| br | 22 | 是/否 | 1 | ** | 日记账 |
| be | 23 | 是/否 | 1 | ** | 银行账 |
| cgather | 24 | 文本 | 15 | | 是否汇总打印（打印凭证）（Null_不汇总，其他为本级或上级汇总科目） |
| bend | 25 | 是/否 | 1 | ** | 是否末级科目 |
| bexchange | 26 | 是/否 | 1 | ** | 是否参与汇兑损益计算 |

| 字 段 名 称 | 序号 | 类型 | 长度 | 必填 | 说　明 |
|---|---|---|---|---|---|
| bcash | 27 | 是/否 | 1 | ** | 是否出纳（现金）科目（可指定上级科目，自动对下级科目设置此属性） |
| bbank | 28 | 是/否 | 1 | ** | 是否出纳（银行）科目（可指定上级科目，自动对下级科目设置此属性） |
| bused | 29 | 是/否 | 1 | ** | 银行账科目是否启用 |
| bd_c | 30 | 是/否 | 1 | ** | 银行账科目对账方向 True：借方，False：贷方 |
| dbegin | 31 | 日期/时间 | 8 | | 银行账科目启用时间 |
| dend | 32 | 日期/时间 | 8 | | 银行账科目对账截止日期 |
| itrans | 33 | 数字 | 1 | | 期间损益：1_本年利润，销售成本：2_库存商品/3_销售收入/4_销售成本，汇兑损益：5_入账科目 |
| bclose | 34 | 是否 | 1 | ** | 科目是否封存（已封存科目不能制单） |
| cother | 35 | 文本 | 10 | | 受控科目（科目受其他系统的控制，系统 ID 名，受控科目是否可制单由账套参数决定） |

　　会计科目代码表中最主要的是科目代码的编码方式。科目代码编码体系的设计方法一般包括以下三类。

　　(1) 定长定位设计。大多数会计软件采用定长定位方法设计各级科目编码，即各级次的科目编码长度是固定的（如表 8-7 所示）。如科目代码级次结构为 4-2-2，代表一级科目 4 位长度，二级科目 2 位长度，三级科目 2 位长度。其中一级科目最多 9 999 个，二级科目最多 99 个，三级科目最多 99 个。如某企业 1002 一级科目为"银行存款"，100201、100202 分别为二级科目，其中二级科目的编码"01""02"长度为 2 位，分别代表银行存款中的北京银行***4 户和工商银行**0 户。

表 8-7　定长定位设计的科目代码表实例

| 科 目 代 码 | | 科 目 名 称 | 科 目 类 别 | 余 额 方 向 |
|---|---|---|---|---|
| 1001 | | 库存现金 | 资产类 | 借 |
| 1002 | | 银行存款 | 资产类 | 借 |
| | 100201 | 北京银行***4 户 | 资产类 | 借 |
| | 100202 | 工商银行**0 户 | 资产类 | 借 |
| | 100203 | 交通银行**4 户 | 资产类 | 借 |
| | 100204 | 北京银行**8 户 | 资产类 | 借 |
| | 100205 | 建设银行**7 户 | 资产类 | 借 |
| | 100206 | 北京银行**2 户 | 资产类 | 借 |
| 1101 | | 短期投资 | 资产类 | 借 |

| 科目代码 | 科目名称 | 科目类别 | 余额方向 |
|---|---|---|---|
| 1211 | 应收票据 | 资产类 | 借 |
| 1212 | 应收账款 | 资产类 | 借 |
| 1213 | 预付账款 | 资产类 | 借 |
| 1215 | 其他应收款 | 资产类 | 借 |
| 121501 | 应收单位款 | 资产类 | 借 |
| 121502 | 应收个人款 | 资产类 | 借 |

（2）不定长方式。这种设计方式下的科目编码要求在不超过总长度的前提下，除一级科目编码长度固定，其他各级科目编码的长度是不固定的，可由用户自行随意设计，可扩展性较好。如某单位设计以"."作为科目级次的分隔符，每个分隔符后面代码为下级科目代码，且长度不固定。"1001.1.1"代表三级科目"库存现金-A-基本户现金"。具体实例如表 8-8 所示。

表 8-8 不定长设计的科目代码表实例

| 会计年度 | 科目代码 | 科目名称 | 上级科目 | 末级 | 余额 |
|---|---|---|---|---|---|
| 2014 | 1001 | 库存现金 | | 0 | J |
| 2014 | 1001.1 | 库存现金（A） | 库存现金 | 1 | J |
| 2014 | 1001.1.1 | 基本户现金（A） | 库存现金 | 1 | J |
| 2014 | 1001.1.2 | 零账户现金（A） | 库存现金 | 1 | J |
| 2014 | 1001.1.2.1 | 基本现金（A） | 库存现金 | 1 | J |
| 2014 | 1001.1.2.2 | 项目现金（A） | 库存现金 | 1 | J |
| 2014 | 1001.2 | 库存现金（B） | 库存现金 | 0 | J |
| 2014 | 1001.2.1 | 基本户现金（B） | 库存现金 | 1 | J |
| 2014 | 1001.2.2 | 零账户现金（B） | 库存现金 | 1 | J |
| 2014 | 1001.2.2.1 | 基本现金（B） | 库存现金 | 1 | J |
| 2014 | 1001.2.2.2 | 项目现金（B） | 库存现金 | 1 | J |
| 2014 | 1002 | 银行存款 | 银行存款 | 0 | J |
| 2014 | 1002.1 | 北京银行***4 户 | 银行存款 | 1 | J |
| 2014 | 1002.2 | 工商银行**0 户 | 银行存款 | 1 | J |
| 2014 | 1002.3 | 交通银行**4 户 | 银行存款 | 1 | J |
| 2014 | 1002.4 | 北京银行**8 户 | 银行存款 | 1 | J |
| 2014 | 1002.5 | 建设银行**7 户 | 银行存款 | 1 | J |

续表

| 会计年度 | 科目代码 | 科目名称 | 上级科目 | 末级 | 余额 |
|---|---|---|---|---|---|
| 2014 | 1002.6 | 北京银行**2户 | 银行存款 | 1 | J |
| 2014 | 1101 | 短期投资 | 短期投资 | 1 | J |
| 2014 | 1201 | 财政应返还额度 | 财政应返还额度 | 0 | J |
| 2014 | 1201.1 | 财政直接支付 | 财政应返还额度 | 1 | J |
| 2014 | 1201.2 | 财政授权支付 | 财政应返还额度 | 1 | J |
| 2014 | 1211 | 应收票据 | 应收票据 | 1 | J |
| 2014 | 1212 | 应收账款 | 应收账款 | 1 | J |
| 2014 | 1215 | 其他应收款 | 其他应收款 | 0 | J |
| 2014 | 1215.1 | 基本经费借款 | 其他应收款 | 0 | J |
| 2014 | 1215.1 | **公积金保险 | 其他应收款 | 0 | J |
| 2014 | 1215.10.1 | 公积金 | 其他应收款 | 1 | J |
| 2014 | 1215.10.2 | 保险 | 其他应收款 | 1 | J |

但由于不定长方式设计编码无法判断出科目编码的唯一直接上级科目,因此,必须在代码表中设计科目级别、上级科目和末级标志等,以区分不同的属性。

(3)立体科目设计。将科目中大量重复的科目从科目体系中分离出来,按照项目进行存储,进行项目辅助核算。如某单位科目级次结构为 4-2-2-3 四级,科目编码如表 8-9 所示。

**表 8-9 某单位明细科目编码表**

| 科目代码 | 科目名称 | | |
|---|---|---|---|
| 6602 | 管理费用 | | |
| 660201 | | A 事业部 | |
| 66020101 | | 办公费 | |
| 66020101001 | | | 宣传部 |
| 66020101002 | | | 综合办 |
| 66020102 | | 差旅费 | |
| 66020102001 | | | 宣传部 |
| 66020102002 | | | 综合办 |
| 66020103 | | 折旧费 | |
| 66020103001 | | | 宣传部 |
| 66020103002 | | | 综合办 |

立体化编码设计是将其中的 A 事业部及其下属部门宣传部、综合办等设为部门,对 6602 管理费用设置部门辅助核算,从而将管理费用科目代码设置为立体代码(如表 8-10 和表 8-11 所示)。

表 8-10　立体科目代码设计的某单位管理费用实例

| 科目代码 | 科目名称 | 科目类型 | 科目级别 | 上级科目 | 末级标志 | 辅助核算 |
|---|---|---|---|---|---|---|
| 6602 | 管理费用 | 6 | 1 | - | 0 | 1(0 否,1 是) |
| 660201 | 办公费 | 6 | 2 | 6602 | 1 | 1 |
| 660202 | 差旅费 | 6 | 2 | 6602 | 1 | 1 |
| 660203 | 折旧费 | 6 | 2 | 6602 | 1 | 1 |

表 8-11　部门辅助核算立体科目设计的某单位管理费用实例

| 部门代码 | 科目名称 |
|---|---|
| 1 | A 事业部 |
| 11 | 宣传部 |
| 12 | 综合办 |

## 8.2.4　凭证表

手工状态下的记账凭证是由会计人员根据审核无误的原始凭证或汇总原始凭证编制的、用来确定经济业务应借、应贷会计科目和金额的、作为登记账簿依据的会计凭证。记账凭证反映的经济业务核心内容是会计分录。

总账子系统中,用凭证文件中的记录来反映记账凭证中的会计分录信息,并可通过凭证文件查询输出明细账信息。因此,会计信息系统中,记账凭证、明细账信息都被存储在凭证文件中。

凭证文件是总账子系统中存储交易记录的文件,手工状态下所有明细科目的明细账记录可通过凭证文件查询显示。总账子系统中存储凭证的文件被称为凭证表。有的软件凭证表设计有结构完全相同的两类文件:一类为临时文件,存储未记账的凭证记录;一类为永久文件,存储记账以后的凭证记录。一旦记账,临时文件中的记录将被转移到永久文件中保存,无法删除、修改。有的软件只设计一类凭证表,在凭证表中通过记账标记区分记账前后的凭证记录。

凭证表存储记账凭证上的全部会计要素,包括凭证类型、凭证号、会计期间、摘要、制单日期、附件张数、会计科目、借贷方向、金额(或借方金额、贷方金额)、记账人、审核人、制单人等。这些会计要素可分为两类:凭证头要素和分录要素。

凭证头要素是记载每张记账凭证共性特征的属性,如会计期间、凭证类别、凭证号、凭证日期、附件张数、记账人、审核人、制单人等会计要素。此类要素在一张凭证上的属性值是唯一的。

会计分录要素是记账凭证上记载的经济业务内容的会计描述,包括摘要、会计科目、记账方向、金额等信息，一组摘要、会计科目、记账方向、金额数据构成一条分录项记录，根据有借必有贷、借贷必相等的记账原则，每张记账凭证上至少有两条分录记录，因而同一张记账凭证上的分录信息是不同的。

常见的凭证表设计思路一般有合并表模式及主表加子表模式。

**1. 合并表**

将凭证上的表头信息、分录信息等会计要素作为字段，设计在一张完整的数据表中，这种设计模式称为合并表模式（如表 8-12 所示）。

表 8-12　合并表设计方案

| 会计期间 | 凭证类型 | 凭证号 | 制单日期 | 附件张数 | 摘要 | 科目代码 | 借方金额 | 贷方金额 | 制单人 | 审核人 | 记账人 | 经手人 |
|---|---|---|---|---|---|---|---|---|---|---|---|---|
|  |  |  |  |  |  |  |  |  |  |  |  |  |

合并表设计模式下，不仅包括记账凭证本身的全部内容，还包括计算机在进行账务处理时所需要的各种标识，以及反映各种数据记录内部控制的内容。这种设计模式的典型实例如表 8-13 所示。

表 8-13　合并表设计实例

| 序号 | 字段名 | 类　别 | 长度 | 备　注 |
|---|---|---|---|---|
| 1 | i_id | 数字（长整型） | 4 | 自动编号（录入时的唯一标识） |
| 2 | iperiod | 数字（字节） | 1 | 会计期间，0 为期初往来明细账，21 为期初待核银行账，20 为银行账科目调整前余额，1～12 为凭证及明细账 |
| 3 | csign | 文本 | 2 | 凭证类别字 |
| 4 | isignseq | 数字（字节） | 1 | 凭证类别排序号（由系统赋值，期初时可为 null） |
| 5 | ino_id | 数字（整型） | 2 | 凭证号（由系统分配凭证号，期初时可为 null） |
| 6 | inid | 数字（整型） | 2 | 行号（由系统赋值，期初时为 1） |
| 7 | dbill_date | 日期/时间 | 8 | 制单日期（可提供日期在有限范围内的修改） |
| 8 | idoc | 数字（整型） | 2 | 附单据数 |
| 9 | cbill | 文本 | 20 | 制单人 |
| 10 | ccheck | 文本 | 20 | 审核人 |
| 11 | cbook | 文本 | 20 | 记账人 |
| 12 | ibook | 数字（字节） | 1 | 是否记账（0_cbook 空/未记账，1_cbook 非空/已记账，建索引用） |
| 13 | ccashier | 文本 | 20 | 出纳人 |
| 14 | iflag | 数字（字节） | 1 | 标志：null_有效凭证，1_作废凭证，2_有错凭证（作废凭证可取消作废/进行凭证整理） |
| 15 | ctext1 | 文本 | 10 | 凭证头自定义项 1 |
| 16 | ctext2 | 文本 | 10 | 凭证头自定义项 2 |

| 序号 | 字段名 | 类　别 | 长度 | 备　注 |
|---|---|---|---|---|
| 17 | cdigest | 文本 | 60 | 摘要 |
| 18 | ccode | 文本 | 15 | 科目编码(与科目主表关联) |
| 19 | cexch_name | 文本 | 8 | 外币名称(与外币主表关联) |
| 20 | md | 货币 | 8 | 金额借方 |
| 21 | mc | 货币 | 8 | 金额贷方 |
| 22 | md_f | 货币 | 8 | 外币借方金额(若无外币,写0) |
| 23 | mc_f | 货币 | 8 | 外币贷方金额(若无外币,写0) |
| 24 | nfrat | 数字(双精度) | 8 | 汇率(若无外币,写0) |
| 25 | nd_s | 数字(双精度) | 8 | 数量借方(若无数量,写0) |
| 26 | nc_s | 数字(双精度) | 8 | 数量贷方(若无数量,写0) |
| 27 | csettle | 文本 | 3 | 结算方式(由于期初可输入未定义结算方式,故未与结算方式主表关联) |
| 28 | cn_id | 文本 | 10 | 票号 |
| 29 | dt_date | 日期/时间 | 8 | 票号发生日期 |
| 30 | cdept_id | 文本 | 12 | 部门编码(与部门目录表关联) |
| 31 | cperson_id | 文本 | 8 | 个人编码(与职员目录表关联) |
| 32 | ccus_id | 文本 | 12 | 客户编码(与客户目录表关联) |
| 33 | csup_id | 文本 | 12 | 供应商编码(与供应商目录表关联) |
| 34 | citem_id | 文本 | 20 | 项目编码(与项目目录表关联) |
| 35 | citem_class | 文本 | 2 | 项目大类(与大类主表关联) |
| 36 | cname | 文本 | 20 | 业务员 |
| 37 | ccode_equal | 文本 | 50 | 对方科目 |
| 38 | coutbillsign | 文本 | 20 | 外部凭证单据类型 |
| 39 | coutid | 文本 | 50 | 外部凭证单据号 |

合并表设计模式下,依据"有借必有贷、借贷必相等"的记账原则,一张记账凭证的分录信息至少要存储两行。尤其是当遇到一借多贷或一贷多借的凭证如期末损益结转时,凭证头信息如会计期间、凭证类型、凭证号、制单日期、记账人、审核人、制单人等被反复存储了多次,分录行越多,记录越多,浪费的存储空间就越大。这种存储模式造成大量的资源浪费,对于业务量大的单位而言,成为影响系统效率的重要因素。因此,一些软件采用主子表模式存储凭证信息。

**2. 主子表**

一张凭证中的凭证头信息是唯一的,只有分录信息是不同的。因此,在设计时将凭证文件分为两个：一个是凭证内容文件，存储凭证头信息；另一个是凭证业务文件，存储分录信息。这种存储方法称为主子表模式，不仅被普遍应用于国内外总账模块的数据设计中，在供应链模块的表设计中，为了降低存储冗余，应用更为广泛。

主子表模式将凭证头信息与分录信息分开存储在两张表中。存储凭证头信息的称为主表（如表 8-14 所示），存储分录信息的称为子表（如表 8-15 所示），两张表通过外部关键字进行连接，可查询、输出为完整的记账凭证。

表 8-14　凭证主表设计方案

| 主表编号 | 会计期间 | 凭证类型 | 凭证号 | 制单日期 | 摘要 | 金额 | 制单人 | 审核人 | 记账人 | 经手人 | 附件张数 |
|---|---|---|---|---|---|---|---|---|---|---|---|
|  |  |  |  |  |  |  |  |  |  |  |  |

表 8-15　凭证子表设计方案

| 主表编号 | 会计期间 | 凭证类型 | 凭证号 | 摘要 | 科目代码 | 金额 | 借贷方向 |
|---|---|---|---|---|---|---|---|
|  |  |  |  |  |  |  |  |

在主子表设计方案中，主表编号是主表的主关键字，也是子表的外部关键字，两张表通过"主表编号"外部关键字进行连接。主子表模式有效降低了存储冗余，是目前国际上比较流行的凭证文件设计方案。下面给出了主子表的设计实例（如表 8-16 和表 8-17 所示）。

表 8-16　凭证主表设计实例

| 字 段 名 | 类 型 | 长 度 | 备 注 |
|---|---|---|---|
| Code | nvarchar | 100 | 制单号 |
| Datee | datetime | 8 | 制单时间 |
| DateeY | nvarchar | 100 | 会计年度 |
| DateeM | nvarchar | 100 | 会计期间 |
| WarrantNum | int | 4 | 凭证号 |
| WriteWarrant | nvarchar | 100 | 制单人 |
| Auditing | nvarchar | 100 | 审核人 |
| RecordAccountant | nvarchar | 100 | 记账人 |
| BillType | nvarchar | 100 | 凭证类型 |
| State | nvarchar | 100 | 记账标记 |
| SumDebtor | money | 8 | 借方合计 |
| SumLender | money | 8 | 贷方合计 |
| JXCBillCode | nvarchar | 100 | 业务凭证号 |

表 8-17　凭证子表设计实例

| 字 段 名 | 类 型 | 长 度 | 备 注 |
| --- | --- | --- | --- |
| Num | int | 4 | 行记录号 |
| Datee | datetime | 8 | 制单时间 |
| DateeY | nvarchar | 100 | 会计年度 |
| DateeM | nvarchar | 100 | 会计期间 |
| BillCode | nvarchar | 100 | 制单号 |
| Summary | nvarchar | 400 | 摘要 |
| AccountantCode | nvarchar | 100 | 科目代码 |
| AccountantName | nvarchar | 100 | 科目名称 |
| AccountantAllName | nvarchar | 400 | 科目代码及全称 |
| Debtor | money | 8 | 借方金额 |
| Lender | money | 8 | 贷方金额 |
| State | nvarchar | 100 | 记账标记 |
| WarrantNum | int | 4 | 凭证号 |

在上述实例中,主子表通过"制单号"(Code 与 BillCode)可进行连接查询,或利用会计年度、会计期间和凭证号进行连接查询。

总而言之,凭证文件是总账子系统中不可缺省的数据文件,但不同的账务处理流程设计导致了不同的凭证文件数据结构和存储策略。一般来说,一个账套中的凭证文件可能一年一个文件,也可能一年单独一个数据库存储全年所有的凭证文件和账户主文件;有的软件设置了临时凭证文件和永久文件,则会存储多张凭证文件。这些凭证文件可能被设计成两张结构相同或类似的、数据量多少不一的合并表凭证文件;也可能被设计成多张主子表结合合并表的临时文件和永久文件。因此,在查找被审计单位总账模块的凭证表时,需要根据实际情况结合数据结构进行分析判断。

若单位是集团账套,则在凭证表设计时可能会增加单位代码、会计年度等字段,用以区分各会计主体。账套中一个凭证文件可能包含多个单位、多个年度的凭证数据,查询时需要将单位代码、会计年度和科目代码等结合起来,才能查询出某指定单位具体年度的科目明细账数据。

无论主子表设计模式,还是合并表设计模式,凭证文件中有些常用的设计思想被广泛应用于数据表设计中。

(1)会计期间的设计。有些凭证文件将会计期间单独作为一个字段设计,这样清楚明了。会计期间可以是年、季、月、半年等。但数据库中一般存储年、月或仅存储月。会计期间不完全等同于会计月份,有些单位的会计期间截止日期不是当月月末,因而超出截止日期的凭证往往被记入下一会计期间。

(2)凭证表中存储的数据与一般数据表有所不同。凭证表中若干条记录之间可能互相关联，共同构成一张记账凭证。因此，凭证表中往往会设计一个行记录号的字段，用来存储此行记录在某张凭证中是第几行，用以标记同一张凭证中的不同会计分录项。对于同一张凭证而言，行记录号是从 1 开始整数递增的顺序编号。

（3）记账标记字段的设计。有些软件中设置了单独的记账标记字段，以区分该张凭证是否记账。有些软件未设置记账标记字段，仅以记账人字段是否存储记账人姓名来区分记账与否。

（4）记账人、审核人、制单人字段各软件设计也有所不同。有的软件以真实操作员姓名存储，有的软件仅存储操作员的代码或编号。

（5）会计科目代码被用来在凭证表中标识某会计分录涉及的会计科目。为了减少存储冗余，一般情况下凭证表中仅存储科目代码，科目名称被存储在科目代码表中。完整的凭证查询需要使用子查询或连接查询实现会计科目及分录信息的展示。个别软件的凭证表中既存储科目代码，又存储科目名称，甚至还有些软件在凭证表设计中不仅存储科目代码、科目名称，还存储科目全称，虽然这种设计模式不符合数据库设计精简、便于索引的原则，但对于审计人员来讲便捷、易用，省却了许多中间过程。

会计信息系统使用计算机算法实现自动汇总，为了避免将来总账、明细账的重复计算，凭证表的设计中，仅存储末级科目的交易信息。即在填制凭证时，必须录入末级科目才能完成会计分录的制单业务。

（6）金额字段是个既代表方向又代表大小的矢量值。凭证文件中的金额设计一般有三种方法：借方金额、贷方金额；借贷方向、金额；用"＋"、"－"号表示的金额值。

用借方金额、贷方金额表示金额值，一笔交易发生时，对某一具体科目而言仅在其中一个字段中填写金额，另一个字段自动匹配为"空"或"0"。一张凭证的多行记录中，每一科目对应一行记录，每行记录借方金额或贷方金额字段总有一个为"空"或"0"，凭证越多，存储空间的浪费就越大。

用借贷方向加金额的表达方法，用借贷标志区分金额方向，比上述方案节约了存储空间。

用"＋"、"－"号表示的金额值一般给定"＋"、"－"号具体的定义。如"＋"号表示借方，"－"号表示贷方。"＋100"表示某科目的借方变化 100 元，"－5 000"表示某科目的贷方变化 5 000 元，这种变化是增是减要根据科目性质及业务内容进行判断。这种表达方式简便，不会造成存储浪费，但由于经济业务中经常用红字冲销法修改凭证错误码，此时容易造成混淆。因此，用"＋"、"－"号表示的金额值常用来表示账户的余额。

此外，个别软件在凭证表中设计了借贷方向以及"＋"、"－"金额用来表示金额。如借贷方向是"＋"，此时金额栏存储"＋1 000"，表示借方发生 1 000 元，是金额表达的另一种特殊方式。

（7）有外币核算时，凭证表中常常设置外币数量字段、外币金额字段，表示外币核算的数量和金额值；外币数量、外币金额可用外币借方数量、外币贷方数量、外币借方金额、外币贷方金额表示；也可用外币借贷方向、外币数量、外币金额的方式表达。某些软件专门设置一张外币数量和外币余额的表文件单独存储外币核算的内容。

### 8.2.5　余额表

余额表是存储总账、明细账中的汇总信息的数据表文件。在总账子系统中,总账、明细账中的信息被分为两类:一类是明细账中依据记账凭证直接逐笔填写的交易信息;一类是汇总本期发生额及余额的状态信息。会计账簿记录中,这两种信息互相依存且有时序关系,在关系型数据库的表文件设计中,要求表中各条记录之间必须是无序的,因此,账簿中的明细信息、余额信息与每月累计的发生额信息无法同时存储在一张表中,明细账中的交易信息被存储在凭证表中,单独设置余额表用来存储所有账户的累计发生额及余额等状态信息。

余额表是一种典型的汇总文件,在会计信息系统中,总账子系统不是模仿手工处理对每一个会计科目设置一个账簿文件,而是把全部会计科目的代码、类型、余额和发生额汇总数独立出来,存放在同一个文件中,称为余额表。余额主要存储每个会计账户期初、期末结余信息,以及每个会计期间的累计借、贷方发生额信息。在凭证表进行记账操作时,系统自动按科目进行汇总,并将汇总结果存入余额表;依据业务需要从余额表中查询、加工、生成所需报表及账簿。余额表常见的设计方案有以下两种。

**1. 每个科目按会计期间(月)存储状态信息**

这种设计方案下,余额表有时按年存储数据,有时按月存储数据。按年存储数据的,每个账套只有一个余额表文件,余额表中每个会计科目按会计期间存储期初、期末余额及当期的累计借、贷方发生额信息,大多数会计期间按月设置的企业,每个科目有多行记录来存储全年的状态信息。个别软件设计按月存储数据的,可能会一个月一个数据表文件,存储每个月所有会计科目的期初、期末余额及当期的累计借、贷方发生额信息,但是按月存储导致汇总文件过多,给编程和管理带来一定难度,因此一般情况下,大多数软件都采用按年存储余额表的方式进行数据设计,设计方案如表 8-18 所示。

表 8-18　余额表设计方案(一)

| 科目代码 | 会计期间 | 期初余额 | 余额方向 | 借方发生额 | 贷方发生额 | 期末余额方向 | 期末余额 |
|---|---|---|---|---|---|---|---|
|  |  |  |  |  |  |  |  |

这是一种典型的按照科目汇总表的方式设计的余额表。这种设计方案简洁,结构清晰。每个会计科目有多行记录,因此,当公司使用的会计科目较多时,这种余额表的行记录总数较多。典型的应用实例如表 8-19 所示。

表 8-19　余额表设计实例(一)

| 字　段　名 | 序号 | 类　　型 | 长度 | 备　　注 |
|---|---|---|---|---|
| i_id | 1 | 数字(长整型) | 4 | 自动编号(期初录入时的唯一标识) |
| ccode | 2 | 文本 | 15 | 科目编码(与科目主表关联) |
| cexch_name | 3 | 文本 | 8 | 外币币名(与外币主表关联) |
| iperiod | 4 | 数字(字节) | 1 | 会计期间(1~12) |

| 字　段　名 | 序号 | 类　型 | 长度 | 备　　注 |
|---|---|---|---|---|
| cbegind_c | 5 | 文本 | 2 | 金额期初方向（借，贷，mb＝0 时为平） |
| cbegind_c_engl | 6 | 文本 | 2 | 金额期初方向（英文） |
| mb | 7 | 货币 | 8 | 金额期初（空时写 0，mb＞＝0） |
| md | 8 | 货币 | 8 | 金额借方合计（空时写 0） |
| mc | 9 | 货币 | 8 | 金额贷方合计（空时写 0） |
| cendd_c | 10 | 文本 | 2 | 金额期末方向（借，贷，me＝0 时为平） |
| cendd_c_engl | 11 | 文本 | 2 | 金额期末方向（英文） |
| me | 12 | 货币 | 8 | 金额期末（空时写 0，me＞＝0） |
| mb_f | 13 | 货币 | 8 | 外币期初（空时写 0，mb＜＞0 时：mb_f＞＝0_外币与金额同方向，mb_f＜0_外币与金额反方向） |
| md_f | 14 | 货币 | 8 | 外币借方合计（空时写 0） |
| mc_f | 15 | 货币 | 8 | 外币贷方合计（空时写 0） |
| me_f | 16 | 货币 | 8 | 外币期末（空时写 0，me＜＞0 时：me_f＞＝0_外币与金额同方向，me_f＜0_外币与金额反方向） |
| nb_s | 17 | 数字（双精度） | 8 | 数量期初（空时写 0，mb＜＞0 时：nb_s＞＝0_数量与金额同方向，nb_s＜0_数量与金额反方向） |
| nd_s | 18 | 数字（双精度） | 8 | 数量借方合计（空时写 0） |
| nc_s | 19 | 数字（双精度） | 8 | 数量贷方合计（空时写 0） |
| ne_s | 20 | 数字（双精度） | 8 | 数量期末（空时写 0，me＜＞0 时：ne_s＞＝0_数量与金额同方向，ne_s＜0_数量与金额反方向） |

### 2. 每个科目按年存储状态信息

这种汇总余额文件采用每个会计科目一行记录存储期初余额以及全年各期间累计发生额信息的方式进行余额表设计。这种结构的余额表一般每年一个汇总文件，字段较多，仅存储期初余额与各期间的累计借、贷方发生额信息，不存储期末余额信息，期末余额可由程序根据计算公式自动计算后方可进行展示及输出。典型的设计方案如表 8-20 所示。

表 8-20　余额表设计方案（二）

| 科目代码 | 年初余额方向 | 年初余额 | 1 月借方发生额 | 1 月贷方发生额 | 2 月借方发生额 | 2 月贷方发生额 | …… | 12 月借方发生额 | 12 月贷方发生额 |
|---|---|---|---|---|---|---|---|---|---|
|  |  |  |  |  |  |  |  |  |  |

这种余额表设计方案结构清晰，数据文件较少，便于管理。缺点是不能直接得到账簿所需的数据，必须编程计算得到。典型的应用实例如表 8-21 所示。

**表 8-21　余额表设计实例（二）**

| 字　段　名 | 类　　型 | 长　　度 | 备　　注 |
|---|---|---|---|
| KMDM | nvarchar | 32 | 科目代码 |
| WBDM | nvarchar | 8 | 外币代码 |
| KMYEFX | nvarchar | 4 | 科目余额方向 |
| KMNCYE | float | 8 | 年初余额 |
| KMJF1 | float | 8 | 借方发生额 1 |
| KMJF2 | float | 8 | 借方发生额 2 |
| KMJF3 | float | 8 | 借方发生额 3 |
| KMJF4 | float | 8 | 借方发生额 4 |
| KMJF5 | float | 8 | 借方发生额 5 |
| KMJF6 | float | 8 | 借方发生额 6 |
| KMJF7 | float | 8 | 借方发生额 7 |
| KMJF8 | float | 8 | 借方发生额 8 |
| KMJF9 | float | 8 | 借方发生额 9 |
| KMJF10 | float | 8 | 借方发生额 10 |
| KMJF11 | float | 8 | 借方发生额 11 |
| KMJF12 | float | 8 | 借方发生额 12 |
| KMJF13 | float | 8 | 借方发生额 13 |
| KMDF1 | float | 8 | 贷方发生额 1 |
| KMDF2 | float | 8 | 贷方发生额 2 |
| KMDF3 | float | 8 | 贷方发生额 3 |
| KMDF4 | float | 8 | 贷方发生额 4 |
| KMDF5 | float | 8 | 贷方发生额 5 |
| KMDF6 | float | 8 | 贷方发生额 6 |
| KMDF7 | float | 8 | 贷方发生额 7 |
| KMDF8 | float | 8 | 贷方发生额 8 |
| KMDF9 | float | 8 | 贷方发生额 9 |
| KMDF10 | float | 8 | 贷方发生额 10 |
| KMDF11 | float | 8 | 贷方发生额 11 |
| KMDF12 | float | 8 | 贷方发生额 12 |
| KMDF13 | float | 8 | 贷方发生额 13 |

除此之外,余额表还有许多设计方案。有些软件将年初余额单独存放在一张表中;有些软件将余额表与科目代码表结合,将年初余额存放在科目代码表中;也有些余额表被设计成非常典型的总账形式。要想清楚地判定余额表,需要对总账、明细账有更深刻的了解。

## 8.2.6 其他账表

总账子系统中,除了科目代码表、凭证表和余额表外,还有其他表如账套参数表、操作日志表、辅助账和凭证设置表等用于完成账务处理。

### 1. 辅助账

为了配合总账、明细账的核算要求,许多软件设置辅助账,用于某些科目的立体核算。例如,应收账款设置的客户往来辅助核算,除了在凭证表、余额表中进行记录以外,还会在辅助账中进行反映。辅助账常见的设计方案与余额表类似,许多辅助账容易被误认为是余额表。

表 8-22 是一个典型的辅助账数据字典,可以看出,它与如表 8-19 所示的余额表的设计非常相似。这时,要想清楚地判断是余额表还是辅助账就需要结合"部门编码"与表中的数据内容进行综合分析。若是余额表,一般表中的数据比较完整,各个科目一般都会有余额与发生额信息;若是辅助账,则只有设置了辅助核算的科目才会有记录,未设置辅助核算的会计科目不会在辅助账中进行记录,因而通过观察会计科目在辅助账中的存储特征,就可清楚判断是辅助账还是余额表。

表 8-22 辅助账设计实例

| 字 段 名 | 序号 | | 长度 | 备 注 |
|---|---|---|---|---|
| i_id | 1 | 数字(长整型) | 4 | 自动编号(期初录入时的唯一标识) |
| ccode | 2 | 文本 | 15 | 科目编码(与科目主表关联) |
| cexch_name | 3 | 文本 | 8 | 外币币名(与外币主表关联) |
| cdept_id | 4 | 文本 | 12 | 部门编码(与部门目录表关联) |
| cperson_id | 5 | 文本 | 8 | 个人编码(与职员目录表关联) |
| ccus_id | 6 | 文本 | 12 | 客户编码(与客户目录表关联) |
| csup_id | 7 | 文本 | 12 | 供应商编码(与供应商目录表关联) |
| citem_class | 8 | 文本 | 2 | 项目大类(与大类主表关联) |
| citem_id | 9 | 文本 | 20 | 项目编码(与项目目录表关联) |
| iperiod | 10 | 数字(字节) | 1 | 会计期间(1~12) |
| cbegind_c | 11 | 文本 | 2 | 金额期初方向(借,贷,mb=0 时为平) |
| cbegind_c_engl | 12 | 文本 | 2 | 金额期初方向(英文) |
| mb | 13 | 货币 | 8 | 金额期初(空时写 0,mb>=0) |
| md | 14 | 货币 | 8 | 金额借方合计(空时写 0) |

| 字　段　名 | 序号 | | 长度 | 备　　注 |
|---|---|---|---|---|
| mc | 15 | 货币 | 8 | 金额贷方合计（空时写 0） |
| cendd_c | 16 | 文本 | 2 | 金额期末方向（借，贷，me＝0 时为平） |
| cendd_c_engl | 17 | 文本 | 2 | 金额期末方向（英文） |
| me | 18 | 货币 | 8 | 金额期末（空时写 0，me＞=0） |
| mb_f | 19 | 货币 | 8 | 外币期初（空时写 0，mb<>0 时：mb_f＞=0_外币与金额同方向，mb_f<0_外币与金额反方向） |
| md_f | 20 | 货币 | 8 | 外币借方合计（空时写 0） |
| mc_f | 21 | 货币 | 8 | 外币贷方合计（空时写 0） |
| me_f | 22 | 货币 | 8 | 外币期末（空时写 0，me<>0 时：me_f＞=0_外币与金额同方向，me_f<0_外币与金额反方向） |
| nb_s | 23 | 数字（双精度） | 8 | 数量期初（空时写 0，mb<>0 时：nb_s＞=0_数量与金额同方向，nb_s<0_数量与金额反方向） |
| nd_s | 24 | 数字（双精度） | 8 | 数量借方合计（空时写 0） |
| nc_s | 25 | 数字（双精度） | 8 | 数量贷方合计（空时写 0） |
| ne_s | 26 | 数字（双精度） | 8 | 数量期末（空时写 0，me<>0 时：ne_s＞=0_数量与金额同方向，ne_s<0_数量与金额反方向） |

**2. 操作人员权限表**

操作人员权限表用于存储操作员的用户名、口令和操作权限等。利用操作人员权限表可以看出访问控制的权限设置是否满足不相容职务相分离的内部控制执行情况。

**3. 凭证类别表**

凭证类别表用来设置凭证类别，如收款凭证、付款凭证和转账凭证等，可利用凭证类别设置表设置凭证类别限制的内部控制。例如，收款凭证可通过设置"借方必有"库存现金及银行存款科目进行系统内部控制。

**4. 操作日志表**

操作日志表是进行计算机审计时应该被关注的一张表，用于存放软件的操作使用日志，一般包括账务系统日期、机器日期、操作员姓名、操作内容、起始时间和终止时间等字段。审计人员、信息安全管理人员通过对操作日志表的分析，可以发现异常时间、异常人员的操作行为。

## 8.3　应收应付子系统

应收应付模块是会计信息系统中比较重要的子系统。在会计业务一体化应用中，销售系统向应收系统传递数据，并在应收系统制单后传递至总账子系统。采购系统向应付子系统传递数据，并经应付系统制单后传递至总账子系统。应收、应付系统传递的外部单据，是总账子系统的财务数据与销售、采购业务系统数据进行对比分析的关键环节。

### 8.3.1 业务循环及数据流程

应收款管理模块通过对销售发票、其他应收单、收款单等单据的记录,从而对企业的往来账款进行综合管理,包括账龄分析、坏账准备的计提及冲销、客户信用分析等,及时、准确地提供给客户往来账款余额资料,提供各种分析报表。应收款模块与销售子系统、总账子系统的一体化应用,可提供完整的业务处理和财务管理信息。

应付款管理通过对采购发票、其他应付单、付款单等单据的记录,对企业的应付账款进行综合管理,及时、准确地提供与供应商往来的账款余额资料,提供各种分析报表。应付款管理模块与采购子系统、总账子系统的一体化应用,可提供完整的业务处理和财务管理信息。

采购子系统与应付子系统共同构成采购、应付业务循环;销售子系统与应收子系统构成销售应收业务循环。采购系统将发票传递至应付子系统,应付系统制单、付款后将凭证传递到总账;销售子系统将发票传递至应收子系统,应收系统制单、收款后将凭证传递至总账子系统。期末,采购、销售系统未结账时,应收、应付及总账子系统无法结账。其业务流及数据流如图 8-8 所示。

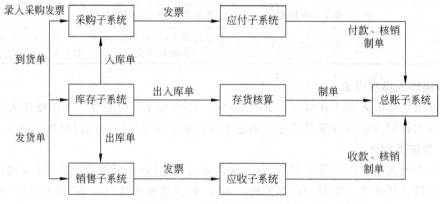

图 8-8　应收应付子系统数据流程

### 8.3.2 数据表

应收应付子系统中比较重要的数据表有应收/应付单、收付款单、账龄表等。在实际的软件开发中,有的软件将应收/应付单放在一张表中,有的软件将应收/应付单单独设计两张表。

**1. 应收/应付单**

应收/应付文件用于存储每笔销售/采购业务形成的应收/应付款项及预收/预付账款信息。该信息由销售/采购发票记账及销售/采购发票与收/付款单核销后生成。利用该文件可生成应收/应付账款对账单、客户欠款发票列表和应收账款账龄分析表等。一般常见的设计方案如表 8-23 所示。

表 8-23　应收/应付单设计方案

| 客户/供应商代码 | 客户/供应商名称 | 发票号码 | 业务发生日期 | 结算单号 | 摘要 | 预计收/付款日期 | 应收/应付金额 | 已收/付金额 | 应收/付余额 | 应收(付)/预收(付)标识 | 核销标志 |
|---|---|---|---|---|---|---|---|---|---|---|---|
|  |  |  |  |  |  |  |  |  |  |  |  |

在上述设计方案中,发票号码为销售/采购发票与收/付款单核销的关键字,也称为核销号。应收(付)/预收(付)标识为确认应收款和预收款、应付款和预付款的标识,常用"0"、"1"表示。例如,在应收单设计中,"0"表示应收,"1"表示预收;在应付单设计中,"0"表示应付,"1"表示预付,核销标志的值在销售对账符合后被标记确定,每个客户或供应商的每笔业务为一条记录。

有些软件为了避免存储冗余,将应收/付单设计为主子表模式。主表记录表头信息,子表记录交易信息,如表 8-24 所示。

表 8-24　应收/付单主表实例

| 字　段　名 | 字　段　含　义 | 字　段　名 | 字　段　含　义 |
|---|---|---|---|
| Auto_ID | 主表关联项 | cDigest | 摘要 |
| cLink | 子表关联项 | cCode | 科目编码 |
| cDwCode | 单位编号 | cexch_name | 外币名称 |
| cDeptCode | 部门编号 | iExchRate | 汇率 |
| cPerson | 职员编号 | bd_c | 借贷方向 |
| cItem_Class | 项目大类 | iAmount | 本币金额 |
| cItemCode | 项目编号 | iAmount_f | 原币金额 |

表 8-25　应收/付单子表实例

| 字　段　名 | 字　段　含　义 |
|---|---|
| Auto_ID | 自动编号 |
| cLink | 主表关联项(＝cVouchType＋cVouchID) |
| cVouchType | 单据类型(应收/付单据号相加唯一) |
| cVouchID | 应收/付单据号 |
| cVouchID1 | 应收/付对应单据号(用于红票存对应单据号) |
| dVouchDate | 单据日期 |
| cDwCode | 单位编号 |
| cDeptCode | 部门编号 |
| cPerson | 职员编号 |
| cItem_Class | 项目大类编码 |

| 字 段 名 | 字 段 含 义 |
|---|---|
| cItemCode | 项目编码 |
| cDigest | 摘要 |
| cCode | 科目编码 |
| cexch_name | 币种 |
| iExchRate | 汇率 |
| bd_c | 借贷方向(借：True；贷：False) |
| iAmount | 本币金额 |
| iRAmount | 本币余额 |
| cPayCode | 付款条件 |
| cOperator | 操作员姓名 |
| cCheckMan | 审核人 |
| cCoVouchType | 对应单据类型 |
| bStartFlag | 期初标志（True：期初；False：否） |
| cPZid | 生成凭证时的线索号 |
| cFlag | 标志("AR"：应收；"AP"：应付) |

### 2. 收/付款单

收/付款单用于存储收/付款信息，记录企业收到的客户款项，或付给供应商的账款。每张收、付款凭证为一个记录，常见的收款单文件设计方案如表 8-26 所示。

表 8-26 收/付款单设计方案

| 收/付款单号 | 收/付款日期 | 销售/采购发票号 | 客户/供应商代码 | 客户/供应商账号 | 收/付款类型 | 结算方式 | 运单号 | 进账单号 | 结算单号 | 收/付款金额 | 审核标志 | 核销标志 |
|---|---|---|---|---|---|---|---|---|---|---|---|---|
|  |  |  |  |  |  |  |  |  |  |  |  |  |

在上述设计方案中，收/付款单号由系统自动编号。销售/采购发票号是指该收/付款单收/付的是哪一张发票上的款项。客户或供应商代码、运单号和结算单号由系统自动从已录发票中调入信息并填入对应字段。核销标志用于标记是否与发票进行核销处理。表 8-27 给出了收/付款结算单的应用实例。

表 8-27 收/付款单实例

| 字 段 名 | 字 段 含 义 | 字 段 名 | 字 段 含 义 |
|---|---|---|---|
| Auto_ID | 自动编号 | cDigest | 摘要 |
| cVouchType | 单据类型(48 收款单、49 付款单) | cBankAccount | 银行账号 |

| 字　段　名 | 字　段　含　义 | 字　段　名 | 字　段　含　义 |
|---|---|---|---|
| cVouchID | 收款/付款单号 | cexch_name | 币种 |
| dVouchDate | 收/付款日期 | iExchRate | 汇率 |
| iPeriod | 收/付款期间 | iAmount | 本币金额 |
| cDwCode | 单位编号 | iRAmount | 本币金额 |
| cDeptCode | 部门编码 | cOperator | 录入人 |
| cPerson | 职员编码 | cCancelMan | 核销人 |
| cItem_Class | 项目大类编码 | cRPMan | 出纳人签字 |
| cItemCode | 项目编码 | bPrePay | 预收预付标志（True：预收或预付，False：结算单） |
| cSSCode | 结算方式 | bStartFlag | 是否期初 |
| cNoteNo | 票据号 | cOrderNo | 订单号（用于业务模块） |
| cCoVouchType | 对应单据类型（27、28、29、50、51） | cCode | 科目编码（结算科目） |
| cCoVouchID | 对应应收应付票据号 | cPrdCode | 预收/预付科目编码 |
| iPayForOther | 代付标志（0：正常；1：代他人付款；2：被代付） | cPZid | 生成凭证时的线索号 |
| cSrcFlag | 结算单来源（""或 NULL：出纳录入，"A"：应收应付录入，"C"表示票据编号为支票号） | cFlag | 应收应付标志（"AR"：应收；"AP"：应付；空：其他） |

## 8.4　固定资产子系统

固定资产是指企业为生产产品、提供劳务、出租或者经营管理而持有的，使用时间超过一年，单位价值达到一定标准的非货币性资产，包括房屋、建筑物、机器、机械、运输工具以及其他与生产经营活动有关的设备、器具、工具等。从会计的角度划分，固定资产一般被分为生产用固定资产、非生产用固定资产、租出固定资产、未使用固定资产、不需用固定资产、融资租赁固定资产和接受捐赠固定资产等。

固定资产子系统主要记录固定资产的增减、变动及折旧情况；存储和管理固定资产卡片，对固定资产的变动进行记录，登记固定资产明细账，完成折旧计提并分配等业务；将固定资产的增、减、变动、折旧分配、处置等业务记录制单生成凭证传递至总账系统，并实现对固定资产的查询、统计和账表打印管理。

### 8.4.1　业务循环及数据流程

固定资产管理子系统要实现对固定资产的分类与计价，固定资产增加、减少的核算，固定资产折旧的计提与分配，固定资产清理的核算，并将相关凭证制单传递至总账子系统、成本核算子系统,为项目管理、报表、财务分析和决策支持提供基础数据。

固定资产管理子系统将固定资产增加、减少、计提折旧的数据生成转账凭证传递至总账子系统、成本核算子系统;固定资产管理模块从总账子系统读取有关折旧、固定资产发生额和余额等数据,并在期末结账前与总账系统进行对账。固定资产管理子系统引入项目数据,可以按项目归集并为项目管理模块提供服务。固定资产管理子系统可为报表子系统提供数据,可供财务分析模块完成资产状况及利用情况分析。固定资产与其他子系统间的数据传递过程如图 8-9 所示。

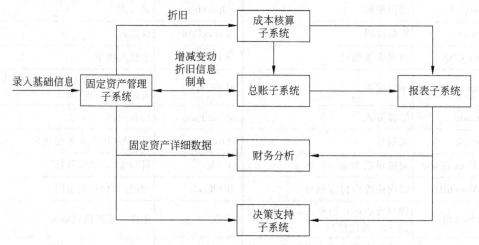

图 8-9 固定资产子系统与其他子系统间的数据传递

固定资产子系统的数据流程如图 8-10 所示。

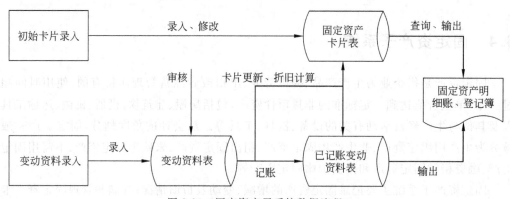

图 8-10 固定资产子系统数据流程

固定资产子系统在初始启用时,首先定义卡片结构,输入手工账套数据,形成卡片表的初始记录。日常业务中,增加、减少固定资产时,将增减变动资料录入系统,形成卡片变动表记录,审核、记账后,系统根据变动资料表新增、修改、删除卡片表中的记录,然后将变动资料转移到已记账变动资料表中;系统根据固定资产卡片表和已记账变动资料表中的数据生成各种固定资产明细账及固定资产登记簿。

## 8.4.2　数据表

手工状态下的固定资产管理设置固定资产卡片、固定资产登记簿、固定资产调拨单、固定资产移交册、交接单、固定资产备查登记簿等进行日常业务管理及核算。

固定资产管理子系统中,按照手工管理模式设置固定资产卡片表、固定资产变动单、固定资产评估单、工作量表、折旧表、折旧分配凭证表、折旧分配表、折旧日志表等数据库表,以核算、管理固定资产增减变动、评估及折旧计提等经济业务。其中,固定资产卡片表、固定资产变动单是最主要的两张数据表。

### 1. 固定资产卡片表

固定资产卡片表记录固定资产详细情况,是反映各项固定资产基本情况、折旧情况及变动情况的明细账。固定资产卡片的设置要求一物一卡,每一个独立的固定资产都必须设置固定资产卡片,每一个固定资产的增加、移交、调拨、减少、清理、盘盈盘亏、评估变动都需要在固定资产卡片中进行登记。固定资产卡片表一般记录固定资产的名称、规格型号、购置日期、金额、存放地点、耐用年限、原值、折旧、移动情况等资料。表 8-28 给出了固定资产卡片表的样例。

表 8-28　固定资产卡片表实例

| 字　段　名 | 含　　义 | 字　段　名 | 含　　义 |
|---|---|---|---|
| sCardID | 卡片记录唯一标识 | dblFCValue | 外币原值 |
| sCardNum | 卡片编号 | dblExchangeRate | 汇率 |
| sAssetNum | 资产编号 | sOperator | 录入人 |
| sAssetName | 固定资产名称 | sDisposer | 注销人 |
| lOptID | 业务号 | dblNetValueAct | 变动开始有效月初净值 |
| iOptType | 业务类型 | lDeprMonthsAct | 变动开始有效月初已使用月份 |
| iNewType | 增加类型 | dblCanWorkAct | 变动开始有效月初工作总量 |
| sZWVoucherType | 凭证类别 | dblLegacy | 折旧继承值 |
| sDeptNum | 部门编码 | sVoucherNum | 对应变动单编号 |
| sTypeNum | 类别编码 | sEvaluateNum | 对应评估单编号 |
| sOrgID | 核算方式编号 | dblValue | 原值 |
| sOrgAddID | 增加方式编号 | dblDecDeprT | 减少时累计折旧 |
| sOrgDisposeID | 减少方式编号 | dblDecDepr | 减少时折旧 |
| sDisposeReason | 注销原因 | dblDecDeprRate | 减少时折旧 |
| sStatusID | 使用状况编号 | lDecDeprMonths | 减少时已计提月份 |
| sDeprMethodID | 折旧方法编号 | dblDecWorkT | 减少时累计工作量 |

| 字　段　名 | 含　义 | 字　段　名 | 含　义 |
| --- | --- | --- | --- |
| sCurrency | 币种 | dblDecPerDepr | 减少时单位折旧 |
| sDeprSubjectNum | 对应折旧科目编码 | dblBV | 净残值 |
| sDeprSubjectName | 对应折旧科目名称 | dblBVRate | 净残值率 |
| sDeprSubjectName | 对应项目编码 | dblCanWork | 工作总量 |
| sProjectName | 对应项目名称 | dblCanWork | 单位折旧 |
| sStyle | 规格型号 | lUsedMonths | 已使用月份 |
| dblBuildArea | 建筑面积 | sWorkUnit | 工作量单位 |
| lBuildNum | 间（座）数 | dblTransInDeprTCard | 累计折旧转入 |
| lMachinNum | 电机数量 | dblTransOutDeprTCard | 累计折旧转出 |
| dblMachinW | 电机功率 | iVouchsNextMonthAct | 下月开始有效的变动单数量 |
| sSite | 存放地点 | sTransTypeNum | 转移类别编码 |
| lLife | 可使用月份 | sTransDepteNum | 转移部门编码 |
| dStartdate | 开始使用日期 | iInputPeriod | 录入期间 |
| dInputDate | 录入日期 | iTransPeriod | 变动期间 |
| dTransDate | 变动日期 | iDisposePeriod | 注销期间 |
| dDisposeDate | 注销日期 | | |

固定资产卡片文件通常按年设置，一般软件会按照"资产编号＋类别编号＋部门编号"建立索引文件。

**2. 固定资产变动表**

固定资产的变动情况有的软件将其设计为多张表，反映固定资产的增加、减少、调动和折旧计算。单独设计固定资产增加文件、减少文件、内部调动文件和折旧计算文件，固定资产增加时，需要记录发票号、发票日期和进项税等；固定资产减少时，需要记录减少发生的时间、减少原因和处理标志等；固定资产内部调拨时，需要记录调拨单编号、调动前使用部门和调动后使用部门；折旧计算时，需要确认记录的费用科目、折旧额等。

有的软件设计中将固定资产的变动情况单独设计一张固定资产变动表，反映固定资产变动前后的情况。表 8-29 给出了固定资产变动表的实例。

**表 8-29　固定资产变动表实例**

| 字　段　名 | 含　义 | 字　段　名 | 含　义 |
| --- | --- | --- | --- |
| sNum | 变动单编号 | sBeforeVoucher | 变动前内容 |
| sCardNum | 卡片编号 | sAfterVoucher | 变动后内容 |

| 字 段 名 | 含 义 | 字 段 名 | 含 义 |
|---|---|---|---|
| lOptID | 业务号 | memReason | 变动原因 |
| sZWVoucherType | 凭证类别 | dTransdate | 变动时间 |
| sZWVoucherNum | 凭证号 | iTransPeriod | 变动期间 |
| lPreOptID | 变动前卡片业务号 | sOperatorVou | 经手人 |
| iVoucherType | 变动单类型 | sCurrencyVou | 币种 |
| sItemID | 变动内容对应的卡片项目编号 | dblExchangeRateVou | 汇率 |
| sVoucherName | 变动单名称 | sSiteAfter | 变动后存放地点 |
| sVoucherEngName | 变动单英文名称 | sLockedBy | 锁定计算机名称 |

# 8.5 薪资管理子系统

薪资管理是一个组织取得、保证与发展该组织所需的人力和专门知识的过程。薪资管理的主要目标是保证向组织提供的人力能够高效地完成被指派的任务。薪资管理子系统包括人事管理模块和工资模块,其中人事管理模块被视为企业管理信息系统(MIS)的一个子系统,而工资模块则是会计信息系统的一个组成部分。

薪资管理子系统可与总账及其他子系统共享部门、人员、岗位等基础档案,工资档案等人事资料由薪资管理子系统管理并设置。人事管理模块负责人员的招聘、培训、劳务合同等人事工作。

工资管理模块的主要功能包括收集、计算和存储相关人员和工资数据;计算、汇总和分配工资费用,完成工资核算业务;生成工资发放清单,处理银行代发业务;生成各种所需的工资报表并进行分析;与其他子系统实现数据共享。

## 8.5.1 业务循环及数据流程

工资管理模块是与人事管理相关但又相对独立的一项人力资源管理职能,也是会计信息系统的一个重要子系统。工资管理与人事管理模块共享部门资料、岗位、人员及工资档案,并在人事管理模块提供员工培训、升职等基础资料的情况下,完成员工工资计算、汇总、制单并将数据传递至总账子系统和成本核算子系统,用以确定产品成本、发放员工工资。工资子系统与其他系统的数据传递如图 8-11 所示。

工资子系统主要向总账子系统传递工资、职工福利费、工会经费、职工教育经费、养老保险、医疗保险、住房公积金的计算分摊凭证;工资管理子系统为成本模块提供工资、福利费及工会经费的分摊凭证以确定产品成本;报表子系统通过取数逻辑向总账、工资子系统获取数据生成相应的报表。如果企业设置了项目核算,工资管理子系统还需要向项目管理模块传递项目人员的工资、福利费等数据。

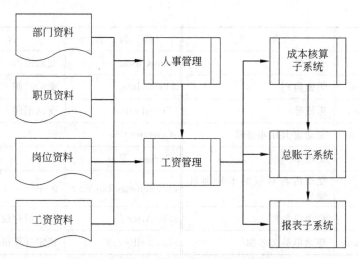

图 8-11　工资子系统与其他系统的数据传递

工资模块的业务处理及数据流程如图 8-12 所示。

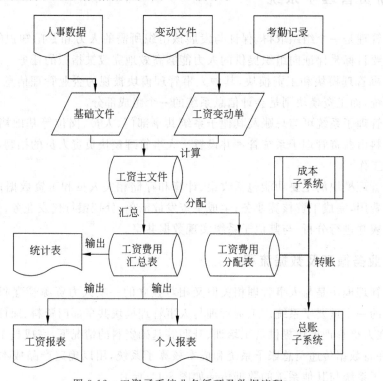

图 8-12　工资子系统业务循环及数据流程

① 系统初始设置时,将部门、人员等基础数据录入系统,形成人事基础数据文件。②日常业务中,每月将人员的增减、职称、职级、岗位分级等变动资料录入变动表,从终端获取考勤记录等工时信息并更新至变动表,有计件工资的将产量工时信息录入变动表。③月末,根据员工基础信息及变动资料计算员工应发工资、扣款扣税及实发工资,生成工

资明细及表工资费用汇总表。④根据员工所属部门完成工资分摊、计提、转账等业务处理,根据职工工资总额计提职工福利费、工会经费和职工教育经费,并分摊相应费用至产品成本和期间费用科目;编制工资分配明细单,并将费用分配表、工资汇总表制单生成凭证传递至总账及成本核算子系统。⑤月末,工资系统可根据需要查询输出工资统计表、个人工资明细表及工资汇总表。

## 8.5.2　数据表

工资子系统中的主要数据文件包括人员信息表、工资数据表、工资汇总表、计算公式设置表和工资分摊表等,下面主要介绍工资数据表和工资汇总表。

人员信息表中存储工资单中每个人的详细信息,主要包括人员编号、人员姓名、部门编号、人员类别、工资类别、调入时间、计税标志和银行账号等基础信息。

工资数据表存储每个月每个职工发放工资的明细数据,主要字段包括工资类别号、人员编码、人员姓名、部门编码、工资月份、会计期间、应发合计、扣款合计、实发合计和代扣税等。表 8-30 给出了工资数据表的实例。

表 8-30　工资数据表实例

| 字　段　名 | 类　型 | 长　度 | 备　注 |
|---|---|---|---|
| cGZGradeNum | Text | 3 | not null 工资类别号(001~999) |
| cPsn_Num | Text | 10 | 人员编号 |
| cPsn_Name | Text | 40 | 人员姓名 |
| cDept_Num | Text | 40 | 部门编码 |
| iPsnGrd_id | Long | 4 | 人员类别 ID 号 |
| iMonth | Byte | 1 | 工资月份 |
| bDCBZ | Boolean | 1 | 调出标志 |
| bTFBZ | Boolean | 1 | 停发标志 |
| cPreDeptNum | Text | 40 | 上月所在部门编码 |
| F_1 | Currency | 8 | 应发合计(系统固定项目) |
| F_2 | Currency | 8 | 扣款合计(系统固定项目) |
| F_3 | Currency | 8 | 实发合计(系统固定项目) |

工资汇总表存储每月各部门工资的汇总数据,是工资分摊计算的数据来源。表 8-31 展示了工资汇总表的实例。

表 8-31　工资汇总表实例

| 字　段　名 | 类　型 | 长　度 | 工资汇总表 |
|---|---|---|---|
| cGZGradeNum | Text | 3 | not null 工资类别号(001~999) |

| 字 段 名 | 类 型 | 长 度 | 工资汇总表 |
|---|---|---|---|
| cDept_Num | Text | 40 | 部门编号 |
| iPsnGrd_id | Long | 4 | 人员类别 ID 号 |
| iPsnAmt | Long | 4 | 部门类别人数 |
| iMonth | Byte | 1 | 工资月份 |
| FG_1 | Currency | 8 | 应发合计（系统固定项目） |
| FG_2 | Currency | 8 | 代扣款（用户选定"自动扣税"） |
| FG_3 | Currency | 8 | 实发合计（系统固定项目） |

工资分摊表存储每月各部门应分摊的工资费用，依据工资汇总表及人员所属部门、费用分摊比例计算得出。表 8-32 展示了工资分摊表的实例。

表 8-32　工资分摊表实例

| 字 段 名 | 类 型 | 长 度 | 备 注 |
|---|---|---|---|
| cGZGradeNum | Text | 3 | not null 工资类别号（001～999） |
| ino_id | Long | | 凭证号 |
| cDept_Num | Text | 40 | 部门编号 |
| iPsnGrd_id | Long | 4 | 人员类别 ID 号 |
| iMonth | Byte | 1 | 分摊月份 |
| cJT_name | Text | 20 | 计提类型（工资分摊，应付福利，工会经费，职工教育经费，其他） |
| yGZ_sum | Currency | 8 | 工资总额 |
| iRate | Double | 8 | 比例 |
| yJT_money | Currency | 8 | 计提费用 |
| cD_codeName | Text | 30 | 借方科目 |
| cC_codeName | Text | 30 | 贷方科目 |

# 8.6　供应链管理子系统

供应链管理是会计信息系统的业务来源，是 ERP 系统的重要组成部分，突破了会计信息系统中财务与业务系统割裂的局限性，实现了从财务管理到企业财务业务一体化运行的全面管理，实现了物流、资金流和信息流的管理统一。供应链子系统主要包括采购子系统、销售子系统、库存管理与存货核算模块、主生产模块等，与会计信息系统有密切业务往来的主要包括销售、采购、库存、存货管理模块。

采购管理、销售管理、库存管理与存货核算模块既可以单独使用,也可与相关子系统一体化应用以消除企业内部的信息孤岛,提高管理效率。

采购管理模块的主要功能包括:①根据生产计划及业务需求,请购、比价、选定供应商、订购所需物料;②签订采购合同,录入采购发票,审核到货单;③物料入库、采购结算等业务处理。

销售管理模块的主要功能包括:①根据销售计划及产能,销售报价、销售订货、开票等业务处理;②销售调拨、销售退货、客户信用审批等业务处理;③销售折扣、委托代销、合同管理等业务处理;④销售开票、发货、代垫款项等业务处理。

库存管理模块的主要功能包括:①审核、验收入库,管理入库单据;②审核、验收出库业务;③库存商品调拨、盘点、组装拆卸业务等。

存货核算模块的主要功能包括:①登记库存物料明细账;②核算出库及结存物料成本;③出入库成本调整;④存货跌价准备计提;⑤库存账簿管理等。

## 8.6.1 业务循环及数据流程

供应链子系统各模块与总账、应收应付子系统与其他子系统的业务流主要包括如下部分。

(1)采购管理模块录入采购发票、其他应付单,审核后传递至应付款子系统,应付子系统制单生成采购以及付款凭证传递至总账子系统。

(2)销售管理模块录入销售发票、销售调拨单、其他应收单等,审核后传递至应收子系统制单生成销售及收款凭证传递到总账子系统。

(3)采购模块将采购订单、到货单传递至库存管理模块,库存模块根据入库情况生成入库单传递至采购、存货核算子系统。

(4)销售业务一般分为销售报价、销售合同签订、销售开票、发货及财务结算等基本环节。主要业务流程一般是:客户通过电话、邮件、上门洽商等方式,向销售业务员了解销售报价,双方协商一致后,客户或销售部门填制销售订单;客户经信用审核后按批准的信用额度进行赊销审批,签订正式销售合同;销售部门将销货通知单分送生产、仓储、发货和开单部门;发运部门根据销售订单,开具发货单;开单部门根据发货单,依据销售合同、产品价格目录资料开具销售发票;销售模块将销售发票、发货单传递至库存管理模块,同时销售发票被传递至应收子系统,财务部门根据销售发票安排收款结算;客户以销售发票为依据付款结算,应收系统根据发票与收款情况,核销欠款,制单生成凭证传递至总账。客户持提货单至仓库提货;库存模块将出库后的可销售量返回销售模块,并将出库单传递到存货核算模块;财会部门根据销售发票、结算单编制记账凭证,确认并记录销售成本。

(5)存货核算模块根据出入库单据核算出入库成本,并制单生成成本核算凭证传递至总账子系统、成本核算子系统。

(6)薪资管理子系统将工资分配制单传递至总账子系统、成本核算子系统。

(7)固定资产管理子系统核算固定资产增、减、变动、折旧计提的业务,并将凭证传递至总账子系统、成本核算子系统。

(8)期末结账前,各子系统与总账子系统进行对账。按照内部控制要求,对账不平不能结账。但在会计信息系统中,各模块设计本着灵活性原则,均设置了对账不平可以结账的控制项。因此,审计过程中在控制测试时应对此项设置进行关注,从而设计合理的实质性测试方案。

### 8.6.1.1 销售与收款循环活动过程

销售与收款循环活动过程包括接受顾客订单、批准赊销信用、按销售单供货等 10 个具体业务流过程,每个过程对应的审计认定、关键内部控制如图 8-13 所示。

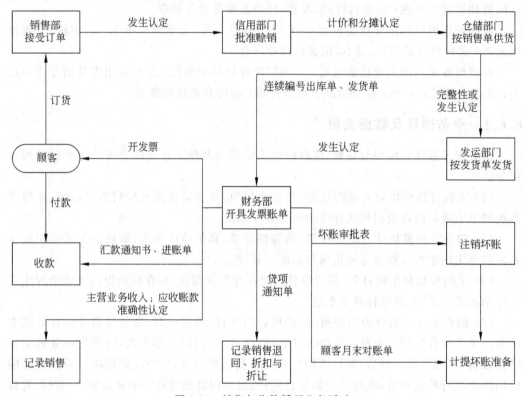

图 8-13　销售与收款循环业务活动

### 1. 接受顾客订单

销售部门接受顾客提出的订货要求,由销售部门批准同意后,编制连续编号的、一式多联销售单。销售单是证明整个销售交易"存在或发生"认定的重要依据之一。在接受顾客订单的业务活动中客户名单已被授权审批是被审计单位应该设计并执行的重要控制之一。

### 2. 批准赊销信用

销售部门将销售单传递到信用部门,对于赊销业务,信用管理部门根据管理层的赊销政策,对销售单与该客户已被授权的赊销信用额度以及至今尚欠的账款余额加以比较,由相应审批权限的人员进行授信审批后,确定是否赊销。信用部门对赊销进行审批是应收账款账面余额"计价和分摊"认定层次的重要内部控制,控制目标是降低坏账风险。

### 3. 按销售单供货

仓储部门在收到经过审批的销售单后才能供货。仓储部门按照经授权审批后的销售单发货是销售交易"完整性"与"发生"认定层次的重要内部控制,目的是防止未经授权的发货行为。

### 4. 按销售单装运货物

按经批准的销售单供货和按销售单装运货物应该职责分离。装运部门按照经授权审批的销售单或发货单装运货物,同时验证仓库出库的商品与经批准的销售单品名、规格、型号一致。装运凭证或提货单通常一式多联且连续编号,是销售交易"存在或发生"和"完整性"认定的重要凭证之一。定期检查装运部门是否按照授权审批后的发运凭证发货,并查验装运凭证后是否附有销售发票,有助于防止未授权装运产品。

### 5. 向顾客开具账单

开具账单是指开具并向顾客寄送事先连续编号的销售发票。该项业务应设计的内部控制包括:开具账单部门职员在开具每张销售发票之前,独立检查是否存在装运凭证和相应的经批准的销售单;依据已批准的商品价目表开具发票;独立检查销售发票计价和计算的正确性;将装运凭证上的商品总数和相对应的销售发票上的商品总数进行比较。

这些控制程序有助于保证用于记录销售交易的发票的正确性,目的是要确认是否对所有装运的货物都开具账单("完整性"认定问题);是否只对实际装运的货物才开具账单,有无重复开票或虚构交易("发生"认定问题);是否按已授权批准的商品价目表所列价格计价开具账单("准确性"认定问题)。

### 6. 记录销售

记录销售包括区分赊销、现销。按销售发票在应收系统制单编制转账凭证;按现金收据、银行收款回单编制收款凭证;审核记账后由系统自动生成明细账、日记账及总账。记录销售应设计以下控制:只依据附有有效装运凭证和销售单的销售发票记录销售;控制所有事先连续编号的销售发票;独立检查已处理销售金额与会计记录金额的一致性;定期向客户寄送对账单,要求客户将任何例外情况直接向指定的未执行或记录销售交易的会计主管报告等。这些控制与"发生"、"完整性"、"准确性"和"计价和分摊"认定有关。

### 7. 办理和记录现金、银行存款收入

这项活动主要涉及收回货款,包括银行存款、现金增加及应收账款的减少。主要关注货币资金失窃的可能性。重点关注汇款通知书。

### 8. 办理和记录销售退回、销售折扣与折让

如果发生客户对商品不满意、商品不符合合同要求等问题,销售企业一般都会同意接受退货或给予折让;为了鼓励客户及早付款,还会给予一定的现金折扣。发生销售折扣与折让时,一般由客户向当地税务机关申请开具"索取折扣与折让证明单",销售方据此开具贷项通知单,客户据此冲减进项税。

### 9. 注销坏账

若发生坏账达到确认坏账的条件,销售企业需获取货款无法收回的确凿证据,经适当批准后及时做出会计处理。

**10. 提取坏账准备**

销售企业财务部门应该根据会计政策提取适当的坏账准备。按照谨慎性原则,提取的准备数额应该能够抵补以后无法收回的应收款项。

### 8.6.1.2 销售与收款循环主要的凭证与会计记录

会计信息系统或 ERP 系统中,在销售与收款循环涉及总账、销售子系统、应收子系统等。各业务凭证与会计记录之间有清晰的数据流。审计人员需要透彻理解业务流和数据流之间的映射关系,利用数据分析方法做好数据分析,才能更好地发现审计线索。

**1. 客户订单**

客户订单即客户提出的书面购货要求。电子信息时代,企业可以通过销售人员或电子邮件、传真、信函等方式接受订货,取得客户订购单。

**2. 销售单**

销售单一般在销售系统编制,记录客户所定商品的名称、规格、数量以及其他与客户订单有关信息的凭证,作为销售方处理客户订单的凭据。

**3. 发运凭证**

发运凭证一般是发运部门在发运货物时编制的,用以反映发出商品的规格、数量和其他有关内容的凭据。发运凭证的一联留给客户,其余联(一联或数联)由企业保留。该凭证可用作向客户开具账单的依据。

**4. 销售发票**

销售发票是一种用来表明已销售商品的名称、规格、数量、价格、销售金额、运费和保险费、开票日期、付款条件等内容的凭证。销售发票是在会计账簿中登记销售交易的基本凭据之一。

**5. 商品价目表**

商品价目表是列示已经授权批准的、可供销售的各种商品的价格清单。

**6. 贷项通知单**

贷项通知单通常与销售发票的格式相同,是一种用来表示由于销售退回或经批准的折让而引起的应收销货款减少的凭证。

**7. 应收账款账龄分析表**

应收账款账龄分析表一般按月编制,反映月末尚未回收的应收账款总额的账龄,并详细反映每个客户月末尚未偿还的应收账款数额和账龄。

**8. 明细账**

各项明细账是总账系统中用来反映销售与应收、收款项目的明细记录。例如,应收账款明细账是用来记录每个客户各项赊销、还款、销售退回及折让的明细账;主营业务收入明细账是用来记录不同类别商品或服务的营业收入的明细发生情况和总额。折扣与折让明细账是一种用来核算企业销售商品时,按销售合同规定为了及早收回货款而给予客户的销售折扣和出于商品品种、质量等原因而给予客户的销售折让情况的明细账。一般企业也可以将该类业务直接记录于主营业务收入明细账。

**9. 汇款通知书**

汇款通知书是一般与销售发票一起寄给客户,由客户在付款时再寄回销售单位的凭证。这种凭证注明了客户的姓名、销售发票号码、销售单位开户银行账号及金额等内容。

**10. 日记账**

库存现金日记账和银行存款日记账是用来记录各种现金、银行存款收入和支出的日记账。

**11. 坏账审批表**

坏账审批表是一种内部凭证,用来批准将某些应收款项注销为坏账时使用的凭证。

**12. 客户月末对账单**

设置了合理内部控制的单位,一般会按月定期寄送给客户一份对账单,用于购销双方定期核对账目的凭证。客户月末对账单上应注明应收账款的月初余额、本月各项销售交易的金额、本月已收到的货款、各贷项通知单的数额以及月末余额等内容。

**13. 转账凭证**

转账凭证是指记录转账业务的记账凭证,它是根据有关转账业务(即不涉及现金、银行存款收付的各项业务)的原始凭证编制的。

**14. 收款凭证**

收款凭证一般是应收系统或总账系统制单生成的,用来记录现金和银行存款收入业务的记账凭证。

## 8.6.2　数据表

采购模块主要的数据表包括存货档案文件、供应商档案文件、采购订单文件、采购发票文件、采购合同文件和采购到货单文件等。销售模块主要的数据表包括存货档案文件、客户档案文件、销售价目表、销售订单文件、销售发票文件和销售发货文件等。库存管理模块主要的数据表包括存货档案文件、出入库文件。存货核算模块主要的数据表包括存货档案文件、结存文件等。根据大纲要求,本书主要介绍销售模块常见的数据表设计方案。

**1. 销售订单**

销售订单主要存储销售订单的客户信息、订货信息等。一般软件为避免存储资源浪费,往往将销售订单设计为主子表模式。

主表一般记录订单的整体信息(如表 8-33 所示实例)。子表一般记录详细的订货内容、单价、数量等信息(如表 8-34 所示实例)。

表 8-33　销售单主表实例

| 字 段 名 称 | 字 段 类 型 | 字 段 长 度 | 字 段 描 述 |
| --- | --- | --- | --- |
| cSTCode | 文本 | 2 | 销售类型编码 |
| dDate | 日期 | 8 | 受订日期 |
| cSOCode | 文本 | 10 | 订单号 |

| 字 段 名 称 | 字 段 类 型 | 字 段 长 度 | 字 段 描 述 |
|---|---|---|---|
| cCusCode | 文本 | 12 | 客户编号 |
| cDepCode | 文本 | 12 | 部门编号 |
| cPersonCode | 文本 | 8 | 职员编号 |
| cSCCode | 文本 | 2 | 发运方式编码 |
| cCusOAddress | 文本 | 40 | 发货地址 |
| cPayCode | 文本 | 3 | 付款条件编码 |
| cexch_name | 文本 | 8 | 外币名称 |
| iExchRate | | 8 | 汇率 |
| iTaxRate | | 8 | 税率 |
| iMoney | 货币 | 8 | 定金 |
| cMemo | 文本 | 30 | 备注 |
| iStatus | | 1 | 订单状态 |
| cMaker | 文本 | 20 | 制单人 |
| cVerifier | 文本 | 20 | 审核人 |
| cCloser | 文本 | 20 | 关闭人 |
| bDisFlag | 逻辑 | 1 | 整单打折标志 |

表 8-34　销售单子表实例

| 字 段 名 称 | 字 段 类 型 | 字 段 长 度 | 字 段 描 述 |
|---|---|---|---|
| AutoID | 数字 | 4 | 自动编号 |
| cSOCode | 文本 | 10 | 订单号 |
| cInvCode | 文本 | 20 | 存货编号 |
| dPreDate | 日期 | 8 | 预发日期 |
| iQuantity | | 8 | 数量 |
| iNum | | 8 | 件数 |
| iQuotedPrice | | 8 | 报价(单价,是否含税参看账套参数) |
| iUnitPrice | | 8 | 单价(原币,无税) |
| iTaxUnitPrice | | 8 | 含税单价(原币) |
| iMoney | 货币 | 8 | 金额(原币,无税) |
| iTax | 货币 | 8 | 税额(原币) |
| iSum | 货币 | 8 | 价税合计(原币) |

| 字 段 名 称 | 字 段 类 型 | 字 段 长 度 | 字 段 描 述 |
|---|---|---|---|
| iDisCount | 货币 | 8 | 折扣额（原币） |
| iNatUnitPrice |  | 8 | 单价（本币，无税） |
| iNatMoney | 货币 | 8 | 金额（本币，无税） |
| iNatTax | 货币 | 8 | 税额（本币） |
| iNatSum | 货币 | 8 | 价税合计（本币） |
| iNatDisCount | 货币 | 8 | 折扣额（本币） |
| iFHNum |  | 8 | 累计发货件数 |
| iFHQuantity |  | 8 | 累计发货数量 |
| iFHMoney | 货币 | 8 | 累计发货金额（原币） |
| iKPQuantity |  | 8 | 累计开票数量 |
| iKPNum |  | 8 | 累计开票件数 |
| iKPMoney | 货币 | 8 | 累计开票金额（原币） |

### 2. 发货单

销售发货单存储销售发货、退货、委托代销发货及结算退回等票据信息。表头信息存储在销售发货单、委托代销结算单主表中（实例如表 8-35 所示），明细发货及退回信息存储在销售发货单、委托代销结算单子表中（实例如表 8-36 所示）。各种单据通过单据类型字段区别。单据类型在单据类型表中单独定义，包含了企业所定义的所有单据的类型编码。

**表 8-35　销售发货单、委托代销结算单主表实例**

| 字 段 名 称 | 字 段 类 型 | 字 段 长 度 | 字 段 描 述 |
|---|---|---|---|
| DLID | 数字 | 4 | 自动编号 |
| cDLCode | 文本 | 10 | 发货单号、结算单号 |
| cVouchType | 文本 | 2 | 单据类型（05,07） |
| cSTCode | 文本 | 2 | 销售类型编码 |
| dDate | 日期 | 8 | 发货日期、结算日期 |
| cRdCode | 文本 | 5 | 收发类别编号 |
| cDepCode | 文本 | 12 | 部门编号 |
| cPersonCode | 文本 | 8 | 职员编号 |
| SBVID | 数字 | 4 | 发票 ID 号 |
| cSBVCode | 文本 | 10 | 发票号 |
| cSOCode | 文本 | 10 | 订单号 |

续表

| 字 段 名 称 | 字 段 类 型 | 字 段 长 度 | 字 段 描 述 |
|---|---|---|---|
| cCusCode | 文本 | 12 | 客户编码 |
| cPayCode | 文本 | 3 | 付款条件编码 |
| cSCCode | 文本 | 2 | 发运方式编码 |
| cShipAddress | 文本 | 40 | 发往地址 |
| cexch_name | 文本 | 8 | 外币名称 |
| iExchRate | | 8 | 汇率 |
| iTaxRate | | 8 | 税率 |
| bFirst | 逻辑 | 1 | 期初标志 |
| bReturnFlag | 逻辑 | 1 | 退货标志(TRUE-退货,FALSE-发货) |
| bSettleAll | 逻辑 | 1 | 全部结算完毕标志(TRUE-完毕, FALSE-未完毕) |
| cMemo | 文本 | 30 | 备注 |
| cSaleOut | 文本 | 255 | 出库单号字符串 |
| bDisFlag | 逻辑 | 1 | 整单打折标志 |

表 8-36 销售发货单、委托代销结算单子表实例

| 字 段 名 称 | 字 段 类 型 | 字 段 长 度 | 字 段 描 述 |
|---|---|---|---|
| AutoID | 数字 | 4 | 自动编号 |
| DLID | 数字 | 4 | 发货单、结算单主表 ID 号 |
| iCorID | 数字 | 4 | 原发货单 ID 号 |
| cWhCode | 文本 | 10 | 仓库编号 |
| cInvCode | 文本 | 20 | 存货编码 |
| iQuantity | | 8 | 数量 |
| iNum | | 8 | 件数 |
| iQuotedPrice | | 8 | 报价(单价,是否含税参看账套参数) |
| iUnitPrice | | 8 | 单价(原币,无税) |
| iTaxUnitPrice | | 8 | 含税单价(原币) |
| iMoney | 货币 | 8 | 金额(原币,无税) |
| iTax | 货币 | 8 | 税额(原币) |
| iSum | 货币 | 8 | 价税合计(原币) |
| iDisCount | 货币 | 8 | 折扣额(原币) |

| 字 段 名 称 | 字 段 类 型 | 字 段 长 度 | 字 段 描 述 |
|---|---|---|---|
| iNatUnitPrice | | 8 | 单价(本币,无税) |
| iNatMoney | 货币 | 8 | 金额(本币,无税) |
| iNatTax | 货币 | 8 | 税额(本币) |
| iNatSum | 货币 | 8 | 价税合计(本币) |
| iNatDisCount | 货币 | 8 | 折扣额(本币) |
| iSettleNum | | 8 | 结算件数 |
| iSettleQuantity | | 8 | 结算数量 |
| iBatch | 数字 | 4 | 批号(收发记录主表 ID) |
| cBatch | 文本 | 20 | 批号 |
| bSettleAll | 逻辑 | 1 | 全部结算完毕标志（TRUE-完毕,FALSE-未完毕） |

**3. 发票**

销售发票表中存储销售发票、调拨单和零售日报等票据信息。表头部分常被存储在主表中(如表 8-37 所示实例),发票内容信息被存储在子表中(如表 8-38 所示实例)。本实例在设计中采用了四种票据类型:增值税专用发票(26)、普通发票(27)、销售调拨单(28)和零售日报(29)。

表 8-37　销售发票主表实例

| 字 段 名 称 | 字 段 类 型 | 字 段 长 度 | 字 段 描 述 |
|---|---|---|---|
| SBVID | 数字 | 4 | 销售发票 ID |
| cSBVCode | 文本 | 10 | 发票号 |
| cVouchType | 文本 | 2 | 单据类型(26,27,28,29) |
| cSTCode | 文本 | 2 | 销售类型 |
| dDate | 日期 | 8 | 日期 |
| cSaleOut | 文本 | 255 | 销售出库单号字符串 |
| cRdCode | 文本 | 5 | 收发类别编号 |
| cDepCode | 文本 | 12 | 部门编号 |
| cPersonCode | 文本 | 8 | 职员编号 |
| cSOCode | 文本 | 10 | 销售订单号 |
| cCusCode | 文本 | 12 | 客户编码 |
| cPayCode | 文本 | 3 | 付款条件编码 |
| cexch_name | 文本 | 8 | 外币名称 |

| 字 段 名 称 | 字 段 类 型 | 字 段 长 度 | 字 段 描 述 |
|---|---|---|---|
| cMemo | 文本 | 30 | 备注 |
| iExchRate | | 8 | 汇率 |
| iTaxRate | | 1 | 税率 |
| bReturnFlag | 逻辑 | 1 | 负发票标志(TRUE-负发票,FALSE-正发票) |
| cBCode | 文本 | 3 | 本单位开户银行编号 |
| cBillVer | 文本 | 2 | 发票版别 |
| cVoucherType | 文本 | 50 | 凭证类别 |
| cVoucherCode | 文本 | 50 | 凭证号 |
| cMaker | 文本 | 20 | 制单 |
| cInvalider | 文本 | 20 | 作废 |
| cVerifier | 文本 | 20 | 审核 |
| cBusType | 文本 | 8 | 业务类型(普通/受托) |
| bFirst | 逻辑 | 1 | 是否期初 TRUE-是期初 |
| bInvalid | 逻辑 | 1 | 是否有效 TRUE-有效 |
| bVisible | 逻辑 | 1 | 是否可见 TRUE-可见 |
| iNetLock | | 4 | 网络控制字段 |
| citem_class | 文本 | 2 | 项目大类编号 |
| citemcode | 文本 | 20 | 项目编码 |
| cHeadCode | 文本 | 15 | 科目编码 |

表 8-38　销售发票子表实例

| 字 段 名 称 | 字 段 类 型 | 字 段 长 度 | 字 段 描 述 |
|---|---|---|---|
| SBVID | 数字 | 4 | 销售发票主表 ID |
| AutoID | 数字 | 4 | 自动编号 |
| cWhCode | 文本 | 10 | 仓库编号 |
| cInvCode | 文本 | 20 | 存货编码 |
| iQuantity | | 8 | 数量 |
| iNum | | 8 | 件数 |
| iQuotedPrice | | 8 | 报价(单价,是否含税参看账套参数) |
| iUnitPrice | | 8 | 单价(原币,无税) |
| iTaxUnitPrice | | 8 | 含税单价(原币) |

续表

| 字 段 名 称 | 字 段 类 型 | 字 段 长 度 | 字 段 描 述 |
|---|---|---|---|
| iMoney | 货币 | 8 | 金额(原币,无税) |
| iTax | 货币 | 8 | 税额(原币) |
| iSum | 货币 | 8 | 价税合计(原币) |
| iDisCount | 货币 | 8 | 折扣额(原币) |
| iNatUnitPrice | | 8 | 单价(本币,无税) |
| iNatMoney | 货币 | 8 | 金额(本币,无税) |
| iNatTax | 货币 | 8 | 税额(本币) |
| iNatSum | 货币 | 8 | 价税合计(本币) |
| iNatDisCount | 货币 | 8 | 折扣额(本币) |
| iSBVID | 数字 | 4 | 原销售单(发票)主表 ID 号 |
| iMoneySum | | 8 | 本币累计收款 |
| iExchSum | | 8 | 原币累计收款 |
| cClue | 文本 | 10 | 总账系统线索号 |
| cIncomeSub | 文本 | 15 | 销售收入科目编号 |
| cTaxSub | 文本 | 15 | 销售税金科目编号 |
| dSignDate | 日期 | 8 | 凭证日期 |
| cMemo | 文本 | 20 | 备注 |
| iBatch | 数字 | 4 | 批号(收发记录主表 ID) |
| cBatch | 文本 | 20 | 批号 |
| bSettleAll | 逻辑 | 1 | 是否收款结算完毕 |

### 4. 出入库单

销售出库单由库存管理系统管理。有的软件在出库单设计时,分别设计出、入库单。有的软件将库存管理系统与存货核算系统的出入库单存储在一起。例如,某软件将库存管理系统销售出库、其他出库单、其他入库和材料入库等出入库数据,与存货核算系统管理的产成品入库单、材料出库单以及采购管理系统的采购入库单一起存储,设计主子表模式存储出入库单的表头信息及出入库信息,各种单据通过单据类型加以区分。实例给出了收发记录主表(如表 8-39 所示)及子表(如表 8-40 所示)存储的详细信息。

表 8-39　收发记录主表实例

| 字 段 名 | 类 型 | 长 度 | 说 明 |
|---|---|---|---|
| ID | int | 4 | 自动编号 |
| bRdFlag | int | 4 | 收发标志(入库单-收 TRUE,出库单-发 FALSE) |

续表

| 字 段 名 | 类 型 | 长 度 | 说 明 |
|---|---|---|---|
| cVouchType | varchar | 2 | 单据类型(01,08,09,10,11,32) |
| cBusType | varchar | 8 | 业务类型(具体说明见文档) |
| cSource | varchar | 10 | 单据来源(具体说明见文档) |
| cBusCode | varchar | 10 | 对应业务单号(其他出、入库单) |
| cWhCode | varchar | 10 | 仓库编号 |
| dDate | datetime | 8 | 出、入库日期 |
| cCode | varchar | 10 | 出、入库单号 |
| cRdCode | varchar | 5 | 收发类别编号 |
| cDepCode | varchar | 12 | 部门编号 |
| cPersonCode | varchar | 8 | 职员编号 |
| cPTCode | varchar | 2 | 采购类型编码(采购入库单) |
| cSTCode | varchar | 2 | 销售类型编码(销售出库单) |
| cCusCode | varchar | 20 | 客户编号 |
| cVenCode | varchar | 12 | 供应商编号 |
| cOrderCode | varchar | 10 | 订单号(采购入库单) |
| cARVCode | varchar | 10 | 到货单号(采购入库单) |
| cBillCode | int | 4 | 发票号(采购入库单、销售出库单) |
| cDLCode | int | 4 | 发货单号(销售出库单) |
| cProBatch | varchar | 12 | 生产批号(产成品入库单、材料出库单) |
| cHandler | varchar | 20 | 经手人 |
| cMemo | varchar | 60 | 备注 |
| bTransFlag | bit | 1 | 传递标志 |
| cAccounter | varchar | 20 | 记账人 |
| cMaker | varchar | 20 | 制单人 |
| iNetLock | real | 4 | 网络控制字段 |

表 8-40　收发记录子表实例

| 字 段 名 | 类 型 | 长 度 | 收发记录子表表定义 |
|---|---|---|---|
| AutoID | int | 4 | 自动编号 |
| ID | int | 4 | 与收发记录主表关联项 |
| cInvCode | varchar | 20 | 存货编号 |

| 字 段 名 | 类 型 | 长 度 | 收发记录子表表定义 |
|---|---|---|---|
| iNum | float | 8 | 件数 |
| iQuantity | float | 8 | 数量 |
| iUnitCost | float | 8 | 单价 |
| iPrice | money | 8 | 金额 |
| iAPrice | money | 8 | 暂估金额 |
| iPUnitCost | float | 8 | 计划单价/售价 |
| iPPrice | money | 8 | 计划金额/售价金额 |
| cBatch | varchar | 20 | 批号 |
| cObjCode | varchar | 12 | 成本对象（材料出库单） |
| cVouchCode | varchar | 10 | 对应入库单子表自动编号 |
| cFree1 | varchar | 20 | 自由项 1 |
| cFree2 | varchar | 20 | 自由项 2 |
| iFlag | tinyint | 1 | 标志（存货核算用，0-未暂估未报销，1-暂估，2-报销） |
| dSDate | datetime | 8 | 结算日期 |
| iTax | money | 8 | 税额（采购用） |
| iSQuantity | float | 8 | 结算数量（受托代销） |
| iSNum | float | 8 | 累计结算件数（受托代销） |
| iMoney | money | 8 | 累计结算金额 |
| iSOutQuantity | float | 8 | 累计出库数量 |
| iSOutNum | float | 8 | 累计出库件数 |
| iFNum | float | 8 | 实际件数 |
| iFQuantity | float | 8 | 实际数量 |
| dVDate | datetime | 8 | 失效日期 |

# 8.7 SAP 业务流程及关键表结构分析

## 8.7.1 总账业务流程

2004 年 SAP 针对财务模块推出新总账会计，全新安装的用户的系统默认激活新总账会计，老用户系统也可以升级到 ECC 5.0 及以上版本以启用新总账功能。旧总账中汇总表为 GLT0，新总账下增加了总账行项目表 FAGLFLEXA 和总账汇总表 FAGLFLEXT。新总账中增加相应的标准汇总字段包括成本中心、利润中心、功能范围等，同时也支持增加客户自定义字段更新到汇总表,如增加现金流量码字段。与总账行项目表 FAGLFLEXA 关联的主数据文本表如图 8-14 所示。

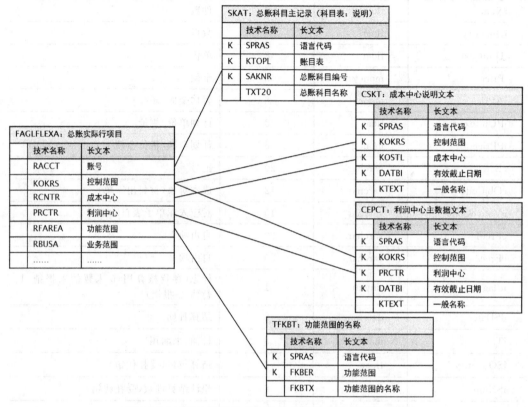

图 8-14　与总账行项目表关联的主数据文本表间关系图

在以上各文本表中都有多语言支持,标准查询时限制 1 或 ZH 为中文的文本。会计科目主数据表 SKAT 的关键字科目 SAKNR 与明细表的 RACCT 不一样,但实际存储的是一样的内容,查询该表时还需要限制对应的 KTOPL 科目表字段。成本中心文本表 CSKT 通过控制范围和成本中心字段与明细表进行关联,由于成本中心自身是时间相关性,所以其文本表的有效截止日期为关键字之一。利润中心文本表 CEPCT 通过控制范围和利润中心字段与明细表进行关联,也是具有时间相关性。功能范围文本表 TFKBT 仅通过功能范围与明细表进行关联,功能范围是配置数据,在一定时间内基本上不会发生变化。功能范围主要用于划分管理费用、销售费用和制造费用属性,在费用类会计科目的设计是同一费用使用同一科目,减少了科目的冗余。不同的系统项目对会计科目设计会采用不同思路,也有不启用功能范围而直接在会计科目上区分是否管理费用或销售费用等。

于 2015 年推出的 S/4 产品在数据结构上又进行了调整,主要思路是将多处的行项目表和汇总表统一到新表中。新的财务数据表为 ACDOCA,是整合了总账、获利能力分析、资产会计、物料分类账和管理会计的数据表。原有的数据表转换为数据库视图,仍然可以进行数据查询。新的库存业务相关的表为 MATDOC。在新的数据架构下,通过单一的数据表可以快捷、方便地进行数据分析(如图 8-15 所示)。

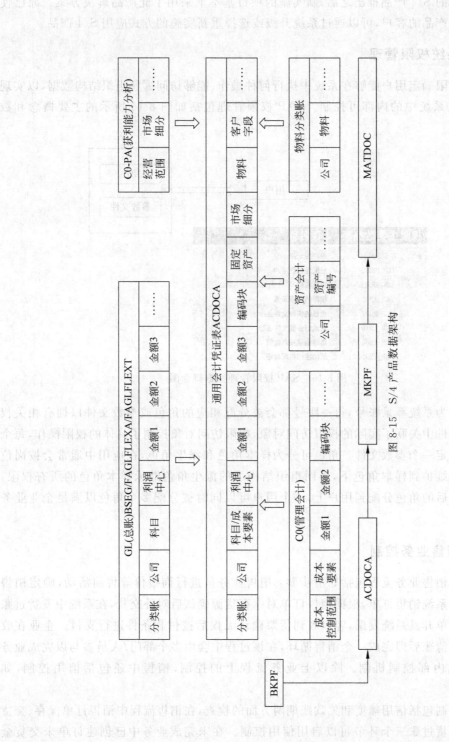

图 8-15 S/4 产品数据架构

新一代的 S/4 产品推出之后,新实施的项目基本上采用了此产品解决方案。原已使用此前版本产品的客户,可以通过系统升级或选择重新实施的方式应用 S/4 产品。

## 8.7.2　系统权限管理

系统权限确定用户能够在系统中执行何种操作、能够访问哪些组织结构数据,以实现公司业务在系统中的内部可控制。SAP 权限管理包括如图 8-16 所示的主要概念和数据表。

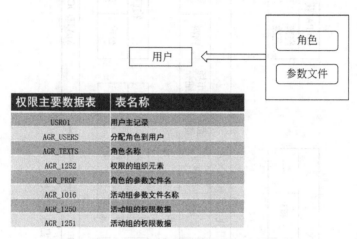

| 权限主要数据表 | 表名称 |
| --- | --- |
| USR01 | 用户主记录 |
| AGR_USERS | 分配角色到用户 |
| AGR_TEXTS | 角色名称 |
| AGR_1252 | 权限的组织元素 |
| AGR_PROF | 角色的参数文件名 |
| AGR_1016 | 活动组参数文件名称 |
| AGR_1250 | 活动组的权限数据 |
| AGR_1251 | 活动组的权限数据 |

图 8-16　SAP 权限管理数据概念图

用户即为系统登录账号,每一账号都会被分配相应的角色或参数文件以拥有相关权限。参数文件中关联了实际的权限访问对象,权限访问对象控制了具体的权限操作,每个角色都仅绑定一个参数文件。角色可分为样本角色和派生角色,在应用中通常会按岗位将通用权限维护到样本角色下,不同组织结构下的派生角色继承样本角色的所有权限。最终将派生后的角色分配到用户上,一个用户可以同时被分配多个角色以满足企业业务流程需求。

## 8.7.3　销售业务控制

常规的销售业务流程包括如下步骤:销售业务员进行询报价等售前活动,确定销售合同后维护系统销售订单,根据销售订单对库存货源确认后对外交货,在系统中发货过账后根据交货单开具系统发票,客户收到货票确认无误后按付款条件进行支付。企业在收到全部货款清账后即完成一个销售循环,在该过程中会由多个部门/人员参与以完成业务流程并形成内部控制机制。除以上业务流程上的控制,销售中还包括信用控制,如图 8-17所示。

信用控制包括信用额度和欠款账期两方面的检查,在销售流程中销售订单保存、交货单保存和交货过账三个环节可以启用信用控制。在未完成业务中已创建订单未交货金额、已交货未开票金额、已开票但未传入财务管理模块的金额、应收账款余额、特别往来账务都将计入信用额度的占用,以抵减可用的信用额度。

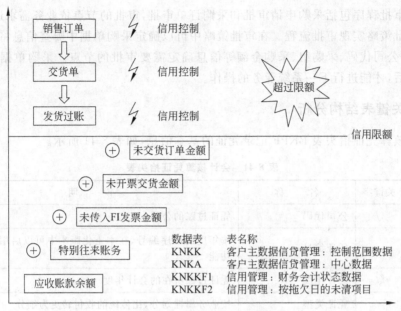

图 8-17　销售业务流程图

## 8.7.4　采购业务控制

常规的采购业务流程包括如下步骤：根据业务情况确定物料采购需求，根据市场情况确定采购的货源，在确定的货源中按公司制度进行供应商评估并确定本次采购业务的供应商，针对选择的供应商下达系统采购订单，在整个订单执行过程中可以进行监控，供应商提供的货物到库收货，待发票录入系统由财务进行税票认证，最后按付款条件支付完成采购流程。在此业务过程中，包括了采购审批程序，如图 8-18 所示。

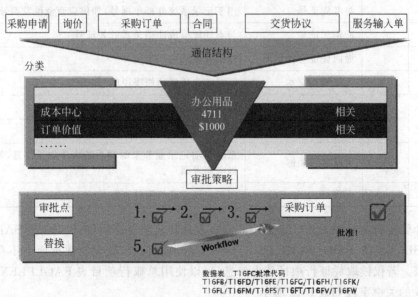

图 8-18　采购审批程序图

采购审批程序包括采购申请审批和采购订单审批,审批的节点依业务需求进行确定,并通过审批策略实现审批流程。在审批策略中可以确定采购单据中哪些信息将确定审批流程,如按公司代码、采购组、采购金额等信息确定需要审批的节点。采购单据只有最终审批通过后,才能进行下一系统业务的操作。

## 8.7.5 关键表结构分析

会计核算凭证抬头表 BKPF 记录凭证的基本信息,如表 8-41 所示。

表 8-41　会计核算凭证抬头表

| 字　段 | 关键字 | 名　　称 | 说　　明 |
|---|---|---|---|
| BUKRS | √ | 公司代码 | 凭证过账的公司 |
| BELNR | √ | 凭证编号 | 按年度的顺序编号,在本土化版本中可以启用按月编号功能 |
| GJAHR | √ | 会计年度 | 凭证过账所在的会计年度 |
| BLART | | 凭证类型 | 按业务属性划分,比传统的收付转更为细分 |
| BLDAT | | 凭证日期 | 可用于记录原始单据的日期 |
| BUDAT | | 过账日期 | 凭证过账日期 |
| MONAT | | 会计期间 | 系统根据过账日期自动计算过账的会计期间,该期间为会计年度下顺序周期,可以不同于自然年月份 |
| CPUDT | | 输入日期 | 凭证输入日期,系统自动记录 |
| USNAM | | 用户名 | 凭证输入的系统用户名 |
| TCODE | | 事务代码 | 系统程序命令 |
| XBLNR | | 参考凭证号 | 用于记录系统外部单据号,如供应商金税发票号 |
| STBLG | | 冲销凭证号 | 与本凭证形成冲销关系的凭证号 |
| STJAH | | 撤回凭证会计年度 | 冲销凭证的过账年度 |
| BKTXT | | 凭证抬头文本 | 针对整张凭证的摘要说明 |
| WAERS | | 货币码 | 凭证过账的业务交易货币 |
| AWTYP | | 参考交易 | 系统自动记录本凭证的业务来源类型 |
| AWKEY | | 字段参考关键 | 系统自动记录业务来源的系统内单据号信息,如系统内供应商发票 |
| NUMPG | | 页数 | 用于记录凭证的附件张数 |

会计凭证行项目表 BSEG 记录凭证借贷方及其辅助核算明细,BSEG 是 SAP 中的簇表,由 BSIS、BSAS、BSID、BSAD、BSIK、BSAK 六张表组成,簇表在数据库中不存在实际的物理表。若仅读取凭证行项目基本信息,可以使用总账行项目表 FAGLFLEXA 替代。表 BSEG 的关键字段如表 8-42 所示。

表 8-42　会计凭证行项目表

| 字　段 | 关键字 | 名　称 | 说　明 |
|---|---|---|---|
| BUKRS | √ | 公司代码 | 凭证过账的公司 |
| BELNR | √ | 会计凭证编号 | 通过公司代码、凭证编号、会计年度可以与凭证抬头表 BKPF 进行连接查询 |
| GJAHR | √ | 会计年度 | 凭证过账所在的会计年度 |
| BUZEI | √ | 凭证中的行项目数 | 凭证中的行次 |
| AUGDT | | 清账日期 | 对于启用未清项管理的科目,其行次被清账的日期 |
| AUGBL | | 清算单据的号码 | 对应清账的凭证 |
| AUGCP | | 清算分录日期 | 清账凭证的过账日期 |
| BSCHL | | 记账代码 | 两位数字编码,通过此代码可以确定凭证行次的借贷方以及行项目类型,类型包括客户、供应商、一般总账、资产、物料 |
| KOART | | 科目类型 | 包括如下：A 资产,D 客户,K 供应商,M 物料,S 一般总账 |
| UMSKZ | | 特殊总账标识 | 当科目类型为客户和供应商时,所用的特殊科目过账标识,如 A 预收/预付,W 应收票据/应付票据 |
| SHKZG | | 借方/贷方标识 | S 代表借方,H 代表贷方 |
| GSBER | | 业务范围 | 跨公司代码组织结构,对集团整体业务的划分,可用于分部报告 |
| MWSKZ | | 销售/购买税代码 | 两位编码,通过税代码可以确定自动计算税额逻辑 |
| DMBTR | | 按本位币计的金额 | 交易货币换算为公司本位币的金额,在过账凭证时系统会根据当时汇率自动计算,对计算后的金额可以手工调整 |
| WRBTR | | 凭证货币金额 | 凭证抬头表 BKPF 的货币码金额 |
| PSWBT | | 总账中更新的金额 | 更新到总账汇总表 FAGLFLEXT 的金额 |
| PSWSL | | 总分类账交易货币 | 更新到总账汇总表 FAGLFLEXT 的货币 |
| SGTXT | | 项目文本 | 凭证行项目摘要 |
| VBUND | | 贸易伙伴的公司 | 法定合并报表的关联方公司 |
| ALTKT | | 组科目号 | 合并报表会计科目 |
| KOKRS | | 控制范围 | 管理会计组织结构,可以跨公司代码 |
| KSTAR | | 成本要素 | 管理会计的科目 |
| KOSTL | | 成本中心 | 成本发生对象之一,通常为公司部门 |
| AUFNR | | 订单号 | 内部订单、生产订单号 |
| VBELN | | 开票凭证 | 系统销售发票号 |
| VBEL2 | | 销售凭证 | 销售订单 |

| 字　段 | 关键字 | 名　称 | 说　明 |
|---|---|---|---|
| POSN2 | | 销售凭证项目 | 销售订单行项目 |
| ANLN1 | | 主资产号 | 资产编号 |
| ANLN2 | | 资产次级编号 | 资产子编号，与主资产号组合唯一的资产卡片 |
| PERNR | | 人员编号 | 人力资源模块员工编码 |
| SAKNR | | 总账科目编号 | 客户/供应商行项目中，其主数据的统驭科目 |
| HKONT | | 总账科目 | 会计科目 |
| KUNNR | | 客户编号 | 销售业务的对方公司，可以根据核算需求设置虚拟客户 |
| LIFNR | | 供应商账号 | 采购业务的对方公司，可以根据核算需求设置虚拟供应商，如员工供应商 |
| MATNR | | 物料号 | 物料编码，基于整个集团的编码规则，同一编码可以用于多个工厂 |
| WERKS | | 工厂 | 库存管理组织结构，一个工厂仅能用于一个公司代码下 |
| MENGE | | 数量 | 换算为基本计量单位的数量 |
| MEINS | | 基本计量单位 | 物料主数据上的基本计量单位 |
| ERFMG | | 已输入单位的数量 | 交易单位的数量 |
| ERFME | | 条目单位 | 业务交易单位 |
| EBELN | | 采购凭证号 | 采购订单 |
| EBELP | | 采购凭证项目编号 | 采购订单行项目 |
| RSTGR | | 付款原因代码 | 通常用于统计现金流量表项目 |
| PRCTR | | 利润中心 | 跨公司代码组织结构，收入、成本的归集对象，也常用于做分部报告 |
| PROJK | | 工作分解结构（WBS） | 项目核算下的主数据，用于核算项目成本，WBS 具有层次关系 |
| PAOBJNR | | 获利能力段（CO-PA） | 启用获利分析时自动产生的编号，可以通过此编号查询到本业务发生时的获利分析维度 |
| LOKKT | | 备选科目号码 | 在过账客户/供应商业务时，手工选择的非主数据上的其他同类统驭科目 |
| FISTL | | 基金中心 | 预算管理中的预算承担对象 |
| FIPOS | | 承诺项目 | 预算用的科目，会计凭证上为预算消耗 |
| FKBER | | 功能范围 | 对成本或费用进行划分，包括管理费用、销售费用、生产成本等 |
| XNEGP | | 标识：反记账 | 红字记账标识 |
| SEGMENT | | 部分报表分段 | 跨公司代码组织结构，标准分部报告字段 |

物料凭证抬头表为 MKPF,对应物料凭证行项目 MSEG 记录物料管理模块货物移动详细信息,表 MSEG 的关键字段如表 8-43 所示。

表 8-43　物料凭证抬头表

| 字　段 | 关键字 | 名　称 | 说　　明 |
|--------|--------|--------|----------|
| MBLNR | √ | 物料凭证编号 | 系统中库存业务凭证单据 |
| MJAHR | √ | 物料凭证年度 | 物料凭证过账年度 |
| ZEILE | √ | 物料凭证中的项目 | 凭证中的行项目 |
| BWART | | 移动类型(库存管理) | 三位编码,标识物料移动业务,与物料主数据的评估类一起确定业务的过账会计科目 |
| GRUND | | 移动原因 | 对于同一移动类型下不同原因的说明 |
| MATNR | | 物料号 | 物料凭证行项目摘要 |
| WERKS | | 工厂 | 公司代码下的组织结构,生产产品、提供服务或分销产品的场所 |
| LGORT | | 库存地点 | 隶属于工厂下的组织结构,是物料存储的位置 |
| CHARG | | 批号 | 物料管理的批次,可用于按批次的个别成本计价 |
| SOBKZ | | 特殊库存标识 | 主要包括 E 销售订单库存、Q 项目库存、K 供应商寄售、W 客户寄售等 |
| SHKZG | | 借方/贷方标识 | 表明库存的增加或减少 |
| VPRSV | | 价格控制指示符 | 包括 S 标准价格和 V 移动平均价/周期单价 |
| EXBWR | | 外部金额 LC | 手工输入金额,常用于系统切换时导入库存 |
| DMBTR | | 按本位币计的金额 | 按价格控制自动计算的金额,若为 S 则取物料主数据上的标准价计算的金额;若为 V 则减少库存时取物料主数据上的移动平均价计算的金额,增加库存时读取来源业务上的金额并更新移动平均价 |
| MENGE | | 数量 | 根据物料主数据上的单位转换规则,将交易单位数量自动转换为基本计量单位的数量 |
| MEINS | | 基本计量单位 | 物料基本计量单位 |
| ERFMG | | 以输入单位计的数量 | 交易单位数量 |
| ERFME | | 条目单位 | 本笔业务的交易单位 |
| SGTXT | | 项目文本 | 物料凭证行项目摘要 |
| BUKRS | | 公司代码 | 对应过账的公司代码 |
| PRCTR | | 利润中心 | 库存过账的利润中心 |
| KOSTL | | 成本中心 | 物料消耗的部门 |
| AUFNR | | 订单号 | 物料消耗的订单 |
| PAOBJNR | | 获利能力段(CO-PA) | 物料消耗的获利段 |

续表

| 字　　段 | 关键字 | 名　　称 | 说　　明 |
|---|---|---|---|
| KDAUF | | 销售订单 | 物料消耗的销售订单，或 E 库存的所有者对象 |
| PS_PSP_PNR | | 工作分解结构（WBS） | 物料消耗的 WBS，或 Q 库存的所有者对象 |
| SAKTO | | 总账科目编号 | 对应的过账会计科目 |

财务总账汇总表 FAGLFLEXT 是按会计科目、会计期间、借贷方、功能范围和利润中心等关键信息对明细表 FAGLFLEXA 的汇总，关键字段如表 8-44 所示。

表 8-44　财务总账汇总表

| 字　　段 | 关键字 | 名　　称 | 说　　明 |
|---|---|---|---|
| RYEAR | √ | 会计年度 | 总账业务发生的会计年度 |
| OBJNR00～08 | √ | 表格组的对象号码 | 根据业务维度自动产生的 9 组对象号码 |
| DRCRK | √ | 借方/贷方标识 | S 代表借方，H 代表贷方 |
| RTCUR | | 货币码 | 业务交易货币 |
| RUNIT | | 基本计量单位 | 物料管理中的基本计量单位，对以下的数量将业务单位的数量转换到基本计量单位的数量 |
| AWTYP | | 参考交易 | 同 BKPF 凭证抬头对应字段 |
| RLDNR | | 会计核算中分类账 | 标准分类账为 0L，可以根据业务需求设置平行分类账 |
| RACCT | | 账号 | 会计科目 |
| COST_ELEM | | 成本要素 | 管理会计的科目 |
| RBUKRS | | 公司代码 | 业务发生所在公司 |
| RCNTR | | 成本中心 | 成本发生对象，通常为公司部门 |
| PRCTR | | 利润中心 | 跨公司代码组织结构，收入、成本的归集对象，也常用于做分部报告 |
| RFAREA | | 功能范围 | 对成本或费用进行划分，包括管理费用、销售费用、生产成本等 |
| RBUSA | | 业务范围 | 跨公司代码组织结构，对集团整体业务的划分，可用于分部报告 |
| SEGMENT | | 部分报表分段 | 跨公司代码组织结构，标准分部报告字段 |
| PPRCTR | | 伙伴利润中心 | 采用利润中心合并下的对方利润中心 |
| SBUSA | | 贸易伙伴的业务范围 | 采用业务范围合并下的对方业务范围 |
| RASSC | | 贸易伙伴的公司标识 | 法定合并报表的关联方公司 |
| PSEGMENT | | 部分报表的伙伴分段 | 采用段合并下的对方分段 |
| TSLVT | | 业务货币的余额结转 | 按业务交易货币的年初借贷方余额 |

| 字　段 | 关键字 | 名　称 | 说　明 |
|---|---|---|---|
| TSL01~16 | | 按业务货币的期间中的业务总计 | 按业务交易货币各期间的借贷发生额 |
| HSLVT | | 用本币计算的结转余额 | 公司代码本外币年初借贷方余额 |
| HSL01~16 | | 按本位币的期间中的业务总计 | 按本外币各期间的借贷发生额 |
| KSLVT | | 按集团货币的结转余额 | 集团货币的期初借贷方余额 |
| KSL01~16 | | 按集团公司记账货币的期间中的业务总计 | 集团货币各期间的借贷发生额 |
| MSLVT | | 数量的余额结转 | 年初借贷方数量余额 |
| MSL01~16 | | 按计量单位的期间中的业务总计 | 各期间的借贷方数量发生额 |

## 8.8　本章小结

本章重点介绍了总账、应收应付、固定资产、工资及供应链部分销售模块中主要的业务流程、数据表常见设计思路,为审计人员了解会计信息系统业务流在数据层面的映射提供基本的分析思路。

为使审计人员更清晰地分析不同软件设计思想,本章选取了 SAP 部分业务流程及电子数据进行介绍,旨在在简单了解 SAP 总账、销售、采购业务控制的基础上,掌握关键数据表的分析方法。

每个被审计单位业务流不同,信息系统各异,对应的数据存储要求与内容千差万别。通过本章的学习,要求审计人员充分理解利用业务特征,系统分析电子数据的方法:理解业务流程,重要的数据表、字段所对应的业务内容;理解重要数据表间的依赖关系;掌握重要的控制活动在信息系统中的数据特征。重点掌握总账模块中记账凭证、总账、明细账的存储方法;掌握凭证表、余额表、科目代码表的数据内容;熟练掌握通过分析数据内容,查找凭证表、余额表、科目代码表等重要表的方法;了解固定资产管理和工资管理、销售、采购、库存、存货管理等业务中主要文档的存储方法和主要表的内容;了解 SAP 系统控制、采购、销售业务控制的基本内容,理解总账、销售及采购主要表的内容。

## 练习题

1. 请利用凭证表查询以下内容:

(1) 检索出第 11 会计期间转字 2 号凭证。

(2) 检索出第 10 会计期间收字 5 号凭证。

(3) 检索出会计期间、凭证类型、凭证号、科目代码、摘要、借贷方向、金额、对方科目供审计人员查看。

（4）检索出借记银行存款的记录。

（5）检索出现金收支大于 1 000 元的记录。

（6）检索出第 10 会计期间产成品减少的金额。

（7）cname 字段记录了业务经手人，请以该字段为分组依据，计算各位经手人的现金支出金额和业务笔数。

（8）检索出全年产品销售收入贷方发生额。

（9）检索出全年原材料借方发生额。

（10）检索出第 10 会计期间应收账款收回的记录。

（11）检索出全年计提折旧的记录。

（12）检索出现金支出为整万元的记录。

（13）计算出各月的银行存款支出合计数。

（14）创建一个视图，视图中包含：期间、凭证类别、凭证号、科目代码、摘要、借方金额、贷方金额、对方科目等内容，供审计人员浏览查看。

（15）检索出摘要中包含"劳务"、"费用"等内容的记录。

（16）截止测试中关注期前期后事项，请检索出第 12 会计期间的主营业务收入明细记录。

（17）审计人员为检查凭证表的有效、完整性，对所有凭证文件的借方发生额、贷方发生额进行求和，以检查借贷方是否平衡。

（18）检索出借贷方不平衡的凭证文件。

（19）汇总出各总账科目借贷方发生额合计。

（20）检索出各二级明细科目借贷方发生额合计。

2. 请利用余额表查询以下内容：

（1）检索出各总账科目的年初余额。

（2）检索出各二级明细科目的各月借贷方发生额。

（3）检索出销售收入与销售成本科目各月发生额，供审计人员对比分析。

（4）检索出各总账科目的年末余额。

（5）检索出收入科目（总账和明细账科目）各月贷方发生额。

（6）检索出应收账款（总账和明细账）科目的年末余额。

（7）检索出损益类科目（总账及明细）各月发生额。

（8）检索出资产类科目的总账，显示结果包括科目代码、期初余额、当期借贷方发生额和期末余额。

3. 请利用总账数据表查询以下内容：

（1）创建一个视图，视图中包含以下内容供审计人员浏览查看：期间、凭证类型、凭证号、科目代码、科目名称、摘要、借方金额、贷方金额、对方科目。

（2）创建一个视图，视图中包含以下内容供审计人员浏览查看：总账科目代码、总账科目名称、年初余额方向、年初余额。

# 第9章　数据分析方法

　　计算机辅助审计技术（Computer Assisted Analysis Techniques and Solutions，CAATS)是一种为了提高审计过程的效果和效率而使用的基于计算机的工具，近年来已被广泛应用于现场审计。CAATS 既可用来直接检验应用程序的内在逻辑性，又能对应用程序处理过的数据进行检查，从而验证程序逻辑性，发现舞弊和潜在风险。CAATS 技术分为两类：一类是用于验证程序或系统的技术，即面向系统的 CAATS；另一类是用于分析电子数据的 CAATS，即面向数据的 CAATS，这种方法被称为数据分析。面向计算机程序的审查一般只用于评估 IT 控制、合规性审计或者最多能用于财务证实性审计，而数据分析可以用于效益审计和专项审计，同时在评估控制的实际效果方面也十分有用。因此，在大多数情况下，运用 CAATs 进行数据分析不仅更加可行，而且可以用于更加广泛的领域，审计人员通常倾向于通过检查数据来获取证据，发现舞弊。

　　最高审计机关国际组织（the International Organization of Supreme Audit Institutions，INTOSAI)，是由世界各国最高一级国家审计机关所组成的国际性组织。其 IT 审计委员会出版的《计算机辅助审计技术》培训教材以及 CAATS 领域的知名专家戴维·G.科德尔（David G. Coderre)对 CAATS 技术进行了系统梳理，介绍了数据分析的技术方法。CAATS 基于计算机的应用，采用一些特殊的审计方法对信息系统或对经信息系统处理的数据进行审计，帮助审计人员提高审计效率。CAATS 技术应用于审计实践，需要在计划阶段与实施阶段进行统筹规划：通常在计划阶段，在充分实施审前调查的基础上，决定是否使用 CAATs，以及对 CAAT 的使用范围、估计需要的资源或时间进行充分规划，以确定选择需要的数据及使用的软件工具、进行数据下载及 CAATS 的设计、测试及运行；在实施阶段进行 CAAT 的文档编写及后期检查。数据分析是实施阶段的重要方法。

　　国内政府审计项目中的骨干审计人员已经能够比较普遍地使用数据分析方法。审计署每年组织优秀审计案例及 AO 实例评选，总结了许多优秀案例。每一个审计实例都是对被审计单位业务、风险、审计目标、审计方法和审计证据获取的一个完整流程。

　　数据分析方法是对来源于实际的业务进行模型抽象后的概化，数据分析方法的应用需要结合审计业务，借助一些工具软件来实现。审计人员常用的数据分析工具软件包括 Excel 等通用办公软件；AO、ACL、IDEA、联网审计等专业审计软件；SQL Server、Oracle、Access 等数据库管理系统；专业数据分析软件如 SAS、SPSS、R 等。本书借鉴了戴维·G.科德尔在其著作中总结的数据分析方法，以及国内 AO 计算机审计方法评选中一些常见的审计方法和优秀审计思路，以方法为导向，利用 Excel、Transact-SQL 语句进行数据分析方法的学习，重点介绍排序、统计、筛选、分组计算、连接、分层、日期分析、重号断号、比率分析、表达式与计算、连接对比、数字分析、班福法则等分析方法。

## 9.1　筛选

筛选是按照一定条件，对数据进行检索，是数据分析方法中最为有效、简便、实用的方法之一，审计人员经常使用。筛选是几乎所有的会计、审计软件都支持的一种数据查询方法。

检索条件设置是筛选最为关键的环节。审计人员需要在分析业务、电子数据及审计目标的基础上，关注关键业务流程、关键数据表中主要字段的取值范围、业务内容，在此基础上设置检索条件，有助于快速发现审计线索。

### 9.1.1　基于 Transact-SQL 的筛选查询

基于业务设置筛选条件是发现审计线索的基本思路。

审计案例：在家电下乡财政补贴发放审计中，审计人员关注财政补贴是否按要求拨入指定账户，以确定财政补贴资金发放的真实性这一审计重点。家电下乡是国家为进一步促进社会主义新农村建设、提高农民生活质量、扩大农村消费，出台的一项惠民政策。农民是否享受到补贴资金是审计的中心。审计人员注意到，某地区家电下乡补贴资金要求拨入一折通，一折通的银行账号以"6"开头，还有未使用一折通的被补贴人员用农行账户开户，一般要求以"10"开头。利用财政补贴发放表"银行账号"字段查找有无多套补贴现象，通过设置筛选条件，查询"银行账号"字段是否有不是"6"或"10"开头的记录，并生成疑点。

利用业务设置筛选条件还有许多类似的实例。

例 9-1：审计人员关注特殊的负值，如盘存类库存商品的现存量出现负值是明显的异常情况，说明该单位存货管理存在问题。审计人员检查现存量表，筛选现存量为负值的物料进行追踪。

```
Select cinvcode, iquantity
from CurrentStock
where iquantity<0
```

例 9-2：在对某单位会计信息系统进行审计时，审计人员关注到被审计单位严格执行银行转账结算要求，对不符合现金支出条件的、达到银行结算金额起点的业务一律采用转账结算方式。审计人员对其某年的凭证进行查询，检索所有超过 1 000 元以上的现金支出进行分析，显示结果包括年度、凭证号、凭证日期、行记录号、摘要、科目代码、记账标记、金额、制单人、审核人和记账人。

```
select b. 字段 1,a.vou_no,a.fiscal,a.vou_no,a.co_code,
    vou_date,b.vou_seq,descpt,acc_code,dr_cr,stad_amt,inputor,auditor,poster
from 凭证主表 a
join 凭证子表 b
on a.vou_no=b.vou_no and a.fiscal=b.fiscal and a.co_code=b.co_code
where acc_code like '101%' and stad_amt>=1000
order by a.fiscal,a.vou_no,a.co_code
```

**例 9-3**：在对某公司销售合同进行审计时，审计人员关注到合同金额分布异常，考虑到可能由于企业内部控制的要求，对达到一定标准的销售合同有不同的内部控制流程，审计人员对一年内的销售合同进行检查，检索出超 300 万元和低于 30 万元的销售合同供审计人员查看。

```
select *
from 销售合同
where isum<300000 or isum>3000000
```

**例 9-4**：设置检索条件时，可能有些软件的某些字段类型与期望的检索条件不匹配，需要经函数处理转换才可实现预期检索目标。例如，审计人员在检查现金支出时，关注整万元的业务，此时，可用函数进行处理后实现检索。

```
select *
from gl_accvouch
where ccode='101' and cast(mc/10000.0 as int)=mc/10000.0 and mc>0
```

在此实例中，mc 是 money 型的，"/"将结果返回分子、分母数据优先级更高的字符类型，10000.0 是个数值型常量，"金额/10000.0"的结果经过 cast 转换为 int 型后，如果与原结果相同，则说明金额是 10 000 元的整数倍。此项转换还可用函数 convert 实现。

```
select *
from gl_accvouch
where ccode='101' and convert(int,mc/10000.0)=mc/10000.0 and mc>0
```

SQL2008 以上的版本还支持取模运算。"％"返回两数相除后的余数，例如语句"SELECT 38 / 5 AS Integer(结果与 select 38/5 相同)，38 ％ 5 AS Remainder(结果与 select 38％5 相同)"表示用 5 去除数字 38，所得结果的整数部分为 7，余数为 3，该示例演示了取模运算如何返回余数 3。同样道理，整万元的金额可用取模后余数为 0 为检索条件进行筛选。

```
select * from gl_accvouch
where ccode='101' and mc>0  and mc％10000.00=0
```

## 9.1.2　基于 Excel 的筛选查询

Excel 提供了两种筛选数据列表的菜单：筛选和高级筛选。

筛选功能在数据—筛选菜单项下，自动筛选功能对于数值型字段可以按照"大于"、"小于"、"等于"、"高于平均值"、"低于平均值"等多种选项进行自动筛选，也可以进行自定义筛选。文本字段可以按照"等于"、"不等于"、"开头是"、"结尾是"、"包含"、"不包含"进行文本筛选。筛选功能一般可实现某一个字段或几个字段的条件组合，但有一些筛选条件可能无法通过自定义筛选实现。此时，需要用到高级筛选。

高级筛选功能在数据—筛选—高级菜单项下（如图 9-1 所示），高级筛选不但包含筛选的所

图 9-1　高级筛选菜单项

有功能,还可以设置更多复杂的筛选条件,可以将筛选出的结果输出到指定位置,可以指定计算的筛选条件,可以筛选出不重复的记录等。

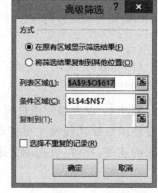

高级筛选需要先在原数据上方或下方设置几个空行作为条件区域,并将所需筛选的列标题粘贴至条件区域,第二行必须由筛选条件值构成,若对多个列设置条件,则将多列的条件置于一行代表"与"的关系,置于不同行代表"或"的关系。设置好条件区域后,将光标置于数据区域的任一单元格,选择数据—筛选—高级菜单,此时列表区域会自动出现在高级筛选对话框(如图 9-2 所示)。在高级筛选对话框选择筛选结果的显示位置,选择设置好的条件所在的区域,根据需要勾选"选择不重复的记录",单击确定,出现所需要的筛选结果(如图 9-3 所示)。

图 9-2 高级筛选对话框

条件区域

|  |  |  |  |  | cbill | ccheck | cbook |  |
|---|---|---|---|---|---|---|---|---|
|  |  |  |  |  | 张莉 |  |  |  |
|  |  |  |  |  |  | 张莉 |  |  |
|  |  |  |  |  |  |  | 张莉 |  |
|  |  |  |  |  |  |  |  |  |
| cdigest |  | dbill_dat | ccode | md | mc | cbill | ccheck | cbook | idoc |
|  | 20 | 00:00.0 | 123 | 1395 | 0 | 张莉 | 张莉 | 张莉 |  |
|  | 20 | 00:00.0 | 123 | 2790 | 0 | 张晨 | demo | 张莉 | 1 |
|  | 21 | 00:00.0 | 123 | 1395 | 0 | 张莉 | demo | 薛明 | 1 |

结果区域

图 9-3 高级筛选结果

## 9.2 排序

排序是审计人员常用的另一种简单有效的方法。审计的重要性原则要求审计人员更为关注一些金额大的业务。同时,利用不同字段间的取值特征和规律,通过排序,还可发现一些特殊的错误或舞弊。

实际审计中,利用排序功能,审计人员常关注一些异常值。比如关注业务的取值范围超出正常取值的记录;雇员或供应商名字以空格或不常见的字符开头;记录中某个重要字段的值为空值;一个数值字段中存储了字符数据;日期是过去较早的一个日期或是将来的某个日期。

### 9.2.1 基于 Transact-SQL 的排序

**例 9-5**:审计人员在对存货出入库记录进行分析时,通过按仓库代码进行排序,发现仓库代码的编码方式为从 01 开始的顺序编码,将仓库按编码排序后,发现有仓库编码为空的销售记录。通过对特殊仓库编码的进一步取证,发现异常的仓库线索。

```
select cinvcode,cWhCode,sbvid,iUnitPrice,iQuotedPrice,
iTax,iTaxUnitPrice,imoney,isum
from salebillvouchs
order by cWhCode,cinvcode
```

**例 9-6**：审计人员关注某单位银行存款支付的明细记录，按银行存款支出降序排列，检索异常事项。

```
select *
from gl_accvouch
where ccode'10201' and mc<>0
order by mcdesc
```

**例 9-7**：审计人员关注商品销售价格是否超出商品价目表的单价，检查销售发票中的销售单价并降序排列。

```
select *
from salebillvouchs
order by cinvcode,inatunitprice desc
```

## 9.2.2 基于 Excel 的排序

Excel 提供了多种强大的数据排序方法，审计人员可以根据需要按行或列，按升序或降序排序，也可以使用自定义命令排序；可以按字母顺序排序，还可按笔画排序；不仅可以依据数值排序，还可以按单元格颜色、字体颜色、单元格图标排序，非常便捷。

Excel 不仅可以按单个字段排序，还可通过设置主关键字、次关键字对多个字段同时排序。此时的处理原则是：先被排过序的列，会在后续其他列的排序过程中尽量保持自己的顺序，如图 9-4 所示。

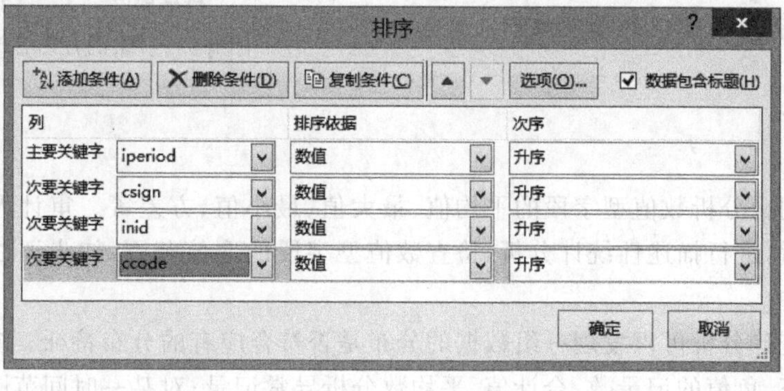

图 9-4 多个字段排序

当要排序的某个数据列中含有文本格式的数字时，会出现排序提醒（如图 9-5 所示）。如果整列都是文本型数字，可以直接单击"确定"，排序不受影响，否则不同选项会对应不同的排序结果。

要对汉字进行排序时，可以点击排序—选项，按照字母或笔画顺序进行排列。在默认的情况下，对汉字的排序方式是按照汉语拼音首字母在 26 个英文字母中的字母顺序进行排列的，第一个汉字排完了排第二个汉

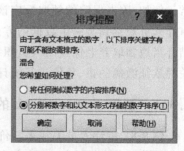

图 9-5 文本格式数字的排序提醒

字。如果需要按笔画排序,则先按第一个汉字的笔画进行排列,同笔画数的按起笔顺序(横、竖、撇、捺、折)排列;笔画数和起笔顺序都相同的字,按字形结构排列,先左右,后上下,最后整体字。

当要排序的某个数据列中包含空格、逻辑值、数字、英文字符、汉字等混合内容时,一般按以下规则排序:

(1)按升序排列的时候,先排数字,空格排在数字后面,在字符前面;

(2)数字升序排列时先排负数,后排正数;

(3)字符排列时,先排以文本格式存储的数字,后排英文字符,再排中文;

(4)英文字符排序时,从第一个字符开始往后一个一个排序,C100排在C1之后,C11之前,C5排在C11之后;

(5)中文汉字排在英文字符之后,默认按照汉语拼音首字母顺序排列;

(6)逻辑值排在最后,FALSE排在TRUE之前。

排序前后的对比如图9-6所示。

**注意**:排序时如果列表中包含有公式的单元格,如果是按列排序,排序后,数据列表中对同一列的其他单元格的引用可能是正确的,但对不同列的单元格的引用可能是错误的。为避免这种错误,当数据列表中含有单元格公式时,请使用绝对引用;或是对行排序时,避免使用引用其他行的单元格的公式,对列排序时,避免使用引用其他列的单元格的公式。

图9-6 一组混合内容排序前后对比

# 9.3 统计

统计常用来分析数值型字段的平均值、最大值、最小值、方差等。审计人员取得被审计单位数据后,进行描述性统计分析,检查数值型字段的取值范围,初步评估数据的合理性和可靠性。

描述性统计分析可以发现一组数据的分布是否符合应有的分布特征。统计方法可通过观察数值正、负值的记录数、合计值、平均数分析异常记录;对某一时间范围内所有的记录金额绝对值求和以观察特征;对值的变动范围、最大最小的某些值进行分析以确定异常。例如,养老保险的领取额应该基于当地的社会平均工资在一定的幅度范围内变化,当审计人员观察到某一组数据的方差较大时,说明当地领取的养老保险金的个人差距较大,结合当地领取养老保险的人员职级、年限分析,确定是否异常。又如,可通过对某税务机关税款征缴额的正、负值进行统计分析,确定是否存在阶段性的假入库及假退库现象。

## 9.3.1 基于Transact-SQL的统计

**例9-8**:审计人员关注采购价格的变化是否在合理的范围之内,对某年度各种物料的采购单价进行统计分析,观察每种物料的最高单价、最低单价、价差及采购业务笔数、总金额的变化区间。

```
select  cinvcode,max(icost) max,min(icost) min,max(icost)-min(icost) cha,
        count( * ) sl,sum(imoney) je
from PurBillVouchs
group by cinvcode
```

**例 9-9**：审计组对某企业进行财务收支审计。审计人员分析被审计单位业务流及会计信息系统数据后发现，销售发票子表中，字段 iNatSum 记录发票表中某项存货的应收价税金额，iMoneySum 记录发票中某项存货的实际收回金额。销售款项收回后，会计人员依据收款单逐项核销每张销售发票明细，核销金额记入 iMoneySum 字段。审计人员重点关注款项未完全收回的销售业务。统计尚未完全收回款项的发票，结果显示发票号、应收金额、收回金额、尚未收回的金额。

```
select a.csbvcode,sum(b.inatsum)ys,sum(b.imoneysum)ss,
  cha=sum(b.inatsum)-sum(b.imoneysum)
from salebillvouch a
join salebillvouchs b
on a.sbvid=b.sbvid
group by  a.csbvcode
having sum(b.inatsum)<>sum(b.imoneysum)
```

### 9.3.2　基于 Excel 的统计分析

Excel 中提供强大的统计分析功能，利用 SUM、COUNT、AVERAGE、MIN、MAX 函数可以统计求和、计数以及求均值、最大值、最小值等，利用数据—数据分析加载工具项可以实现方差分析、回归分析、相关分析及时间序列的处理（如移动平均、指数平滑）等统计分析功能（如图 9-7 所示）。

**例 9-10**：审计人员关注交易金额的变化是否在合理的范围之内，对某年度凭证的发生额进行统计分析，统计最高金额、最低金额、均值及方差（如图 9-8 所示）。

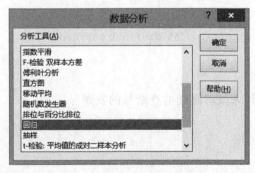

| I | J | K |
|---|---|---|
| ccode | md | mc |
| 211 | 44398.63 | 0 |
| 522 | 1000 | 0 |
| 24101 | 0 | 500000 |
| 113 | 4000 | 0 |
| 101 | 0 | 4000 |
| 522 | 451.1 | |
| max | 2,058,000.00 | 1,502,000.00 |
| min | -379,160.00 | -379,160.00 |
| average | 46,663.28 | 45,149.81 |
| variance | 21,023,033,810.76 | 19,610,159,595.26 |

图 9-7　Excel 中的数据分析工具　　　　图 9-8　Excel 中的统计分析

## 9.4　业务连续性

《会计基础工作规范》第三章第五十一条明确提出记账凭证的基本要求：填制记账凭证时，应当对记账凭证进行连续编号。除了记账凭证，企业许多重要的业务凭证如发票、发货单、出库单等都必须连续编号以避免错漏。

连续编号检查可以查询缺失的凭证及重复的记录，发现一些可能的舞弊信号：收到应收账款，却未将收款单登记入账；发票重复编号或断号；缺少某一天的发货记录；相同的采购订单或合同号码、发票号码；供应商号码和日期相同；合同号码和日期相同；供应商号码和客户号码相同等。

业务记录不连续可能存在潜在的控制风险，但并不一定就是舞弊，审计人员需要根据实际情况仔细甄别。例如，根据同一张发票分次发货，发货单中的发票号码可能就是重复的；或根据同一张发货单开出了多张发票，发票中的发货单号码可能就是相同的。类似的业务调整、冲销退回等都可能引起单据号码的不连续。审计人员要在发现不连续业务时，仔细追查验证。

### 9.4.1　基于 Transact-SQL 的连续性检查

#### 1. 重复记录的检查

**例 9-11**：审计人员检查销售发票的重复编号情况。

```
select cvouchtype,csbvcode,count( * )
from salebillvouch
group by cvouchtype,csbvcode
having count( * )>1
```

#### 2. 不连续记录的检查

**例 9-12**：审计人员检查销售发票连续编号的情况，检索不连续的发票，为进一步追查取证获取线索。

```
select cvouchtype,max(csbvcode),min(csbvcode),count(distinct csbvcode)
from salebillvouch
group by cvouchtype
```

由于本实例中发票分类编号的特殊性，审计人员可继续追查断号的发票号。

```
create view fp2
as
select cvouchtype,csbvcode,
id=row_number()over(order by [cvouchtype], [csbvcode])
from salebillvouch

select a.cvouchtype,a.csbvcode,b.csbvcode,a.id,b.id,
```

```
cast(right(b.csbvcode,5) as int)-cast(right(a.csbvcode,5) as int)
  from fp2 a
join fp2 b on b.id=a.id+1 and a.cVouchType=b.cVouchType
where cast(right(b.csbvcode,5) as int)-cast(right(a.csbvcode,5) as int)<>1
```

### 9.4.2 基于 Excel 的连续性检查

#### 1. 重复记录检查

条件格式可用来将重复记录突出显示。在开始—条件格式—突出显示单元格—重复值中,可将唯一值突出显示,也可将重复数据及所在单元格突出显示为不同的颜色。如图 9-9 所示,如要删除条件格式显示,只需选择开始—条件格式—清除规则即可。

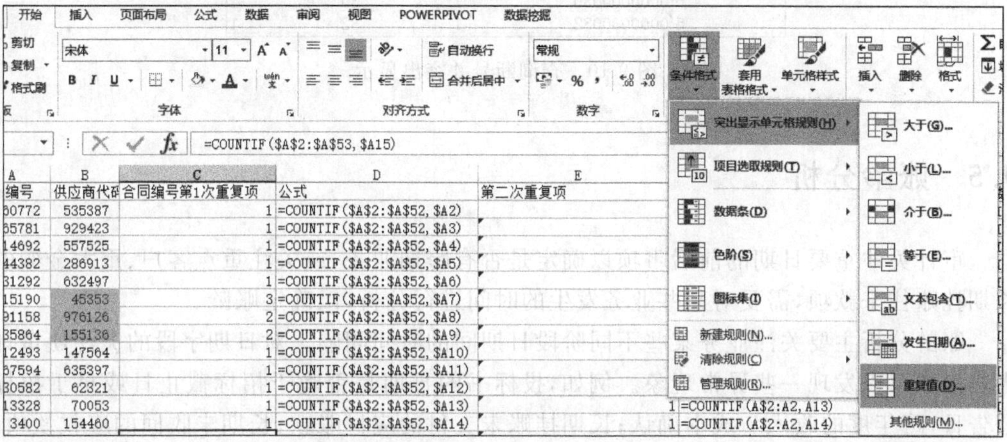

图 9-9 条件格式突出显示重复记录

#### 2. 断号检查

**例 9-13**:审计人员利用 Excel 检查发货单的断号情况,将断号的发货单检索出来进一步追查取证。

由于发货单是按类别排号的,所以先按单据类型、单据号排序,排序后对单据号进行断号查询。由于原数据中单据号是以文本存储的数字形式,审计人员可以选择在每个单元格左侧点击出现的黄色感叹号将其转换为数字,以便下一步处理;也可以选择插入几个空白列,在右侧乘数列输入 1,待光标变为"+"号后双击自动将其复制至底端行。在第二空白列中输入公式"=B2 单元格 * C2 单元格",双击"+"号自动将公式复制至底端行,把文本格式的单据类型转换为数字格式。再在空白列中输入公式,用数字列的下一行值减去上一行值("=D2-D1"),复制公式至底端,即可将大于 1 的记录号所在行找出来,大于 1 的与上一行的差便是凭证断号的差值。在此基础上,还可利用条件格式,突出显示不等于 1 的值,如图 9-10 所示。

| cVouchType | cDLCode | 乘数 | 文本转数字 | 查断号 |
|---|---|---|---|---|
| 5 | 0000000001 | 1 | 1 | 1 |
| 5 | 0000000002 | 1 | 2 | 1 |
| 5 | 0000000003 | 1 | 3 | 1 |
| 5 | 0000000004 | 1 | 4 | 1 |
| 5 | 0000000005 | 1 | 5 | 1 |
| 5 | 0000000006 | 1 | 6 | 1 |
| 5 | 0000000007 | 1 | 7 | 1 |
| 5 | 0000000008 | 1 | 8 | 1 |
| 5 | 0000000009 | 1 | 9 | 1 |
| 5 | 0000000010 | 1 | 10 | 13 |
| 5 | 0000000023 | 1 | 23 | 1 |
| 5 | 0000000024 | 1 | 24 | 1 |
| 5 | 0000000025 | 1 | 25 | 1 |
| 5 | 0000000026 | 1 | 26 | 1 |
| 5 | 0000000027 | 1 | 27 | 1 |
| 5 | 0000000028 | 1 | 28 | 1 |
| 5 | 0000000029 | 1 | 29 | 1 |
| 5 | 0000000030 | 1 | 30 | 2 |
| 5 | 0000000032 | 1 | 32 | 1 |

图 9-10　查询断号并突出显示

## 9.5　账龄分析

审计关注重要日期的前后事项以确定是否有跨期业务，或关注重点客户、重大金额的长期挂账往来款项，需要对某些业务发生的时间进行分析，以确定账龄。

账龄分析主要关注业务某些不同阶段日期间的时间间隔。对日期字段的关注使审计人员经常可以发现一些异常现象。例如，投标书的日期是否晚于招标截止日或早于招标公告日；跨年度的收入与成本确认；长期挂账未支付的应付账款；长期未收回的应收款项；长期闲置的休眠账户；合同签订日期早于招标截止日等；设备的平均故障时间；有利可图的赊销付款条件等。

### 9.5.1　基于 Transact-SQL 的账龄分析

例 9-14：审计人员关注跨期交易或事项，将发货日期与记账日期进行比对，查询显示每笔收入确认时的记账日期、发货日期及二者的天数差，结果按天数降序排列。

```
select c.iperiod,c.csign,c.ino_id,c.ccode,a.ddate,c.dbill_date,
datediff(day,a.ddate,c.dbill_date) as ts
from dispatchlist a
join salebillvouch b
on a.sbvid=b.sbvid or(a.cdlcode=b.cdlcode and b.sbvid=0)
join gl_accvouch c
on b.cvouchtype=c.coutbillsign and b.csbvcode=c.coutid
where ccode='501'
order by datediff(day,a.ddate,c.dbill_date) desc
```

### 9.5.2　基于 Excel 的时间间隔

Excel 中有许多函数可以计算时间差，如 DATEDIF、DAYS、ETWORKDAYS、

WORKDAY 等。

**例 9-15**：审计人员关注跨期交易或事项，利用 Excel 实现日期字段的时间间隔查询。

采用分列方式，将时间 dbill_date 字段分为日期型，后一列时间型字段不导入。利用函数 DATADIF 计算两个日期之间的天数差，如图 9-11 所示。

| I | J | K | L |
|---|---|---|---|
| dbill_date | 截至日 | =DATEDIF(I2,J2,"d") | =DATEDIF(I2,J2,"y")&"年"&DATEDIF(I2,J2,"ym")&"月"&DATEDIF(I2,J2,"md")&"天" |
| 2001-10-3 | 2001-12-31 | 89 | 0年2月28天 |
| 2001-10-30 | 2001-12-31 | 62 | 0年2月1天 |
| 2001-10-31 | 2001-12-31 | 61 | 0年2月0天 |
| 2001-10-31 | 2001-12-31 | 61 | 0年2月0天 |
| 2001-10-31 | 2001-12-31 | 61 | 0年2月0天 |
| 2001-10-5 | 2001-12-31 | 87 | 0年2月26天 |

图 9-11　利用函数计算时间间隔

## 9.6　表达式与计算

审计人员运用工具软件中提供的运算符、函数，将获取的数据进行加工、运算，生成有审计意义的新字段的方法。例如，根据会计报表相关数据计算财务比率进行分析以发现异常的波动；计算资产结构以确定重要的资产存在或发生认定的检查方案等。

### 9.6.1　基于 Transact-SQL 的表达式与计算

**例 9-16**：审计人员关注发票金额及发货金额计算的准确性，请依据发票所列单价计算获得发票的无税金额、含税金额、税额，并与发票中所列的无税金额、含税金额、税额进行比较并计算出与原表中无税金额、含税金额、折扣额的差额。

注：无税金额＝无税单价＊数量；

含税金额 1＝含税单价＊数量；

含税金额 2＝无税金额＋税额。

```
select cInvCode,inatunitprice,iquantity,
wsje=iNatUnitPrice * iQuantity,
hsje1=iTaxUnitPrice * iQuantity,
hsje2=iNatUnitPrice * iQuantity+inattax,
wsce1=iNatUnitPrice * iQuantity-iNatMoney,
hsce1=iTaxUnitPrice * iQuantity-inatsum,
hsce2=iNatUnitPrice * iQuantity+inattax-inatsum,
from SaleBillVouchs
```

**例 9-17**：审计过程中，审计人员根据需要，将凭证表的借方金额、贷方金额字段进行整理，构造为借贷标志、金额两个新字段，查询结果包括会计期间、凭证类型、凭证号、摘要、科目代码、借贷标志和金额。

```
select iperiod,csign,ino_id,cdigest,ccode, bz=case when md<>0 then 'j' else 'd'
end,
    je=md+mc
    from gl_accvouch
```

```
order by iperiod,csign,ino_id
```

### 9.6.2 基于 Excel 的表达式与计算

Excel 中提供了许多利用单元格引用、函数进行计算的功能。这里我们主要介绍一个合并计算功能。合并计算可以汇总或合并多个数据源区域中的数据，一种是实现按类别合并，另一种是按位置合并。无论是同一数据表中的不同表格，还是同一工作簿下的不同工作表，或者是不同工作簿中的表格都可以实现合并计算。

**例 9-18**：审计过程中，审计人员获取了被审计单位费用明细表，该公司费用明细表是按月编制的多张表格，需要将其快速合并、汇总。本例以两张表格汇总进行介绍，源数据如图 9-12 所示。

| 1月 | 办公费 | 折旧费 | | 2月 | 办公费 | 折旧费 |
|------|------|------|---|------|------|------|
| 财务部 | 10 | 20 | | 财务部 | 5 | 10 |
| 科技部 | 20 | 10 | | 科技部 | 10 | 8 |
| 发展部 | 30 | 15 | | 发展部 | 20 | 12 |

图 9-12 合并计算源数据

合并计算时，需选中合并计算后结果保存的起始单元格，选择数据—合并计算菜单，打开合并计算对话框（如图 9-13 所示），将要合并的数据源含标题行一起选入引用位置栏，单击【添加】按钮，所引用的单元格区域会出现在所有引用位置区域；将要合并的表逐一添加到所有引用位置区域，并依次勾选左下角"首行"、"最左列"复选框，结果如图 9-14 所示。

| 合并结果 | | |
|------|------|------|
| | 办公费 | 折旧费 |
| 财务部 | 15 | 30 |
| 科技部 | 30 | 18 |
| 发展部 | 50 | 27 |

图 9-13 合并计算对话框         图 9-14 合并计算结果

## 9.7 分组

分组计算可获取财务数据和业务数据的总体情况并进行进一步的对比分析，以确定审计重点。分组计算结合对比分析是最能有效检查舞弊的方法之一。审计人员可以选择一个或多个字段进行分组,对所关注的数值字段进行计数、求和等统计分析。分组计算也可用于检测系统输入控制中的例外事项,如对性别等关键字段分组,发现数据中存在除男、女以外的其他数值,则可以发现系统编辑控制失效的事实。

## 9.7.1 基于 Transact-SQL 的分组查询

**例 9-19**:审计人员关注银行存款的业务是否有异常,将对应科目为银行存款的全部记录进行分组,统计每个科目的累计借、贷方发生额及业务笔数。

```
select ccode,sum(md),sum(mc),count(*)
from gl_accvouch
where ccode_equal='10201'
group by ccode
```

**例 9-20**:审计人员关注凭证表中的总账科目已记账数据,请按会计期间对凭证表中的总账科目进行分组计算。统计每个会计期间、每个总账科目的累计借、贷方发生额。

```
select iperiod,left(ccode,3),sum(md),sum(mc)
from gl_accvouch
where ibook=1
group by iperiod, left(ccode,3)
```

## 9.7.2 基于 Excel 的分级与分类

Excel 中给出了分级显示与分类汇总功能,可以实现明细数据的上卷和汇总。

### 1. 分级显示

分级显示功能可以将包含类似标题且行列数据较多的数据列表进行组合和汇总,分级后会自动产生工作表视图的符号,单击符号可按需求显示或隐藏明细数据。

**例 9-21**:审计人员取得了某单位工资数据,如图 9-15 所示。

| 姓名 | 部门 | 1月 | 2月 | 3月 | 一季度 | 4月 | 5月 | 6月 | 二季度 | 7月 | 8月 | 9月 | 三季度 | 10月 | 11月 | 12月 | 四季度 |
|---|---|---|---|---|---|---|---|---|---|---|---|---|---|---|---|---|---|
| ** | 财务部 | 2831 | 9294 | 1220 | 13345 | 9500 | 7123 | 7904 | 24528 | 3099 | 9439 | 4443 | 16981 | 8535 | 7042 | 5915 | 21493 |
| ** | 财务部 | 3380 | 6490 | 3735 | 13605 | 3836 | 141 | 2287 | 6263 | 2731 | 1844 | 4251 | 8820 | 619 | 5230 | 9865 | 15714 |
| ** | 财务部 | 9026 | 4117 | 4463 | 17606 | 3877 | 2211 | 1339 | 7427 | 588 | 2986 | 769 | 4344 | 1521 | 2072 | 5138 | 8731 |
| ** | 财务部 | 3385 | 2944 | 2635 | 8963 | 3383 | 4641 | 4010 | 12034 | 87 | 5477 | 593 | 6158 | 9324 | 2105 | 5535 | 16965 |
| ** | 一厂 | 7840 | 5428 | 8240 | 21508 | 4720 | 7162 | 8700 | 20581 | 3825 | 9109 | 2889 | 15823 | 2858 | 8597 | 1293 | 12748 |
| ** | 一厂 | 6887 | 6355 | 3420 | 16662 | 6996 | 7072 | 7694 | 21763 | 5389 | 8008 | 3 | 16569 | 6553 | 9052 | 9777 | 25383 |
| ** | 一厂 | 7734 | 8808 | 3514 | 20056 | 5974 | 1203 | 4857 | 12034 | 8873 | 7781 | 8447 | 25101 | 7953 | 7282 | 7270 | 22506 |

图 9-15 某单位分级前数据

审计人员需要对各季度的数据进行对比分析,选择数据—创建组—自动建立分级展示,可将数据上卷至季度汇总数据(如图 9-16 所示),点击“＋”号即可展示明细数据。

### 2. 分类汇总

分类汇总能够快速地以一个或多个字段为分类项,对数据列表中的其他字段的数值进行各种统计计算,如求和、计数、平均值等。注意分类汇总功能使用前,要对数据列表中需要分类汇总的字段进行排序。

对上例数据可按照部门进行分类汇总。选择数据—分类汇总,在分类汇总对话框中选择"部门"作为分类字段,汇总方式为求和,在求和项中选择需要汇总的字段(如图 9-17 所示),结果如图 9-18 所示。点击"＋"号可展示明细数据。

| 1 | 姓名 | 部门 | 一季度 | 二季度 | 三季度 | 四季度 |
|---|---|---|---|---|---|---|
| 2 | ** | 财务部 | 10002 | 7047 | 11881 | 6748 |
| 3 | ** | 财务部 | 9849 | 13646 | 12804 | 18531 |
| 4 | ** | 财务部 | 11644 | 20725 | 15373 | 8266 |
| 5 | ** | 财务部 | 10547 | 15956 | 8970 | 13676 |
| 6 | ** | 一厂 | 7745 | 14377 | 15447 | 12583 |
| 7 | ** | 一厂 | 6934 | 9449 | 23005 | 24182 |
| 8 | ** | 一厂 | 15409 | 15274 | 11355 | 20771 |
| 9 | ** | 二厂 | 22737 | 17286 | 24900 | 13456 |
| 10 | ** | 二厂 | 23073 | 20015 | 13552 | 11728 |
| 11 | ** | 二厂 | 12832 | 12727 | 15552 | 24303 |
| 12 | ** | 二厂 | 23691 | 9761 | 20331 | 14503 |
| 13 | ** | 销售部 | 15959 | 10398 | 19601 | 14569 |
| 14 | ** | 销售部 | 16566 | 9990 | 11277 | 23993 |
| 15 | ** | 销售部 | 11187 | 6018 | 7483 | 17360 |
| 16 | ** | 销售部 | 24408 | 9124 | 13781 | 15188 |
| 17 | ** | 销售部 | 11613 | 15055 | 13224 | 18980 |

图 9-16　分级显示数据

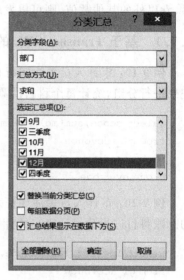

图 9-17　分类汇总

| 1 | 姓名 | 部门 | 1月 | 2月 | 3月 | 一季度 | 4月 | 5月 | 6月 |
|---|---|---|---|---|---|---|---|---|---|
| 6 | | 财务部 汇总 | 27775 | 18437 | 23233 | 69446 | 22314 | 27888 | 18334 |
| 10 | | 一厂 汇总 | 11431 | 17764 | 10931 | 40126 | 20899 | 17382 | 19386 |
| 15 | | 二厂 汇总 | 19514 | 10065 | 17772 | 47351 | 35869 | 26584 | 18931 |
| 21 | | 销售部 汇总 | 32592 | 27674 | 15106 | 75372 | 25710 | 33633 | 30232 |
| 22 | | 总计 | 91312 | 73940 | 67043 | 232295 | 104792 | 105487 | 86883 |

图 9-18　分类汇总结果

多重分类汇总可以对一个字段进行多次分类汇总,计算不同的数值(如第一次求和,第二次求平均值);也可以对多个字段进行多次分类汇总,只需要在第一次分类汇总的结果上再重复执行分类汇总功能,改变分类字段或汇总项即可。注意操作过程中取消选择"替换当前分类汇总"复选框,结果如图 9-19 所示。

| 1 | i_id | iperiod | csign | ino_id | inid | ccode | cdigest | dbill_dat | ccode | md | mc | cbill | ccheck | cbook |
|---|---|---|---|---|---|---|---|---|---|---|---|---|---|---|
| 2 | 24 | | 0 付 | 18 | | 11902 | 出差借款 | 00:00.0 | 11902 | 1400 | 0 | NULL | NULL | 赵飞 |
| 3 | | | | | | | | | 11902 汇总 | 1400 | 0 | | | |
| 4 | | | | | | | 0 汇总 | | | 1400 | 0 | | | |
| 5 | 1365 | 10 付 | | 23 | 1 | 113 | 其他应收单 | 00:00.0 | 113 | 4000 | 0 | 薛明 | demo | 薛明 |
| 6 | 1333 | 10 付 | | 10 | 1 | 113 | 其他应收单 | 00:00.0 | 113 | 5000 | 0 | 薛明 | demo | 薛明 |
| 7 | 1339 | 10 付 | | 13 | 1 | 113 | 其他应收单 | 00:00.0 | 113 | 4000 | 0 | 薛明 | demo | 薛明 |
| 8 | | | | | | | 113 汇总 | | | 13000 | 0 | | | |
| 9 | 1531 | 10 付 | | 11 | 1 | 115 | 核销 | 00:00.0 | 115 | 84240 | 0 | UFSOFT | demo | 薛明 |
| 10 | | | | | | | 115 汇总 | | | 84240 | 0 | | | |
| 11 | 1379 | 10 付 | | 28 | 1 | 121 | 采购现付 | 00:00.0 | 121 | 744 | 0 | 薛明 | demo | 薛明 |
| 12 | 1373 | 10 付 | | 26 | 1 | 121 | 采购现付 | 00:00.0 | 121 | 900 | 0 | 薛明 | demo | 薛明 |
| 13 | 1376 | 10 付 | | 27 | 1 | 121 | 采购现付 | 00:00.0 | 121 | 558 | 0 | 薛明 | demo | 薛明 |
| 14 | | | | | | | 121 汇总 | | | 2202 | 0 | | | |
| 15 | 706 | 10 付 | | 6 | 1 | 161 | 直接购入支 | 00:00.0 | 161 | 8000 | 0 | 薛明 | demo | 薛明 |
| 16 | | | | | | | 161 汇总 | | | 8000 | 0 | | | |
| 17 | 1343 | 10 付 | | 17 | 1 | 201 | 还款 | 00:00.0 | 201 | 100000 | 0 | 李婧婧 | demo | 薛明 |
| 18 | | | | | | | 201 汇总 | | | 100000 | 0 | | | |

图 9-19　多重分类汇总结果

# 9.8 分层

分层是审计抽样中一种常用的方法。《中国注册会计师审计准则第 1314 号——审计抽样》第四条将审计抽样定义为:注册会计师对具有审计相关性的总体中低于百分百的项目实施审计程序,使所有抽样单元都有被选取的机会,为注册会计师针对整个总体得出结论提供合理基础。

审计抽样包括非统计抽样和统计抽样两种。统计抽样是随机选取样本项目,运用概率论评价样本结果,包括计量抽样风险的抽样方法。不具备这种特征,在确定样本规模、选择样本和判断结果的过程中主要依靠审计人员的主观标准和个人经验进行抽样的方法被称为非统计抽样,又称判断抽样。

在总体规模较小或难以获取样本的情况下,利用审计人员的职业经验和主观判断进行非统计抽样比统计抽样方法更为适用。但非统计抽样存在样本代表性不强、过于依赖审计人员的素质和经验的缺陷,现代审计更常采用统计抽样方法。

统计抽样运用数学和统计方法确定样本规模、随机选择样本并评价结果,具有一贯性和科学性,是量化审计风险的一种有效方法。常见的统计抽样方法包括属性抽样、变量抽样和发现抽样。

统计抽样的基本程序包括三个步骤:样本设计;样本规模确定和样本的选取与测试;抽样结果评价。

**1. 样本设计**

审计人员首先在明确审计目标的前提下,考虑所需获取的审计证据的特征,以确定采用的抽样方法;定义审计对象总体与抽样单位(某一实体单元如明细科目、记录或货币单位);分析抽样风险和非抽样风险,确定可信赖程度;确定可容忍误差和预期总体误差时,需要审计人员进行专业的职业判断;分层,将某一审计对象总体分为具有相似特征的次级总体,重点审计可能有较大错误的项目,以减少样本规模,提高样本的代表性和抽样效率。

**2. 确定样本规模和测试**

样本规模大小及适当性是审计效率高低的重要影响因素,审计人员应设计合理的样本规模,选择恰当的样本以推断总体特征;对选出的样本实施审计测试程序,以确定误差。

**3. 评价抽样结果**

审计人员在对样本测试后,分析样本误差,推断总体误差,重估抽样风险,形成审计结论。

审计人员在控制测试和实质性测试中都可使用审计抽样方法。利用恰当的工具,运用审计抽样技术,可迅速发现审计线索,提高审计效率。

## 9.8.1 基于 Transact-SQL 的分层

分层是审计抽样中常用到的一个过程。当总体的分布呈现明显的差别、具有可衡量的属性时,考虑将总体单位按其属性特征分成若干类型或层,然后在类型或层中随机抽取样本单位,有助于提高抽样效率。

**例 9-22**：审计人员关注企业销售收入的真实性，对主营业务收入明细记录进行审计抽样。请将主营业务收入分五层，统计每层金额、业务笔数、每层金额占总金额的比率、每层业务笔数占总业务的比率，以确定审计抽样的重点。

（1）统计基本信息

```
select max(mc),max(mc)/5,count( * ),sum(mc)
from gl_accvouch
where ccode like '501%' and mc<>0
```

（2）分层汇总

```
select ceiling(mc/81600.0000),count( * ),count( * )/27.0,
sum(mc),sum(mc)/4733700.0000
from gl_accvouch
where ccode like '501%' and mc>0
group by ceiling(mc/81600.0000)
order by ceiling(mc/81600.0000)
```

**例 9-23**：审计人员关注企业销售收入的真实性，对主营业务收入明细记录进行审计抽样。请将主营业务收入每 8 万元分一层，统计每层金额、业务笔数、每层金额占总金额的比率、每层业务笔数占总业务的比率，以确定审计抽样的重点。

```
select ceiling(mc/80000.00),count( * ),count( * )/27.0,
sum(mc),sum(mc)/4733700.00
from gl_accvouch
where ccode like '501%' and mc>0
group by ceiling(mc/80000.00)
order by ceiling(mc/80000.00)
```

**例 9-24**：审计人员关注企业销售收入的真实性，对主营业务收入明细记录进行审计抽样。将主营业务收入明细账记录从正的最小值开始到最大值分 10 层，统计每层业务笔数、金额以及占总业务笔数、金额的比率。

（1）统计基本信息

```
select min(mc) minmc, max(mc) maxmc, (max(mc)-min(mc))/10 cha, count( * ) shu,
sum(mc)je from gl_accvouch
where ccode like '501%' and mc>0
```

（2）分层汇总

```
select ceiling(case when mc=6000 then 1/40200.00 else (mc-6000)/40200.00 end)层,
count( * )记录数,count( * )/27.0 记录比率,sum(mc)本层总额,sum(mc)/4733700.0000 本
层金额比率
from gl_accvouch
where ccode like '501%' and mc>0
group by ceiling(case when mc=6000 then 1/40200.00 else (mc-6000)/40200.00 end)
```

**例 9-25**：审计人员关注企业销售收入的真实性，对主营业务收入明细记录进行审计抽样。将主营业务收入明细账记录分为 4 层，包括 5 万元以下、5 万（含 5 万）～10 万元、10 万（含 10 万）～20 万元、20 万（含 20 万）元以上，统计每层业务笔数、金额以及占总业

务笔数、金额的比率。

(1) 创建中间表

```
create view aa1 as
select ceng=case  when mc<50000 then 1
                  when mc>=50000 and mc<100000 then 2
                  when mc>=100000 and mc<200000 then 3
          else 4
          end, *
from gl_accvouch
where ccode like '501%' and mc>0
```

(2) 统计基本数据

```
select sum(mc),count(*)
from aa1
```

(3) 分层汇总

```
select ceng, sum(mc) summc, sum(mc)/4733700.0000 金额比率, count(*)业务笔数,
count(*)/27.0 业务笔数占比
from aa1
group by ceng
```

## 9.8.2 基于 Excel 的分层

Excel 提供了 CEILING 函数与 FLOOR 函数作为取舍函数，可实现与 SQL 语句相同的功能。CEILING 函数主要是向上舍入，FLOOR 函数是向下舍去。CEILING 语法规则是：CEILING(表达式，舍入倍数)。例如，CEILING(124.5,0.1)结果为 125。

例 9-24 在 Excel 中的实现方法如下：首先利用 MAX(MC)，MIN(MC)统计销售收入发生额的最大、最小值，再计算出分 10 层的层高，利用 CEILING 函数确定每一条记录中 MC 应该处于第几层，然后再按层进行分类汇总即可。还可进行多次分类汇总，执行结果如图 9-20 所示。

| | A | B | C | D | E | F | R | S | T | U | V |
|---|---|---|---|---|---|---|---|---|---|---|---|
| 1 | i_id | iperiod | csign | isignseq | ino_id | inid | ccode | cexch_nammd | | mc | 层 |
| 2 | 1131 | 10 | 转 | 3 | 110 | 3 | 501 | NULL | 0 | 6000 | 1 |
| 3 | 1580 | 11 | 转 | 3 | 11 | 3 | 501 | NULL | 0 | 14700 | 1 |
| 4 | 1317 | 10 | 收 | 1 | 11 | 3 | 501 | NULL | 0 | 28000 | 1 |
| 5 | 1565 | 11 | 转 | 3 | 7 | 3 | 501 | NULL | 0 | 40000 | 1 |
| 6 | | | | | | | | | 0 | 22175 | 1 平均值 |
| 7 | | | | | | | | | 0 | 88700 | 1 汇总 |
| 8 | 1583 | 11 | 转 | 3 | 12 | 3 | 501 | NULL | 0 | 80000 | 2 |
| 9 | 1586 | 11 | 转 | 3 | 13 | 3 | 501 | NULL | 0 | 63000 | 2 |
| 10 | 1314 | 10 | 收 | 1 | 10 | 3 | 501 | NULL | 0 | 48000 | 2 |
| 11 | 1320 | 10 | 收 | 1 | 12 | 3 | 501 | NULL | 0 | 48000 | 2 |
| 12 | | | | | | | | | 0 | 59750 | 2 平均值 |
| 13 | | | | | | | | | 0 | 239000 | 2 汇总 |

图 9-20　基于 Excel 的分层与汇总

# 9.9 连接对比

信息不对称是舞弊未能被有效揭示的重要影响因素。审计人员应尽力避免不必要的信息失衡。许多舞弊活动离不开业务支持，审计人员不仅要关注财务信息，更要关注业务

信息与财务信息的比对；或关注不同业务部门的信息，尤其是一些跨平台、跨系统的信息进行连接后，线索往往被凸显出来。

利用计算机技术，可以提高两个不同数据源的数据记录匹配、比对的效率，有效节约审计时间。

### 9.9.1 基于 Transact-SQL 的连接查询

#### 1. 内连接

数据库中的内连接可以检索出两个集合的交集，常被用来对两个数据源中的相同数据进行检索，以实现审计查询目标。

记账凭证中反映了经济业务的来龙去脉。在凭证表中，多张凭证数据被保存在一张合并表或两张主子表中，其中某些行记录共同构成一张记账凭证，因而，凭证表的数据与一般数据表有所差别。凭证表的行记录之间由一些关键字索引可以唯一确定一张凭证。一般情况下，会计期间、凭证类型和凭证号三个会计要素对应所在的字段可以唯一确定一张凭证。为了确认经济业务的核算是否符合会计准则要求，审计人员往往关注符合某些条件的记账凭证内容，希望能够利用程序实现批量查询。

**例 9-26**：审计人员关注高额的现金支出，期望检索出高额现金支出的来龙去脉，利用凭证表，检索出现金收支大于 5 000 元的记账凭证。

```
select a.*
from gl_accvouch a
join gl_accvouch b
on a.iperiod=b.iperiod and a.ino_id=b.ino_id and a.csign=b.csign
where b.ccode='101' and(b.mc>5000 or b.md>5000)
```

对交易的真实性、完整性认定进行审计是收入循环审计中的重要内容。销售收入审计目标重点关注收入确认的高估或低估。由于赊销是企业经常使用的销售手段之一，销售方式不同决定了会计处理的差异。审计人员往往关注赊销带来的收入高估风险。赊销是确认收入的同时，未收到相应款项，一般挂在往来科目核算。同时，由于企业的赊销应该根据客户信用有相应的授权控制，为了进行控制测试和交易的实质性测试，审计人员对赊销收入的情况进行检索查询。

**例 9-27**：审计人员关注赊销的执行情况，检索出所有赊销收入的明细账记录供审计人员进行抽样。

```
select a.*
from gl_accvouch a
join gl_accvouch b
on a.iperiod=b.iperiod and a.csign=b.csign and a.ino_id=b.ino_id
where a.ccode like '501%' and b.ccode like '113%'
```

**例 9-28**：审计人员关注赊销控制的执行情况，检索出所有赊销收入的记账凭证供审计人员进行抽样。

```
select a.*
from gl_accvouch a
join gl_accvouch b
on a.iperiod=b.iperiod and a.csign=b.csign and a.ino_id=b.ino_id
join gl_accvouch c
on a.iperiod=c.iperiod and a.csign=c.csign and a.ino_id=c.ino_id
where (c.ccode like '501%' and c.mc<>0) and (b.ccode like '113%'and b.md<>0)
order by a.iperiod,a.csign,a.ino_id,a.inid
```

自连接是一种特殊的内连接。审计中常用自连接实现审计中间表的构建。例如,从被审计单位总账子系统获得科目代码表后,发现各科目代码后对应的科目名称仅为当前级次的名称,而不是科目全称。如 100201 代码对应的会计科目名称为"工行存款",这种存储模式有利于降低存储冗余,但不利于审计人员分析其业务规范性。因而,需要根据科目代码编码方式重新生成一张具有科目全称的新的科目代码表作为审计中间表。

经过观察,发现科目代码表的编码方式是定长定位的群码,科目代码分为三级,为3-2-2的级次结构,即一级科目代码 3 位,二级科目代码 2 位,3 级科目代码 2 位。利用函数,结合连接查询,可以生成一张新的科目代码表。

**例 9-29**:审计人员对科目代码级次为 3-2-2 结构的科目代码表进行整理,生成一张包含科目代码、科目全称、末级标志的新的科目代码表。

```
select a.ccode,a.bend,kmqc=b.ccode_name+
case when len(a.ccode)>3 then '\'+c.ccode_name else '' end+
case when len(a.ccode)>5 then '\'+d.ccode_name else '' end
from code a
join code b on left(a.ccode,3)=b.ccode
join code c on left(a.ccode,5)=c.ccode
join code d on left(a.ccode,7)=d.ccode
```

### 2. 外连接

数据库中的外连接可以检索出两个集合交集的补集,常被用来对两个数据源中的一个集合中存在而另一个集合中不存在的数据进行检索,尤其是当审计目标是对交易的真实性、完整性认定时,使用外连接可以实现审计目标的线索发现。

**例 9-30**:审计人员关注销售过程中是否按税法规定确认了增值税的销项税,请利用凭证表检索出确认销售收入却未确认应交增值税的主营业务收入明细账记录。

(1) 构建收入视图

```
create view a_501
as
select *
from gl_accvouch
where ccode like '501%' and mc<>0
```

(2) 构建税金视图

```
create view a_221
as
```

```
select *
from gl_accvouch
where ccode like '221%' and mc<>0
```

### (3) 外连接检索记录

```
select a.*
from a_501 a
left join a_221 b
on a.csign=b.csign and a.iperiod=b.iperiod and a.ino_id=b.ino_id
where b.ccode is null
```

在上述程序使用中,注意外连接时使用单条查询语句时,有时候不注意条件,容易造成筛选条件间互斥而执行无结果,此时要慎重使用单条语句进行查询,注意连接条件与筛选条件的写法。

```
select a.*
from  gl_accvouch a
left join gl_accvouch b
on a.csign=b.csign and a.iperiod=b.iperiod and a.ino_id=b.ino_id
and b.ccode like '221%' and b.mc<>0
where a.ccode like '501%' and a.mc<>0 and b.ccode is null
```

### 3. 全连接

数据库中的全连接算法可以对比检索出两个数据源中的相同数据、不同数据,因而常在一致性检查时使用。例如,确认总账模块根据科目余额表出具的报表、与报表系统出具的报表、上报国资委的报表三者是否一致;发货记录与出库记录是否一致等。

**例 9-31**:审计人员关注销售发票与发货单上同种商品的数量、金额是否一致。

```
create view fp
as
select cinvcode,SUM(iquantity) fpsl,
SUM(inatmoney) fpje
from salebillvouchs
group by cinvcode

create view fh
as
select cinvcode,SUM(iquantity) fhsl,SUM(inatmoney) fhje
from dispatchlists
group by cinvcode

select * from fp
full join fh
on fp.cinvcode=fh.cinvcode
where isnull(fpsl,0)<>isnull(fhsl,0) or isnull(fpje,0)<>isnull(fhje,0)
```

## 9.9.2  基于 Excel 的数据查找与连接

实际审计过程中经常需要对两个数据源的数据进行列记录的合并,比如有两个数据表（如图 9-21 所示），一个表中有总资产净利率，另一个表中有流动资产比率，现需将两个表按照股票代码进行连接匹配。

| 表1 | | | 表2 | |
|---|---|---|---|---|
| 股票代码 | 总资产净利润率（ROA） | | 股票代码 | 流动资产比率 |
| 000002 | 0.019692 | | 000011 | 0.950464 |
| 000004 | 0.040993 | | 000004 | 0.953084 |
| 000005 | 0.012464 | | 000006 | 0.957122 |
| 000006 | 0.03916 | | 000010 | 0.954215 |
| 000007 | 0.013727 | | 000019 | 0.957146 |
| 000008 | 0.041348 | | 000008 | 0.957688 |
| 000009 | 0.012345 | | 000014 | 0.955874 |
| 000010 | 0.038183 | | 000002 | 0.922458 |
| 000011 | 0.010946 | | 000005 | 0.920228 |
| 000012 | 0.037937 | | 000018 | 0.914236 |
| 000014 | 0.028471 | | 000017 | 0.702291 |
| 000016 | 0.109659 | | 000020 | 0.540107 |
| 000017 | 0.01522 | | 000016 | 0.556883 |
| 000018 | 0.04683 | | 000009 | 0.559009 |
| 000019 | 0.006856 | | 000007 | 0.578073 |
| 000020 | 0.040506 | | 000012 | 0.689843 |

图 9-21　需合并数据

Excel 中的 VLOOKUP 函数可以将两个不同数据表中的字段一起。VLOOKUP 函数在查找与连接中的应用非常广，可在表格的首列查找指定的数据，并返回指定的数据所在行中的指定列处的单元格内容。语法规则如下：

```
VLOOKUP(lookup_value,table_array,col_index_num,range_lookup)
```

第一个参数 lookup_value 是要在表格第一列中查找的值，可以是具体的值或单元格引用；table_array 是包含数据的单元格区域，可以使用绝对区域或区域名称的引用；col_index_num 是如果找到匹配内容后希望返回的列序号，表示从第 1 个查找的列开始返回它后面第几列的值；range_lookup 表示要求近似匹配还是精确匹配，一般选择精确匹配。

对上述表中的数据使用 VLOOKUP 函数进行匹配后，可将流动资产比率自动添加到表 1 的第 3 列中（如图 9-22 所示），便于进行下一步的数据分析与处理。

| 表1 | | =VLOOKUP($A2, $D$2:$E$18, 2,) | 表2 | |
|---|---|---|---|---|
| 股票代码 | 总资产净利率（ROA | 流动资产比率 | 股票代码 | 流动资产比率 |
| 000002 | 0.019692 | 0.922458 | 000011 | 0.950464 |
| 000004 | 0.040993 | 0.953084 | 000004 | 0.953084 |
| 000005 | 0.012464 | 0.920228 | 000006 | 0.957122 |
| 000006 | 0.03916 | 0.957122 | 000010 | 0.954215 |
| 000007 | 0.013727 | 0.578073 | 000019 | 0.957146 |
| 000008 | 0.041348 | 0.957688 | 000008 | 0.957688 |
| 000009 | 0.012345 | 0.559009 | 000014 | 0.955874 |
| 000010 | 0.038183 | 0.954215 | 000002 | 0.922458 |
| 000011 | 0.010946 | 0.950464 | 000005 | 0.920228 |
| 000012 | 0.037937 | 0.689843 | 000018 | 0.914236 |
| 000014 | 0.028471 | 0.955874 | 000017 | 0.702291 |
| 000016 | 0.109659 | 0.556883 | 000020 | 0.540107 |
| 000017 | 0.01522 | 0.702291 | 000016 | 0.556883 |
| 000018 | 0.04683 | 0.914236 | 000009 | 0.559009 |
| 000019 | 0.006856 | 0.957146 | 000007 | 0.578073 |
| 000020 | 0.040506 | 0.540107 | 000012 | 0.689843 |

图 9-22　VLOOKUP 处理后的表连接结果

## 9.10　比率分析

异常的比率可能预示潜在的舞弊。比率分析是财务数据分析中最常使用的分析方法之一。对于一些重要数据,通过分析比率及变化趋势,可以发现潜在的风险或可能存在的舞弊。例如,审计人员关注资产负债表的结构比率,以确定重点关注的余额层次的认定;关注连续一个时间段内的费用结构变化,以确定是否有某类费用高估或低估的可能;关注以前年度与当前年度的财务比率,并与行业标准进行对比,以确定是否存在潜在风险;关注某段时间内的商品最高与最低售价、最高售价与次高售价的比率,以确定是否有控制失效的例外事项或利益输送。

### 9.10.1　基于 Transact-SQL 的比率分析

**例 9-32**:审计人员关注商品销售的价格,计算每种商品销售的最高售价、最低售价、最高售价与最低售价之比,找出异常事项。

```
select  cinvcode,max(inatunitprice) zg,min(inatunitprice) zd,
max(inatunitprice)/min(inatunitprice) bl
from salebillvouchs
group by cinvcode
order by max(inatunitprice) /min(inatunitprice) desc
```

### 9.10.2　基于 Excel 的比率分析

Excel 提供了多种财务比率计算函数:投资评价类函数如年金终值、年金现值、现金流不定期条件下的内部收益率函数等;债券计算函数如名义利率转为实际利率、每年付息债券的持有收益率等;还有折旧计算的直线法下固定资产折旧率函数、双倍余额递减法计算函数、年数总和法计算函数等。审计人员可根据需要选择使用。

除此之外,审计人员还可利用单元格引用等方式进行比率分析。例如,在计算某公司连续三年的资产负债率时,可利用"资产负债率=负债总额/资产总额"的公式进行计算(如图 9-23 所示)。

| | 2008年 | 2009年 | 2010年 |
|---|---|---|---|
| 资产总额 | 159,839,640.33 | 172,906,366.31 | 289,560,923.13 |
| 负债总额 | 110,074,159.91 | 84,109,417.32 | 167,088,848.76 |
| 资产负债率 | 0.688653701 | 0.486444884 | 0.577042119 |
| 公式 | '=L3/L2 | '=M3/M2 | '=N3/N2 |

图 9-23　利用单元格引用进行比率分析

## 9.11　数字分析

对数字进行整数测试、分组测试、重复数字测试等都属于数字分析的方法。应用数字分析对真实数据进行检查,可以发现一些深层次的舞弊因素。

整数金额是审计人员应重点关注的敏感数字。一些经四舍五入后变成整数的金额或数量,可能是一种舞弊的征兆,应该进行详细检查。

利用数据间的逻辑关系进行分析是审计人员常用的思路。①审计人员可利用数据间的互斥关系进行分析,如一个人在同一时间点不可能在两个城市同时出现;或同一账号不可能在两个不同地点同时登录;又如公务员不可能领取农村养老保险,公务员贷款不能违规核销等。②利用孤立点进行分析,如某存货排序编码出现偏离编码规则的异常编码;或某一账号在日常登录地以外的其他地点登录系统等。③利用关联关系进行分析,如某一企业缴纳了增值税,考虑其城市维护建设税的缴纳情况进行关联分析;又如对某企业车辆进行审计可通过关注企业缴纳的交强险来分析。④利用时序性进行审计,有些事物的发生是有必然的时间关系的,利用数据的时间差异分析业务逻辑常能发现审计线索。如项目建设应先审批后招标,通过分析投标时间与审批时间分析合理性。⑤审计人员还常利用唯一性,对重复数字进行分析。通常情况下,公务员领取工资的单位应具有唯一性,若有在多个地方领取工资要进一步审计其合理性;退休职工每个月领取的养老保险应具有唯一性,在两个或两个以上地区领取养老保险可能是一种异常现象;企业开具的发票号码与供应商号码组合起来应是唯一的;合同日期与合同号码组合起来应该是唯一的,存在重复值可能是一种异常现象,查找重复交易如相同发票、相同客户、相同供应商号码的交易可以发现异常线索。

## 9.11.1 基于 Transact-SQL 的数字分析

**例 9-33**:审计人员关注某企业可能存在的高买低卖或关联交易情况,对该公司销售客户与采购供应商进行分组查询,对比其中既是供应商又是客户的交易总额。

(1) 构建客户视图

```
create view kh
as
select ccuscode,ccusname,sum(inatmoney) je,count( * ) bs, sum(idiscount) zk
from salebillvouch a
join salebillvouchs b
on a.sbvid=b.sbvid
group by ccuscode,ccusname
```

(2) 构建供应商视图

```
create view gys
as
select a.cVenCode,cvenname, sum(imoney) JE,count( * ) SL,sum(iSum) JS
from PurBillVouch a
join PurBillVouchs b
on a.pbvid=b.pbvid
join vendor c
on a.cvencode=c.cvencode
group by a.cVenCode,cvenname
```

（3）对比查询

```
select *
from kh
join gys  on  kh.ccusname=gys.cvenname
```

## 9.11.2 基于 Excel 的数字分析

Excel 中提供了多种方法可以进行数字分析。重复数字发现除了上文连续性问题介绍的方法以外，还有其他方法可以用于检查重复数字、去除重复数字。

**例 9-34**：审计人员获取了一组合同数据，对此项数据中的合同号码与客户号码进行重复数字分析，以发现低估的收入。

函数 COUNTIF 函数可以用于检索重复数字。COUNTIF（查找区域，查找内容）可用来检索某区域内某个单元格的值出现的次数。如图 9-24 所示，检索结果为 1 代表出现 1 次，为 3 代表出现了 3 次。

| 合同编号 | 合同编号第1次重复项 | 公式 |
|---|---|---|
| 560772 | 1 | =COUNTIF($A$2:$A$52, $A2) |
| 165781 | 1 | =COUNTIF($A$2:$A$52, $A3) |
| 914692 | 1 | =COUNTIF($A$2:$A$52, $A4) |
| 744382 | 1 | =COUNTIF($A$2:$A$52, $A5) |
| 231292 | 1 | =COUNTIF($A$2:$A$52, $A6) |
| 115190 | 3 | =COUNTIF($A$2:$A$52, $A7) |
| 791158 | 2 | =COUNTIF($A$2:$A$52, $A8) |
| 135864 | 2 | =COUNTIF($A$2:$A$52, $A9) |
| 112493 | 1 | =COUNTIF($A$2:$A$52, $A10) |

图 9-24　用函数查找重复数字

数据透视表也常用来统计某个数字出现的频率。选择插入—数据透视图，在创建数据透视表选择数据区域，如图 9-25 所示。在右侧布局状态下选择要查找的列，将"供应商代码"拖动至轴类别，将"供应商代码"求和项的值字段设置为"计数"（如图 9-26 所示），结果会在右侧将每个供应商代码出现的频率统计出来，如图 9-27 所示。

图 9-25　插入数据透视表　　　　图 9-26　数据透视表布局设置

有时审计人员需要将重复数据去除以进行下一步审计工作。Excel 中提供了多种方法可以实现去重。

高级筛选可去除重复数据。选择"数据"→"筛选"→"高级",将筛选结果复制到其他位置,并勾选"选择不重复的记录"(如图 9-28 所示),便可将去重后的数据保存在指定位置。

图 9-27　数据透视表频率统计　　　　图 9-28　高级筛选去除重复数据

通过菜单操作也可去除重复项。选择数据—删除重复项,即可将选定列的重复数据去除,如图 9-29 所示。

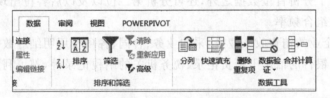

图 9-29　利用菜单项去除重复数据

## 9.12　班福法则

班福法则是频率分析的代表性方法之一。班福是 20 世纪 20 年代在纽约 GE 实验室工作的一位科学家,他总结出了自然的数据分布规律并运用微积分推算出数字和数字组合的期望频率。通过检查数据中数字出现的实际频率与期望频率的对比,可以将审计数据分析技术应用于揭示事物潜在的风险,从而预防风险。

班福法则总结出从 0 到 9 的 10 位数字,第一位出现在同一总体、描述同一属性的一组无人为设置最大、最小值的随机数据中的频率是随着数字增大而降低的。这组数据可以是某企业全年销售交易的收入数据,或某税务机关全年征收的所得税税款数据,也可能是某年度的某项费用明细。若发现某些数字高出正常频率较多,也许存在一种可能是执行人员为了规避内部控制,采用化整为零的方法,把大额费用开支分成若干笔处理。在这种大量交易的数据中,数字 1 出现在第一位的频率约为 30.1%;数字 2 出现在第一位的频率约为 17.6%，数字 3 出现在第一位的频率约为 12.5%，数字越大，出现在第一位的概率越小。以此类推，某个数字出现在第一位的频率可以用公式来表示：

$$期望频率 = \log\left(1 + \frac{1}{某个数字}\right) / \log(10)$$

但是，班福法则仅用于揭示数据异常，并不能获取具体的审计证据。而且，数字异常不一定是舞弊导致，需要审计人员运用职业判断进一步追踪线索。班福定律无法揭示数字异常的原因，但可以从批量数据中发现需要特别关注的交易或事项。在业务交易量大的时候，利用班福法则能够准确且迅速地定位检查重点。

**例 9-35**：审计人员关注主营业务收入记录是否有异常数据，利用班福法则，计算主营业务收入首位数字出现的频率（实际频率＝实际出现的次数/总交易次数），并与标准频率进行比对，确定重点关注的交易事项。

```
select left(mc,1),
count( * )/(select cast(count( * ) as decimal) from gl_accvouch where ccode='501'
and mc<>0)   实际频率,
log(1+1/cast(left(mc,1) as decimal))/log(10)   标准频率
from gl_accvouch
where ccode='501' and mc<>0
group by left(mc,1)
```

班福法则除了分析首位数据之外，还可分析第二位以及以后各位出现的频率，还可组合分析多个数据组合频率。

审计中，各企业的销售收入业务、采购业务、合同、各项费用明细等数据都可利用班福法则进行分析。银行的信用卡消费记录、税务机关的纳税记录等，都可利用班福法则进行初步的线索分析。

## 9.13 本章小结

本章重点介绍了基于 SQL、Excel 等工具的数据分析方法。

通过本章的学习，要求学生掌握排序、统计、筛选、分组计算、连接、分层、日期分析、重号断号、比率分析、表达式与计算、连接对比、数字分析、班福法则等数据分析方法。了解 SQL、Excel 等数据分析工具的操作使用。

## 练习题

1. 2004 年 5 月 3 日审计组对某企业进行财务收支审计。审计人员关注销售收入的真实性，检查未完全收回的销售业务。审计人员分析被审计单位业务流及会计信息系统数据后发现，销售发票子表中字段 iNatSum 记录发票某项存货的应收价税金额，iMoneySum 记录发票某项存货的实际收回金额。销售款项收回后，会计人员依据收款单逐项核销销售发票明细，核销金额记入 iMoneySum 字段。审计人员重点关注款项未完

全收回的销售业务。请统计至审计日尚未完全收回款项的发票,查询发票开票日距离审计日的天数、每张发票中未完全收回款项的数量、尚未收回的金额。

2. 审计人员关注往来对冲的情况,请利用凭证表检索出往来对冲的明细账记录。

3. 查找各月赊销收入总额。

4. 计算各月收回的销售欠款(应收账款)累计发生额。

5. 计算各月收回的销售欠款(应收账款)的记账凭证。

6. 检索出赊销收入的记账凭证供审计人员查阅。

7. 检索出开出发票未确认收入的记录供审计人员分析。

8. 审计人员采用平行计算方法进行账表核对。审计人员确认了根据账户主文件(余额表)记录的年初余额是正确的,在此基础上,审计人员汇总凭证表中已记账的交易记录,并行计算出各总账科目的年末余额;将计算的年末余额与原账户主文件中的年末余额进行对比,显示出有差额的记录。显示结果包括总账科目代码、年初余额、审计计算的年末余额、原年末余额、差额。其中余额的方向用“＋”、“－”号表示,借方为“＋”金额,贷方为“－”金额。

9. 计算各月的资产负债率,保留两位小数并按比率降序排列,显示结果包括会计期间、资产负债率。

10. 计算销售收入第二位数字出现的频率。

11. 请将旧会计准则下 3-2-2 级次结构的科目代码表整理为新准则下的 4-3-3 结构的科目代码,不足部分一级科目在第一位和第二位中间补 0,二、三级科目在前面补 0。

12. 请将第 11 题中的新科目代码表整理成包含科目代码、科目全称和末级标志的审计中间表。

13. 审计人员关注折旧计提的科目确认是否正确,请检索出计提折旧的记账凭证。

14. 审计人员关注销售过程中是否按税法规定确认了增值税的销项税,请利用凭证表检索出确认销售收入却未确认应交增值税的记账凭证。

15. 审计人员为了检查所转换数据的有效性和完整性,将凭证文件中已记账的末级科目各月发生额与余额文件的末级相关科目发生额进行一致性检查。

16. 毛利率是反映销售变化的一个重要比率,毛利率＝(销售收入－销售成本－销售税金及附加)/销售收入。审计人员关注销售收入的异常波动情况,请利用凭证表检索出各月所有的销售收入、销售成本、销售税金及附加,并计算各月的销售毛利率(以％表示)并降序排列。

# 第 10 章　审计实施与案例分析

数据分析方法通过分析和比较信息(包括财务信息和非财务信息)之间的关系或计算相关的比率,以确定审计重点、获取审计证据和支持审计结论,是一种贯穿审计业务全过程的方法,一直服从于审计目标和内容的要求。

审计人员在具体的审计业务环境下,运用风险导向的审计理论,在审计计划阶段对总体进行分析,以确定审计风险,把握审计重点,明确审计事项以及控制测试、实质性测试的程序和步骤;在审计实施阶段,运用数据分析方法,有助于审计人员快速发现审计线索,进一步落实取证;在审计报告阶段,运用数据分析方法进行分析性复核,有助于发现重要审计事项的审计证据是否完备,对审计发现问题进行进一步验证。因此,无论是在审计计划阶段,还是在实施阶段与报告阶段,系统、有效地使用数据分析方法,可以确定各种数据之间的关系,确认是否存在异常变化,并根据线索进一步了解发生的原因,对该变化是否错误行为、违法行为、违规行为、不正常交易或事件以及会计核算方法导致的后果进行确认,以识别潜在的错误、违规或违法行为。数据分析方法的灵活运用,有助于快速识别其他不经常或不重复发生的交易或事件,降低审计成本,并可以提高审计效率。

审计目标和审计程序设定要依赖于对不同行业业务流、数据流的深刻理解,本章将以工业企业财务报表审计为例,介绍销售与应收循环中重要的财务报表项目与数据流程如何结合数据分析方法,进行审计的控制测试和实质性测试,以便审计人员更好地利用数据分析方法实施审计程序。销售与收款循环涉及的资产负债表项目主要有应收账款、应收票据、长期应收款、预收款项、应交税费等;涉及的利润表项目主要有营业收入、营业成本、营业税金及附加、销售费用等。工业企业的销售与收款循环主要业务活动包括接受顾客订单、批准赊销信用、按销售单供货、按销售单装运货物、向顾客开账单、记录销售、办理和记录现金、银行存款收入、办理和记录销货退回、销货折扣与折让、注销坏账、提取坏账准备等。

财务报表审计的组织方式分为:对财务报表的每个账户单独进行审计的账户法;将财务报表联系紧密的交易种类和账户余额归入同一循环并按业务循环组织审计的循环法。一般对控制测试常采用循环法实施,对交易和账户余额的实质性程序既可以采用账户法,也可以采用循环法实施。本章采用循环法,围绕各类交易、账户余额、披露与列报层次的审计目标说明数据分析方法的应用。

## 10.1　审计认定

审计认定是指管理层对财务报表组成要素的确认、计量、列报做出明确或隐含的表达。对企业的经济活动的认定按照既定的标准分为财务报表层次以及各类交易、账户余额、列报两个层次。

企业的收入主要来自出售商品、提供服务等，但由于所处行业不同，企业的收入来源有所不同。审计人员需要对被审计单位的相关行业活动和经营性质有比较全面的了解，才能胜任被审计单位销售与收入循环的审计工作。

从财务报表整体来说，财务报表层次的风险通常与控制环境有关，如管理层缺乏诚信、治理层形同虚设而不能对管理层进行有效监督等；但也可能与其他因素有关，如经济萧条、企业所处行业处于衰退期等。此类风险对注册会计师考虑由舞弊引起的风险特别相关。在财务报表重大错报风险的评估过程中，注册会计师应当确定，识别的重大错报风险如果是与财务报表整体广泛相关，进而影响多项认定，则此类风险属于财务报表层次的重大错报风险。如果是与特定的某类交易、账户余额、列报的认定相关，则属于认定层次重大错报风险。

针对财务报表层次的重大错报风险，将在控制测试中加以关注。除了财务报表层次以外，基于交易、余额、披露列报层次的审计认定也是审计人员应重点关注的领域，不同层次的认定审计目标和审计程序各有不同。对认定层次的风险，审计应根据认定要求确定具体的审计目标，制定相应的审计程序。

**1. 与披露列报相关的审计认定及目标**

与披露、列报相关的认定包括存在、完整性、准确性、截止、权利和义务、计价与分摊六种。对应六种认定，审计目标和审计程序各有不同（如表 10-1 所示）。

表 10-1　与披露、列报相关的审计认定、审计目标与审计程序

| 审 计 认 定 | 审 计 目 标 | 审 计 程 序 |
|---|---|---|
| 存在 | 资产负债表列示的存货存在 | 实施存货监盘程序 |
| 完整性 | 销售收入包括了所有已发货的交易 | 检查发货单和销售发票的编号以及销售明细账 |
| 准确性 | 应收账款反映的销售业务是否基于正确的价格和数量，计算是否准确 | 比较价格清单与发票上的价格、发货单与销售订购单上的数量是否一致，重新计算发票上的金额 |
| 截止 | 销售业务记录在恰当的期间 | 比较上一年度最后几天和下一年度最初几天的发货日期与记账日期 |
| 权利和义务 | 资产负债表中固定资产确实为公司拥有 | 查阅所有权证书、购货合同、结算单和保险单 |
| 计价和分摊 | 以净值记录应收款项 | 检查应收账款账龄分析表，评估计提的坏账准备是否充足 |

**2. 与所审计期间各类交易和事项相关的认定与具体审计目标**

与审计期间各类交易和事项相关的认定包括发生、完整性、准确性、截止、分类五种。对应这五种针对交易的认定，审计目标各有不同，如表 10-2 所示。

表 10-2　各类交易和事项相关的审计认定及审计目标

| 认定分类 | 各类认定的含义 | 具体审计目标(需要审计人员确认) |
|---|---|---|
| 发生 | 记录的交易或事项已发生,且与被审计单位有关 | 已记录的交易是真实的 |
| 完整性 | 所有应当记录的交易和事项均已记录 | 已发生的交易确实已经记录 |
| 准确性 | 与交易和事项有关的金额及其他数据已恰当记录 | 已记录的交易是按正确金额反映的 |
| 截止 | 交易和事项已记录于正确的会计期间 | 接近资产负债表日的交易记录于恰当的期间 |
| 分类 | 交易和事项已记录于恰当的账户 | 被审计单位记录的交易经过适当分类 |

**3. 与期末账户余额相关的认定与具体审计目标**

与期末账户余额相关的认定包括存在、权利与义务、完整性、计价和分摊四种。对应这四种针对期末账户余额的认定,审计目标各有不同(如表 10-3 所示)。

表 10-3　与期末账户余额相关的认定及审计目标

| 认定分类 | 各类认定的含义 | 具体审计目标(需要审计人员确认) |
|---|---|---|
| 存在 | 记录的资产、负债和所有者权益是存在的 | 记录的金额确实存在 |
| 权利和义务 | 记录的资产由被审计单位拥有或控制,记录的负债是被审计单位应当履行的偿还义务 | 资产归属于被审计单位,负债属于被审计单位的义务 |
| 完整性 | 所有应当记录的资产、负债和所有者权益均已记录 | 已存在的金额均已记录 |
| 计价和分摊 | 资产、负债和所有者权益以恰当的金额包括在财务报表中,与之相关的计价或分摊调整已恰当记录 | 资产、负债和所有者权益以恰当的金额包括在财务报表中,与之相关的计价或分摊调整已恰当记录 |

# 10.2　基于会计报表的总体分析

在审计计划阶段,了解被审计单位及其环境的过程中,审计人员应该运用分析程序,根据客户的规模和业务的复杂程度,确定所运用的分析程序的范围,主要目的是帮助审计人员更系统、全面地了解被审计单位的财务状况和经营成果、业务环境,确认资料间的异常关系及意外波动,以更好地识别潜在错报风险领域,评估重大错报风险。

运用数据分析方法,要注意观察数据之间存在的关系,尤其关注财务信息各要素之间、财务信息与相关非财务信息之间的关系。例如,通过分析应付账款与存货之间通常存在的稳定的关系,以及存货与生产能力之间的关系等,以判断存货总额的合理性。

运用数据分析方法,要考虑数据之间的比较基准,如本单位实际数据与上期、上年同期的数据可比性、本单位数据与行业标准之间的可比性,本单位各项指标之间的可比性来判断是否存在异常趋势。

计划阶段的总体分析一般根据同行数据、财务信息与业务信息之间的关系、未来发展趋势进行估计。采用对比分析法、比率计算或趋势分析等方法,对年度数据进行结构分析、趋势分析、比率分析,确认重大差异,考虑对审计风险和审计计划的影响,制订实施阶段的详细计划。

下面用一个实例说明如何运用分析性程序进行风险分析。

**例 10-1**:审计人员在对华鹏房地产公司进行审计时,获取了被审计单位的财务报表进行结构分析、趋势分析及比率分析,如表 10-4 和表 10-5 所示。

**表 10-4　华鹏公司比较资产负债表**

201×年 12 月 31 日　　　　　　　　　　　　　　　单位:元

| | 上年报表 | 百分比/% | 本年报表 | 百分比/% | 增减/% | 重点关注 |
|---|---|---|---|---|---|---|
| 流动资产: | | | | | | |
| 货币资金 | 3 285 629.30 | 0.07 | 3 174 083.75 | 0.0 | −3.39 | |
| 应收账款 | — | | 2 283 705.00 | 0.05 | — | |
| 其他应收款 | 397 114 844.00 | 8.78 | 398 098 657.80 | 8.22 | 0.25 | √ |
| 预付账款 | 17 944 779.70 | 0.40 | 17 860 778.85 | 0.37 | −0.47 | |
| 存货 | 4 094 134 739.25 | 90.5 | 298 733 866.70 | 6.17 | −92.70 | √ |
| 待摊费用 | 12 627.45 | 0.00 | 64 097.90 | 0.00 | 407.61 | |
| 流动资产合计 | 4 512 492 619.7 | 99.77 | 720 215 190.00 | 14.86 | −84.04 | |
| 长期投资: | | | | | | |
| 长期股权投资 | 2 750 000.00 | 0.06 | 2 750 000.00 | 0.06 | — | |
| 长期投资合计 | 2 750 000.00 | 0.06 | 2 750 000.00 | 0.06 | — | |
| 固定资产: | | | | | — | |
| 固定资产原价 | 6 174 547.00 | 0.14 | 4 305 055 163.9 | 88.85 | 69 622.61 | √ |
| 减:累计折旧 | 5 499 925.90 | 0.12 | 189 808 416.9 | 3.92 | 3 351.11 | √ |
| 固定资产净值 | 674 621.10 | 0.01 | 4 115 246 747.00 | 84.93 | 609 908.6 | |
| 固定资产净额 | 674 621.10 | 0.01 | 4 115 246 747.00 | 84.93 | 609 908.6 | |
| 固定资产合计 | 674 621.10 | 0.01 | 4 115 246 747.00 | 84.93 | 609 908.6 | |
| 无形资产和其他资产: | — | | | | — | |
| 长期待摊费用 | 7 093 409.05 | 0.16 | 7 365 271.65 | 0.15 | 3.83 | |
| 无形资产和其他资产合计 | 7 093 409.05 | 0.16 | 7 365 271.65 | 0.15 | 3.83 | |
| 资产总计 | 4 523 010 649.85 | 100 | 4 845 577 208.65 | 100 | 7.13 | |
| 应付账款 | 1 114 515 874.70 | 24.64 | 1 350 624 171.15 | 27.87 | 21.18 | √ |
| 预收账款 | 5 196 356.00 | 0.11 | | | −100.00 | |
| 应交税金 | 1 301 666.20 | 0.03 | 6 647 668.35 | 0.14 | 410.70 | √ |

| | 上年报表 | 百分比/% | 本年报表 | 百分比/% | 增减/% | 重点关注 |
|---|---|---|---|---|---|---|
| 其他未交款 | 34 632.80 | 0.00 | 239 372.85 | 0.00 | 591.17 | |
| 其他应付款 | 1 152 278 544.45 | 25.48 | 1 179 362 811.15 | 24.34 | 2.35 | √ |
| 流动负债合计 | 2 273 327 074.15 | 50.26 | 2 536 874 023.50 | 52.35 | 11.59 | |
| 长期负债： | — | | — | | — | |
| 长期借款 | 1 139 512 544.00 | 25.19 | 1 114 056 494.15 | 22.99 | −2.23 | √ |
| 长期负债合计 | 1 139 512 544.00 | 25.19 | 1 114 056 494.15 | 22.99 | −2.23 | |
| 负债合计 | 3 412 839 618.15 | 75.46 | 3 650 930 517.65 | 75.35 | 6.98 | |
| 股东权益： | — | | — | | — | |
| 股本 | 1 150 354 820.05 | 25.43 | 1 150 354 820.05 | 23.74 | — | √ |
| 股本净额 | 1 150 354 820.05 | 25.43 | 1 150 354 820.05 | 23.74 | — | |
| 资本公积 | −4 992 654.65 | −0.11 | −4 992 654.65 | −0.1 | — | |
| 未分配利润 | −35 191 133.70 | −0.78 | 49 284 525.60 | 1.02 | −240.05 | √ |
| 股东权益合计 | 1 110 171 031.70 | 24.54 | 1 194 646 691.00 | 24.65 | 7.61 | |
| 负债和股东权益总计 | 4 523 010 649.85 | 100 | 4 845 577 208.65 | 100 | 7.13 | |

表 10-5　华鹏公司比较利润表

201×年　　　　　　　　　　　　　　　　　　　　　　单位：元

| 项　　目 | 上 期 报 表 | | 本 期 报 表 | | 增减 |
|---|---|---|---|---|---|
| | 已审数 | % | 未审数 | % | % |
| 一、主营业务收入 | 8 945 289.00 | 100 | 125 675 186.90 | 100 | 1304.9 |
| 减：主营业务成本 | 52 742 872.45 | 589.6 | −179 996 520.55 | −143 | −441.27 |
| 　　主营业务税金及附加 | 536 717.35 | 6 | 10 028 366.15 | 7.98 | 1768.5 |
| 二、主营业务利润（亏损以"−"号填列） | −44 334 300.80 | −496 | 295 643 341.30 | 235.2 | −766.85 |
| 加：其他业务利润（亏损以"−"号填列） | 63 345 194.05 | 708.1 | −208 696 902.55 | −166 | −429.46 |
| 减：营业费用 | 989 946.25 | 11.07 | 864 092.50 | 0.688 | −12.713 |
| 　　管理费用 | 15 319 949.70 | 171.3 | 27 722 056.80 | 22.06 | 80.954 |
| 　　财务费用 | 14 873 498.85 | 166.3 | −28 385 178.30 | −22.6 | −290.84 |
| 三、营业利润（亏损以"−"号填列） | −12 172 501.55 | −136 | 86 745 467.75 | 69.02 | −812.63 |

| 项　　目 | 上 期 报 表 | | 本 期 报 表 | | 增减 |
| --- | --- | --- | --- | --- | --- |
| | 已审数 | % | 未审数 | % | % |
| 加：投资收益（损失以"—"号填列） | — | | — | | |
| 补贴收入 | | | — | | |
| 营业外收入 | 781 247.35 | 8.734 | 16 601.25 | 0.013 | −97.875 |
| 减：营业外支出 | 1 096 000.50 | 12.25 | 2 286 409.70 | 1.819 | 108.61 |
| 四、利润总额（亏损总额以"—"号填列） | −12 487 254.70 | −140 | 84 475 659.30 | 67.22 | −776.5 |
| 减：所得税 | — | | — | | |
| 少数股东损益 | — | | — | | |
| 五、净利润（净亏损以"—"号填列） | −12 487 254.70 | −140 | 84 475 659.30 | 67.22 | −776.5 |

审计人员根据上述数据进行的初步数据分析结果显示该公司的会计报表存在以下问题：

（1）通过两张主表的结构分析发现其他应收款、存货、固定资产占资产总额的比重较高；应付账款、其他应付款、长期借款占负债及所有者权益比重较大，应重点关注；主营业务成本、财务费用、管理费用、营业外支出占收入的比重较高，且在两个年度的结构明显异常，应作为重大错报风险领域重点关注。

（2）通过对两张主表进行年度趋势对比分析，发现存货、固定资产、累计折旧、应交税金、其他应付款、未分配利润项目两年间有非常异常的变动率；主营业务收入有较大幅度的增长，主营业务成本却呈现反向变动的趋势，这种变化应该引起审计人员的警觉；管理费用虽然从结构比例上看比上年有较大幅度降低，但总金额的变化却是非常巨大的，对于一个人员相对稳定的房地产公司而言，管理费用的大幅变化应值得关注；财务费用更是出现了由费用变为收益的反向巨大变动，这种变动的合理性应引起注意；利润总额相比上年有较大幅度增长，却未核算所得税，这些特殊的报表项目应作为重大错报风险领域，在审计实施阶段应进一步获取公允反映了被审计单位财务状况和经营成果的恰当证据。

（3）通过进一步对比分析两年间该公司的各项财务比率，审计人员还应该可以分析出一些具体的线索，本例可由读者自行计算分析。

通过上述案例的初步数据分析可以看出，在审计计划阶段，对被审计单位会计数据与业务数据进行初步数据分析是必要的、有效的和可行的，可为审计实施阶段提供具体的审计方向，为下一步控制测试及实质性测试提供明确的分析策略。

在审计实施阶段，审计人员更为关注业务循环中的控制测试及实质性测试。以工业企业为例，审计人员围绕销售与收款循环、采购与付款循环、生产与仓储循环、筹资与投资循环、人力资源与工薪、货币资金循环,在财务报表和各类交易、账户余额、披露及列报两个层次,根据具体审计目标确定管理层的认定是否恰当。

## 10.3 控制测试

设计合理的内部控制目标,制定、执行和维护有效的内部控制制度,并评估其有效性是被审计单位管理层的责任;了解被审计单位的内部控制、评估重大缺陷存在的风险,根据评估的风险,设计恰当的审计程序获得审计证据和评价内部控制制度设计和运行的有效性,为被审计单位公允地反映了审计时间内的财务状况和经营成果提供合理保证是审计人员的责任。

审计人员对控制有效性的评估既对确定财务报表层次的风险有重要意义,又对余额、交易、披露及列报的认定有重大影响。如果在评估认定层次重大错报风险时,预期控制的运行是有效的,则审计人员应当就控制在相关期间或时点的运行有效性获取充分、适当的审计证据,实施相应的审计测试。

在审计实施阶段,审计人员根据审计计划,对企业内部控制制度的有效性进行相应的测试与分析。工业企业销售与应收循环内部控制目标及措施、审计人员一般执行的控制分析程序包括但不限于如表 10-6 所示的内容。

表 10-6 销售与收款循环关键内部控制与测试

| 类别 | 内部控制目标 | 关键内部控制 | 计算机控制 | 常用的控制测试 |
|---|---|---|---|---|
| 销售交易 | 登记入账的销售交易确系已经发货给真实的客户(发生) | 销售交易是以经过审核的发运凭证及经过批准的客户订购单为依据登记入账的。<br>在发货前,客户的赊购已经被授权批准。<br>每月向客户寄送对账单,对客户提出的意见作专门追查。 | 赊销业务订单上的客户代码与应收账款主文档记录的代码一致。<br>该客户目前赊销余额加上本次销售额在信用限额范围之内。 | 检查销售发票副联是否附有发运凭证(或提货单)及销售单(或客户订购单)。<br>检查客户的赊购是否经授权批准。<br>询问是否寄发对账单,并检查客户回函档案。 |
| 销售交易 | 所有销售交易均已登记入账(完整性) | 发运凭证(或提货单)均经事先编号并已经登记入账。<br>销售发票均经事先编号,并已登记入账 | 销售单在系统中获得批准后,系统自动生成连续编号的发货凭证。<br>计算机核对拟发货的商品与销售单上的商品进行比对。<br>数量和种类不符的商品暂缓发货。 | 检查发运凭证连续编号的完整性。<br>检查销售发票连续编号的完整性。<br>检查例外报告和暂缓发货清单。 |

续表

| 类别 | 内部控制目标 | 关键内部控制 | 计算机控制 | 常用的控制测试 |
|---|---|---|---|---|
| 销售交易 | 登记入账的销售数量确系已发货的数量,已正确开具账单并登记入账(计价和分摊) | 销售有经批准的装运凭证和客户订购单支持将装运数量与开具账单的数量相比对。从价格清单主文档获取销售单价。 | 发货后系统根据发运凭证自动生成连续编号的销售发票。系统自动复核连续编号的发票和发运凭证的对应关系,并定期生成例外报告。系统检查控制定价的主文档的修改,只有被授权的用户才可修改。每张发票的单价、计算、商品摘要和客户代码均由计算机控制。 | 检查销售发票有无支持凭证。检查比对留下的证据。检查价格清单的准确性及是否经恰当批准。检查例外报告。检查与发票计算金额正确性相关的人员的签名。 |
| 销售交易 | 销售交易的分类恰当(分类) | 采用适当的会计科目表。内部复核和核查。 | 系统将客户代码、发票与应收账款主文档中的相关信息进行比对。 | 检查会计科目表是否适当。检查有关凭证上内部复核和核查的标记。检查应收账款客户主文件中明细余额汇总金额的调节结果与应收账款总分类账是否相符,及员工签名。 |
| 销售交易 | 销售交易的记录及时(截止) | 采用尽量能在销售发生时开具收款账单和登记入账的控制方法。每月末由独立人员对销售部门的销售记录、发运部门的发运记录和财务部门的销售交易入账情况作内部核查。 | 系统根据销售发票的信息自动汇总生成当期销售入账记录。 | 检查尚未开具收款账单的发货和尚未登记入账的销售交易。检查有关凭证上内部核查的标记。检查发票,重新执行销售截止检查程序。 |
| 销售交易 | 销售交易已经正确地记入明细账(准确性、计价和分摊) | 每月定期给客户寄送对账单。由独立人员对应收账款明细账作内部核查。将应收款明细账余额合计数与其总账余额进行比较。 | 应收账款的内容和收取的数额都通过终端记录。 | 观察对账单是否已经寄出。检查内部核查标记。检查将应收账款明细账余额合计数与其总账余额进行比较的标记。检查文件确定价格更改得到授权。检查收款、支票簿、存款清单上相关人员的签字。 |

| 类别 | 内部控制目标 | 关键内部控制 | 计算机控制 | 常用的控制测试 |
|---|---|---|---|---|
| 收款交易 | 收款过程中登记入账的现金收入确实是企业已实际收到的现金（存在或发生） | 现金折扣必须经过适当的审批手续。<br>定期盘点现金并与账面余额核对。 | | 观察。<br>检索是否定期盘点，检查盘点记录。<br>检查现金折扣是否经过恰当的审批。 |
| 收款交易 | 收到的现金已全部登记入账（完整性） | 现金出纳与现金记账的职务分离。<br>每日及时记录现金收入。<br>定期盘点现金并与账面余额核对。<br>定期向客户寄送对账单。<br>现金收入记录的内部复核。 | 现金销售通过统一的收款台用收银机集中收款，并自动打印销售小票。 | 观察。检查签名。<br>检查是否存在未入账的现金收入。<br>检查是否定期盘点，检查盘点记录。<br>检查是否向客户寄送对账单，了解是否定期进行。<br>检查复核标记。 |
| 收款交易 | 存入银行并记录的现金收入确系实际收到的现金（准确性） | 定期取得银行对账单。<br>编制银行存款余额调节表。<br>定期与客户对账。 | 应收账款的收款和收取的数额都通过终端记录。 | 检查签名。<br>检查银行对账单。<br>检查银行存款余额调节表。<br>观察或检查是否每月寄送对账单。 |
| 收款交易 | 现金收入在资产负债表中的披露正确（列报） | 现金日记账与总账的登记职责分离。 | 会计报表系统根据总账系统数据、按设置好的取数公式自动生成，无人工干预过程。 | 观察。<br>利用总账余额表平行模拟会计报表进行比对，确认内部控制得到有效执行。 |

## 10.3.1　存在或发生的控制测试

**例 10-2**：审计人员从主营业务收入明细账追查每笔确认销售的业务有无发票。

```
select *
from gl_accvouch a
left join salebillvouch b
on a.coutbillsign=b.cvouchtype and a.coutid=b.csbvcode
where a.ccode='501' and a.mc<>0
and b.sbvid is null
```

**例 10-3**：审计人员从销售发票追查每张发票是否附有发货凭证。

```
select *
from salebillvouch a
```

```
left join dispatchlist b
on a.sbvid=b.sbvid or (a.cdlcode=b.cdlcode and b.sbvid=0)
where b.cdlcode is null
```

**例 10-4**：审计人员从销售发票追查每张发票是否附有经批准的销售单。

```
select *
from salebillvouch a
left join so_somain b
on a.csocode=b.csocode
where b.csocode is null
```

**例 10-5**：审计人员从销售发票追查每张发票是否都有订单。

```
select *
from salebillvouch a
left join so_somain b
on a.csocode=b.csocode
where b.csocode is null
```

## 10.3.2　完整性控制测试

**例 10-6**：审计人员根据所有经批准的销售单追查是否都开具了发运凭证。

```
select *
from so_somain   a
left join dispatchlist b
on a.csocode=b.csocode
where b.dlid is null
```

**例 10-7**：审计人员根据所有开具的发运凭证确认是否都开了销售发票。

```
select *
from dispatchlist a
left join salebillvouch b
on a.sbvid=b.sbvid or (a.cdlcode=b.cdlcode and a.sbvid=0)
where b.sbvid is null
```

**例 10-8**：审计人员根据所有开具的销售发票追查是否都已入账。

（1）创建入账的收入视图

```
create view sr
as
select *
from gl_accvouch
where ccode='501' and mc<>0
```

（2）检索有发票未入账的记录

```
select a.*
from salebillvouch a
left join sr b
on a.cvouchtype=b.coutbillsign and a.csbvcode=b.coutid
where b.ccode is null
```

### 10.3.3　计价、分摊、准确性控制测试

控制测试中的计价和分摊、准确性的测试重点在于观察、确认被审计单位关键控制的职责分离、授权审批、凭证编号与记录是否连续、是否按期对账等内容。

**例 10-9**：审计人员关注银行存款日记账是否都定期与银行进行对账，请将对账不一致的记录检索出来。

（1）创建银行存款日记账记录

```
create view pz
as
select dbill_date,ccode,
fx=case when md<>0
then 0 else 1 end,
je=md+mc
from gl_accvouch
where ccode like '102%'
```

（2）将银行存款日记账与银行对账单核对

```
select *
from pz a
full join  RP_bankrecp b
on a.fx=b.bd_c and a.je=b.mmoney
where a.je is null or b.mmoney is null
```

### 10.3.4　分类测试

审计人员应关注涉及销售的交易是否分类正确，材料销售、产成品销售、固定资产处置是否计入了恰当的会计科目；赊销与现销分类是否恰当，是否经过了相应的授权，有无复核和核对等。

**例 10-10**：审计人员关注客户往来的分类辅助核算准确性，请检索辅助账中二级明细科目的汇总金额与余额表中的二级明细科目余额是否相符。

（1）创建辅助账视图

```
create view mx
as
select left(ccode,5) ccode,iperiod,sum(mb) qc,sum(md) md,
```

```
sum(mc) mc,sum(me) me
from gl_accass
group by left(ccode,5),iperiod
```

（2）与余额表进行比对

```
select a.iperiod,a.ccode,a.mb,a.md,a.mc,a.me,b.*
from gl_accsum a
join mx b
on a.iperiod=b.iperiod and a.ccode=b.ccode
where a.mb<>b.qc or a.me<>b.me or a.mc<>b.mc or a.md<>b.md
```

## 10.3.5 截止测试

审计人员应关注涉及销售的交易是否都及时开具账单、发货并入账。

**例 10-11**：检查截止审计日（2003 年 12 月 31 日）尚未开具发票的发货明细，显示单据类别、发货单号、距离审计日的月份差，按月份差降序排列。

```
select a.cvouchtype,a.cdlcode,b.sbvid,datediff(month,a.ddate,'2003-12-31') y
from dispatchlist a
left join salebillvouch b
on a.sbvid=b.sbvid  or (a.cdlcode=b.cdlcode and a.sbvid=0)
where b.sbvid is null
order by datediff(month,a.ddate,'2003-12-31') desc
```

## 10.3.6 列报控制测试

审计人员除了关注被审计单位手工控制以外，还要关注计算机控制是否得到有效执行，是否设计了由人工执行或计算机系统运行的更高层次的调节和比对控制，是否生成例外报告，管理层是否及时检查并采取相应的管理措施。

在列报与披露阶段，被审计单位常采用相对独立的报表系统编制单体公司会计报表及合并报表。由于报表系统与总账系统相对独立，且报表系统的数据应来自总账子系统，因而，为了软件使用的便捷性和灵活性，被审计单位常在报表系统部署或实施时，设置相对灵活的配置，如可以在报表系统中进行人工干预从而使报表更符合被审计单位管理层的意图。因而，审计人员应更为关注报表系统数据与总账系统数据之间的控制是否得到有效执行。例如，报表系统的数据是否来自总账子系统，且报表系统与总账子系统采用了统一的数据接口，报表公式是否前后各期一致且无人为干预的可能性，若有人工干预、修改报表系统公式是否有相应的授权审批等。对列报控制的测试可采用实质性程序进行细节测试后反馈印证控制的执行情况。具体示例在实质性测试部分介绍。

**例 10-12**：审计人员利用总账余额表，平行模拟资产负债表中的资产总额、负债总额、所有者权益总额，分析各月资产负债是否平衡；获取被审计单位资产负债表（实例中名为bb）后，与由审计人员平行模拟出的报表系统出具的报表进行比对，以确认内部控制得到有效执行。

```
create view zc
as
select iperiod,
sum(case when cbegind_c like '借' then mb else -1 * mb end) mb,
sum(case when cendd_c like '借' then me else -1 * me end) me
from gl_accsum
where(left(ccode,1)=1 or left(ccode,1)=4)and len(ccode)=3
group by iperiod

create view fz
as
select iperiod,
sum(case when cbegind_c like '借' then mb else -1 * mb end) mb,
sum(case when cendd_c like '借' then me else -1 * me end) me
from gl_accsum
where(left(ccode,1)=2 or left(ccode,1)=3) and len(ccode)=3
group by iperiod

select zc.iperiod,zc.mb zc,fz.mb fc,zc.me zm,fz.me fm,zc.mb+fz.mb cph,
  zc.me+fz.me mph from zc
join fz
on zc.iperiod=fz.iperiod

select bb.zc-px.zc zc,bb.fc-px.fc fc,bb.zm-px.zm zm,bb.fm-px.fm fm
  from px
join bb
on px.iperiod=bb.iperiod
where bb.zc-px.zc<>0 or bb.fc-px.fc<>0 or bb.zm-px.zm<>0 or bb.fm-px.fm<>0
```

审计人员需反复确认平行模拟的数据源、报表公式及取数逻辑均正确,在此基础上平行模拟的数据若与被审计单位报表数据有差异,则要进一步追查原因,是否因报表系统中的控制失效导致例外事项的发生,是否有相应的例外报告及审批制度。

## 10.4 实质性测试

在审计实施阶段,审计人员根据审计目标和内部控制测试结果,采用适当的审计程序,对企业交易、余额、披露与列报层次的认定进行相应测试。审计人员在审计实施阶段,常采用对比分析、分组分析、比率分析等方法对财务与业务问题进行分析,甚至预测未来发展趋势;采用科目分析法对对应科目进行检查以确定是否存在异常或错误。

针对发生、完整性、计价与分摊、分类、截止、准确性、列报等认定,审计人员一般会进行系列实质性测试程序,具体认定与测试程序的关系如表 10-7 所示。

表 10-7　销售与收款循环实质性测试

| 交易类别 | 内部控制目标 | 常用的实质性程序 |
|---|---|---|
| 销售交易 | 登记入账的销售交易确系已经发货给真实的客户（发生） | 复核主营业务收入总账、明细账以及应收账款明细账中的大额或异常项目。<br>追查主营业务收入明细账中的分录至销售单、销售发票副联及发运凭证。<br>将发运凭证与存货永续记录中的发运分录进行核对。 |
| | 所有销售交易均已登记入账（完整性） | 将发运凭证与相关的销售发票和主营业务收入明细账及应收账款明细账中的分录进行核对。 |
| | 登记入账的销售数量确系已发货的数量，已正确开具账单并登记入账（计价和分摊） | 重新计算发票金额，证实其是否正确。<br>追查主营业务收入明细账中的记录至销售发票。<br>追查销售发票上的详细信息至发运凭证、经批准的商品价目表和客户订购单。 |
| | 销售交易的分类恰当（分类） | 检查证明销售交易分类正确的原始证据。 |
| | 销售交易的记录及时（截止） | 比较核对销售交易登记入账的日期与发运凭证的日期。 |
| | 销售交易已经正确地记入明细账（准确性、计价和分摊） | 将主营业务收入明细账加总，追查其至总账的过账。 |
| 收款交易 | 收款过程中登记入账的现金收入确实是企业已实际收到的现金（存在或发生） | 盘点库存现金，如与账面数额存在差异，分析差异原因。<br>检查现金收入的日记账、总账和应收账款明细账的大额项目与异常项目。 |
| | 收到的现金已全部登记入账（完整性） | 现金收入的截止测试。<br>盘点库存现金，如与账面数额存在差异，分析差异原因。<br>抽查客户对账单并与账面金额核对。 |
| | 存入银行并记录的现金收入确系实际收到的现金（准确性） | 检查调节表中未达账项的真实性以及资产负债表日后的进账情况。 |
| | 现金收入在资产负债表中的披露正确（列报） | 核对资产负债表广义现金余额与现金流量表现金净流量是否一致。 |

## 10.4.1　存在或发生的实质性测试

　　真实性的审计目标是要确认所有入账的交易记录都是真实发生的，一般采用逆查的方法，即逆着业务发生的顺序去追查。真实性审计目标要求审计人员关心以下三种可能出现的错误：未发货却已将销售交易登记入账；销售交易重复入账；向虚构的客户发货，并作为销售交易登记入账。将不真实的交易登记入账会导致资产和收入的高估。

　　一般情况下，在内部控制存在薄弱环节时，实施细节测试的性质取决于潜在的控制弱点。应根据不同的错误类型，设计不同的实质性测试程序。

　　（1）针对可能出现的未曾发货却入账的错误，审计人员可以从主营业务收入明细账中抽取若干笔记录，追查发票、发运凭证上的金额与入账金额是否一致，若低于入账金额，则可能存在收入高估的情况。

　　**例 10-13**：审计人员关注所有入账金额是否都开了发票，比对入账金额与发票金额，检索出未开发票的入账记录，显示结果包括会计期间、凭证类别、凭证号、凭证金额和发票金额。

① 创建发票信息视图

```
create view fp
as
select a.cvouchtype,a.csbvcode,
sum(inatmoney) je
from salebillvouch a
join salebillvouchs b
on a.sbvid=b.sbvid
group by a.cvouchtype,a.csbvcode
```

② 核对发票与记账信息

```
select a.iperiod,a.csign,a.ino_id,a.mc,b.je
from gl_accvouch a
left join fp b
on a.coutbillsign=b.cvouchtype and a.coutid=b.csbvcode
where a.ccode='501' and a.mc<>0
and a.mc<>isnull(b.je,0)
```

（2）针对销售交易重复入账这类错误的可能性，审计人员可以检查销售交易单中的重复编号情况。

**例 10-14：**审计人员核查企业已入账的主营业务收入明细账中记录的销售发票号码与单据类别以确定是否存在重复入账。

```
select coutbillsign,coutid,count( * )
from gl_accvouch
where ccode ='501'   and mc<>0
group by coutbillsign,coutid
having count( * )>1
```

（3）针对向虚构的客户发货并作为销售交易登记入账这类错误发生的可能性，审计人员应当检查主营业务收入明细账中与销售分录相应的销货单，以确定销售是否履行赊销审批和发货审批手续。如果审计人员认为被审计单位虚构客户和销售交易的风险较大，则需要考虑是否对相关重要交易和客户的情况专门展开进一步的调查。

**例 10-15：**审计人员检查主营业务收入明细账中与销售分录相应的发货单，检查授权审批人的签字，并与客户明细表进行比对，确认客户确系客户明细表中的客户与收货地址。

```
select a.iperiod,a.csign,a.ino_id,a.mc,b.cvouchtype,
b.csbvcode,b.ccuscode,c.ccusname,b.cVerifier
from gl_accvouch a
left join salebillvouch b
on a.coutbillsign=b.cvouchtype and a.coutid=b.csbvcode
```

```
left join Customer c
on b.ccuscode=c.ccuscode
left join dispatchlist d on b.sbvid=d.sbvid or (b.cdlcode=d.cdlcode and d.sbvid=0)
where a.ccode='501' and a.mc<>0
and(b.sbvid is null or c.ccuscode is null)
```

审计人员应关注销售退回、销售折扣与折让的真实性,是否有虚设中介、转移收入、私设账外小金库等情况。

## 10.4.2 完整性的实质性测试

设计完整性目标与发生目标的细节测试程序时,方向非常重要,即确定追查的起点非常关键。如果审计人员关注的是完整性目标,则要确认所有发生的交易全部都不重、不漏地入账了,需要顺着业务发生的顺序来查,称为顺查。如果追查方向错误则属于严重的审计缺陷。

**例 10-16**:审计人员关注所有开具了的发票是否都如实记账,且入账金额与发票金额相同,检索出未入账的发票金额,显示结果包括发票类型、发票号、发票金额和入账金额。

```
create view fp
as
select a.cvouchtype,a.csbvcode,
sum(inatmoney) je,sum(iquantity) sl,sum(idiscount) zk
from salebillvouch a
join salebillvouchs b
on a.sbvid=b.sbvid
group by a.cvouchtype,a.csbvcode

select b.cVouchType,b.cSBVCode,b.je,a.mc
from gl_accvouch a
right join fp b
on a.coutbillsign=b.cvouchtype and a.coutid=b.csbvcode
and a.ccode='501' and a.mc<>0
where isnull(a.mc,0)<>b.je
```

审计人员尤其应该关注销售退回增加的贷项通知单或红字发票是否如实入账,是否有未入账的红字发票或销售折扣与折让,从而导致收入虚增。

## 10.4.3 准确性、计价与分摊的实质性测试

销售交易的计价准确性包括:按发货数量和价格准确地开具账单,按账单上的金额准确地记入会计账簿。典型的实质性测试一般包括复算会计记录中的数据。通常的做法是:以主营业务收入明细账中的分录为起点,将所选择的交易业务的合计数与应收账款明细账和销售发票存根进行比较核对,复算金额及合计数额。将发票中列出的商品品名、规格、数量和客户代码等,与发运凭证进行比较核对。另外,还要审核客户订单和销售单中的同类数据。

例 10-17：审计人员将销售发票与入账金额进行比对，分析是否所有发票金额都准确地记入了主营业务收入明细账。

如果被审计单位按产品类别、型号设置了主营业务收入明细账，一般情况是根据发票上所列商品的品名确认记入不同的主营业务收入明细账，也有可能是一张凭证上每一个主营业务收入明细科目的贷方发生额对应销售发票子表上的一行销售记录。如果未设置主营业务收入明细账，则一般是将一张发票上的多种产品的销售收入直接记入主营业务收入。通常来讲，企业一般会按产品设置主营业务收入明细账，以便对每种产品的收入、成本进行配比核算。审计人员进行数据分析时，要根据被审计单位主营业务收入明细账的设置情况具体分析。

本例根据业务分析，首先确认主营业务收入与发票记录之间的关系，以明确主营业务收入的一个贷方金额是对应一张发票，还是对应一张发票上的某一行记录。

```
create view fp
as
select a.cvouchtype,a.csbvcode,b.inatmoney
from salebillvouch a
join salebillvouchs b
on a.sbvid=b.sbvid

select a.iperiod,a.csign,a.ino_id,a.ccode,a.mc,b.cvouchtype,b.csbvcode,
b.inatmoney
from gl_accvouch a
join fp b
on a.coutbillsign=b.cvouchtype and a.coutid=b.csbvcode
where a.ccode='501' and a.mc<>0
```

根据结果分析，本例数据中由于未设置主营业务收入明细账，因此一笔主营业务收入记录对应一张发票中多行销售记录的金额之和。故需按每张发票金额进行汇总后再与主营业务收入明细账进行对比分析。

```
create view fp as
select a.cvouchtype,a.csbvcode, sum(b.inatmoney) fpje
from salebillvouch a
join salebillvouchs b
on a.sbvid=b.sbvid
group by a.cvouchtype,a.csbvcode

select a.iperiod,a.csign,a.ino_id,b.cvouchtype,b.csbvcode,a.mc,b.fpje
from gl_accvouch a
join fp b
on a.coutbillsign=b.cvouchtype and a.coutid=b.csbvcode
where a.ccode='501' and a.mc<>b.fpje
```

由于此例重点在于理解计价准确性，所以对销售发票金额与主营业务收入金额的对比分析未考虑完整性与真实性关注的不一致情况。如果全部考虑发票与入账的一致性问题，用全连接可以实现对上述三个认定的分析，仅需通过设置显示条件筛选不同的审计目标进行分析。

```
create view fp as
select a.cvouchtype,a.csbvcode, sum(b.inatmoney) fpje
from salebillvouch a
join salebillvouchs b
on a.sbvid=b.sbvid
group by a.cvouchtype,a.csbvcode

select a.iperiod,a.csign,a.ino_id,b.cvouchtype,b.csbvcode,a.mc,b.fpje
from gl_accvouch a
full join fp b
on a.coutbillsign=b.cvouchtype and a.coutid=b.csbvcode
where a.ccode='501' and isnull(a.mc,0)<>isnull(b.fpje,0)
```

## 10.4.4　截止测试

《企业会计准则——基本准则》规定：企业对于已经发生的交易或事实，应当及时进行会计确认、计量和报告，不得提前或者延后。因此，审计人员应对销售实施截止测试。

对销售实施截止测试，目的主要在于确定被审计单位主营业务收入的会计记录归属期是否正确，应记入本期或下期的主营业务收入是否跨期。审计人员应关注发票开具日期、记账日期和发货日期三者是否归属于同一适当的会计期间。

**例 10-18**：审计人员比对记账日期、发票日期和发货日期应该归属的会计期间，将不属于同一期间的记录显示出来，结果包括发票类别、发票号；记账日期、发票日期、发货日期；记账发票月份差、发票发货月份差、记账发货月份差。

```
select distinct a.coutbillsign,a.coutid,
a.dbill_date,b.ddate,c.dDate,
datediff(month,a.dbill_date,b.ddate) 记账发票跨月,
datediff(month,b.ddate,c.ddate) 发票发货跨月,
datediff(month, a.dbill_date,c.ddate) 记账发货跨月
from gl_accvouch a
join salebillvouch b
on a.coutbillsign=b.cvouchtype and a.coutid=b.csbvcode
join dispatchlist c
on b.sbvid=c.sbvid  or (b.cdlcode=c.cdlcode and c.sbvid=0)
where a.ccode='501' and a.mc<>0
group by a.coutbillsign,a.coutid,a.dbill_date,b.ddate,c.dDate
```

上例是未考虑真实性、完整性目标的，针对已记账确有发票、已发货情况的截止测试。一般情况下，审计人员可以考虑三种选择：第一种是以账簿记录为起点追查销售发票及发货情况，目的是验证同一期间入账的收入是否应在本期确认收入；第二种是以销售发票

为起点，以发票存根追查至发运凭证与账簿记录，目标是确认完整性；第三种是以发运凭证为起点，追查至发票与账簿，确认完整性认定。审计人员可利用计算机辅助查询，采用外连接或全连接方式，综合考虑不同审计目标完成审计测试。

## 10.5 基于 SAP 报表的审计分析

### 10.5.1 SAP 报表追溯查询分析

在 SAP 系统内包括了大量的标准报表，该类报表主要在菜单"信息系统"下面，每一子模块都有其相应信息系统的报表。标准报表在数据关联查询上具有很强的钩稽关系，如从总分类账到明细分类账，从明细账到会计凭证，从会计凭证到业务单据上的溯源。为满足客户的更多个性化需求，系统提供针对不同人员的报表制作工具，包括：适合财务用户的 RW/RP 报表绘制器，该工具可以将单一的数据表或结构作为数据源，根据需求拖拽报表行与列结构，并确定查询条件；适合业务顾问的 COPA/QUERY 数据查询，COPA 是基于销售业务的获利分析工具，根据销售组织、产品组、地区等多维度收入、成本、数量、折扣等查询，QUERY 工具可以将多个数据表做连接查询，除拖拽表字段和公式外，还可以通过代码实现相关信息的查询；适合开发顾问的 ABAP 高级商业应用编程语言，ABAP 语言是 SAP 原系统独有的一套编程语言，可以满足复杂的报表需求，此外还可以用于开发标准系统无法满足的个性化功能需求（如图 10-1 所示）。

图 10-1　SAP 报表体系示意图

除以上报表范围外，许多企业同时会购买使用独立的报表系统，例如与 SAP ERP 无缝集成的 BW 数据仓库、2007 年 SAP 收购当时全球最大的商务智能分析 BO 系统，以及其他的报表系统。相比而言，ERP 原系统中所能使用的报表通常可以进行数据实时查询，在每笔业务完成后即可在报表中查询到结果。而独立的报表系统的数据，通常是按一定频率从 ERP 抽取数据，通过数据处理后再进行展现。

在标准报表与单据界面下可以进行数据追溯查询，例如按科目——应付账款查询年度账中各期间的借贷方发生额、期间余额和累计余额对应总账汇总表 FAGLFLEXT。双击任一金额可以查看其构成明细对应总账明细表 FAGLFLEXA，与前一数据表通过期间、借贷方、会计科目、公司代码关联。选中明细表的某一凭证行项目，点击"显示凭证"对应会计凭证数据表 BKPF/BSEG，与前一数据表通过凭证编号、公司代码、会计年度关联。在会计凭证上可以通过凭证环境追溯到原始凭证，如图 10-2 中所示。

上面应付账款会计凭证的原始凭证为系统采购发票 5105609095。系统支持多次采购订单一起发票校验，每一采购订单的行次对应到发票的行项目。通过双击发票行项目上的采购订单号4500017733可以查询到采购订单明细。采购订单行项目中包括了物料数据、交货计划、条件控制、采购订单历史等信息。其中采购订单历史可以跟踪到与本订单相关的后续业务单据。采购订单仍然可以溯源到采购申请,同样系统也支持采购订单→采购发票→会计凭证的反向查询。

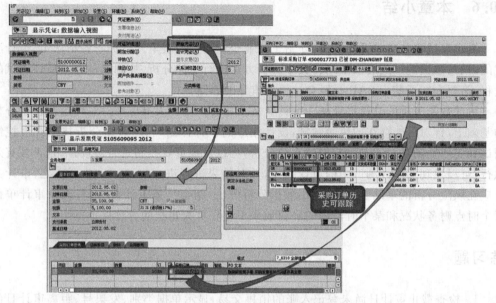

图 10-2　SAP 数据追溯查询示意图

## 10.5.2　费用资本化审计案例

### 1. 某酒业集团节假日产品福利,计入生产成本

在对某酒业集团进行财务审计,分析生产成本时发现如下特征:1月、6月、9月的生产成本较大,其他期间数据相对平稳,进行上年同期对比时同样出现三个波峰,但期间有所差异。结合各期间的产量、销量分析,以上结果符合淡旺季情况,在传统佳节前夕销量明显上升,其产品产量较大,投入产出比分析生产成本时具有一致性。在进一步分析生产成本的明细时,其产品损耗在以上三个期间有所不同,9月的结果明细高于其他月份。在SAP系统中检查产品损耗所用移动类型下,当期所有物料凭证清单,其中一笔消耗金额上百万。根据物料凭证上的工厂、库存地、成本中心等信息查询原始单据并询问相关人员,该业务是公司在中秋节前将自产产品发放给员工作为节假日福利,该笔产品消耗领用未计入当期费用。

### 2. 某大型房地产企业将年终奖励高档车计入固定资产

在对某全国性大型房地产企业进行固定资产盘点时,系统中导出资产清单中包括了10辆卡宴汽车,该批资产于2010年年初购置,每辆车分单独资产卡片管理。在盘点过程中发现,其中3辆在北京集团总部核实无误,另有1辆外出不在车库,剩余6辆实际使用人都在外地。在对外地6辆车系统中的资产信息进行分析时发现,其中1辆的使用人为前华南区销售代表,人力资源模块中的员工数据显示该员工于2013年元月已离职。进一步查证后,这批资产是公司 2010 年年会时作为年度奖励,发放给全国 10 位最佳业务员的。案例中 10 辆卡宴汽车的所有权均为个人,不应计入企业固定资产科目,在发放当期应计入当期损益。

## 10.6　本章小结

本章以销售与应收循环为例,介绍了工业企业会计报表审计目标与各项认定、审计测试的内容;以案例形式展示了结合数据分析方法进行总体分析、控制测试和实质性测试的过程;简要介绍了基于 SAP 开展会计报表审计的思路。

审计数据分析的过程贯穿整个审计业务全过程。审计人员应在对总体进行初步分析的基础上,针对可能存在的风险领域,设计相应的审计计划,利用数据分析技术开展控制测试和实质性测试。通过对数据的系统分析,可以发现重要控制是否被设计、是否被有效执行;可以发现实质性测试中的审计线索,并对结果进行进一步取证。总而言之,审计人员应在风险分析的基础上,合理利用数据分析方法,结合具体审计业务,获取被审计单位某个时点财务状况和某个时段内的经营成果不存在重大错报的合理保证。

## 练习题

1. 检查截止审计日尚未登记入账的销售交易,显示单据类别、发票号、距离审计日的月份差,按月份差降序排列。

2. 检查是否所有的销售单都开具了发票。

3. 检查发运凭证连续编号的完整性。

4. 比较核对销售交易登记入账的日期与发运凭证的日期,显示跨期记录。

5. 将应收账款明细账的记录按 10 万元标准进行分层,统计每层业务记录笔数及金额、占总金额及记录数的比率,确定重点关注的记录。

6. 将主营业务收入明细账加总,追查其至总账的过账,确定金额的一致性。

7. 审计人员关注不同商品的最高售价与最低售价、最高售价与次高售价的比率,请按两种比率降序排列。显示结果包括品名、最高售价/最低售价和最高售价/次高售价。

# 附录 会计信息系统上机实验

## 一、企业基本资料

### 1. 账套基本资料

单位名称：东方有限责任公司（简称东方公司）

账套号：888

启用日期：2016 年 1 月

企业类型：工业

行业性质：工业企业

建账时按行业性质预置科目。

进行经济业务处理时，需要对存货、供应商和客户进行分类，无外币核算。

分类编码方案：科目编码级次：322；存货分类编码级次：22；供应商分类编码级次：2；部门编码级次：22；客户编码级次：22；其余采用系统默认值。

存货数量、存货单价、开票单价、件数及换算率的小数位均为 2。

### 2. 人员及分工

| 职工代码 | 姓 名 | 部 门 | 性 别 | 年 龄 | 人员类别 | 基本工资 | 分 工 |
|---|---|---|---|---|---|---|---|
| 0001 | 吴天明 | 财务部 | 男 | 42 | 管理人员 | 6 000 | 账套主管 |
| 0002 | 钱利 | 财务部 | 女 | 38 | 管理人员 | 4 200 | 负责存货、总账系统 |
| 0003 | 徐红 | 财务部 | 女 | 31 | 管理人员 | 4 100 | 负责总账、应收系统 |
| 0004 | 张飞 | 人事部 | 男 | 37 | 管理人员 | 3 700 | 负责工资系统 |
| 0005 | 刘星 | 销售部 | 男 | 35 | 经营人员 | 2 900 | 负责销售系统 |
| 0006 | 孙晓 | 财务部 | 男 | 35 | 管理人员 | 3 900 | 负责应付、报表系统 |
| 0007 | 李华 | 资产部 | 女 | 24 | 管理人员 | 2 900 | 负责固定资产系统 |
| 0008 | 赵平 | 生产部 | 男 | 52 | 工人 | 2 800 | 负责库存系统 |
| 0009 | 刘明 | 生产部 | 女 | 27 | 工人 | 2 500 | 负责采购系统 |
| 0010 | 秦天 | 采购部 | 男 | 30 | 经营人员 | 2 600 | 负责采购系统 |

### 3．基础信息

#### 1）部门档案

| 部 门 编 号 | 部 门 名 称 | 部 门 编 号 | 部 门 名 称 |
|---|---|---|---|
| 01 | 销售部 | 04 | 人事部 |
| 02 | 财务部 | 05 | 资产部 |
| 03 | 采购部 | 06 | 生产部 |

#### 2）客户分类

| 类 别 编 码 | 类 别 名 称 | 类 别 编 码 | 类 别 名 称 |
|---|---|---|---|
| 01 | 工业 | 02 | 商业 |

#### 3）客户档案

| 编　　号 | 名　　称 | 简　　称 | 所属分类码 |
|---|---|---|---|
| 001 | 五环工厂 | 五环 | 01 |
| 002 | 天利商场 | 天利 | 02 |

#### 4）供应商分类

| 类 别 编 码 | 类 别 名 称 | 类 别 编 码 | 类 别 名 称 |
|---|---|---|---|
| 01 | 配件供应商 | 02 | 原料供应商 |

#### 5）供应商档案

| 编　　号 | 名　　称 | 简　　称 | 所属分类码 |
|---|---|---|---|
| 01 | 中华配件厂 | 中华厂 | 01 |
| 02 | 北方原料厂 | 北方厂 | 02 |

#### 6）存货分类

| 类 别 编 码 | 类 别 名 称 | 类 别 编 码 | 类 别 名 称 |
|---|---|---|---|
| 01 | 材料 | 03 | 应税劳务 |
| 02 | 产成品 | 04 | 其他 |

#### 7）存货档案

| 存货编号 | 存货名称 | 所属分类码 | 计量单位 | 增值税税率 | 存货属性 | 参考成本/元 | 参考售价/元 |
|---|---|---|---|---|---|---|---|
| 001 | 手机 | 02 | 部 | 17％ | 销售、外购 | 1 000 | 2 000 |
| 002 | 电脑 | 02 | 台 | 17％ | 销售、外购 | 5 000 | 8 000 |
| 003 | 液晶屏 | 01 | 个 | 17％ | 外购 | 1 200 | |

8) 科目设置

(1) 指定科目

指定"101 现金"为现金总账科目、"102 银行存款"为银行总账科目。

(2) 增加会计科目

| 科 目 编 码 | 科 目 名 称 | 辅助账类型 |
|---|---|---|
| 11901 | 应收部门款 | 部门核算 |
| 52101 | 办公费 | 部门核算 |
| 52102 | 差旅费 | 部门核算 |
| 52103 | 工资 | 部门核算 |
| 52104 | 坏账 | |
| 52105 | 折旧费 | 部门核算 |

(3) 修改会计科目

① 将"113 应收账款"科目修改为有"客户往来"辅助核算项;

② 将"203 应付账款"科目修改为有"供应商往来"辅助核算项;

③ 将"204 预收账款"科目修改为有"客户往来"辅助核算项;

④ 将"115 预付账款"科目修改为有"供应商往来"辅助核算项。

9) 凭证类别

| 凭 证 类 别 | 限 制 类 型 |
|---|---|
| 记账凭证 | 无限制 |

10) 结算方式及对应科目

| 结算方式编码 | 结 算 方 式 | 对 应 科 目 |
|---|---|---|
| 1 | 现金 | 101 现金 |
| 2 | 支票 | 102 银行存款 |

11) 仓库档案

| 仓库编码 | 仓 库 名 称 | 计 价 方 法 |
|---|---|---|
| 1 | 中心仓库 | 先进先出法 |
| 2 | 郊区仓库 | 先进先出法 |

12) 收发类别

| 类 别 编 码 | 类 别 名 称 | 收 发 标 志 |
|---|---|---|
| 1 | 采购入库 | 收 |

| 类 别 编 码 | 类 别 名 称 | 收 发 标 志 |
|---|---|---|
| 2 | 其他入库 | 收 |
| 3 | 销售出库 | 发 |
| 4 | 其他出库 | 发 |

13) 采购类型

| 编　　码 | 采购类型名称 | 入库类别 |
|---|---|---|
| 1 | 普通采购 | 采购入库 |

14) 销售类型

| 编　　码 | 销售类型名称 | 出库类别 |
|---|---|---|
| 1 | 普通销售 | 销售出库 |

**4. 期初余额**

1) 仓库期初余额

| 仓 库 名 称 | 存 货 名 称 | 计 量 单 位 | 数　　量 | 单价/元 |
|---|---|---|---|---|
| 中心仓库 | 手机 | 部 | 500 | 1 000 |
| 中心仓库 | 电脑 | 台 | 300 | 5 000 |
| 中心仓库 | 液晶屏 | 个 | 100 | 1 200 |
| 郊区仓库 | 电脑 | 台 | 200 | 5 000 |

2) 科目期初余额

| 科 目 名 称 | 期初余额/元 | 余 额 方 向 |
|---|---|---|
| 银行存款 | 2 000 000 | 借 |
| 产成品 | 3 120 000 | 借 |
| 固定资产 | 5 000 000 | 借 |
| 累计折旧 | 722 000 | 贷 |
| 实收资本 | 9 398 000 | 贷 |

3) 固定资产期初余额

| 卡 片 编 号 | 00001 | 00002 | 00003 | 00004 |
|---|---|---|---|---|
| 资产类别 | 房屋及建筑物 | 交通工具 | 办公设备 | 电子设备 |
| 资产名称 | 办公楼 | 奥迪轿车 | 激光复印机 | 服务器 |

| 卡 片 编 号 | 00001 | 00002 | 00003 | 00004 |
|---|---|---|---|---|
| 计量单位 | 幢 | 台 | 台 | 台 |
| 数量 | 1 | 1 | 1 | 1 |
| 规格型号 | — | BKSW1 | CK01 | CK01 |
| 使用部门 | 资产部 | 资产部 | 财务部 | 财务部 |
| 增加方式 | 直接购入 | 直接购入 | 直接购入 | 直接购入 |
| 存放地点 | 资产部 | 资产部 | 财务部 | 财务部 |
| 使用状况 | 使用中 | 使用中 | 使用中 | 使用中 |
| 使用年限 | 50 | 10 | 10 | 5 |
| 开始使用日期 | 2005 年 12 月 28 日 | 2014 年 12 月 15 日 | 2015 年 12 月 25 日 | 2014 年 12 月 10 日 |
| 已提折旧月份 | 120 | 12 | 24 | 0 |
| 工作总量 | | 30 万公里 | | |
| 已工作量 | | 6 万公里 | | |
| 原值 | 3 000 000 | 400 000 | 400 000 | 1 200 000 |
| 净残值 | 150 000 | 20 000 | 20 000 | 60 000 |
| 累计折旧 | 570 000 | 76 000 | 76 000 | 0 |
| 折旧方法 | 平均年限法（一） | 工作量法 | 平均年限法（一） | 双倍余额递减法 |

**5. 部分子系统参数设置要求**

1）总账参数设置

客户往来在应收系统核算；供应商往来在应付系统核算；制单不序时；可以使用其他系统受控科目。

2）存货系统参数设置

（1）存货科目设置

| 仓 库 | 存货分类 | 存货科目 |
|---|---|---|
| 中心仓库 | 产成品 | 产成品 |
| 中心仓库 | 材料 | 原材料 |
| 郊区仓库 | 产成品 | 产成品 |
| 郊区仓库 | 材料 | 原材料 |

（2）对方科目设置

| 收发类别 | 对方科目 | 收发类别 | 对方科目 |
|---|---|---|---|
| 采购入库 | 材料采购 | 销售出库 | 产品销售成本 |

3）应收款系统参数设置

（1）坏账处理方式为应收余额百分比法。

（2）初始设置如下。

基本科目设置：应收科目为"应收账款"；预收科目为"预收账款"；销售收入科目为"产品销售收入"；应交增值税科目为"应交税金"；销售退回科目为"产品销售收入"。

坏账准备设置：提取比例 10%，坏账准备科目为"坏账准备"；对方科目为"管理费用——坏账"。

账龄区间设置为：60、120、360 及 360 天以上。

4）应付款系统参数设置

初始设置：应付科目为"应付账款"；预付科目为"预付账款"；采购科目为"材料采购"；采购税金科目为"应交税金"。

5）固定资产系统参数设置

固定资产类别为机械设备、房屋建筑物、办公设备、电子设备、交通工具。

折旧方法：电子设备为双倍余额递减法；机械设备、房屋建筑物、办公设备等为平均年限法（一）；交通工具为工作量法；折旧汇总分配周期为 1 个月；当折旧计提最后一个月时将剩余折旧全部提足。

固定资产编码方式为 2112；固定资产编码方式按"类别编号＋部门编号＋序号"方式自动编码；序号长度为"2"。

与财务系统对账固定资产的对账科目为"固定资产"；累计折旧对账科目为"累计折旧"。

部门折旧科目均为"管理费用——折旧费"。

6）工资系统参数设置

工资账套为单个工资类别，人民币核算，从工资中代扣个人所得税，扣零至元；人员编码长度为 4；三种职务类别：管理人员、工人、经营人员；对人员进行性别、年龄等附加信息设置。

工资项目有基本工资、岗位工资、奖金、缺勤扣款、缺勤天数、住房公积金、养老保险、扣款合计、应发合计和实发合计等。

缺勤天数：2016 年 1 月，秦天缺勤 2 天，刘明缺勤 3 天，每缺勤 1 天扣 20 元。

职工养老保险为（基本工资＋岗位工资）的 10%。

住房公积金为（基本工资＋岗位工资）的 12%。

岗位工资标准：

| 人 员 类 别 | 岗位工资标准/元 | 人 员 类 别 | 岗位工资标准/元 |
| --- | --- | --- | --- |
| 管理人员 | 1 800 | 工人 | 1 000 |
| 经营人员 | 2 500 | | |

奖金标准：

| 时　　期 | 部 门 类 别 | 奖金标准/元 |
| --- | --- | --- |
| 2016 年 1 月 | 管理人员 | 1 600 |

| 时　　期 | 部门类别 | 奖金标准/元 |
|---|---|---|
| 2016 年 1 月 | 经营人员 | 3 000 |
| 2016 年 1 月 | 工人 | 1 200 |

## 二、企业日常业务

企业当月发生以下业务,做出适当的处理。

1. 3 日,与客户五环工厂订立销售订单,销售电脑 10 台,单价(不含税)8 000 元。5 日开出发货单,从中心仓库发货;10 日开具普通发票。

2. 5 日,销售给天利商场 20 部手机,单价(不含税)2 000 元,直接开具普通发票,从中心仓库发货。

3. 9 日,销售给五环工厂 2 部手机,从中心仓库发货,单价(不含税)2 000 元,现金结清并开具普通发票。

4. 10 日收到股东投资 100 000 元。

借:银行存款　　　　　　　　　　　　　　　　　　　　　　100 000

　　贷:实收资本　　　　　　　　　　　　　　　　　　　　　100 000

5. 11 日,从中华配件厂购入液晶屏 100 个,存入中心仓库。

6. 12 日,因维修仓库,仓库管理员将中心仓库的手机 50 部转到郊区仓库保管。

7. 15 日,五环工厂购买的手机要求退货,开具红字发票并现结。

8. 16 日从银行提取现金 20 000 元。

借:现金　　　　　　　　　　　　　　　　　　　　　　　　20 000

　　贷:银行存款　　　　　　　　　　　　　　　　　　　　　20 000

9. 收到中华配件厂开具的普通发票,发票号为 1001,单价 1 200 元,总价 120 000 元,进行采购结算。

10. 26 日,收到五环工厂银行支票 5 000 元,作为预收款。

11. 27 日,收到五环工厂现金 90 000 元,并使用预收款 3 600 元一起用于结算款项。

12. 28 日,本月新购入一台机床用于生产,型号为 CK02 号,买价 3 万元,预计使用 10 年,开出转账支票支付设备款。

13. 29 日,开出支票 80 000 元用于支付中华配件厂的货款。

14. 30 日,计提固定资产折旧,并进行折旧分配。

15. 30 日,计算本月工资,并进行工资分摊。

## 三、期末处理

1. 定义期间损益凭证。定义所有损益类科目全部结转至"321 本年利润"科目。

2. 生成期间损益结转凭证并记账。

3. 各系统结账。

## 四、编制报表

1. 利用报表模板编制资产负债表。

2. 利用报表模板编制损益表。

# 参 考 文 献

[1] 阿尔文·A.阿伦斯,詹姆斯·K.洛布贝克著.审计学——整合方法研究[M].石爱中,鲍国明,译.北京:中国审计出版社,2001.

[2] 安永国际会计公司第八次全球欺诈调查[EB/OL].中国法务会计网,2013-03-08.

[3] 曹建新,朱宝忠,华峰.计算机审计发展的文献综述[J].科技创业月刊,2007(10):165-166.

[4] 董大胜.审计技术方法[M].北京:中国时代经济出版社,2005.

[5] 陈大峰,汪加才,韩冰青.基于离群数据挖掘的计算机审计[J].南京审计学院学报,2009,6(1):62-66.

[6] 陈丹萍.数据挖掘技术在现代审计中的应用研究[J].南京审计学院学报,2009,6(2):57-61.

[7] 陈汉文.审计[M].第二版.厦门:厦门大学出版社,2006.

[8] 陈玲玲.基于Hadoop的Web文本挖掘的关键技术研究[D].杭州:浙江理工大学,2012.

[9] 陈伟,张金城,QIU Ro-Bin.计算机辅助审计技术研究综述[J].计算机科学,2007,34(10):290-294.

[10] 陈伟,刘思峰,邱广华.计算机审计中一种基于孤立点检测的数据处理方法[J].商业研究,2006(17):44-47.

[11] 陈毓圭.对风险导向审计方法的由来及其发展的认识[J].会计研究,2004(2):58-63.

[12] 陈志强.从审计模式及其思想的演进辨析风险导向审计应有的内涵[J].审计研究,2006(3):69-72.

[13] 独立审计具体准则第20号——计算机信息系统环境下的审计.

[14] 丁浩,李文斌,李寿安.会计信息系统分析与设计[M].北京:中国石油大学出版社,2009.

[15] 廖轶.基于孤立点的数据挖掘研究及其在计算机审计系统中的应用[D].北京:北京交通大学硕士学位论文,2007.

[16] 刘家义.以科学发展观为指导,推动审计工作全面发展[J].审计研究,2008(3):3-9.

[17] 刘家义.中国特色社会主义审计理论研究[M].北京:中国时代经济出版社,2013.

[18] 刘汝焯,王智玉.审计线索的特征发现[M].北京:清华大学出版社,2009.

[19] 刘汝焯,王智玉等.计算机审计技术和方法[M].北京:清华大学出版社,2004.

[20] 李国杰,程学旗.大数据研究:未来科技及经济社会发展的重大战略领域——大数据的研究现状与科学思考[J].中国科学院院刊,2012,6(27):647-657.

[21] 黎连业,王安,李龙.云计算基础与实用技术[M].北京:清华大学出版社,2013.

[22] 刘全宝,孙万军,陈伟清.网络财务软件V8.x购销存[M].北京:北京用友软件股份有限公司,2000.

[23] 娄权.财务报告舞弊的四因子假说及其实证检验[D].厦门:厦门大学博士学位论文,2004.

[24] 吕新民,王学荣.数据挖掘在审计数据分析中的应用研究[J].审计与经济研究,2007,22(6):35-38.

[25] 洪荭,胡华夏,郭春飞.基于GONE理论的上市公司财务报告舞弊识别研究[J].会计研究,2012(8):85-90.

[26] 胡克瑾.IT审计[M].第二版.北京:电子工业出版社,2004.

[27] 黄世忠,陈建明.美国财务舞弊症结探究[J].会计研究,2002(10):22-30.

[28] 黄永平.孤立点分析方法在计算机审计中的应用[J].审计研究,2006(S1)增刊:86-89.

[29]  胡春元.风险基础审计[M].大连：东北财经大学出版社,2002.

[30]  内部审计具体准则第 28 号——信息系统审计.

[31]  乔鹏,李湘蓉等.会计信息系统与审计[M].北京：清华大学出版社,2010.

[32]  石爱中,孙俭.初释数据式审计[J].审计研究,2005(4)：1-6.

[33]  审计署关于印发审计署"十二五"审计工作发展规划的通知(审办发〔2011〕112 号,2011-06-30).

[34]  审计署关于印发计算机审计审前调查指南——计算机审计实务公告第 8 号的通知(审计发〔2007〕78 号).

[35]  审计署关于印发信息系统审计指南——计算机审计实务公告第 34 号的通知(审计发〔2012〕11 号)

[36]  田芬.计算机审计[M].北京：清华大学出版社,2013.

[37]  汪钢,付奎亮.会计信息化实用教程[M].北京：清华大学出版社,2014.

[38]  汪寿成.现代风险导向审计[M].大连：大连出版社,2009.

[39]  万希宁.会计信息化[M].武汉：华中理工大学出版社,2009.

[40]  万建国,张冬霁,安景琦.一种基于控制数据检查的内部控制测试方法[J].审计研究,2013(5)：66-71.

[41]  王泽霞,邓川.风险导向审计模式辨析[J].财经论丛,2006(2)：84-89.

[42]  王泽霞.识别上市公司管理舞弊之预警信号[M].上海：上海三联书店,2007.

[43]  王忠,武哲.数据挖掘在审计信息分析中的应用[J].计算机应用,2005(2)：162-169.

[44]  谢荣,吴建友.现代风险导向审计基本内涵分析[J].审计研究,2004(5)：26-30.

[45]  谢荣,吴建友.现代风险导向审计理论研究与实务发展[J].会计研究,2004(4)：47-51.

[46]  谢宗晓.信息安全管理体系实施指南[M].北京：中国标准出版社,2012.

[47]  夏锋,彭鑫,赵文耘.基于聚类方法的审计分层抽样算法研究[J].计算机应用与软件,2008(7)：14-16.

[48]  杨宝刚.会计信息系统[M].北京：高等教育出版社,2004.

[49]  用友软件股份有限公司.ERP 财务管理系统应用专家培训教程：上[M].北京：中国物资出版社,2003.

[50]  用友软件股份有限公司.ERP 财务管理系统应用专家培训教程：下[M].北京：中国物资出版社,2003.

[51]  张金城.计算机信息系统控制与审计[M].北京：北京大学出版社,2002.

[52]  庄明来,吴沁红,李俊.信息系统审计内容与方法[M].北京：中国时代经济出版社,2009.

[53]  张磊.基于子空间的高维审计数据异常挖掘研究[J].硅谷,2012(6)：86-87.

[54]  张莉,王璐.资产负债表平行模拟审计数据分析模型[J].北京信息科技大学学报 2011,1(26)：53-56.

[55]  张龙平,陈作习.财务报告内部控制审计的理论分析(上、下)[J].审计月刊,2009(1)：19-21.

[56]  中国注册会计师协会.审计[M].北京：经济科学出版社,2009.

[57]  张瑞君,蒋砚章.会计信息系统[M].第六版.北京：中国人民大学出版社,2012.

[58]  张晓伟,谢强,陈伟.基于划分和孤立点检测的审计证据获取研究[J].计算机应用研究,2009(7)：2495-2496.

[59]  朱志坚.基于信息化视角下财务会计领域的舞弊及对策[J].财务会计,2012(11)：24-25.

[60]  周玉清.ERP 与企业管理[M].北京：清华大学出版社,2012.

[61]  ERP 环境下的财务收支审计指南[M].北京：中国时代经济出版社,2013.

[62]  Albecht W S, Wernz G W, Williams T L. Fraud: Bring the Light to the Dark Side of Business [M]. New York: Irwin Inc, 1995: 15-52.

［63］ Allinson, Caroline. Information systems audit trails in legal proceedings as evidence［J］. Computers and Security, 2001, 20(5): 409-421.

［64］ Bologna G. Jack, Lindquist Robert J, Wells Joseph T. The Accountant's Handbook of Fraud and Commercial Crime［M］. New Jersey: John Wiley & Sons Inc, 1993: 20-31.

［65］ Coderre, David G. CAATs & Other BEASTs for Auditors［M］. 2nd edition. Vancouver : Global Audit Publications, a division of ACL, 1996.

［66］ David Coderre. Computer Aided Fraud Prevention and Detection: a Step by Step Guide ［M］. New Jersey: John Wiley & Sons Inc, 2009.

［67］ Geng, Liqiang, Buffett, Scott, Hamilton, Bruce. Discovering structured event logs from unstructured audit trails for workflow mining ［J］. Lecture Notes in Computer Science, 2009, v 5722 LNAI: 442-452.

［68］ Ge W, McVay S. The disclosure of material weaknesses in internal control after the Sarbanes-Oxley Act［J］. Accounting Horizons, 2005, 19(3): 137-150.

［69］ ISACA. COBIT5. 0. www. isaca. org. 2012.

［70］ Jaklic J, Stemberger M I, Kovacic A. Evaluationof Alternative E-Business Models by Business Process Simulation Modeling ［C］//Proceedings of the WSEAS International Conferences-Simulation, Modelling and Optimization(ICOSMO), Skiathos, Greece, 2006: 1301-1306.

［71］ Leone J A. Factors related to internal control disclosure: a discussion of Ashbaugh, Collins, and Kinney and Doyle, Ge, and McVay ［J］. Journal of Accounting and Economics, 2007, 2(44): 224-237.

［72］ Morris, John J. The Impact of Enterprise Resource Planning(ERP) Systems on the Effectiveness of Internal Controls over Financial Reporting ［J］. Journal of Information Systems, 2011, 25(1): 129-157.

［73］ Muehlen J. Leon Zhao. Tutorial Work Flow and Process Automation in the Age of E-Business ［C］//Tutorial at the 35th Annual Hawaii International Conference on System Sciences, January 4th, 2002, Waikoloa Hawaii.

［74］ Hun Nam, Won Park, Suk Lee. Anomaly detection over clustering multi-dimensional transactional audit streams ［C］//Proceedings-1st IEEE International Workshop on Semantic Computing and Applications, IWSCA 78-80, 2008.

［75］ Ping-Feng Pai, Ming-Fu Hsu, Ming-Chieh Wang. A support vector machine-based model for detecting top management fraud［J］. Knowledge-Based Systems, 2011(24): 314-321.

［76］ Reshef DN, Reshef Y A, Finucane H K. Detecting novel associations in large data sets ［J］. Science, 2011, 334(6062): 1518-1524.

［77］ Yu Fe, Xia Xiaoyan, Wu Ronghui, Xu Cheng. Information audit system based on vector space model［C］//Proceedings of the 26th Chinese Control Conference, 2007: 359-362.

［78］ Zhang Li, Zhang Jianping. The model and application of mining the features of financial statement audit with multi-subjects［C］//The 8th International Conference on Service Systems and Service Management, June, 2011, IEEE Tianjin: 25-27.